Une analyse de la vie du Prophète

MOHAMMED

Le Messager de Dieu

Une analyse de la vie du Prophète

MOHAMMED ﷺ

Le Messager de Dieu

M. Fethullah Gülen

BLUE DOME

Publié par Blue Dome Press
345 Clifton Av., Clifton, NJ, 07011, USA

Traduit et révisé par
Şerife Günay - Kafiha Karakuş

www.bluedomepress.com

Library of Congress Cataloging-in-Publication Data available

ISBN: 978-1-68206-035-3

Sommaire

À propos de l'auteur

Né à Erzurum à l'est de la Turquie en 1941, Fethullah Gülen est un penseur et un savant islamique ainsi qu'un écrivain prolifique et un poète. Il a été instruit dans les sciences religieuses par plusieurs maîtres spirituels et savants musulmans de grande renommée. Gülen étudia aussi les principes et les théories des sciences physiques et sociales modernes. Grâce à ses dons exceptionnels d'apprentissage et de concentration dans l'étude personnelle, il surpassa bientôt ses pairs. En 1959, après avoir obtenu d'excellents résultats à ses examens, on lui attribua un diplôme d'Etat de prédicateur et il fut vite promu à un poste à Izmir, la troisième plus grande province de Turquie. C'est là que les idées de Gülen commencèrent à prendre forme et que son public s'est agrandi. Dans ses sermons et ses discours, il insiste sur les problèmes sociaux les plus importants de l'époque: son but premier a été de pousser la jeune génération à harmoniser l'épanouissement intellectuel avec une spiritualité pleine de sagesse et un activisme plein d'humanité et de bienveillance.

Gülen ne se contenta pas d'enseigner dans les grandes villes. Il voyagea beaucoup d'une province à l'autre en Anatolie et s'adressa au peuple aussi bien dans les mosquées que dans les cafés et lors des réunions locales. Ceci lui permit d'atteindre un échantillon représentatif de la population et d'attirer l'attention des milieux universitaires, et surtout du corps étudiant. Les thèmes de ses discours, officiels ou non, ne se réduisaient pas explicitement aux questions religieuses; il parlait aussi de l'éducation, des sciences, du darwinisme, de l'économie et de la justice sociale. Ce fut surtout la qualité et la profondeur de ses discours sur une grande variété de sujets qui impressionna la communauté universitaire et gagna leur attention et leur respect.

Gülen se retira officiellement de ses fonctions d'enseignant en 1981 après avoir inspiré toute une génération de jeunes étudiants. Ses efforts, commencés dans les années 1960, notamment dans les réformes de l'édu-

cation, ont fait de lui l'une des figures les plus célèbres et les plus respec-
tées de Turquie. De 1988 à 1991, il fit une série de sermons en tant que
prédicateur émérite dans les mosquées les plus célèbres des grandes conur-
bations, tout en continuant de transmettre son message à travers des
conférences populaires, pas seulement en Turquie mais aussi en Europe
occidentale.

Ses principales idées

Dans ses discours et ses écrits, Gülen prévoit un XXIe siècle où nous
serons témoins de la naissance d'une dynamique spirituelle qui fera
revivre des valeurs morales depuis longtemps abandonnées; un âge de
tolérance, de compréhension et de coopération internationale qui, par le
biais du dialogue interculturel et du partage des valeurs, mènera finalement à une seule civilisation inclusive. Dans le domaine de l'éducation, il
a été le fer de lance de la création de nombreuses organisations caritati-
ves afin de travailler pour le bien-être de la communauté, à la fois à l'intérieur et à l'extérieur de la Turquie. Il a inspiré l'utilisation des médias,
notamment de la télévision, pour informer le public des sujets d'actuali-
té importants qui les concernent, au niveau individuel et collectif.

Gülen pense que la voie de la justice pour tous passe par le finance-
ment d'une éducation universelle, adéquate et appropriée. Ce ne sera qu'à
ce moment-là qu'il pourra y avoir assez de compréhension et de tolérance pour assurer le respect des droits d'autrui. Pour ce faire, il a, depuis
des années, encouragé l'élite sociale et les dirigeants des diverses communautés, les industriels puissants aussi bien que les petits commerçants, à soutenir une éducation de qualité. Grâce à leurs dons, les organisations scolaires ont pu créer de nombreuses écoles en Turquie et à
l'étranger.

Gülen a déclaré que dans le monde actuel, le seul moyen de faire accepter ses idées aux autres est la persuasion. Il décrit ceux qui, pour cela,
ont recours à la force comme étant dénués d'intelligence ; les gens veulent toujours avoir la liberté de choisir la façon de diriger leurs affaires
et d'exprimer leurs valeurs religieuses et spirituelles. Selon Gülen, la
démocratie est – malgré tous ses inconvénients – le seul système politique viable aujourd'hui, et les gens doivent s'efforcer de moderniser et de
consolider les institutions démocratiques afin de construire une société

où les libertés et les droits des individus soient respectés et protégés, et où l'égalité des chances ne soit plus un rêve.

Activités interreligieuses et interculturelles

Depuis sa retraite, Gülen a concentré ses efforts sur l'établissement d'un dialogue entre les factions représentant différentes idéologies, cultures, religions et nations. En décembre 1999, son article intitulé La Nécessité du Dialogue Interreligieux fut présenté au Parlement des Religions du Monde au Cap en Afrique du Sud. Il y écrit que «le dialogue est une chose indispensable» et que les gens, quelles que soient leurs nations ou leurs frontières politiques, ont beaucoup plus en commun qu'ils ne le croient. Etant donné tout cela, Gülen considère qu'il est à la fois utile et nécessaire d'établir un dialogue sincère afin d'améliorer la compréhension mutuelle. À cette fin, il a aidé à l'instauration de la Fondation des Journalistes et des Ecrivains (1994), dont les activités pour promouvoir le dialogue et la tolérance parmi toutes les couches de la société ont été chaleureusement accueillies par presque tous les milieux. Encore dans ce but, Gülen visite et reçoit des personnages influents de la population turque, mais aussi d'autres qui viennent des quatre coins du monde. Le Pape Jean-Paul II au Vatican, le défunt John O'Connor, archevêque de New York, et Léon Lévy, l'ancien président de la Ligue Contre la Diffamation, comptent parmi les plus grands représentants des religions mondiales que Gülen a rencontrés pour discuter du dialogue interreligieux et pour prendre des initiatives dans ce domaine. En Turquie, l'ambassadeur du Vatican, le patriarche de l'Eglise Orthodoxe turque, le patriarche de la communauté arménienne turque, le grand rabbin de la communauté juive turque et beaucoup d'autres figures marquantes en Turquie ont souvent rencontré Gülen, montrant par là un exemple de dialogue sincère entre les gens de différentes confessions.

Lors de sa rencontre avec le Pape Jean-paul II au Vatican (1998), Gülen présente un plan visant à arrêter pour de bon le conflit dans le Moyen-Orient grâce à un travail de collaboration sur le terrain, dans ce lieu où les trois grandes religions ont leurs origines. Dans son plan, il souligne aussi le fait que la science et la religion sont en fait deux aspects différents qui émanent d'une même vérité: « L'humanité a parfois renié la religion au nom de la science et renié la science au nom de la religion en prétendant que les deux se contredisaient. Toute connaissance vient de

Dieu et la religion est de Dieu. Alors comment les deux pourraient-elles être contradictoires ? Ainsi, nos efforts conjugués dans le dialogue inter-religieux pourront être utiles pour améliorer la compréhension et la tolérance entre les peuples. »

Gülen a publié un communiqué de presse dénonçant les attentats ter-roristes du 11 septembre aux États-Unis. Il considère l'événement comme un grand coup porté à la paix mondiale qui a injustement discrédité les croyants : « (...) le terrorisme ne peut jamais être utilisé au nom de l'is-lam ni pour atteindre des objectifs islamiques. Un terroriste ne peut pas être un musulman et un musulman ne peut pas être un terroriste. Un musulman ne peut être que le représentant et le symbole de la paix, du bien et de la prospérité. »

Les efforts de Gülen pour la paix mondiale sont discutés et mis à l'ordre du jour dans les conférences et les symposiums. « Le Symposium des Héros Pacifiques » (11-13 avril 2003) à l'Université du Texas à Austin, a produit une liste d'artisans de la paix s'étendant sur plus de 5000 ans d'histoire humaine. Gülen avait sa place parmi les héros de la paix contem-porains dans une liste qui comprenait des noms comme Jésus, Bouddha, Gandhi, Martin Luther King Jr. et Mère Teresa.

Gülen collabore à plusieurs revues et magazines. Il écrit l'éditorial de nombreux magazines dont *The Fountain*, *Yeni Ümit*, *Sizinti* et *Yağmur*, qui sont en tête des magazines spirituels et populaires de Turquie. Il a écrit plus de quarante livres, des centaines d'articles et enregistré des milliers de cassettes audio et vidéo. Il a prononcé d'innombrables dis-cours sur beaucoup de questions religieuses et sociales. Certains de ses livres – dont beaucoup ont été des best-sellers en Turquie – sont dispo-nibles en français, comme par exemple *Questions et réponses sur l'islam*, *Perles de Sagesse*, *Les fondements de la foi islamique*, *Les collines d'émeraude du cœur : les concepts clés du soufisme*. Plusieurs livres ont été traduits en allemand, en russe, en albanais, en japonais, en indonésien, en espagnol et en anglais.

Les institutions scolaires inspirées par Gülen ont établi d'innombra-bles organisations bénévoles à but non lucratif – des fondations et des associations – en Turquie et à l'étranger, lesquelles fournissent beaucoup de bourses d'études.

Bien qu'il soit une figure politique très connue, Gülen a toujours répu-gné à s'impliquer dans la politique. Parmi ses admirateurs, on compte de

célèbres journalistes, des universitaires, des personnalités de la télévision, des politiciens et des hauts personnages de l'État turc ainsi que
d'autres États. Tous voient en lui un véritable innovateur et un unique
rénovateur social qui pratique ce qu'il prêche. Ils le voient comme un
artisan de la paix, un intellectuel, un savant religieux, un conseiller, un
auteur et un poète, un grand penseur et un guide spirituel qui a consacré sa vie à la recherche de solutions aux maux et aux besoins spirituels
de la société. Ils voient le mouvement qu'il a aidé à se développer comme
un mouvement voué à l'éducation, mais pas n'importe laquelle : une éducation aussi bien du cœur et de l'âme que de l'esprit. Cette éducation vise
à faire revivre et à fortifier l'être humain dans sa totalité afin de devenir
compétente et de fournir des biens et des services utiles aux autres.

Introduction générale

J'aimerais présenter au lecteur la vie exemplaire du Prophète Mohammed[1] et sa personnalité éminente et incomparable. Il faut faire connaître à tous cette « source de vie » pour le salut de l'humanité.

Le Prophète Mohammed est la fierté de l'humanité. Depuis plus de quatorze siècles, beaucoup de penseurs, de philosophes, d'hommes de science et de savants, chacun brillant comme une étoile dans notre monde intellectuel, se sont tenus derrière lui dans le respect et l'admiration, et ont été fiers d'appartenir à sa communauté.

Pour comprendre et apprécier sa grandeur, il suffit de rappeler que, même après tant d'agressions contre la religion, l'on entend toujours les paroles « j'atteste que Mohammed est le Messager de Dieu » résonner du haut des minarets cinq fois par jour. Nous nous réjouissons, avec les morts et les autres êtres spirituels, d'entendre son nom proclamé lors de l'appel à la prière. Malgré les efforts concertés pour corrompre et égarer nos jeunes, ils continuent à s'empresser vers le Prophète bien qu'ils ne perçoivent pas toute sa réalité.

Ce n'est pas le temps qui nous a fait oublier les vérités le concernant. Son souvenir est si vif dans ma mémoire qu'il suffit que je prononce son saint nom pour que j'éprouve le sentiment de pouvoir le rencontrer à tout instant. Un jour, alors que j'étais en pèlerinage dans sa sainte ville, Médine, j'ai eu l'impression qu'il allait soudain apparaître et nous accueillir. À mesure que le temps passe, certaines idées deviennent obso-

---

[1] Lorsque le nom du Prophète Mohammed est mentionné, son nom et son titre sont suivis de l'expression « Que la paix et les bénédictions de Dieu soient sur lui », ceci afin de montrer notre respect pour lui et parce que cela constitue une obligation religieuse. Une expression similaire est employée pour les autres Prophètes, les Compagnons et d'autres illustres musulmans. Toutefois, une telle pratique étant susceptible de distraire les lecteurs non musulmans, nous avons jugé bon de ne pas faire apparaître ces expressions dans ce livre, en supposant qu'elles seront prononcées par le lecteur musulman et en assurant ne pas avoir voulu manquer de respect.

lètes, mais son message reste aussi frais qu'un bouton de rose dans nos cœurs. Ainsi, chaque fois que nous entendons son nom retentir d'un minaret, nous acceptons son invitation, abandonnons immédiatement notre travail et nous nous ruons vers la mosquée.

Si nous avions été autorisés à le décrire comme on décrit les autres et si nous avions mobilisé les institutions sociales et éducatives pour cela, alors peut-être que nos jeunes auraient suivi son chemin. En dépit de nos manquements, beaucoup courent s'abreuver dans cette « source pure ». Dans chaque partie du monde, y compris aux États-Unis, en Angleterre, en France et en Allemagne, on assiste à un réveil islamique. Les musulmans travaillent ces terres et y sèment les graines d'un avenir radieux. L'islam est partout, regorgeant de santé et florissant comme pendant l'Ère du Bonheur – l'époque de Mohammed.

La même chose est vraie pour les terres à majorité musulmane. Ces musulmans dont la dévotion à l'islam était souvent inconsciente et dépourvue d'une perception profonde et de toute recherche, ont fait place à une nouvelle génération qui suit consciemment Mohammed à la lumière des sciences et des nouvelles connaissances. Ceux qui exploitaient les écoles et les universités au nom de l'incroyance accourent désormais vers lui. Même des figures célèbres comme Maurice Bucaille et Roger Garaudy ont vu la fausseté de leurs systèmes et se précipitent aussi vers lui.[2]

Mohammed, le bien-aimé des cœurs

Je me demande si nous avons réussi à pleinement connaître le plus aimé des bien-aimés. Même moi qui accomplis mes cinq prières quotidiennes depuis l'âge de cinq ans et qui ai tout fait pour être un serviteur à sa porte, je me demande si je le connais assez. Avons-nous été capables d'introduire l'amour dans les cœurs de nos jeunes générations en leur décrivant l'ultime source de tout amour et de toute passion ?

Si seulement l'humanité avait connu Mohammed, elle se serait éprise de lui à la manière de Majnoun qui tomba amoureux de Layla.[3] Chaque

---

[2] Maurice Bucaille est un scientifique et un médecin français qui a accepté l'islam, il y a environ 25 ans. Roger Garaudy est l'un des idéologues du communisme de notre époque, et un ancien secrétaire général du Parti Communiste Français. Il embrassa l'islam, il y a environ 20 ans.

[3] Majnoun et Layla sont deux figures légendaires dont le grand amour est devenu célèbre.

fois que son nom serait prononcé, elle tremblerait de joie à l'idée d'entrer dans l'aura qui l'entoure, lui et ceux qui suivent de tout cœur son chemin.

Nous ne pouvons aimer que ceux que nous connaissons et seulement autant que nous les connaissons. Nos ennemis ont essayé de nous le faire oublier afin que son nom ne soit plus mentionné. Mais parce qu'il est assisté par Dieu, tous les obstacles ont été détruits et la jeune génération se soumet à lui avec autant de joie que celui qui meurt de soif et qui trouve enfin à boire. Sa tendresse et sa compassion sans bornes embrasseront toute personne « assoiffée » qui viendra à lui.

Vous avez dû remarquer quand vous allez à la prière du vendredi que la majorité de la congrégation se compose de jeunes gens. Ne vous êtes-vous jamais demandé pourquoi, alors que l'égarement et la rébellion sont si répandus, des jeunes viennent à la mosquée malgré le froid et les autres difficultés ? Il n'y a qu'une chose qui les attire : Mohammed. Que nous puissions le saisir ou non, les âmes et les cœurs se ruent vers lui tels des papillons vers la lumière. Même ces « insectes d'hiver » qui n'ont pas eu autant de chance se tourneront aussi vers lui. Les hommes de science et les grands penseurs l'étudieront. Ceux qui sont actuellement des ennemis seront bientôt des amis intimes qui se réfugieront dans son accueil chaleureux. À son époque, même ses ennemis l'admiraient.

Un jour, le Prophète raconta le rêve qu'il avait vu : « On m'a pesé contre dix membres de ma communauté et mon poids a dépassé le leur. Puis on m'a pesé contre cent personnes parmi elle, puis mille, mais j'étais toujours plus lourd qu'eux. »[4] Il a également dit: « On m'a pesé contre toute ma communauté et j'ai pesé plus lourd qu'elle. »[5] Il surpasse tout le monde en intelligence, en piété, en foi et en savoir, car tous les autres êtres ont été créés en son honneur. On rapporte que Dieu lui a dit : « Si ce n'était pour toi, je n'aurais pas créé l'univers. »[6]

Mohammed explique le sens de la création

L'univers est un livre. Si Mohammed n'avait pas été créé, ce livre n'aurait pas pu être compris. Créer un livre incompréhensible aurait été inutile.

---

[4]   Qadi Iyad, *Chifa ach-Charif*, 1 : 173. Les hadith (paroles du Prophète) cités dans cet ouvrage ne sont que des traductions en français du sens des hadiths originaux en arabe.

[5]   Ahmad ibn Hanbal, *Mousnad*, 2 : 76 ; Haythami, *Majma az-zawaid*, 9 : 58.

[6]   Al-Ajluni, *Kachf al-Khafa*, 2 : 232 ; Ali al-Qari, *Al-asrar al-marfua*, 385.

Étant au-delà de toute imperfection, Dieu créa Mohammed afin qu'il nous explique la signification de l'univers. Dieu était son enseignant, et la terre et les cieux lui étaient soumis. Il répondait à toutes les questions que l'on s'est toujours posé : Qui suis-je ? Où vais-je ? Pourquoi ai-je été créé ? Quelle est ma destination finale ? Qui est mon guide dans ce voyage?

Mohammed répond à de telles questions et offre un sens à la création. Il aurait été bien plus aimé s'il avait été mieux connu. Mais nous l'aimons toujours quand bien même nous ne le connaîtrions que très peu.

Permettez-moi de vous raconter une anecdote concernant ma visite de la ville sainte de Mohammed. L'air était lourd d'une aura subjuguante et d'une passion irrésistible. J'ai soudain pensé : je prie Dieu matin et soir en disant sept fois « Ô mon Dieu ! Protège-moi du feu de l'Enfer et laisse-moi entrer au Paradis avec les saintes personnes ! » Il n'y a absolument aucun croyant qui ne désire pas aller au Paradis. Toutefois, l'environnement dans lequel je me trouvais me poussa à me demander : « Si l'on devait t'inviter au Paradis et t'y laisser entrer par l'une de ses sept portes, où aimerais-tu aller : à *Rawdha* (lieu situé dans la Mosquée du Prophète entre sa tombe et la chaire) ou au Paradis ? » Croyez-moi, je jure par Dieu que j'ai répondu : « Cet endroit est plus attrayant à mes yeux. J'ai la chance de pouvoir frotter mon visage contre la terre de mon maître, et je préfère être un esclave enchaîné à sa porte plutôt qu'autre chose en ce monde. Je ne manquerais pour rien une telle opportunité. »

Je crois que c'est le souhait de tout croyant. Alors que j'avais le bonheur de jouir de cette grande opportunité, j'étais en compagnie de M. Akif Hikmet, ancien parlementaire turc qui était en fonction à l'époque. Il me raconta qu'il s'était promis de se rouler dans le sable comme un âne dès qu'il franchirait la frontière de la ville de Médine. Ce grand homme tint sa promesse. Je ne peux m'empêcher d'avoir les larmes aux yeux à chaque fois que je me souviens de cette anecdote.

Le message de Mohammed s'étend à tous les êtres humains et les djinns

Le Prophète Mohammed étant venu avec une Loi sacrée qui ne sera jamais abrogée et un message qui s'adresse à l'ensemble des humains et des djinns, et ayant accompli des centaines de miracles qui surpassent ceux des autres Prophètes, il est donc bien le chef de tous les prophètes. Par conséquent, il détient l'essence de tous leurs miracles et leur confirmation unanime. En d'autres termes, le consentement de tous les autres Prophètes sur la même foi et le témoignage de leurs miracles confirment l'honnêteté et la véracité de Mohammed. Il est en même temps le maître et le guide de tous les saints et savants dotés de pureté et d'un profond savoir qui ont atteint la perfection grâce à ses enseignements, à sa guidance et à la lumière de sa Loi sacrée.

Il possède donc l'essence de leurs prodiges, leur confirmation unanime et la force de leurs conclusions vérifiées. Puisque la voie qu'ils ont suivie pour atteindre la vérité est celle qu'il a ouverte et qu'il a laissée ouverte, tous leurs prodiges et toutes leurs conclusions établies par l'intuition et des recherches méticuleuses ainsi que leurs consensus sur la même foi, appuient sa Prophétie (sa qualité de Prophète) et sa véracité. C'est pour cela que son avènement a été annoncé par tous les prophètes avant lui. Dieu a fait un pacte avec eux selon lequel ils croiraient en Lui, en Mohammed et le soutiendraient.

> Et lorsque Dieu prit cet engagement des Prophètes : « Chaque fois que Je vous accorderai un Livre et de la Sagesse et qu'ensuite un messager vous viendra confirmer ce qui est avec vous, vous devrez croire en lui et vous devrez lui porter secours. » Il leur dit : « Consentez-vous et acceptez-vous Mon pacte à cette condition ? » – « Nous consentons », dirent-ils. « Soyez-en donc témoins, dit Dieu. Et Me voici, avec vous, parmi les témoins. » (3 : 81)

Tous les prophètes ont passé leurs vies en étant parfaitement fidèles à leur promesse. Quand le Prophète Mohammed allait accomplir le *miraj* (l'Ascension aux Cieux), il dirigea la prière devant les âmes de tous les autres prophètes.[7] Tous, y compris Abraham, Moïse, Noé et Jésus, ont voulu être son muezzin (celui qui appelle à la prière).

Dans la Bible, Jésus annonce plusieurs fois à ses apôtres l'heureuse nouvelle de l'arrivée prochaine de Mohammed. Dans l'Évangile selon Jean, il dit :

> Moi, je prierai le Père : il vous donnera un autre Paraclet qui restera avec vous pour toujours. (14:16) Le Paraclet, l'Esprit Saint que le

---

[7] Mouslim, *Iman*, 278 ; Ibn Jarir at-Tabari, *Jamiu'l-Bayan fi tafsiru'l-Quran* ; Ibn Kathir, *Al-Bidaya wa'n-Nihaya*, 3 : 139.

Père enverra en mon nom, vous enseignera toutes choses et vous fera ressouvenir de tout ce que je vous ai dit. (14 : 26) Désormais, je ne m'entretiendrai plus guère avec vous, car le prince de ce monde vient. (14 : 30) C'est votre avantage que je m'en aille; en effet, si je ne pars pas, le Paraclet ne viendra pas à vous ; si, au contraire, je pars, je vous l'enverrai. [...] J'ai encore bien des choses à vous dire mais vous ne pouvez les porter maintenant ; lorsque viendra l'Esprit de vérité, il vous fera accéder à la vérité tout entière (16 : 7 – 13).

Je me demande si nous réalisons à quel point il était exceptionnel en tant que chef de famille. Savons-nous comment il a élevé ses enfants et ses petits-enfants, lesquels auraient été de grands leaders s'ils avaient vécu durant les siècles suivants ? Il s'occupait si bien de ses épouses qu'il n'y avait jamais de sérieux désaccords entre elles. Il est au-delà de toute comparaison en tant que père, mari et être humain.

Il y avait de telles vertus dans sa sainte personne, de si hautes qualités dans sa Prophétie et de si précieux mérites dans la religion et la Loi sacrée qu'il prêchait que même ses pires ennemis ne trouvaient rien à lui reprocher. Cet être rassemblant en sa personne la fonction, la religion et les qualités les plus louables, il est sans nul doute le maître, le représentant et la personnification de toutes les perfections et de l'ensemble des plus nobles vertus existant dans la création.

Ce commandant parfait a défié le monde avec une poignée de disciples. Bien qu'il n'ait jamais suivi de formation militaire et qu'il n'ait pas appris les stratégies de guerre, il a repoussé tous ceux qui s'opposaient à ses enseignements sans jamais subir de défaite. Il était si bien informé sur les sciences qu'il fit part à ses disciples de la plupart des grands événements qui allaient survenir jusqu'au Jour Dernier. C'était comme s'il les voyait sur un écran de télévision ou qu'il les lisait d'une tablette invisible.[8]

Il y a quelque temps de cela, un ami m'apporta une cassette vidéo dans laquelle Keith Moore, un embryologiste canadien qui découvrait comment le Coran décrivait le développement de l'embryon humain dans l'utérus, déclarait sa conversion à l'islam. Dans la même cassette, un psychologue japonais qui apprenait que l'islam éclaircissait de nombreux problèmes qui avaient déconcerté plus d'un homme de science moderne, se mettait lui aussi à prononcer tant bien que mal en arabe la profession de foi.

---

[8]   Sahih Mouslim, *Fitan*, 22-25 ; Ibn Hanbal, 1 : 4.

Qui a enseigné tous ces faits scientifiques à Mohammed ? Il ne parlait certainement pas de son propre chef. Tout ce qu'il disait lui était révélé par son Enseignant, Celui qui sait tout et est au courant de tout, l'Omniscient. À mesure que la science avance, l'humanité découvrira un nouvel aspect de sa personnalité et regrettera de ne pas l'avoir connu plus tôt.

Ses Compagnons le connaissaient et l'aimaient plus qu'ils ne s'aimaient eux-mêmes. Ils étaient prêts à sacrifier leurs vies pour le protéger. Par exemple, le Prophète envoya un jour un groupe d'enseignants à la tribu de Houdhayl à leur demande. Les incroyants de Houdhayl trahirent leurs enseignants et les tuèrent presque tous. Zayd ibn Dathina et Khoubaïb furent remis aux Quraychites qui étaient alors ennemis des musulmans.

Alors qu'ils étaient sur le point d'être exécutés, quelqu'un demanda à Zayd : « N'aimerais-tu pas que Mohammed soit à ta place, et toi avec ta famille à Médine ? » Stupéfait, Zayd rétorqua : « Je préférerais être coupé en morceaux plutôt que de le voir à ma place. Je ne voudrais même pas qu'une épine fasse mal à son noble pied en échange de ma libération et de mon retour vers ma famille. »

Khoubayb pria Dieu pour qu'Il transmette son salut et son souhait de paix au Messager et pour qu'Il l'informe de sa loyauté envers lui jusqu'à sa mort. Au même moment, le Prophète lui rendit son salut et fit savoir à ses Compagnons que Khoubayb était en train de tomber martyr.[9]

Soumayra, de la tribu de Dinar, se précipita vers le champ de bataille quand elle entendit que les musulmans avaient subi un revers à Ouhoud. On lui montra les corps de son père, de son mari et de ses fils, mais elle n'y prêta pas attention. Elle ne cessait de demander ce qui était arrivé au Prophète. Quand quelqu'un la conduisit vers lui, elle se jeta à ses pieds et s'exclama : « Tous les malheurs ne sont presque rien à mes yeux, pourvu que vous soyez en vie, ô Messager de Dieu ! »[10]

Il était tellement aimé que ses Compagnons lui auraient sacrifié leurs vies si cela aurait pu lui permettre de vivre pour l'éternité. Mais bien sûr, comme tous les autres êtres créés, il était mortel. Son heure approchait infailliblement et il devait faire ses adieux à ceux qui avaient été ses amis depuis vingt-trois années. Mouadh ibn Jabal faisait la navette entre Médine et le Yémen pour porter les messages du Prophète. Un jour qu'il devait

---

9 Saïd ibn Mansour, *Sunen* 2/349 ; Tabarani, *al-Mujam al Kabir*, 5/260 ; Ibn Kathir, *Al-Bidaya wa'n-nihaya*, 4 : 66.

10 Ibn Kathir, *Al-Bidaya*, 4 : 54 ; al-Haythami, *Majma az-Zawaid*, 6 : 115.

repartir, l'Envoyé de Dieu lui dit : « Ô Mouadh, pars pour le Yémen. Quand tu rentreras, tu visiteras sûrement ma tombe et ma mosquée. » À ces mots, le choc émotionnel fut si intense pour Mouadh qu'il s'effondra sur-le-champ.[11]

Suivre le Prophète Mohammed

Les problèmes de notre époque seront résolus en suivant la voie de Mohammed. Cela a été reconnu par des intellectuels impartiaux d'Orient comme d'Occident. Comme l'a admis Bernard Shaw, l'humanité peut résoudre ses problèmes qui se sont accumulés depuis si longtemps en se tournant vers le Prophète, lui qui trouvait des solutions aux problèmes les plus compliqués avec autant de facilité qu'on en a pour boire une tasse de thé.

L'humanité est dans l'attente du retour de l'esprit « mohammedien », du message de Mohammed. Quand ils se tourneront vers lui pour résoudre leurs problèmes, ils seront sauvés de l'exploitation, libérés de la misère et accèderont à la vraie paix et au vrai bonheur. Ce second réveil a déjà commencé malgré l'aversion des incroyants :

> ... Qui veulent éteindre la lumière de Dieu par leurs calomnies, mais Dieu parachèvera Sa lumière, dussent les infidèles en souffrir ! C'est Lui qui a envoyé Son Prophète pour tracer la voie à suivre et prêcher la vraie religion qu'Il élèvera au-dessus de toute autre croyance, dussent les idolâtres en souffrir !. (61 : 8 - 9)

Dieu rétablira Sa religion et les gens courront vers le Prophète Mohammed. Ils trouveront en lui paix et bonheur. L'humanité finira par apprendre à vivre en sécurité à travers lui, et ils auront l'impression de vivre au Paradis tout en restant dans ce monde éphémère. Ceci arrivera en dépit de la présence d'incroyants, de malfaiteurs, d'hypocrites et de ceux qui refusent de le connaître dans tous les pays. Le prince des prophètes, dont nous proclamons le nom cinq fois par jour du haut des minarets, pénétrera tôt ou tard les cœurs de tous les êtres humains. Et comme le Prophète Mohammed était un homme de paix, l'humanité atteindra le bonheur à travers le message qu'il a apporté : l'islam.

---

[11]   Ibn Hanbal, *Al-Mousnad*, 5 : 235 ; Ibn Hibban, as-Sahis 2 : 414 ; Tabarani, *al-Mujam al Kabir*,20 : 121.

Chapitre 1
Le Prophète envoyé comme une miséricorde

1. La sombre période de l'ignorance

Chaque période de l'histoire caractérisée par l'association de partenaires à Dieu, que ce soit en adorant des idoles, en déifiant des personnes ou en attribuant un pouvoir créateur à la nature et aux causes matérielles, est noyée dans les ténèbres. Quand la croyance en l'unité de Dieu n'existe plus dans les cœurs des hommes, leurs esprits et leurs âmes s'assombrissent, leurs normes changent et ils se mettent à regarder le monde et toutes choses à partir d'un mauvais angle. Le Coran définit cet état moral, spirituel, social et même économique comme « l'ignorance » (*jahiliyya*) :

> *Les actions des mécréants sont encore semblables à des ténèbres sur une mer profonde : des vagues la recouvrent, vagues au-dessus desquelles s'élèvent d'autres vagues, sur lesquelles il y a d'épais nuages. Ténèbres entassées les unes au-dessus des autres. Quand quelqu'un étend la main, il la distingue à peine. Celui que Dieu prive de lumière n'a aucune lumière.* (24 : 40)

Je n'aime pas décrire la fausseté. Il n'est d'ailleurs pas correct d'agir ainsi quand on peut décrire la vérité. Comme le dit Dieu : « Au-delà de la vérité qu'y a-t-il donc sinon l'égarement ? » (10 : 32) Toutefois, je dirai quelques mots sur la période préislamique, appelée l'Ère de l'ignorance, afin de clarifier le sujet. Le Prophète Mohammed est apparu à une époque où les gens avaient perdu toute connaissance de la vraie religion et s'en étaient retournés à l'adoration d'idoles faites de pierre, de terre, de pain, voire de fromage. Comme il est dit dans le Coran :

Ils adorent au lieu de Dieu ce qui ne peut ni leur nuire ni leur profiter et disent : « Ceux-ci sont nos intercesseurs auprès de Dieu ». (10 : 18) Ils s'étaient tellement avilis moralement et intellectuellement, comme le rapporte Abou Dharr al-Ghifari, qu'ils coupaient leurs idoles en morceaux et les mangeaient. La seule excuse qu'ils présentaient était qu'ils ne faisaient que suivre les pas de leurs ancêtres :

> *Et quand on leur dit : « Suivez ce que Dieu a fait descendre », ils disent : « Non, mais nous suivrons les coutumes de nos ancêtres. »* (2 : 170)

> Aussi enterraient-ils leurs filles vivantes : *Et lorsqu'on annonce à l'un d'eux une fille, son visage s'assombrit et une rage profonde l'envahit. Il se cache des gens, à cause du malheur qu'on lui a annoncé. Doit-il la garder malgré la honte ou l'enfouira-t-il dans la terre ? Combien est mauvais leur jugement !* (16 : 58 - 59)

Les femmes étaient méprisées, non seulement dans l'Arabie préislamique mais aussi dans les terres romaines et sassanides. Le Coran déclare ouvertement qu'on demandera des comptes aux hommes : *et qu'on demandera à la fillette enterrée vivante pour quel péché elle a été tuée.* (81 : 8 - 9)

Après que Mohammed avait déclaré sa prophétie, un Compagnon lui raconta ce qu'il avait fait de sa petite fille :

> Ô Messager de Dieu ! J'avais une fille. Un jour j'ai dit à sa mère de l'habiller, car j'allais l'emmener chez son oncle. Ma pauvre femme savait ce que cela signifiait, mais ne pouvait rien faire d'autre qu'obéir et pleurer. Elle a alors habillé sa fille qui était très contente d'aller voir son oncle. Je l'ai emmené près d'un puits et je lui ai demandé de regarder en bas. Pendant qu'elle regardait au fond du puits, je l'y ai poussée. Tandis qu'elle tombait, elle criait « Papa ! Papa ! »

Pendant le récit, le Prophète pleurait à gros sanglots comme s'il venait de perdre l'un de ses plus proches parents.[12]

Les cœurs s'étaient endurcis. Tous les jours un fossé était creusé dans le désert pour enterrer une innocente petite fille. Les êtres humains étaient plus cruels et plus brutaux que des hyènes. Les plus forts écrasaient les plus faibles. La brutalité passait pour de l'humanité, la cruauté

---

[12] Darimi, *Sunan, Muqaddima*, 7 - 8.

était approuvée, les gens sanguinaires étaient exaltés, l'effusion de sang était considérée comme une vertu, et la fornication et l'adultère étaient plus répandus que le mariage légal. La structure familiale s'était écroulée.

L'islam a remplacé cette période ténébreuse. En plus d'éradiquer tous les autres maux, Dieu déclara dans le Coran : *Ne tuez pas vos enfants pour cause de pauvreté. Nous vous nourrissons tout comme eux* (6 : 151).

2. La vie du Messager avant sa prophétie

Le Prophète Mohammed a été élevé sous la surveillance et l'attention de Dieu. Son père Abdoullah étant décédé avant sa naissance, il a dû s'en remettre entièrement à Dieu et se soumettre complètement à Lui. Des années plus tard, il visita la tombe de son père à Médine et pleura toutes les larmes de son corps. À son retour, il dit : « J'ai pleuré pour mon père et j'ai imploré Dieu pour qu'Il le pardonne. »

Avec le décès de son père, Dieu le priva de tout soutien humain et le dirigea ainsi vers la réalisation qu'il n'y a d'autre divinité que Dieu et qu'Il n'a pas d'associés.

Son grand-père et son oncle l'ont protégé autant qu'ils le pouvaient, mais il s'aperçut vite que Dieu était son Seul véritable Protecteur. Il arrivait à discerner la main du Seul Créateur de l'univers et de toutes les causes derrière chaque phénomène et chaque cause et effet. L'unicité de Dieu lui était manifestée à travers l'unité divine : il allait être testé dans ce monde de sagesse où les moyens et les causes matérielles jouent un rôle dans chaque entreprise et où il faut donc utiliser les causes et les moyens matériels adéquats et prendre les mesures nécessaires pour obtenir un quelconque résultat. Il allait devoir se reposer entièrement sur son Seigneur et faire appel à Son aide pour toutes choses, montrant ainsi que seul Dieu crée le résultat et accorde le succès.

Suite au décès de son père, il fut appelé « l'incomparable joyau orphelin ». C'est en référence à cela que Dieu s'adressa ainsi à lui quelques années plus tard :

Ton Seigneur t'accordera certes Ses faveurs, et alors tu seras satisfait. Ne t'a-t-Il pas trouvé orphelin ? Alors Il t'a accueilli! (…) Ne t'a-t-Il pas trouvé pauvre ? Alors Il t'a enrichi. Quant à l'orphelin, donc, ne le maltraite pas. Quant au demandeur, ne le repousse pas. (93 : 5 - 10)

Très tôt, l'incomparable joyau orphelin perdit aussi sa mère, Amina. Quand elle rendit l'âme à Abwa à l'âge de 25 ou 26 ans au retour de sa visite de la tombe de son époux à Médine, Mohammed n'avait que six ans. C'est ainsi qu'il connut la douleur de n'avoir ni père ni mère. En effet, il allait connaître et souffrir toutes choses, car il était envoyé pour tout enseigner à l'humanité et pour être un exemple à tous égards.

Son grand-père, Abdou'l-Mouttalib, un sage Mecquois très respecté, se chargea de sa protection. C'est pour cette raison que Dieu sauva Abdou'l-Mouttalib de toutes sortes de malheurs. Il accueillit à bras ouverts son petit-fils et lui offrit toujours la place d'honneur chez lui.

Il pressentait que Mohammed allait grandir pour sauver l'humanité. Mohammed était si noble et si bien élevé que son grand-père prévoyait déjà sa prophétie. Il n'était pas le seul de ses ancêtres à penser ainsi. Kab ibn Luayy, que certains considèrent comme un Prophète, avait prédit que le dernier messager serait quelqu'un de sa descendance. Il mentionna même son nom :

Le Prophète Mohammed apparaîtra ;
Il annoncera des nouvelles et sera véridique dans ses nouvelles.

Abdou'l-Mouttalib, de qui même la grande armée d'Abraha n'avait pas pu tirer une seule larme, pleurait amèrement sur son lit de mort. Quand son fils Abou Talib lui demanda ce qui n'allait pas, il répondit : « Je pleure parce que je ne pourrai plus embrasser Mohammed » et il ajouta : « J'ai peur qu'un mal ne touche mon joyau incomparable. Je te le confie ».

Abou Talib se chargea de la protection de Mohammed et en retour, son fils Ali allait plus tard être béni par la paternité de la descendance du Prophète. Après être devenu Prophète, le Messager de Dieu dit à Ali : « La descendance de tous les autres Prophètes provenait d'eux-mêmes, mais la mienne viendra de toi. » Ali allait être le père de tous les saints à venir jusqu'au Jour Dernier, et lui-même le plus grand des saints, étant le représentant de la sainteté du Prophète. Telle fut la récompense que reçut Abou Talib pour avoir aidé Mohammed.

Abou Talib fit de son mieux pour protéger Mohammed. Ibn Ishaq, entre autres historiens et biographes, rapporte qu'il emmena son neveu en Syrie dans une caravane marchande quand il avait entre dix et douze ans. Ils s'arrêtèrent près de Damas et, parce qu'il était le plus jeune, le laissèrent pour qu'il garde la caravane. Un moine nommé Bahira observait la caravane depuis son monastère. Attendant l'arrivée du Dernier Prophète, il avait pris l'habitude d'examiner les gens. Il remarqua qu'un nuage suivait la caravane, s'arrêtant et repartant en même temps qu'elle, afin de faire de l'ombre à l'un de ses membres.[13] Il pensa : « Ceci est une caractéristique propre aux prophètes. Le Prophète attendu doit donc être parmi cette caravane. »

Quand la caravane s'arrêta près de son monastère, Bahira invita ses membres à déjeuner. Voyant que le nuage planait toujours au-dessus de la caravane, il demanda à Abou Talib s'ils avaient laissé quelqu'un derrière. Ce dernier répondit qu'ils avaient laissé un jeune garçon pour qu'il surveille leurs affaires. Le moine les pria d'aller le chercher. Quand Mohammed arriva, Bahira prit Abou Talib à part et lui demanda par quel lien il était lié au garçon. « C'est mon fils » répondit-il, mais Bahira contesta en disant : « Il ne peut pas être ton fils. D'après nos livres, son père est sensé être mort avant sa naissance. » Puis il ajouta : « Laisse-moi te donner un conseil. Rentre immédiatement avec ce garçon. Les juifs sont envieux. S'ils le reconnaissent, ils lui feront du mal. » Abou Talib inventa une excuse pour prendre congé des autres membres de la caravane et rentrer à La Mecque avec son neveu.[14]

Le Prophète Mohammed fit un deuxième voyage en Syrie quand il avait vingt-cinq ans avec la caravane marchande de Khadija, une veuve respectable qu'il épousera plus tard. En chemin, il rencontra à nouveau Bahira. Le moine était très content de cette seconde rencontre et lui dit : « Tu seras un prophète, le dernier prophète. Puisse Dieu me permettre de vivre assez pour te voir devenu Prophète. Je te suivrais, porterais tes sandales et te protègerais contre tes ennemis ! »

Un autre événement important dans la vie du jeune Mohammed fut la guerre *fijar* (sacrilège) qui survint, plus tard, au cours de son adolescence. C'était la quatrième guerre qui violait le caractère sacré des mois de Dhu'l-Qada, Dhu'l-Hijja, Mouharram et Rajab et le territoire sacré de La Mecque. La cause immédiate en était la jalousie et l'animosité de deux hommes. L'un appartenait aux Banu Kinana (une branche de la tribu de Qurayche) et l'autre aux Qays-Aylan (un clan important de la tribu de Hawazin). Le futur Prophète, qui allait mettre fin à l'injustice et à l'anarchie,

---

[13] Busiri, dans sa célèbre *Qasida al-Burda* (Poème du manteau) mentionne ainsi cet incident: « Un nuage plane au-dessus de sa tête et le protégé du soleil. »

[14] Ibn Hicham, As-sira an-Nabawiya, 1 : 319 - 322.

aida son oncle Zoubayr ibn Abdou'l-Mouttalib (représentant les Banu Hachim) à ramasser les flèches lancées par l'ennemi.

Un autre événement marquant auquel il prit part fut la rencontre qui se conclut avec le *hilfu'l-fudhul* (l'alliance des vertueux). Cette ligue contre l'injustice était principalement promue par les clans Banu Hachim et Banu Mouttalib. Elle avait été formée afin de garantir la protection des droits des marchands étrangers et d'empêcher que ne se reproduisent des incidents comme celui du Quraychite As ibn Wa'il qui usurpa les biens d'un marchand yéménite, lequel porta plainte auprès des chefs Quraychites qui firent la sourde oreille.

Quand les Banu Hachim, clan de Mohammed, furent au courant de l'incident, ils décidèrent de former le *hilfu'l-fudhul* et d'obliger l'indemnisation du marchand. Ils firent aussi le serment qu'à chaque fois que quelqu'un, citoyen ou étranger à La Mecque, souffrait une injustice, ils offriraient leur soutien jusqu'à ce que justice soit faite. Mohammed fut si impressionné par ses nobles objectifs qu'il dira bien plus tard : « J'ai assisté à la conclusion d'un accord chez Abdoullah ibn Judan. Je n'échangerais cela pour rien au monde. Si quelqu'un y faisait appel en islam, je répondrais. »

L'enfance et la jeunesse de Mohammed étaient le prélude de sa Prophétie. Outre ses autres caractéristiques louables et exaltées, chacun s'accordait sur le fait qu'il était parfaitement digne de confiance et véridique. Jamais il ne mentait, ne trompait, ne manquait à sa parole ni ne participait à des rites païens. Même ses pires ennemis l'appelaient « le Véridique, Digne de Confiance ». Les gens disaient :

> Si vous devez partir en voyage et avez besoin de quelqu'un pour veiller sur votre épouse, confiez-la à Mohammed, car il ne jettera pas le moindre regard sur son visage. Si vous voulez confier vos richesses pour les mettre en sécurité, confiez-les à cet homme honnête et loyal, car il n'y touchera jamais. Si vous recherchez quelqu'un qui ne mente jamais et ne rompe jamais son serment, allez directement voir Mohammed, car quoi qu'il dise est vrai.

Ceux qui le connaissaient depuis qu'il était enfant avaient immédiatement cru en sa Prophétie : Abou Bakr, Othman, Talha, Zoubayr et Yasir parmi tant d'autres. Quand Ammar annonça à son père qu'il croyait au message de Mohammed, ce dernier répondit : « Si Mohammed dit que Dieu est Un, alors c'est vrai. Il ne ment jamais. »

Dans les premiers temps de sa Prophétie, Mohammed convoqua les Quraychites au pied de la colline d'Abou Qoubaïs. Il leur demanda : « Me croiriez-vous si je vous disais qu'une troupe ennemie attendait derrière cette colline pour vous attaquer ? » Tout le monde répondit par l'affirmative, y compris son oncle Abou Lahab qui allait devenir son ennemi le plus acharné.[15]

Alors que l'humanité avait plus que jamais besoin de quelqu'un qui puisse détruire l'incroyance et offrir un nouveau souffle de vie au monde, Dieu fit apparaître Mohammed pour mettre fin à toutes les formes de mal. Selon les paroles d'Ahmad Chawki :

Le soleil de la guidée était né,
Et l'univers entier s'était illuminé.
Un sourire apparut sur les lèvres du temps,
Puis l'on se mit à chanter ses louanges.

Des années plus tard, lorsqu'il apparut à l'horizon de Médine, les enfants purs et innocents de cette ville radieuse chantaient :

La pleine lune se lève sur nous
De derrière les collines de Wada,
Il nous incombe d'être reconnaissants
Tant qu'on invite à Dieu.[16]

3. Le Prophète tant attendu

a. La Torah et les Psaumes

Un jour, un Compagnon demanda à l'Envoyé de Dieu de parler de lui-même. Il dit : « Je suis celui pour l'arrivée duquel Abraham a prié et au sujet duquel Jésus a annoncé la bonne nouvelle. »[17] Ceci est une allusion aux versets coraniques suivants :

---

[15] Boukhari, *Tafsir, 1 : 111*; Mouslim, *Iman*, 355.
[16] Ibn Kathir, *al-Bidaya*, 3 : 241.
[17] Muttaqi al-Hindi, *Kanz al-Ummal*, 11 : 384.

(Abraham pria) : Notre Seigneur ! Envoie l'un des leurs comme messager parmi eux, pour leur réciter Tes versets, leur enseigner le Livre et la Sagesse, et les purifier. Car c'est Toi certes le Puissant, le Sage ! (2 : 129)

Et quand Jésus fils de Marie dit : « ô Enfants d'Israël, je suis vraiment le Messager de Dieu [envoyé] à vous, confirmateur de ce qui, dans la Torah, est antérieur à moi, et annonciateur d'un Messager à venir après moi, dont le nom sera Ahmad ». (61 : 6)

Le Messager de Dieu était très attendu. Tous les prophètes précédents avaient parlé de lui et avaient prédit son arrivée. Le Coran indique explicitement que Dieu a fait un pacte avec les prophètes dans lequel ils attestent qu'ils croiront et aideront le Messager qui viendra après eux et qui confirmera le message qu'ils avaient apporté.[18]

Les versions actuelles de la Torah, de l'Évangile et des Psaumes contiennent toujours des versets faisant allusion au Prophète Mohammed et même à ses Compagnons. Le défunt Houssayn Jisri a relevé 114 allusions et les a citées dans son livre *Risalatu'l-Hamidiya*. Citons quelques exemples, à commencer par : « *Le Seigneur est venu du Sinaï, pour eux il s'est levé à l'horizon du côté de Séïr, il a resplendi depuis le mont de Paran* » (Deutéronome, 33 : 2).

Ce verset se réfère respectivement aux Prophéties de Moïse, de Jésus et de Mohammed. Le Sinaï est le lieu où le prophète Moïse parla à Dieu et reçut la Torah. Séïr, un endroit en Palestine, est là où le prophète Jésus reçut la révélation divine. Paran est là où Dieu Se manifesta à l'humanité pour la dernière fois à travers Sa révélation au Prophète Mohammed.

Paran est une chaîne de montagnes à La Mecque. Elle est mentionnée dans la Torah (Genèse 21 : 19 - 21) comme étant la région désertique où Hajar fut laissée par son époux Abraham pour qu'elle y vive avec son fils Ismaël. Le célèbre puits de Zamzam se trouve là-bas. Comme il est dit dans le Coran (14 : 35 - 37), Abraham laissa Hajar et Ismaël dans la val-

---

[18] *Et lorsque Dieu prit cet engagement des Prophètes: "Chaque fois que Je vous accorderai un Livre et de la Sagesse, et qu'ensuite un messager vous viendra confirmer ce qui est avec vous, vous devez croire en lui, et vous devrez lui porter secours." Il leur dit : "Consentez-vous et acceptez-vous Mon pacte à cette condition ? " - "Nous consentons", dirent-ils. "Soyez-en donc témoins, dit Dieu. Et Me voici, avec vous, parmi les témoins.* (3 : 81)

lée de La Mecque, qui était un lieu inhabité entre les chaînes de montagnes de Paran.

C'est à cause de telles prédictions explicites dans la Torah que les juifs étaient en attente du dernier Prophète et savaient qu'il apparaîtrait à La Mecque.

Le verset du Deutéronome, selon la version arabe publiée à Londres en 1944, continue ainsi : « Il vint avec une myriade de saintes personnes ; dans sa main droite se trouvait une hache de feu à deux tranchants. » Ceci est une référence au Prophète promis qui allait avoir de nombreux Compagnons d'une sainteté du plus haut degré et qui allait avoir l'autorisation – et même l'ordre – de combattre ses ennemis.

Les versets suivants annoncent aussi son arrivée :

Alors le Seigneur me dit [Moïse] : « Ils ont bien fait de dire cela. C'est un Prophète comme toi que je leur susciterai du milieu de leurs frères; je mettrai Mes paroles dans sa bouche, et il leur dira tout ce que je lui ordonnerai. Et si quelqu'un n'écoute pas Mes paroles, celles que le Prophète aura dites en Mon nom, alors Moi-Même Je lui en demanderai compte. » (Deutéronome, 18 : 17 - 19)

Il est clair que dans ces versets qu'*un prophète comme toi que je leur susciterai du milieu de leurs frères* signifie un prophète de la lignée d'Ismaël, car Ismaël était le frère d'Isaac, l'ancêtre des Enfants d'Israël. Le seul prophète qui vint après Moïse et qui lui ressemblait sous beaucoup d'aspects (par exemple, en apportant une nouvelle loi et en déclarant la guerre à ses ennemis) est le Prophète Mohammed. Le Coran y fait allusion : *Nous vous avons envoyé un Messager pour être témoin contre vous, de même que Nous avions envoyé un Messager à Pharaon* (73 : 15).

On rapporte que Abdoullah ibn Amr, un grand ascète à qui le Prophète conseilla de ne pas négliger de s'unir avec son épouse et de ne jeûner qu'un jour sur deux, a dit : « Toutes les communautés des religions précédentes savaient communément que Dieu allait envoyer un nouveau Prophète à l'humanité pour apporter de bonnes nouvelles et pour avertir. J'ai moi-même lu dans la Torah les versets suivants le concernant : Ô Prophète ! Nous t'avons envoyé à l'humanité en tant que porteur de bonnes nouvelles et en tant qu'avertisseur, et comme soutien et refuge pour les gens du peuple. Tu es Mon serviteur et Mon messager. Je t'ai nommé *Moutawakkil* [celui qui se fie à Dieu]. Il n'est pas grossier, ni repoussant, ni coléreux, et ne crie pas dans la rue. Il ne repousse pas le mal par le mal ; au lieu de cela, il excuse et pardonne. Dieu ne retirera pas son âme avant qu'Il n'ait guidé à travers lui la nation égarée vers le droit chemin en déclarant qu'il n'y a de divinité que Dieu. »[19]

Cette narration fut confirmée par Abdoullah ibn Salam et Kab al-Ahbar, les plus grands savants de la communauté juive au temps du Prophète. Tous deux embrassèrent plus tard l'islam.

On lit aussi des versets à propos de Mohammed dans les Psaumes de David :

> Qu'il domine d'une mer à l'autre, et du fleuve jusqu'au bout de la terre ! Les nomades s'inclineront devant lui, ses ennemis lécheront la poussière. Les rois de Tharsis et des Iles enverront des présents ; les rois de Saba et de Séva paieront le tribut. Tous les rois se prosterneront devant lui, toutes les nations le serviront. Oui, il délivrera le pauvre qui appelle, et les humbles privés d'appui. Il prendra souci du pauvre et du faible ; aux pauvres il sauvera la vie : il les défendra contre la brutalité et la violence, il donnera cher de leur vie. Qu'il vive ! On lui donnera l'or de Saba, on priera pour lui sans relâche, on le bénira tout le jour ! Qu'il y ait dans le pays, et jusqu'au sommet des montagnes, une étendue de champs, dont les épis ondulent comme le Liban, et de la ville, on ne verra qu'un pays de verdure. Qu'il se fasse un nom éternel, qu'il le propage sous le soleil, afin qu'on se bénisse l'un l'autre en le nommant et que toutes les nations le disent bienheureux. (Psaumes 72 : 8 - 17)

b. Les évangiles

Avec plus d'insistance et de fréquence que tous les autres Prophètes, Jésus fit bonne annonce de Mohammed. Dans l'Évangile selon Jean, Jésus promet son arrivée en utilisant différents noms :

> C'est votre avantage que je m'en aille ; en effet, si je ne pars pas, le Paraclet ne viendra pas à vous ; si, au contraire, je pars, je vous l'enverrai. Et lui, par sa venue, il confondra le monde en matière de péché, et de justice et de jugement. (Jean, 16 : 7 - 8)

Ici, le Prophète Mohammed est mentionné comme le Paraclet. Ce mot grec signifie « celui qui distingue le vrai du faux » et « celui qui est très

---

[19] Boukhari, *Tafsir*, 48 : 3 ; *Buyu*, 50; Ibn Hanbal, 2 : 174.

loué ». Les exégètes chrétiens lui ont donné divers sens comme « le conseiller » (Nouvelle version internationale par l'*International Bible Society*, placé et distribué par *Gideon's International*), « l'aide » (*American Bible Society*) ou « le consolateur » (*The Company of the Holy Bible*), et soutiennent qu'il s'agit d'une allusion au Saint Esprit. Mais ils n'ont jamais pu établir si le Saint Esprit était venu après Jésus et s'il avait fait ce que Jésus avait prédit qu'il ferait.

Jésus a mentionné et prédit le Paraclet sous d'autres noms mais avec la même fonction, comme on le voit ci-dessous :

> Lorsque viendra le Paraclet que je vous enverrai d'auprès du Père, l'Esprit de vérité qui procède du Père, il rendra lui-même témoignage de moi. (Jean, 15 : 26)

> J'ai encore bien des choses à vous dire mais vous ne pouvez les porter maintenant; lorsque viendra l'Esprit de vérité, il vous fera accéder à la vérité tout entière. Car il ne parlera pas de son propre chef, mais il dira ce qu'il entendra et il vous communiquera tout ce qui doit venir. Il me glorifiera car il recevra de ce qui est à moi et il vous le communiquera. (Jean, 16 : 12 - 14)

Qui d'autre que le Prophète Mohammed est arrivé après Jésus en tant que consolateur qui a réconforté les êtres humains contre la peur de la mort, les angoisses du futur et les maux spirituels de toutes sortes ? En tant que soutien qui a aidé l'humanité à atteindre la paix et le vrai bonheur dans les deux mondes ? En tant que véridique qui a rendu témoignage de Jésus, l'a glorifié en déclarant sa prophétie contre le reniement des juifs et la déification des chrétiens, et a ramené sa religion à sa pureté originelle à travers le Livre qui lui a été révélé ? En tant que véridique qui a permis aux cœurs morts de retrouver vie dans la vérité qu'il a apportée ? En tant que Paraclet qui a distingué la vérité du mensonge et qui s'est efforcé de guider son peuple vers la vérité ? Il est le soleil des deux mondes – le bas-monde et l'au-delà – et le Messager béni par Dieu et par la création.

Quels sont les défauts attribués par certains au Prophète Mohammed, par opposition à Jésus et Moïse et à d'autres prophètes que ceux qui croient en eux persistent à le renier ?

Mawlana Jalal ad-Din ar-Roumi, un grand saint soufi, exprime dans la strophe suivante la bonne annonce du Prophète Mohammed dans l'Évangile :

> *Dans l'Évangile Moustafa est mentionné avec ses attributs.*
> *En lui réside le mystère de tous les prophètes;*
> *Il est le porteur de bonheur.*
> *L'Évangile le mentionne avec sa forme et ses traits extérieurs,*
> *Et aussi avec ses vertus personnelles et ses qualités prophétiques.*

Le Nouveau et l'Ancien Testament, malgré les doutes sur l'authenticité des versions actuelles, contiennent toujours des références au Prophète Mohammed. Nous en avons cité quelques-unes. Si un jour les copies originales ou les copies les moins altérées de la Torah et de l'Évangile sont découvertes, on y lira des références explicites au dernier Messager. Ceci peut être inféré à partir des hadiths qui disent que le christianisme sera purifié de ses éléments empruntés.

c. Beaucoup d'autres attendaient l'avènement du Prophète

En raison des nombreuses prédictions de sa venue prochaine, tout le monde attendait le Prophète Mohammed. Durant cette ère sombre de l'histoire, l'humanité était en attente d'un être qui détruirait l'incroyance et donnerait un nouveau souffle de vie au monde. Le judaïsme et le christianisme, qui étaient à l'origine des religions révélées par Dieu, n'avaient plus rien à offrir. Ceux comme le moine Bahira qui avaient étudié les livres anciens en toute impartialité attendaient avec impatience sa venue.

Beaucoup de Mecquois l'attendaient aussi; parmi les plus importants d'entre eux se trouvait Zayd ibn Amr, l'oncle de Omar ibn al-Khattab. Il avait rejeté l'idolâtrie, menait une vie pure et s'adressait ainsi aux gens : « Il n'y a pas de bien dans les idoles que vous adorez. Je connais une religion qui sera bientôt enseignée et propagée. Elle sera proclamée d'ici quelques années seulement, mais je ne sais pas si je vivrai assez longtemps pour en être témoin. »

D'après Amr ibn Rabia, Zayd fit une description détaillée du Prophète attendu :

J'attends un Prophète qui est sur le point de venir. Il apparaîtra parmi les descendants d'Ismaël et les petits-fils de Abdou'l-Mouttalib. Il est de taille moyenne, ni trop grand ni trop petit. Ses cheveux ne sont ni frisés ni raides. Son nom est Ahmad. Son lieu de naissance est La Mecque. Son peuple le forcera à quitter La Mecque et il émigrera à Yathrib (Médine), où sa religion se propagera. J'ai voyagé de part en part à la recherche de la religion d'Abraham. Cependant, tous les savants juifs et chrétiens à qui j'ai parlé m'ont conseillé de l'attendre. Il est le dernier Prophète ; aucun prophète ne viendra après lui. Il se peut que je ne vive pas assez longtemps pour le voir, mais j'ai cru en lui.

À la fin de son introduction, Zayd dit à Amr ibn Rabia : « Si tu vis assez pour le voir, salue-le de ma part. » Des années passèrent avant que Mohammed ne déclarât sa Prophétie. Amr ibn Rabia, ayant attesté sa foi au Prophète, raconta ce que Zayd lui avait dit et transmit ses salutations. Le Prophète lui rendit son salut et ajouta : « J'ai vu Zayd au Paradis, traînant sa longue robe. »[20]

On comptait parmi ceux qui étaient en quête de la vérité Waraqa ibn Nawfal, un savant chrétien et un cousin paternel de Khadija, l'épouse de Mohammed. Quand la première révélation survint, Khadija en informa Waraqa. Celui-ci lui dit alors : « Mohammed est un homme véridique. Ce qu'il a vu est ce qui arrive au début de toute Prophétie. L'être qui lui est apparu est Gabriel, qui s'était aussi présenté à Moïse et à Jésus. Mohammed sera un prophète. Si je vis assez longtemps pour être témoin de sa déclaration de Prophétie, je croirai en lui et je l'aiderai. »[21]

L'un de ceux qui attendaient le dernier Prophète était le juif Abdoullah ibn Salam. Les juifs étaient tellement sûrs de lui qu'ils l'appelaient « le seigneur, fils d'un seigneur ». Sa grandeur équivalait celle des plus grands Compagnons tels que Omar et Abou Bakr. D'ailleurs Dieu allait estimer son témoignage de foi au Coran comme égal à celui de tout un peuple. Voici le verset le concernant :

Dis : « Que direz-vous si cette révélation s'avère venir de Dieu et vous n'y croyez pas, qu'un témoin parmi les fils d'Israël en atteste la conformité [à la Torah] et y croit pendant que vous, vous le

---

20 Ibn Kathir, *Al-Bidaya*, 2 : 223.
21 Boukhari, *Badiu'l-Wahy*, 3.

repoussez avec orgueil... En vérité Dieu ne guide pas les gens injustes ! » (46 : 10)

Ce grand Compagnon décrit comment il trouva le Prophète :

Quand le Messager de Dieu a émigré à Médine, je suis allé le voir, comme le faisait tout le monde. Il était assis au milieu d'un groupe de gens et quand je suis entré je l'ai entendu dire : « Donnez à manger aux autres et saluez-les. » Sa parole était si douce et son visage si charmant que je me suis dit : « Je jure par Dieu qu'un homme avec un tel visage ne peut pas mentir. » Sans tarder, j'ai déclaré ma croyance en lui.[22]

Les juifs et les chrétiens de cette époque reconnurent le Messager de Dieu. Comme le dit le Coran, *ils le reconnaissent comme ils reconnaissent leurs enfants* (2 : 146). Après sa conversion, Omar demanda à Abdoullah ibn Salam s'il avait reconnu le Messager de Dieu. « Je l'ai reconnu », dit Ibn Salam puis ajouta : « Il se peut que je doute de mes enfants et de la fidélité de mon épouse, mais je n'ai aucun doute sur le fait que le Messager de Dieu est le dernier Prophète. »[23]

Bien que les juifs et les chrétiens l'aient reconnu, la plupart l'enviaient et ne croyaient pas en lui à cause de leur envie et de leurs préjugés :

Et quant leur vint de Dieu un Livre confirmant celui qu'ils avaient déjà - alors qu'auparavant ils cherchaient la suprématie sur les mécréants - quand donc leur vint cela même qu'ils reconnaissaient, ils refusèrent d'y croire. Que la malédiction de Dieu soit sur les mécréants ! (2 : 89)

Après sa conversion, Abdoullah ibn Salam dit à l'Envoyé de Dieu : « Ô Messager de Dieu ! cache-moi dans un coin, puis convoque tous les savants juifs de Médine pour leur demander ce qu'ils pensent de mon père et de moi. Leurs évaluations seront certainement positives. Ensuite laisse-moi apparaître et déclarer ma conversion. » Le Prophète accepta cette proposition.

Quand les savants juifs furent rassemblés, le Messager de Dieu s'enquit de moi et de mon père auprès d'eux. Tous répondirent : « Ils font par-

---

22   Ahmad ibn Hanbal, *Mousnad*, 5 : 451.
23   Ibn Kathir, *Tafsir*, 1 : 140.

tie de nos gens les plus nobles et les plus érudits. » Sur ce, le Messager deman-da : « Comment réagiriez-vous s'il me reconnaissait comme Prophète ? » Ils rétorquèrent : « Cela est impossible ! » C'est à ce moment-là qu'Ibn Salam sortit de sa cachette et déclara sa conversion, sur quoi les savants juifs changèrent immédiatement d'attitude et lancèrent : « Ibn Salam est le plus mauvais d'entre nous, fils du plus mauvais ! »[24]

Le Prophète Mohammed était quelqu'un qui avait été recherché depuis des siècles. Salman al-Farisi était l'un de ces « chercheurs ». D'origine parsie (un adorateur du feu), il quitta la Perse dont il était natif afin d'as-souvir sa soif de vérité éternelle. Avant d'embrasser l'islam, il travailla pour plusieurs moines, le dernier lui ayant donné ces derniers conseils sur son lit de mort :

Mon garçon, il ne reste personne à qui je puisse te recommander. Mais selon ce que nous avons lu dans nos livres, le dernier Prophète est sur le point d'apparaître. Il viendra avec le credo pur d'Abraham et apparaîtra à l'endroit vers lequel Abraham émigra. Néanmoins, il émigrera vers un autre lieu où il s'installera. Il y a des signes explicites de Prophétie. Par exemple, il ne se nourrira pas de la cha-rité mais acceptera les présents, et le sceau de la Prophétie sera situé entre ses épaules.

Maintenant, laissons Salman raconter le reste de l'histoire :

Je rejoignis une caravane qui se rendait au lieu mentionné par le défunt moine. Quand j'arrivai à Wadi al-Qura, ils me vendirent comme esclave à un juif. Quand je vis des jardins de palmiers-dattiers, je crus que le Prophète émigrerait à cet endroit-là. Alors que je tra-vaillais là-bas, un autre juif de la tribu des Banu Qouraydha m'ache-ta et m'emmena à Médine. Je commençai à travailler pour lui dans sa palmeraie. Il n'y avait toujours pas de nouvelle du Messager de Dieu. Mais un jour, tandis que je récoltais des dattes, un cousin de mon maître juif arriva en toute hâte. Il dit dans un éclat de colère : « Bon sang ! Les gens se ruent vers Qouba. Un homme de La Mecque qui prétend être Prophète y est venu. Ils croient qu'il est vraiment Prophète. »

[24] Boukhari, *Anbiya*,1 ; *Manaqibu'l-Ansar*, 45.

Je me mis à trembler d'émotion. Je descendis de l'arbre et je demandai : « De quoi parlez-vous ? » Mon maître remarqua ma vive émotion et me gifla avec le revers de sa main en disant : « Ça ne te regarde pas, occupe-toi de tes affaires ! »

Le même jour, quand le soleil se couchait, j'allai le voir à Qouba et je lui donnai en aumône la nourriture que j'avais apportée. Le Messager de Dieu n'y toucha pas, mais dit à ceux qui l'entouraient : « Servez-vous. » Je me dis alors : « C'est le premier signe. » Plus tard je décidai de lui offrir un cadeau. Il l'accepta et en mangea avec ses Compagnons. « Ceci est le deuxième signe », me dis-je.

Un jour, j'assistais aux funérailles d'un Compagnon qui venait de mourir. Je m'approchai du Messager de Dieu dans le cimetière. Après l'avoir salué, je me tins derrière lui dans l'espoir de voir le sceau de la Prophétie. Ses épaules étaient nues et le sceau était exactement là où le moine m'avait indiqué. Je ne pus m'empêcher de l'embrasser en pleurant, après quoi je lui racontai mon histoire. Il était très content et voulais que ses Compagnons l'écoutent aussi.[25]

Les gens qui le cherchaient sincèrement finissaient par le trouver. Quiconque le recherche vraiment le trouvera, tandis que ceux qui s'obstinent et se laissent diriger par leur mauvais ego se noieront dans l'incroyance et l'hypocrisie. Mughira ibn Chuba relate :

Un jour j'étais avec Abou Jahl à La Mecque. Le Messager de Dieu vint à nous et nous invita à embrasser l'islam. Abou Jahl le réprimanda ainsi : « Si tu fais cela pour que nous témoignions devant Dieu dans l'autre monde que tu as accompli ta mission de Prophète, nous le ferons. Alors maintenant, ô homme, laisse-nous tranquille ! » Quand le Messager de Dieu nous quitta, je demandai à Abou Jahl s'il admettait la Prophétie de Mohammed. Il dit que oui et ajouta : « Je sais qu'il est vraiment Prophète. Toutefois, nous rivalisons en toutes choses avec les Hachémites. Ils se vantent de fournir l'eau et la nourriture des pèlerins. Alors s'ils se mettent maintenant à se vanter d'avoir un Prophète, je ne pourrais pas le supporter. »[26]

Ce genre d'attitude est typique des personnes comme Abou Jahl du passé et d'aujourd'hui. Les gens intelligents qui n'ont pas de préjugés et

25 Ibn Hicham, *Sira*, 1:228-34.
26 *Kanz al-Ummal,* 14 : 39-40 ; Ibn Kathir, 3 : 83.

dont la volonté n'est pas paralysée ne peuvent s'empêcher de croire à l'islam et au Messager de Dieu. À cet égard, Dieu dit à Son saint Messager : *Nous savons qu'en vérité ce qu'ils disent te chagrine. Or, vraiment ils ne croient pas que tu es menteur, mais ce sont les signes de Dieu que les injustes renient* (6 : 33).

Comment pourraient-ils l'accuser de menteur, lui qui était connu de tous sous le nom de *Al-Amin* (le véridique) ? Le témoignage de l'un de ses pires ennemis, Utba ibn Abi Rabia, prouve que même ses ennemis reconnaissaient sa probité.

Les chefs Quraychites se réunirent pour discuter des moyens d'empêcher la propagation de l'islam. Ils envoyèrent Utba dans l'espoir qu'il puisse convaincre le Messager d'arrêter. Il demanda : « Ô Mohammed ! Qui est le meilleur, toi ou ton père ? » Le Messager de Dieu ne répondit pas, le silence étant probablement la meilleure réponse à une question aussi absurde. Utba reprit : « Si ton père était mieux que toi, il n'a évidemment pas pu suivre la religion que tu prêches. Si, au contraire, tu es mieux que ton père, alors je suis prêt à écouter ce que tu as à dire ».

Le Messager de Dieu demanda : « Est-ce tout ce que tu voulais dire ? » Utba acquiesça et resta silencieux. Alors le Messager de Dieu s'agenouilla et se mit à réciter la sourate *Fussilat*. Au moment où il arriva au verset *S'ils s'en détournent, alors dis-leur : « Je vous ai averti d'une foudre semblable à celle qui frappa les Aad et les Thamud »* (41 : 13), Utba tremblait comme s'il avait de la fièvre. Il dut mettre ses mains sur les lèvres de l'Envoyé de Dieu et dit : « Arrête s'il te plaît ! Au nom du Dieu en qui tu crois arrête ! » Utba rentra chez lui abasourdi.

Les chefs Quraychites l'attendaient anxieusement. Craignant que Utba ait pu accepter l'islam, Abou Jahl frappa à sa porte et, une fois entré, irrita Utba en disant : « J'ai entendu dire que Mohammed t'a traité avec beaucoup de générosité et qu'il t'a offert un festin, et en retour tu as cru en lui. C'est ce que les gens disent. » En colère, Utba répondit :

Tu sais que je n'ai pas besoin de ses générosités. Je suis plus riche que vous tous. Ce sont ses mots qui m'ont frappé. Ce n'était pas de la poésie et ça ne ressemblait pas non plus à des paroles de devins. Je ne sais pas comment je devrais réagir. C'est quelqu'un d'honnête. Quand j'écoutais sa récitation, j'ai eu peur que ce qui est arrivé aux Aad et aux Thamud nous arrive aussi.[27]

Ils étaient en attente d'un Prophète depuis très longtemps. Tout le monde connaissait le caractère d'Al-Amin et personne ne l'avait jamais entendu mentir. Ils étaient sous le charme de sa personnalité et de l'éloquence du Coran, mais ne pouvaient surmonter leur fierté et leur arrogance, ni leur envie et leur rivalité, afin de pouvoir proclamer leur croyance. Aussi n'arrivaient-ils pas à accommoder leurs habitudes et leur style de vie à son message. N'en est-il pas de même de tous ceux qui, connaissant la vérité, persistent dans l'incroyance ?

---

[27] Ibn Kathir, 3 : 80 – 81 ; Ibn Hicham, 1 : 313.

Chapitre 2
Pourquoi les prophètes
ont-ils été envoyés ?

1. Pour illuminer le chemin de l'humanité

Notre plus grand problème aujourd'hui est que beaucoup de gens ne reconnaissent pas le Prophète Mohammed et que d'autres négligent ou refusent de suivre son chemin. Dieu envoya Mohammed, tout comme Il a envoyé tous les prophètes précédents, pour illuminer notre voie :

> *Dieu a été d'une extrême bonté envers les croyants en choisissant parmi eux un prophète pour leur réciter les versets divins, les purifier de leurs péchés et leur enseigner le Livre et la sagesse, bien qu'ils fussent autrefois dans un égarement manifeste.* (3 : 164)

Dieu envoya des messagers pour guider les gens à la vérité afin qu'ils puissent être purifiés de tout péché. Ceux qui furent éclairés par les messagers trouvèrent la voie de la Présence Divine et atteignirent le plus haut rang de l'humanité. Selon Ibrahim Haqqi : « Dieu déclara qu'Il ne pouvait être contenu par la terre et les cieux. Il ne peut être connu et atteint qu'à travers les cœurs. » C'est pourquoi les prophètes guidaient l'humanité à la connaissance de Dieu.

Ceux qui suivent ce chemin sont touchés par Lui dans le plus profond de leur être, qu'on l'appelle cœur, âme ou conscience, car c'est la seule chose qui puisse saisir Dieu dans Son intégralité. Les esprits ne peuvent pas Le comprendre et la philosophie ne peut pas L'atteindre. Par conséquent, les prophètes purifiaient les âmes afin qu'elles puissent être des miroirs dans lesquels Dieu pourrait Se manifester. Le Prophète Mohammed nous a laissé le Coran et la Sunna afin de nous montrer comment vivre de façon à atteindre le but pour lequel les Prophètes ont été envoyés.

Il convient de souligner ici les trois points suivants : *Premièrement*, les prophètes n'étaient pas des hommes ordinaires. Ils étaient plutôt des personnes choisies à travers lesquelles Dieu Se manifestait. Dieu les choisissait et portait une attention particulière à leur éducation afin qu'ils cherchent toujours à gagner Son agrément. Comme ses prédécesseurs, le Prophète Mohammed était toujours à la poursuite de l'approbation et de l'agrément de Dieu. Ses derniers mots furent : « *Allahoumma fî Rafîq'al-Ala* (Ô Dieu ! Vers la plus haute Compagnie !) » Son épouse Aïcha rapporte ainsi ses derniers moments : J'étais avec lui pendant ses derniers soupirs. Chaque fois qu'il tombait malade, il me demandait de prier pour lui et, escomptant que ma prière serait acceptée à travers la bénédiction de sa noble main, je tenais sa main et je priais. Durant sa dernière maladie, je voulus faire pareil et prier, quand il retira soudain sa main et dit : « Fî Rafîq al-Ala ! »[28]

Deuxièmement, le monde n'a jamais été privé de successeurs de la mission prophétique qui consacrent leurs vies à prêcher et à enseigner la vérité. L'on doit chercher ce que les prophètes cherchaient, prêcher ce que les prophètes prêchaient, et les suivre scrupuleusement en enjoignant et en répandant le bien, et en interdisant et en arrêtant le mal.

Troisièmement, la mort n'est pas l'annihilation totale mais plutôt un changement de monde sans se séparer complètement de celui-ci. La mort des prophètes est spéciale. Dans le cas des martyrs, dont le rang spirituel est inférieur à celui d'un prophète, le Coran dit : *Et ne dites pas de ceux qui sont tués dans le sentier de Dieu qu'ils sont morts. Au contraire ils sont vivants, mais vous en êtes inconscients* (2 : 154). En conséquence, on ne peut pas dire que les prophètes soient morts. Ainsi le Prophète Mohammed n'est pas mort au sens où on l'entend communément. Il a seulement changé de lieu et est passé dans une autre dimension ou un autre degré de vie.

Ceux qui peuvent pénétrer d'autres dimensions avec leurs facultés intérieures ressentent différentes dimensions du temps et de l'espace, voient différentes créatures et regardent les choses et les événements à

---

[28] Boukhari, *Maghazi*, 83 ; Mouslim, *Salam*, 50,51; Abou Dawoud, *Tib*, 19.

partir de points de vue différents. L'on considère les choses et les événements en fonction du niveau dans lequel on se trouve.

Ceux qui s'élèvent assez pour voir toutes les dimensions de ce niveau voient leurs champs de vision s'élargir au fur et à mesure qu'ils montent plus haut. Ainsi leur capacité et leur jugement de toutes choses deviennent plus complets. De telles personnes peuvent à la fois être assises à nos côtés et être en présence du Messager de Dieu. Tout en priant avec nous, elles peuvent aussi très bien diriger la même prière pour des anges dans l'au-delà. Il existe une classe particulière de saints appelés substituts (abdal). Quand l'un d'eux meurt, il ou elle est immédiatement remplacé par un nouveau saint qui peut voir le Prophète chaque fois qu'il le désire. Jalal ad-Din as-Suyuti, un savant du XVIe siècle, a dit : « J'ai vu le Messager de Dieu vingt-huit fois alors que j'étais éveillé. »

2. Pour guider les gens vers la servitude à Dieu

Dieu déclare dans le Coran : *Je n'ai créé les djinns et les hommes que pour qu'ils M'adorent* (51 : 56).

Nous n'avons pas été créés que pour manger, boire et se reproduire ; ces choses sont des besoins et des faits naturels de la vie. Notre but principal est de connaître Dieu, de L'adorer et de Le servir. Tous les prophètes ont été envoyés pour nous apprendre à faire cela : *Et Nous n'avons envoyé avant toi aucun messager à qui Nous n'ayons révélé : « Point de divinité en dehors de Moi. Adorez-Moi donc »* (21 : 25), et :

> *Nous avons envoyé dans chaque communauté un messager pour leur dire : « Adorez Dieu et écartez-vous du Taghut ». Alors Dieu en guida certains, mais il y en eut qui ont été justement destinés à l'égarement* (16 : 36).

Les prophètes ont été envoyés afin de nous guider vers la servitude à Dieu. Leurs missions étaient identiques. Toutefois, si les prophètes précédents ont été envoyés à leurs propres peuples et pour une période donnée, le Prophète Mohammed a lui été envoyé comme une miséricorde pour toute l'humanité et les djinns, et pour toujours.

Selon un hadith authentique, Ibn Massoud rapporte que le Prophète prêchait aux djinns :

Un jour, le Messager de Dieu et moi allâmes quelque part. Il traça un cercle autour de moi et me dit de ne pas en sortir tant qu'il ne serait pas revenu. Il partit et après quelques instants, j'entendis un grand bruit de l'autre côté. Je me demandais si quelque mal lui était arrivé, mais comme il m'avait demandé de rester dans le cercle jusqu'à son retour, je lui obéis. Quelques temps plus tard, il revint et je l'interrogeai à propos du tumulte. Il répondit : « Les djinns ont cru et m'ont fait serment d'allégeance. Quand certains d'entre eux persistèrent dans l'incroyance, un combat éclata. Les bruits que tu entendais venaient de ce combat. Cela implique que ma vie va bientôt prendre fin. »[29]

Dans cette dernière phrase, le Messager de Dieu indique qu'il a été envoyé pour ouvrir la voie à la guidance de l'humanité et des djinns. Une fois qu'il aurait fait cela, il ne resterait plus de raison pour qu'il continue à vivre, car il aurait accompli sa mission. Cela implique aussi que les croyants ne doivent jamais négliger leurs devoirs essentiels ici et qu'ils doivent prier comme l'a enseigné le Prophète : « Ô Dieu, fais-moi mourir si la mort est un bien pour moi; sinon, fais-moi vivre aussi longtemps que la vie m'est un bien ! »[30]

3. Pour enseigner aux gens les lois de Dieu

L'un des autres objectifs de l'envoi de prophètes est de révéler les commandements divins (par exemple, les cinq prières quotidiennes, le jeûne du Ramadan, le paiement de la zakat, l'abstinence de toutes relations sexuelles illicites, de l'alcool, des jeux de hasard, etc.). On appelle cette fonction de Messager « l'Apostolat ». Selon le Coran : *Ceux qui communiquent les messages de Dieu, Le craignent et ne redoutent nul autre que Dieu* (33 : 39). De plus, Dieu s'adressa ainsi à Mohammed :

> *Ô Messager, transmets ce qui t'a été descendu de la part de ton Seigneur. Si tu ne le faisais pas, alors tu n'aurais pas communiqué Son message. Et Dieu te protégera des gens. Certes, Dieu ne guide pas les gens mécréants.* (5 : 67)

---

[29] Tabari, *Jamiu'al-Bayan*, 24 : 33 ; Ibn Hanbal, *Mousnad*,1 : 499.
[30] Boukhari, *Mardha*, 19; Mouslim, *Dhikr*, 10.

Le Messager a été envoyé pour éclairer l'humanité dans toutes les dimensions de la vie humaine. Toute négligence dans la communication du message reviendrait à laisser l'humanité dans les ténèbres. C'est pour cela qu'il recherchait sans cesse des esprits et des cœurs purs auxquels il pourrait transmettre le message de Dieu.

Le Messager de Dieu n'a vraisemblablement parlé de l'islam que peu de fois à des gens comme Abou Bakr et Omar avant leur conversion à l'islam. Or pour des gens comme Abou Jahl, c'était une toute autre histoire. Chaque fois qu'il les rencontrait, il leur disait : « Proclamez qu'il n'y a de dieu que Dieu et vous serez sauvés. » Il visitait les lieux où les gens se rassemblaient pour y faire le même appel. Il y avait parfois de grandes foires à La Mecque et dans des endroits à proximité comme Arafat, Mina, Muzdalifa et Aqaba. Il y allait tous les ans pour y trouver des gens réceptifs.

Quand l'indifférence des polythéistes mecquois se transforma en dérision et en moquerie, et s'accompagna de plus en plus de persécutions, de tortures et de boycotts insupportables, le Messager de Dieu prit Zayd ibn Haritha avec lui et partit à Ta'if. Or les habitants de cette ville le traitèrent aussi durement que les autres. Les enfants s'alignèrent sur les deux côtés de la route et lui lancèrent des pierres. Parce qu'il ne portait aucune armure, le temps qu'il ait quitté la ville et ait trouvé un arbre sous lequel se reposer, il était en sang. Il leva les mains et supplia :

> Ô Dieu ! Je me plains à Toi de mon impuissance, de mon manque de moyens et d'importance devant ces gens. Ô le plus Miséricordieux des miséricordieux ! Tu es le Seigneur des opprimés et Tu es mon Seigneur. À qui me confies-tu ? Est-ce à cet étranger qui me regarde de travers ? Ou à cet ennemi à qui Tu as donné la domination sur moi ? Mais tout cela m'est indifférent pourvu que tu ne sois pas en colère contre moi. Ta grâce m'est plus désirable que tout le reste. Je cherche refuge en la lumière de Ton visage par laquelle Tu dissipes les ténèbres et redresses pour le mieux les affaires de ce monde et celles de l'au-delà, contre toute descente de Ton courroux ou décharge de Ton indignation sur moi. J'attends Ton pardon jusqu'à ce que Tu sois satisfait. Il n'y a de force et de pouvoir qu'en Toi.

Après avoir dit cela, il remarqua un plateau qui avait été posé devant lui. Addas, un chrétien de Ninive, avait vu depuis le vignoble dans lequel il travaillait le Messager de Dieu être lapidé et tourmenté. Il avait mis quelques grappes de raisins sur un plateau qu'il avait apporté pour lui. Le Messager de Dieu dit « Au nom de Dieu » (*Bismillah*) et commença à manger. Cela surprit Addas, car c'était la première fois qu'il entendait cette phrase dans cette région dominée par les polythéistes. Alors il demanda au Messager qui il était et pourquoi il était venu à Ta'if. Quand il entendit la réponse « Je suis Mohammed, de La Mecque, le dernier prophète », Addas dit les larmes aux yeux : « Dieu a fait que je te trouve », puis il embrassa l'islam.[31]

Le Prophète Mohammed se concentrait entièrement à sa mission. Il s'ensuivit que le cercle de lumière s'élargit jour après jour et la faction de l'incroyance devint de plus en plus frustrée : *Ils veulent éteindre avec leurs bouches la lumière de Dieu, alors que Dieu ne veut que parachever Sa lumière, quelque répulsion qu'en aient les mécréants* (9 : 32). Quand il s'aperçut qu'il ne restait plus rien à faire à La Mecque, il émigra à Médine et y continua sa mission. Là, il devait faire face à un différent problème : des communautés établies de juifs hostiles et, à la fin, une colonne d'hypocrites qui allait s'allier à ses ennemis.

Durant la vingt-troisième année de sa mission, il commença à sentir que sa vie arrivait à sa fin. Il avait fait le petit pèlerinage (*umra*) plusieurs fois, mais n'avais jamais fait le grand pèlerinage (*hajj*). Il parvint à le faire à la fin de cette année-là. Après avoir gravi le mont Arafat à dos de chameau, il prêcha ce qu'on appelle aujourd'hui le Sermon d'Adieu. Il y souligna que les vengeances et les transactions basées sur l'intérêt étaient interdites et rappela les droits qu'avaient les femmes. Il parla aussi des liens de famille et des relations tribales et nationales.

Une grande assemblée l'écoutait en larmes. Pendant son sermon, il leur demandait souvent s'il avait bien transmis le Message de Dieu. À chaque réponse positive, il levait son index vers le ciel et disait : « Ô Dieu, sois témoin ! »[32] Il se peut qu'il ait pensé, dans une conscience profonde de sa servitude à Dieu : « Dieu m'a envoyé pour que j'accomplisse mon devoir de Messager. Tout comme ces gens se portent témoins de l'accomplissement de mon devoir, j'espère être considéré comme l'ayant vraiment accompli. » Ainsi était-il prêt à rencontrer Dieu dans une parfaite satisfaction.

---

[31] Ibn Sad, *at-Tabaqatu'l-Kubra*, 1 : 211 – 212 ; Ibn Hicham, *As-Sira an-nabawiya*, 2 : 266-669 ; Ibn Kathir, *al-Bidaya*, 3 : 136.

[32] Mouslim, *Hajj*, 147 ; Ibn Maja, *Manasik*, 76, 84 ; Abou Dawoud, *Manasik*, 56.

4. Pour montrer l'exemple

Les prophètes ont été envoyés pour servir d'exemples qui doivent être suivis consciencieusement. Après avoir mentionné les prophètes dans la sourate *Anam*, Dieu dit à son dernier Messager : *Voilà ceux que Dieu a guidés : suis donc leur direction* (6 : 90). Et l'on nous demande en particulier de suivre l'exemple de Mohammed : *En effet, vous avez dans le Messager de Dieu un excellent modèle à suivre, pour quiconque espère en Dieu et au Jour dernier et invoque Dieu fréquemment* (33 : 21).

Le Messager de Dieu est notre leader. De même que nous prions comme il priait, nous devons nous efforcer de vivre comme il vivait. Ceux qui le suivirent durant le premier siècle de l'ère islamique étaient de réels représentants de la véritable vie islamique. L'Envoyé de Dieu dit d'eux :

> Les armées musulmanes arriveront, après moi, aux portes des villes. On leur demandera : « Est-ce que l'un de vous a déjà vu le Prophète ? » La réponse sera affirmative et les portes s'ouvriront à eux. Ceux qui leur succéderont feront aussi le jihad et seront de même interrogés : « Est-ce que l'un de vous a déjà vu ceux qui ont vu le Prophète ? » Ils répondront par l'affirmative et ils conquerront ces villes. Quant à la troisième génération, on leur demandera : « Est-ce que l'un de vous a déjà vu ceux qui ont vu les disciples des Compagnons du Prophète ? » Quand cette question aura une réponse affirmative, leur conquête sera couronnée de succès.[33]

Dans un autre hadith rapporté par Boukhari et Mouslim, le Messager de Dieu dit : « Les meilleurs de ma nation sont ceux de ma génération, puis ceux qui leurs succéderont, puis ceux qui suivront ces derniers. »[34]

Ces trois générations ont scrupuleusement suivi le Prophète et, grâce à cela, ont obtenu de grandes victoires à travers le monde. Moïse les avait prédites : « Les bannières des saintes personnes sont entre leurs mains. »[35] Les « saintes personnes » sont les Compagnons de Mohammed et ceux qui suivent leur chemin à chaque époque.

Selon un hadith, bien que sa chaîne de transmission soit faible, le Messager de Dieu déclare : « Les savants pieux de ma nation ressemblent

---

[33] Boukhari, *Fadha'il al-Ashab*, 1 ; Mouslim, *Fadha'il as-Sahaba*, 208 - 9.

[34] Boukhari, *Fadha'il al-Ashab*, 1 ; Mouslim, *Fadha'il as-Sahaba*, 212.

[35] Ibrahim al-Halabi, *Sira*, 1 : 218.

aux prophètes des Enfants d'Israël. »[36] Parmi eux, Omar se soumit à Dieu si sincèrement que, en tant que serviteur de Dieu, il fut bien plus efficace que ce qu'on aurait pu espérer de lui. C'est pendant son califat que l'Iran, l'Iraq et l'Égypte furent conquis. Les armées musulmanes œuvrèrent à travers un large territoire et furent dirigées par de grands commandants tels que Abou Ubayda ibn al-Jarra, Churahbil ibn Hassana, Sad ibn Abi Waqqas, Amr ibn al-As, et Yazid ibn Abi Soufyan.

Jérusalem fut aussi conquis pendant son califat. Quand le commandant suprême des musulmans demanda aux prêtres de leur donner les clés de la ville, ils répondirent : « Nous ne voyons pas parmi vous celui à qui nous devons déposer les clés. » Ils avaient lu dans leurs livres religieux la description de l'homme qui serait qualifié pour recevoir les clés.

Alors les prêtres et les commandants musulmans attendirent pendant que Omar et son serviteur arrivaient à Jérusalem au moyen d'un chameau qu'ils montaient à tour de rôle. Bien que Omar régnât sur un vaste territoire, il ne possédait pas de chameau. Il avait emprunté celui-là à la trésorerie de l'État et s'était mis en route avec son serviteur. Quand ils approchèrent du fleuve du Jourdain, les commandants qui l'attendaient de l'autre côté étaient très anxieux et priaient : « Ô Dieu, fais que Omar soit à dos de chameau quand ils traverseront le fleuve, car ces Romains aiment le faste et la parade. Peut-être ne nous estimeront-ils pas s'ils voient le calife marcher en tenant les brides d'un chameau sur lequel se trouve un serviteur. » Mais Dieu avait destiné cette dernière mise en scène. Quand Omar s'approcha, les prêtres remarquèrent, entre autres choses, des morceaux cousus sur sa robe. C'était bien l'homme qui avait été décrit dans leurs livres et ils lui remirent donc les clés de Jérusalem.

Omar ne dévia jamais de la voie du Messager de Dieu. Alors qu'il était sur son lit de mort après avoir été poignardé par un esclave parsi, il refusait de boire et de manger parce qu'il était trop faible. Cependant, il priait toujours quand l'heure de la prière arrivait, même si cela faisait saigner ses blessures. Il disait : « Ceux qui ne prient pas n'ont rien à voir avec l'islam. »[37] Disciple exemplaire du Messager de Dieu, il allait lui-même devenir un exemple suivi par les générations suivantes.

[36] Ajluni, *Kachf al-Khafa*, 2 : 83.
[37] Ibn Sad, *Tabaqatu'l-Kubra*, 3:350; Haythami, *Majma az-Zawaid*, 1 : 295.

5. Pour établir l'équilibre

À une époque où certains vivaient reclus dans des monastères tandis que d'autres étaient plongés dans le luxe, le Prophète Mohammed apparut avec des instructions coraniques : *Et recherche à travers ce que Dieu t'a donné, la Demeure dernière. Et n'oublie pas ta part en cette vie* (28 : 77).

Tous les prophètes sont venus pour établir l'équilibre entre la vie spirituelle et matérielle, la raison et l'âme, l'indulgence et l'abstinence, ce monde et l'autre. Tandis que nous devons proclamer tout ce que Dieu nous a octroyé pour montrer notre gratitude et Le louer (*Et quant au bienfait de ton Seigneur, proclame-le* [93 : 11]), nous ne devons pas oublier que nous aurons à rendre compte de chaque bien dont nous jouissons (*Puis, assurément, vous serez interrogés ce jour-là sur les délices* [102 : 8]).

Le Prophète inculqua ce principe si profondément dans les cœurs de ses Compagnons qu'on pouvait le voir dans tous les aspects de leurs vies. Par exemple, un jour, lors de la rupture du jeûne du Ramadan, on offrit un verre d'eau froide à Abou Bakr, le premier calife. Il avait à peine bu une gorgée qu'il éclata soudain en sanglots et s'arrêta de boire. Quand on lui demanda pourquoi et il répondit : « Une fois, j'étais avec le Messager de Dieu. Il agissait comme s'il repoussait quelque chose de la main en disant : ' Reste loin de moi ! ' Je lui demandai ce qu'il faisait et il m'expliqua : ' Le monde m'est apparu sous une forme idéale, avec tout son apparat et son luxe. Je l'ai repoussé en disant ' Laisse-moi, tu ne peux pas me séduire '. Cela s'est retiré et m'a dit : ' Je ne peux pas te conquérir, mais je jure par Dieu que je m'emparerai de ceux qui viendront après toi. ' Après avoir relaté cet événement, Abou Bakr conclut : À l'instant, j'ai cru que le monde me tentait avec un verre d'eau froide et j'ai pleuré. »[38]

Abou Bakr et la plupart des Compagnons menaient une vie équilibrée malgré le fait qu'ils avaient la possibilité de vivre dans le confort.

6. Pour être les témoins de Dieu

Les prophètes ont aussi été envoyés afin que les gens ne puissent pas invoquer l'excuse de l'ignorance dans l'au-delà. À ce propos, Dieu dit : *Tous ces prophètes ont eu pour mission d'annoncer la bonne nouvelle aux hommes*

---

[38]   Bayhaqi, *Chuabu'l-Iman*, 7 : 365 ; Abou Nuaym, *Hilyatu'l-Awliya wa Tabaqatu'l-Asfiya*, 6 : 164.

et de les avertir, afin qu'ils n'aient, une fois la mission des prophètes accomplie, aucune excuse à invoquer devant le Seigneur. Dieu est Puissant et Sage (4 : 165).

L'humanité, qui a suivi de nombreux prétendus guides et leaders qui n'ont fait que l'égarer, a trouvé le droit chemin grâce aux prophètes. Les serviteurs de Dieu ont été créés pour une mission spéciale. Déjà prophètes dans le ventre de leurs mères, leurs naissances étaient miraculeuses. Leurs vies ressemblaient à une merveilleuse symphonie, parfaitement harmonieuse et équilibrée. Leurs paroles étaient comme de douces mélodies qui pénétraient les âmes.

Toute l'existence, animée et inanimée, leur prêtait l'oreille. Les arbres et les rochers saluaient le Prophète et il rendait leurs saluts. Dans sa célèbre *Qasidat al-Burda*, Busiri dit : « Les arbres répondaient à son appel en se prosternant. » Quand il les appelait, les arbres venaient à lui. Les êtres vivants tout comme les objets inanimés gagnèrent un sens par sa venue, l'existence sortit de l'état de « chaos » pour devenir un « cosmos », et chaque chose devint une langue glorifiant et louant Dieu : *Et il n'existe rien qui ne célèbre Sa gloire et Ses louanges. Mais vous ne comprenez pas leur façon de Le glorifier* (17 : 44). L'extraordinaire harmonie de l'univers exhibe l'existence et l'unité de Dieu. Rien n'est créé en vain et sans but : *L'homme pense-t-il qu'on le laissera sans obligation à observer ?* (75 : 36)

Si les prophètes n'avaient pas été envoyés, nous aurions pu présenter des arguments contre notre punition dans l'au-delà. Mais comme dit le Coran : *Et Nous n'avons jamais puni [un peuple] avant de [lui] avoir envoyé un messager* (17 : 15), Dieu doit envoyer des Prophètes afin que les gens puissent distinguer le bien du mal. Ainsi, les gens ne pourront pas invoquer leur ignorance au moment de défendre leur cause le Jour du Jugement.

Chapitre 3
Les caractéristiques des prophètes

1. Entière sujétion à la révélation et soumission à Dieu

Bien que tous les prophètes aient été d'une très grande intelligence et dotés d'une entière sagacité et d'une âme pure, ces éléments ne jouent aucun rôle pour Dieu dans Son choix de prophète. La plupart des messagers, y compris Mohammed, étaient illettrés. Leur Enseignant était donc Dieu. Le Prophète Mohammed, en dépit de son analphabétisme, avait connaissance du passé et du futur et une idée de tous les domaines des sciences. Il ne fréquenta aucune école et ne reçut aucun enseignement humain. Pourtant, même ses ennemis admettaient (et l'admettent toujours) qu'il était d'une parfaite justice dans les affaires familiales, d'une parfaite compétence dans l'administration de l'État et d'un parfait commandement des armées.

Les prophètes étaient élevés par Dieu Lui-même. À ce propos, le dernier Prophète rappelle des événements significatifs : « Par deux fois durant mon enfance, j'ai voulu assister à une cérémonie de mariage. Mais à chaque fois, alors que je me trouvais à mi-chemin, j'étais soudain envahi par le sommeil [et ainsi protégé contre tout péché que j'allais plus tard interdire]. »[39] ; « Je transportais des pierres lors de la réparation de la Kaaba. Comme tout le monde, je relevais le bas de ma robe que je coinçais à hauteur de mes épaules afin de ne pas me blesser. Cela découvrait une partie de ma cuisse, quand soudain l'ange que j'avais déjà vu plusieurs fois dans mon enfance réapparut dans toute sa majesté. Je m'évanouis et tombai à terre. Ce fut la première et la dernière fois

---

39 Ibn Kathir, *al-Bidaya*, 2 : 350.

que je découvrais une quelconque partie de mon corps que Dieu ordonnait d'être couverte. »[40]

Les prophètes étaient protégés par Dieu contre tous péchés, car ils avaient été créés dans un but précis. Dieu les empêchait de s'égarer, car même le moindre petit égarement aurait pu résulter en l'égarement total de l'humanité.

La Prophétie se distingue par la révélation divine :

> Et c'est ainsi que Nous t'avons révélé un esprit [le Coran] provenant de Notre ordre. Tu n'avais aucune connaissance du Livre ni de la foi; mais Nous en avons fait une lumière par laquelle Nous guidons qui Nous voulons parmi Nos serviteurs. Et en vérité tu guides vers un chemin droit. (42 : 52)

Par conséquent, les prophètes ne parlaient jamais de leurs propres chefs : Et il ne prononce rien sous l'effet de la passion ; ce n'est rien d'autre qu'une révélation inspirée (53 : 3 - 4).

Le Prophète Mohammed, surtout quand on l'interrogeait sur les fondements de la foi, préférait attendre de recevoir une révélation pour répondre. Parfois, les polythéistes lui demandaient de modifier le Coran. Mais comme il s'agissait d'une Écriture Divine dont le sens et la formulation appartiennent entièrement à Dieu, il répondait comme Dieu l'en avait instruit : Il ne m'appartient pas de le changer de mon propre chef. Je ne fais que suivre ce qui m'est révélé. (10 : 15)

Les prophètes se soumettaient complètement à Dieu et remplissaient leur mission uniquement parce que Dieu le leur avait ordonné. Ils n'acceptaient aucun compromis et ne déviaient jamais de leur chemin en vue d'obtenir une réussite. Quand ils étaient confrontés à des menaces ou des offres séduisantes, ils répondaient à la manière du Prophète Mohammed : « Même si vous mettiez le soleil dans ma main droite et la lune dans ma main gauche, je n'abandonnerais jamais ma mission. »[41] Sachant que le Coran était la parole de Dieu, il supportait toutes les difficultés et les oppositions.[42]

---

40 Boukhari, *Hajj*, 42; Ibn Kathir, *al-Bidaya*, 2 : 350.

41 Ibn Hicham, As-sira an-nabawiya, 2 : 101 ; Tabari, *Chronique de Tabari, histoire des prophètes et des rois* (Arabe : خيراة لوسرلا و كولملاو Tarikh al-Rusul wa al-Muluk), 1 : 545.

42 Ibn Hicham, *Sira*, 2 : 285.

2. Honnêteté et bénévolat

Les prophètes étaient parfaitement dignes de confiance et ne demandaient jamais salaire pour leur service. Cette caractéristique fondamentale est mentionnée à cinq reprises dans la sourate *ach-Chuara*. Tous les prophètes dirent la même chose : « *Je suis pour vous un messager digne de confiance. Craignez Dieu donc et obéissez-moi. Et je ne vous demande pas de salaire pour cela ; mon salaire n'incombe qu'au Seigneur de l'univers* » (26 : 107 - 109, 125 - 127, 143 - 145, 162 - 164, 178 - 180).

Parmi son propre peuple, le Prophète Mohammed était déjà célèbre pour son honnêteté avant sa déclaration de Prophétie. Il était connu sous le nom d'*Al-Amin*. Comme ses prédécesseurs, il ne réclamait aucun salaire pour son invitation à Dieu.

Les prophètes ne pensaient jamais aux gains matériels, à la récompense spirituelle, ni même au Paradis – tous leurs efforts étaient faits pour l'agrément de Dieu et pour voir l'humanité guidée sur le droit chemin. Le Prophète Mohammed était le plus en avant dans ce domaine. De même qu'il s'est totalement dévoué pour le bien-être de l'humanité en ce monde, il en fera de même dans l'autre, dans le « lieu de rassemblement ». Tandis que tous les autres ne se préoccuperont que de leurs propres personnes, le Prophète se prosternera devant Dieu, priera pour le salut des musulmans et intercèdera devant Dieu en faveur d'autres individus.[43] Ceux qui veulent propager les valeurs éternelles de l'islam doivent suivre ces pratiques et ne s'attendre à aucune récompense. Tout message basé sur une intention impure, si éloquent soit-il, n'aura aucun effet sur les gens. Ce point est souvent souligné dans le Coran : *Suivez ceux qui ne vous demandent aucun salaire et qui sont sur la bonne voie* (36 : 21).

L'Imam Busiri exprime l'altruisme, la sincérité et la patience du Messager de Dieu dans un langage très vivant : « Les montagnes ont souhaité courir de chaque côté de sa personne en monceaux d'or, mais il refusa ». Le Prophète dit une fois : « Un jour, j'ai faim et j'endure avec patience ; un autre jour, je suis rassasié et je loue le Seigneur, obtenant ainsi une double récompense pour ma patience et mes louanges. »

---

[43] Boukhari, *Tafsiru's-Sura*, 1, *Tawhid*, 36 ; Mouslim, *Iman*, 322, 326, 327.

Aïcha rapporte que parfois aucun repas n'était cuisiné pendant quatre jours consécutifs dans leur maison.[44] Abou Hourayra rapporte également : « Un jour je me rendis dans la chambre du Prophète. Il priait assis et gémissait. Je lui demandai s'il était malade. Il répondit qu'il avait trop faim pour pouvoir rester debout. Je me mis alors à sangloter amèrement mais il m'arrêta et dit : ' Ne pleure pas, car celui qui endure la faim ici-bas sera à l'abris du châtiment de Dieu dans l'au-delà '. »[45]

Un jour il dit à l'ange Gabriel : « Cela fait plusieurs jours qu'aucun feu n'a été allumé pour cuisiner dans le foyer de Mohammed. » Un ange apparut et demanda : « Ô Messager de Dieu, Dieu te salue et te demande si tu préfèrerais être un prophète-roi ou un prophète-esclave ? » Il se tourna vers Gabriel qui lui recommanda l'humilité. Alors le Prophète éleva sa voix et répondit : « Je désire être un Prophète-esclave qui implore Dieu le jour où il a faim et Lui rend grâce le jour où il est rassasié. »[46]

Le Messager de Dieu avait l'habitude de manger avec les serviteurs et les esclaves. Un jour une femme le vit manger et remarqua : « Il mange comme s'il était un esclave. » Le Prophète répondit : « Est-il possible qu'il y est meilleur esclave que moi-même ? Je suis un esclave de Dieu. »[47]

L'Envoyé de Dieu est, en vertu de son statut d'esclave de Dieu, notre maître et celui de la création, comme le dit avec tant d'éloquence Galip Dede :

Un roi exalté, le Roi des Messagers, ô mon maître.
Tu es une source infinie d'aide pour les faibles, ô mon maître.
Dieu t'a honoré en jurant par ta vie dans le Coran, ô mon maître.
Dans la Présence Divine, tu es le plus grand, ô mon maître.
Tu es le bien-aimé, le très loué et glorifié de Dieu, ô mon maître.
Tu es le roi «éternel» que Dieu nous envoya, ô mon maître.

3. Parfaite sincérité

Une caractéristique indispensable est la sincérité qui, dans notre contexte, signifie « la pureté d'intention », c'est-à-dire tout faire uniquement pour

---

[44] Boukhari, *Hiba*, 1, *Riqaq*, 17 ; Mouslim, *Zuhd*, 28 - 36.
[45] Abou Nuaym, *Hilyatu'l-Awliya*, 7 : 109, 8 . 42 -43.
[46] Ibn Hanbal, 2 : 231 ; Nasa'i, *as-Sunanu'l-Kubra*, 7 : 48-49 ; Tabarani, *Al-Mujam al-Kabir*, 10 : 288 ; Haythami, *Majma az-Zawaid*, 9 : 19 - 20.
[47] Tabarani, *Al-Mujam al-Kabir*, 8 : 200.

l'amour de Dieu. Il nous est demandé d'adorer Dieu en toute sincérité : *Il ne leur a été commandé, cependant, que d'adorer Dieu, Lui vouant un culte exclusif, d'accomplir la prière et d'acquitter la zakat* (98 : 5). Dieu mentionne aussi la sincérité comme l'attribut le plus important des prophètes : *Rappelle également l'histoire de Moïse, telle qu'elle est citée dans le Coran. C'était un véritable élu de Dieu, un messager et un prophète* (19 : 51).

Nous n'adorons que Dieu parce que nous sommes Ses serviteurs et qu'Il nous l'a ordonné. Lui obéir nous permet de garantir Son approbation et d'être récompensés dans l'au-delà. Saïd Nursi, un grand penseur du XXe siècle, a dit : « Faites ce que vous avez à faire pour l'amour de Dieu, commencez avec le nom de Dieu, travaillez pour Dieu et agissez pour obtenir l'agrément de Dieu. »[48]

Le dernier Prophète adorait Dieu avec tant de sincérité que les gens disaient : « Personne n'est capable de rester aussi humble qu'il l'était du début de sa carrière ou de sa quête jusqu'à la fin de celle-ci, une fois parvenu à l'apogée ; exception faite de Mohammed. » Il est si grand et si sublime que nous nous levons par respect pour lui, bien qu'il ait averti ses Compagnons contre cela : « Quand je viens à vous, ne vous levez-pas comme les Persans faisaient (pour leurs aînés). »[49]

Même si ses Compagnons lui vouaient un profond respect, il se considérait comme un pauvre esclave de Dieu. Le jour où il conquit La Mecque, il était le même que lorsqu'il avait humblement commencé sa mission. Au tout début de sa Prophétie, il s'asseyait et mangeait avec les pauvres et les esclaves. Tandis qu'il entrait à La Mecque triomphant, il montait un mulet avec une soumission à Dieu et une humilité si profondes qu'il était incliné avec son front touchant le bât de l'animal. Il était prostré devant Dieu et se réfugiait en Lui contre la crainte de devenir un conquérant hautain et tyrannique.

Le Messager de Dieu avait une intention : obtenir l'agrément de Dieu et L'adorer sincèrement. Il L'adorait à un niveau de parfaite bonté et sincérité, comme il le dit lui-même dans un célèbre hadith : « La bonté ou la vertu parfaite consiste à adorer Dieu comme si tu le voyais, et alors que tu ne Le vois pas, Lui, certes, te voit. »[50]

---

[48] Bediuzzaman Saïd Nursi, *The Words*, The First Word, 5.

[49] Abou Dawoud, *Adab*, 152 ; Ibn Maja, *Dua*, 2 ; Ibn Hanbal, 5 : 253.

[50] Boukhari, *Iman*, 37 ; Mouslim, *Iman*, 5 : 7.

4. Inviter les gens avec sagesse et douceur

Un autre attribut des prophètes est d'inviter les gens au sentier de Dieu avec sagesse et une juste exhortation. Ils n'avaient jamais recours à la démagogie et à la dialectique ; ils se contentaient d'agir et de parler avec sagesse. Dieu ordonna à son dernier et plus grand Messager : *Par la sagesse et la bonne exhortation appelle (les gens) au sentier de ton Seigneur. Et discute avec eux de la meilleure façon* (16 : 125).

Les gens sont plus que de simples cœurs ou esprits. Nous sommes des êtres complexes avec beaucoup de facultés qui comprennent l'esprit, l'intelligence, le cœur et l'âme. Toutes nos facultés, même les plus intérieures, requièrent la satisfaction. Les prophètes s'adressaient à toutes nos facultés.

Les disciples des prophètes, grâce à leurs enseignements, atteignaient la certitude et jouissaient d'une vision des choses différentes de celle des hommes ordinaires dotés d'une vision externe limitée et souvent dépourvus de pénétration et de vision spirituelles. Leur conviction des vérités religieuses était inébranlable et ils étaient continuellement nourris par la révélation divine. Ils alliaient la parole à l'action, la connaissance théorique à la pratique, et l'action à la contemplation. Ali ibn Abi Talib, entre autres, disait : « Ma certitude n'augmenterait pas même si le voile de l'Invisible se levait. »[51] Il ne restait plus aucun de degré de certitude à atteindre pour eux.

L'éducation donnée par les prophètes à leurs disciples, ou la fonction des prophètes, est décrite avec précision :

> C'est ainsi que Nous vous avons envoyé un Prophète choisi parmi vous, qui vous récite Nos versets, vous purifie, vous apprend le Livre et la Sagesse et vous enseigne ce que vous ignoriez. (2 : 151)

5. Appeler l'humanité à l'unité de Dieu

La pierre angulaire de la mission prophétique était de prêcher l'unité divine. Tous les prophètes se concentraient sur ce principe de base : *Ô mon peuple, adorez Dieu ; vous n'avez point de divinité en dehors Lui* (11 : 84).

Dieu a envoyé au moins un prophète à chaque nation. Le fait que tous, indépendamment du temps et du lieu, s'accordent sur un principe fon-

---

[51] Ali al-Qari, *Al-Asrar al-Marfua*, 286.

damental montre qu'ils ne parlaient ni n'agissaient de leur propre chef ; ils ne faisaient rien d'autre qu'enseigner le message qu'ils recevaient de Dieu. Les philosophes et les penseurs, si grands soient-ils, ne sont pas tous du même avis, car ils s'appuient sur leur propre intelligence et sur leurs conclusions. Souvent, une même école philosophique ou sociologique compte des opinions divergentes.

De tels désaccords n'existaient pas parmi les prophètes, ce qui est une preuve de plus qu'ils étaient éduqués par un Seul et Unique, Éternel Enseignant – Dieu – et n'étaient pas guidés par un raisonnement humain défectueux. Une telle unité de croyance est aussi une preuve incontestable de l'Unité Divine, le principe fondamental de leur mission, comme le déclara Mohammed : « La parole la plus méritoire prononcée par moi-même et par les prophètes avant moi est : 'Il n'y a de dieu que Dieu, Il est l'Un, sans partenaires.' »[52]

---

[52]   Imam Malik, Muwatta, *Hajj*, 246 ; Tirmidhi, *Daawat*, 122.

Chapitre 4
Les qualités fondamentales
des prophètes

S elon les savants musulmans, les qualités fondamentales des prophètes sont la véracité, l'honnêteté, la transmission du Message Divin, l'intelligence, l'infaillibilité et l'exemption de tout défaut mental et physique. On trouve ces qualités chez tous les prophètes.

1. La véracité

La véracité est au cœur de la Prophétie. Jamais l'on a entendu d'eux de mensonges ni de tromperies, implicites ou explicites. Le Coran déclare : *Et mentionne dans le Livre, Abraham. C'était un très véridique et un Prophète* (19 : 41). *Et mentionne Ismaël dans le Livre. Il était fidèle à ses promesses; et c'était un messager et un Prophète* (19 : 54). *Et mentionne Idris [Enoch] dans le Livre. C'était un véridique et un Prophète. Et nous l'élevâmes à un haut rang* (19 : 56 - 57). On lit aussi dans le Coran qu'un compagnon de prison s'adressa ainsi au prophète Joseph : « *Ô toi, Joseph le véridique !* » (12 : 46).

Les prophètes devaient nécessairement être dotés de véracité, car Dieu, qui veut que tout le monde soit véridique, loue le véridique : *Ô vous qui croyez ! Craignez Dieu et soyez avec les véridiques* (9 : 119). *Les vrais croyants sont ceux qui ont foi en Dieu et en Son Prophète, sans plus jamais connaître de doute, et qui mettent leurs biens et leurs personnes au service de Dieu. Tels sont les croyants sincères.* (49 : 15).

Dans un autre verset, le Coran exalte les croyants qui, sans hésiter, remplissent leurs promesses :

Il est, parmi les croyants, des hommes qui ont été sincères dans leur engagement envers Dieu. Certains d'entre eux ont atteint leur fin [et sont devenus martyrs], et d'autres attendent encore [leur tour] ; et ils n'ont varié aucunement (dans leur engagement). (33 : 23)

Ce verset glorifie les héros de la bataille d'Ouhoud qui a représenté un tournant dans l'histoire de l'islam. Après que les dirigeants Quraychites avaient été vaincus à la bataille de Badr, ils passèrent toute une année à préparer des représailles sans merci contre les musulmans. La rencontre eut lieu au pied du Mont Ouhoud, à quelques kilomètres de Médine. Les musulmans furent d'abord victorieux et les Quraychites se mirent à fuir. À ce moment crucial, les archers que le Messager de Dieu avait positionnés au passage de Aïnaïn quittèrent leurs positions, contre l'ordre du Prophète, et se lancèrent à la poursuite de l'ennemi. Khalid ibn Walid, commandant de la cavalerie ennemie, profita de cette occasion pour encercler les musulmans par derrière. En conséquence, les musulmans durent essuyer un revers. De grands hommes tels que Hamza, Mousab ibn Oumayr, Abdoullah ibn Jahch, et Anas ibn Nadhr tombèrent martyrs. Même le Prophète fut blessé.

Remarquons au passage que pendant la bataille, le Messager de Dieu, Prophète de pardon et de compassion envoyé comme une miséricorde pour la création, leva les mains au ciel et pria Dieu, tout en saignant abondamment, pour qu'Il pardonne l'ennemi : « Ô Dieu, pardonne à mon peuple, car ils ne savent pas ! »[53]

Anas ibn Nadhr était l'oncle d'Anas ibn Malik, le serviteur du Messager de Dieu. Bien qu'il ait juré allégeance au Messager de Dieu à Aqaba avant d'émigrer à Médine, pour quelque raison, il ne prit pas part à la bataille de Badr. Il le regretta tellement qu'il dit au Prophète : « Ô Messager de Dieu, si Dieu nous permet de les confronter encore une fois, ils verront toutes les souffrances que je leur infligerai ! » Il se battit courageusement à Ouhoud, surtout au moment où les musulmans souffraient un revers. Juste avant de tomber martyr, il dit à Mouadh ibn Jabal avec un sourire : « Par Dieu, je sens l'odeur du Paradis derrière Ouhoud. »

Dans le verset susmentionné (33 : 23), le Coran loue les martyrs qui remplirent leur engagement envers Dieu à travers Son Messager, ainsi que les autres qui attendaient le martyre pour montrer qu'ils étaient des hommes de parole. Ils ne sont pas les seuls à être loués ici : les louanges concernent aussi tous ceux qui tiennent leurs paroles et leurs promesses.

---

[53] Mouslim, *Jihad*, 101 ; Boukhari, *Anbiya*, 54.

Le Messager de Dieu était connu pour sa véracité bien avant l'islam. Les Mecquois, même les incroyants, l'appelaient *Al-Amin* (le digne de confiance et le véridique). Même ses ennemis ne l'accusèrent pas de mentir après qu'il avait proclamé sa Prophétie. Par exemple, Abou Soufyan avoua à l'Empereur de Byzance qu'il ne mentait jamais. Frappé par les confidences d'Abou Soufyan, qui était alors l'ennemi le plus acharné de l'islam, l'Empereur reconnut la position de Mohammed : « Il n'est pas concevable qu'un homme qui n'a pas menti durant toute sa vie se mette à inventer des mensonges contre Dieu. »[54] Il avait raison. Pourquoi un croyant qui n'a jamais menti, même pour plaisanter, se mettrait soudain à mentir, qui plus est contre Dieu, alors qu'il a atteint l'âge de quarante ans et qu'il se rapproche de la tombe ?

Les Mecquois s'entendaient tous à dire que le Messager de Dieu était une personne véridique. Un jour, avant sa conversion, Yasir demanda à son fils Ammar où il allait. Celui-ci répondit qu'il allait chez Mohammed. Cette réponse suffisant à rassurer le père sur la sécurité de son fils parce qu'il allait être en compagnie de Mohammed, Yasir reprit : « Mohammed est un homme véridique. Les Mecquois le reconnaissent comme tel. S'il prétend être Prophète, il doit dire vrai, car personne ne l'a jamais entendu mentir. »

Le Messager de Dieu encourageait toujours la véracité, comme on peut le voir dans ses paroles rapportées dans les hadiths suivants :

- Promets-moi six choses et je te promettrai le Paradis : dis la vérité, tiens tes promesses, remplis ton devoir quand on te confie quelque chose, reste chaste, ne regarde pas ce qui est illicite et ne fais pas ce qui est interdit.[55]
- Laisse ce qui éveille en toi le doute et préfère ce qui est certain. La véracité apporte la satisfaction et le mensonge provoque le doute.[56]
- Dis la vérité même si cela t'est désagréable.[57]
- Sois toujours véridique, car la véracité mène à la piété et la piété mène au Paradis. Si tu es toujours véridique et cherches la véracité, Dieu t'inscrira comme tel. Ne mens jamais, car le mensonge

---

[54] Boukhari, *Badi'u al-Wahy*, 6 ; Mouslim, *Jihad*, 74.
[55] Ibn Hanbal, *Mousnad*, 5 : 323.
[56] Tirmidhi, *Qiyama*, 60 ; Nasa'i, *Achriba*, 50 ; Darimi, *Buyu*, 2.
[57] Khindi, *Kanz al-Ummal*, 3 : 344.

mène à la perversité et la perversité mène en Enfer. Si tu persis-tes à mentir et cherches à tromper, Dieu t'inscrira comme tel.[58]

Grâce à sa véracité, le Messager de Dieu put accéder à un si haut rang que sa proximité à Dieu est exprimée métaphoriquement dans le verset coranique qui suit : *Puis il se rapprocha et descendit encore plus bas, et fut à deux portées d'arc, ou plus près encore* (53 : 8 - 9).

La véracité apporte toujours le salut, même quand cela provoque sa propre mort. On ne meurt par la véracité qu'une seule fois, tandis que chaque mensonge est une sorte de mort. L'un des exemples les plus frap-pants à ce propos est le cas de Kab ibn Malik, un célèbre poète Ansari qui jura allégeance au Prophète à Aqaba. Bien qu'il ait pris part à pres-que toutes les batailles, il fut absent de la campagne militaire de Tabouk sans excuse valable.

La campagne de Tabouk fut très difficile. Elle eut lieu en plein été et qui plus est contre l'Empire Romain. Le Messager de Dieu avait l'habitude de garder secrète la destination de telles campagnes, mais cette fois-là il la divulgua et voulut que tous les croyants y participent. Kab termina ses préparatifs mais, à la dernière minute, une négligence inhabituelle l'empê-cha de rejoindre l'armée musulmane. Quand le Messager de Dieu rentra de campagne, il demanda à ceux qui n'étaient pas partis au combat pour-quoi ils étaient restés chez eux. Les hypocrites mentirent et inventèrent des excuses, mais Kab, étant incapable de mentir, dit la vérité. Le Messager de Dieu lui dit alors de partir. Suite à cela, Kab et les deux autres croyants qui avaient agi comme lui furent boycottés sur ordre du Prophète. Aucun musulman ne pouvait plus les rencontrer ni leur parler. Ils se repentirent publiquement, implorant Dieu pour Son pardon, pendant cinquante jours. Après cela, les versets suivants furent révélés :

> Et Il accueillit le repentir des trois qui étaient restés à l'arrière si bien que, toute vaste qu'elle fût, la terre leur paraissait exiguë ; ils se sentaient à l'étroit, dans leur propre personne et ils pensaient qu'il n'y avait d'autre refuge de Dieu qu'auprès de Lui. Puis Il agréa leur repentir pour qu'ils reviennent à Lui, car Dieu est l'Accueillant au repentir, le Miséricordieux. (9 : 118)

---

[58] Boukhari, *Libas*, 69, *Adab*, 69 ; Mouslim, *Birr*, 103 – 105.

Après cette révélation, Kab ibn Malik dit au Messager de Dieu : « Je promets de dire la vérité autant que je vivrai. »[59]

La véracité est le pivot de la Prophétie. Il ne pouvait en être autrement, car si les prophètes venaient à mentir, tout ce qui est lié à la religion divine serait bouleversé. Il suffit d'un seul mensonge pour remettre en question toute une mission. Donc, Dieu déclare :

> Et s'il avait forgé quelques paroles qu'il Nous avait attribuées, Nous l'aurions saisi de la main droite, ensuite, Nous lui aurions tranché l'aorte. Et nul d'entre vous n'aurait pu lui servir de rempart. (69 : 44 - 47)

Le Prophète ne mentait ni ne rompait jamais ses promesses, que ce fût avant ou pendant sa Prophétie. Un Compagnon se rappela :

> Avant sa Prophétie, nous nous donnâmes rendez-vous pour nous rencontrer quelque part. Or, trois jours passèrent jusqu'au moment où je m'en souvins. Quand je me précipitai au lieu du rendez-vous, j'y trouvai le futur Prophète qui m'attendait. Il n'était ni en colère ni vexé. Sa seule réaction fut de dire : « Ô jeune homme, tu m'as causé quelques soucis. Je t'ai attendu ici pendant trois jours. »[60]

2. Ses prédictions

Les gens du commun peuvent établir leur véracité par l'incapacité de leurs détracteurs à fournir des éléments prouvant le contraire. Mais dans le cas d'un prophète qui a apporté un système divin universel, les gens attendent plus que cela. Ils veulent des explications et des règles pour tout : la théologie, le droit, la sociologie, la psychologie humaine, l'économie, l'histoire, et ainsi de suite. De plus, ils exigent d'un prophète qu'il soit véridique dans tous ces domaines.

Les explications du Messager de Dieu concernant la théologie (l'Essence Divine, les attributs et les noms divins) sont telles qu'aucun philosophe, savant religieux ou saint ne pourrait rivaliser avec lui. Au lieu de cela, ils étudient ses explications et essaient de pénétrer les vérités qu'elles recèlent. En outre, le Prophète traitait des sujets les plus subtils comme

[59] Boukhari, *Maghazi*, 79 ; Mouslim, *Tawba*, 53 - 55.
[60] Abou Dawoud, *Adab*, 82 ; Ibn Sad, *At-tabaqatu'l-Kubra*, 7 : 59.

le destin et le libre arbitre de façon si convaincante et pertinente que si son savoir était mis de côté, on ne pourrait vraiment saisir de tels sujets.

Ce qu'il avait dit à propos des nations passées et des prophètes précédents a été confirmé par les recherches historiques et les adeptes des Écritures précédentes. Bien qu'il fût analphabète, n'ayant jamais pu jouir des avantages de la lecture et n'ayant été instruit par personne, il établit le système le plus rationnel, le plus pratique et le plus juste connu dans toute l'histoire. La civilisation islamique, fondée sur ce système, permit à une grande partie de l'humanité de goûter au vrai bonheur pendant des siècles. En effet, la religion, ce système universel de vie qui lui fut révélé, offre toujours une alternative unique pour notre avenir en général. Le monde heureux du futur sera construit sur ces principes.

Parmi ses centaines de prédictions dont la vaste majorité s'est déjà réalisée, j'aimerais en présenter un exemple afin de vous montrer à nouveau sa véracité.

Omar rapporte qu'un jour le Prophète monta en chaire après la prière du matin et parla de presque toute chose en commençant par la création de l'univers jusqu'au Jour Dernier. Il mentionna certains événements passés et ce qui arriverait à l'humanité les jours suivants. Ces prédictions démontrent que son Instructeur était Dieu, l'Omniscient, et qu'il ne racontait que ce qui lui avait été révélé. Avant de donner des exemples spécifiques, clarifions certains points concernant la connaissance de l'Inconnaissable.

Connaissance de l'Inconnaissable (ghayb)

Le concept de l'Inconnaissable se rapporte au domaine de l'extrasensoriel et de la métaphysique, voire de la métacosmique. En ce sens, le passé, le futur et tout ce qui dépasse les sens ordinaires de l'être humain sont inclus dans le concept de l'Inconnaissable, pourvu que certaines indications concrètes ne soient pas manifestées. Dans un sens plus restreint, l'Inconnaissable se rapporte uniquement au futur. C'est à ce deuxième sens que je me réfère dans les paragraphes suivants qui traitent des prédictions prophétiques.

C'est Dieu qui détient avant tout la connaissance de l'Inconnaissable. On lit dans le Coran :

C'est Lui qui détient les clefs de l'Inconnaissable. Nul autre que Lui ne les connaît. Et Il connaît ce qui est dans la terre ferme, comme dans la mer. Et pas une feuille ne tombe qu'Il ne le sache. Et pas une graine dans les ténèbres de la terre, rien de frais ou de sec, qui ne soit consigné dans un Livre Explicite. (6 : 59)

Dis [-leur] : « Je ne vous dis pas que je détiens les trésors de Dieu, ni que je connais l'Inconnaissable, et je ne vous dis pas que je suis un ange. Je ne fais que suivre ce qui m'est révélé. » Dis : « Est-ce que sont égaux l'aveugle et celui qui voit ? Ne réfléchissez-vous donc pas ? » (6 : 50)

Dis : « Je ne détiens pour moi-même ni profit ni dommage, sauf ce que Dieu veut. Et si je connaissais l'Inconnaissable, j'aurais eu des biens en abondance et aucun mal ne m'aurait touché. Je ne suis, pour les gens qui croient, qu'un avertisseur et un annonciateur ». (7 : 188)

Est-ce que cela signifie que personne ne peut obtenir même une petite part de cette connaissance ? Pour pouvoir répondre à cette question, analysons les points suivants :

- Tout ce que nous avons (santé, savoir, pouvoir, etc.) appartient en essence à Dieu et provient donc de Lui. Nous n'avons de pouvoir que celui qu'Il nous a accordé, et de savoir que ce qu'Il nous a enseigné ou qu'Il nous a permis d'apprendre. De même, c'est parce qu'Il a rendu cela possible que nous pouvons voir et entendre. Cela étant, ces versets n'excluent pas complètement la possibilité humaine de connaître, si Dieu le permet, une partie de l'Inconnaissable.

- Le concept de l'Inconnaissable se rattache au passé et au futur. Le Coran présente les histoires des nations passées comme appartenant au domaine de l'Inconnaissable. Les recherches historiques nous informent sur le passé.

- Beaucoup de gens peuvent, par la volonté de Dieu, avoir un aperçu du futur dans leurs rêves et par d'autres moyens qui dépassent le cadre de notre sujet.

- Le Coran, comme l'univers et l'humanité, est une entité organique, car chacun de ses versets est étroitement lié aux autres versets. Ainsi, le premier et le plus important interprète du Coran est le Coran lui-même ; ce qui veut dire que la compréhension juste et totale d'un verset dépend de la compréhension des autres versets liés. C'est un principe fondamental de la foi qui a été déclaré explicitement dans les versets susmentionnés que la connaissance de l'Inconnaissable, comme le pouvoir, la vue et l'ouïe, appartient à Dieu. Cependant, Il révèle une partie de cette connaissance à un Messager qu'Il a choisi :

> [C'est Lui] qui connaît le mystère (l'inconnaissable). Il ne dévoile Son mystère à personne, sauf à celui qu'Il agrée comme Messager et qu'Il fait précéder et suivre de gardiens vigilants. (72 : 26 - 27)

Dieu révéla de nombreux secrets à Son Messager, lequel divulgua à sa nation ceux qu'elle avait besoin de connaître. Le nombre de ses prédictions rapportées dans les livres de hadiths excède 300 et se divisent en trois catégories : celles ayant lieu durant sa propre époque, les événements survenus après sa mort, et les explications miraculeuses qui ne peuvent être comprises qu'avec l'éclaircissement apporté par les développements scientifiques.

Prédictions relatives à sa propre époque

- Comme le rapportent les livres des hadiths authentiques, y compris le Sahih al-Boukhari, un jour le Messager de Dieu monta en chaire, fit son sermon puis offrit à l'assemblée de croyants de répondre à toutes leurs questions. Ils l'interrogèrent sur divers sujets puis un jeune homme nommé Abdoullah se leva et demanda qui était son père. Les rapports illicites étant très répandus avant l'avènement de l'islam, certains lui attribuaient comme père un autre homme que Houdhafa as-Sahmi qu'il appelait son père. Le Messager de Dieu lui dit alors que son père était bien Houdhafa as-Sahmi. Libéré de toutes ces accusations sans fondement, Abdoullah fut soulagé et fut appelé depuis ce jour-là « Abdoullah ibn Houdhafa as-Sahmi ». Les gens continuèrent à lui poser des questions jusqu'au moment où Omar, remarquant le mécontentement du Messager de Dieu[61], se leva et dit : « Nous

---

[61] Boukhari, *Ilim* 29, *Daawat* 35, *Fitan* 15, *Itisam*.3 ; Mouslim, *Siyam* 197. Il n'est pas dit précisément pourquoi le Prophète était en colère. Cependant, nous pouvons proposer plusieurs explications : certaines questions contenaient peut-être des choses

sommes satisfaits d'avoir Dieu comme notre Seigneur, l'islam comme notre religion et Mohammed comme notre Messager. » Cela soulagea le Prophète qui put descendre de la chaire. Omar rapporte dans un hadith que l'on trouve dans le Sahih Mouslim: Avant que la bataille de Badr ne commençât, le Messager de Dieu marcha autour du champ de bataille et signala certains endroits en disant : « Abou Jahl sera tué ici, Utba là, Chayba là, Walid là, etc. » Par Dieu, après la bataille, nous retrouvâmes leurs corps exactement aux endroits indiqués.[62]

- Ahmad ibn Hanbal rapporte : Un jour, le Messager de Dieu était assis avec ses Compagnons à la mosquée. Il leur dit : « Dans quelques minutes, un homme au visage radieux va entrer. C'est l'une des meilleures personnes du Yémen et il a sur le front l'empreinte de la main d'un ange. » Peu de temps après, l'homme entra et, s'agenouillant devant le Prophète, proclama sa conversion. C'était Jarir ibn Abdoullah al-Bajali.[63]

- Dans son *Dala'il an-Nubuwwa*, Bayhaqi raconte : Abou Soufyan accepta l'islam lors de la conquête de La Mecque, mais la foi ne s'était pas encore bien ancrée dans son cœur. Pendant que le Messager de Dieu accomplissait les tournées rituelles autour de la Kaaba, une idée traversa l'esprit d'Abou Soufyan : « Je me demande ce qui se passerait si je formais une nouvelle armée pour confronter encore une fois cet homme. » À peine avait-il pensé cela que le Prophète s'approcha de lui pour lui dire : « Si tu fais cela, Dieu te vaincra encore. »[64] Cela renforça la foi d'Abou Soufyan qui implora le pardon de Dieu. Il avait fini par comprendre que le Messager de Dieu était instruit par Dieu l'Omniscient.

- Comme le révèlent les ouvrages de hadith, Oumayr ibn Wahb, connu sous le nom de « l'homme diabolique » avant sa conversion, conspira avec Safwan ibn Oumayya pour assassiner le Messager de Dieu. Il alla à Médine dans ce but et se fit passer pour un musul-

---

inconvenantes ou qui semblaient inutiles, ou bien peut-être avait-il perçu des doutes dans leurs coeurs concernant son savoir et aurait donc voulu qu'ils cessent.

[62] Mouslim, *Janna*, 76 ; Nasa'i, *Janaiz*, 117.

[63] Ibn Hanbal, *Mousnad*, 4 : 360-364.

[64] Ibn Kathir, *Al-Bidaya*, 4: 348 ; Bayhaqi, *Dala'il an-Nubuwwa*, 5 : 102.

man. On l'emmena à la mosquée. Toutefois, comme les Compagnons ne lui faisaient pas confiance, ils formèrent un cercle protecteur autour du Prophète. Le Messager de Dieu demanda à Oumayr pourquoi il était venu à Médine. Tous les mensonges de Oumayr ne pouvaient convaincre le Messager de Dieu qui finit par dire : « Puisque tu ne dis pas la vérité, je vais la dire. Tu as conspiré avec Safwan pour me tuer en échange de cent chameaux. » Profondément choqué par l'exactitude de cette réponse, Oumayr serra très fort les mains du Prophète dans une grande crainte révérencielle et une totale stupéfaction, puis se convertit à l'islam. Il devint si engagé dans sa nouvelle religion qu'on l'appela bientôt « un adepte très ascétique de l'islam ».[65]

Prédictions relatives au futur proche

Les livres des hadiths authentiques contiennent environ trois cent prédictions d'événements qui devaient survenir après la mort du Messager de Dieu. Nous n'en citerons que quelques-uns :

- Boukhari et Mouslim rapportent selon Usama : « Un jour, j'étais avec le Messager sur le toit d'un grand bâtiment à Médine. Regardant tout autour, il dit : « Je vois des événements séditieux et des conflits internes tomber comme des gouttes d'eau sur vos maisons. »[66]

   Omar avait très peur que le chaos et la sédition puissent apparaître dans la communauté musulmane. Un jour, pendant son califat, il interrogea Houdhayfa ibn al-Yaman, à qui le Messager de Dieu avait divulgué beaucoup de choses secrètes, notamment des événements futurs et l'identité des hypocrites, à propos du chaos et de la sédition. Houdhayfa répondit : « Ils n'ont rien à voir avec toi ô Omar ! Il y a une porte entre eux et toi. » Omar demanda si la porte s'ouvrirait ou si elle serait fracassée. Quand Houdhayfa répliqua qu'elle serait fracassée, Omar, choqué, s'exclama : « Alors on ne refermera jamais cette porte ! » Omar était la porte entre la communauté musulmane et la sédition.[67] Après

---

[65]   Ibn Hicham, As-sira an-nabawiyya, 3 : 212 ; Ibn Asir, Usdu'l-Ghaba, 4 : 300.

[66]   Boukhari, Fadha'il al-Madina, 8 ; Mouslim, Fitan, 9.

[67]   Boukhari, Salat, 4 ; Sawm, 3 ; Mouslim, Fitan, 26 - 27.

qu'il avait été trahi et poignardé par un esclave persan, l'unité musulmane reçut un coup fatal. C'est depuis ce jour-là que le monde musulman souffre de la discorde et de la sédition.

- Boukhari et Abou Dawoud citent Khabbab ibn Aratt : « Pendant la période de troubles et de tortures à La Mecque, j'allai voir le Messager de Dieu qui était assis à l'ombre de la Kaaba. J'étais encore un esclave à l'époque et les Mecquois m'avaient beaucoup torturé. Comme je n'en pouvais plus, je lui demandai de prier Dieu pour qu'Il nous offre aide et salut. Mais il se tourna vers moi et dit :

> Par Dieu, les communautés passées endurèrent bien plus que cela. Des gens étaient forcés à s'allonger dans des fossés et y étaient ensuite sciés en deux. Mais cela ne les faisait pas renoncer à leur foi. Ils étaient parfois écorchés vifs, mais ne faiblissaient jamais face à l'ennemi. Dieu va parfaire cette religion, mais tu es impatient. Le jour viendra où une femme pourra voyager seule de Sana jusqu'à Hadramawt en n'ayant rien d'autre à craindre que les animaux sauvages. Cependant, tu te montres impatient.

Khabbab conclut : « Par Dieu, tout ce que le Messager de Dieu avait prédit ce jour-là s'est réalisé. J'en ai été moi-même témoin. »[68]

- Pendant sa dernière maladie, le Messager de Dieu appela sa fille Fatima à son chevet. Il lui soupira quelque chose et elle éclata en sanglots. Puis il la rappela et lui soupira autre chose. Cette fois-ci, elle montra une grande joie. Aïcha vit tout cela et interrogea Fatima. Elle répondit d'abord : « C'est un secret qui appartient au Messager de Dieu. » Mais après le décès du Prophète, Fatima lui raconta : « La première fois, il m'avait dit qu'il allait mourir de cette maladie, ce qui me fit pleurer amèrement. Puis quand il m'annonça que je serais le premier membre de sa famille à le rejoindre après son décès, je fus tout heureuse. »[69] Le Prophète céda à cette maladie et Fatima rendit l'âme et le rejoignit six mois plus tard.[70]

---

[68] Boukhari, *Manaqib*, 25 ; *Manaqibu'l-ansar*, 29 ; Abou Dawoud, *Jihad*, 97.

[69] Boukhari, Maghazi , 83 ; Mouslim, Fadha'il as-Sahaba, 98 – 99.

[70] Le décès du Messager de Dieu toucha Fatima si profondément qu'elle exprima sa peine dans ces quelques vers :

- Dans la plupart des six livres de hadiths authentiques, on lit qu'un jour le Messager de Dieu prit son petit-fils Hassan dans ses bras et déclara : « Ce fils de ma descendance est d'une grande noblesse. Il est à espérer que Dieu réconciliera grâce à lui deux grands groupes de musulmans. »[71] Hassan fut effectivement une noble personne. Trente-cinq ans après cette prédiction, il renonça au califat pour laisser sa place à Muawiya, confirmant ainsi la véracité de son noble grand-père.

- Un jour le Messager de Dieu posa sa main sur la tête de Abdoullah ibn Busr et dit : « Ce garçon vivra 100 ans, et ces verrues sur son visage disparaîtront. »[72] Abdoullah vécut jusqu'à 100 ans et rendit l'âme sans aucune verrue sur le visage.

- On lit dans la biographie du Prophète et la quasi-totalité des livres de hadiths : les musulmans creusèrent une tranchée autour de Médine durant la bataille du Fossé. Le Prophète participa à ce travail et, pour renforcer le moral de ses Compagnons, priait de temps en temps pour eux : « Ô Dieu! Il n'y a de vraie vie que celle de l'au-delà, alors pardonne aux Secoureurs et aux Émigrés (les Ansar et les Mouhajir) ! »[73] Ses Compagnons répondaient avec ferveur : « Ô Dieu, si ce n'était par Ta grâce et Ton aide, nous n'aurions pas pu trouver le droit chemin, ni offrir l'aumône ni prier. Alors fais descendre sur nous la sérénité et affermis nos pas lors de la rencontre de l'ennemi...! »[74] Alors qu'ils creusaient, un énorme rocher fut découvert. Ne parvenant pas à le retirer, les Compagnons appelèrent le Messager de Dieu. Il vint muni d'un levier et d'une pioche et se mit à le fracasser. Chaque coup produisait des étincelles et, grâce à une inspiration divine, il prédisait une future conquête à chaque fois : « On m'a donné les clés de la Perse ; On m'a donné les clés de Byzance ; On m'a donné

De quoi d'autre aurait besoin celui qui a senti la
terre de la tombe de Mohammed ?
Aurait-on jamais besoin de quoi que ce soit d'autre ?
J'ai été frappée par de tels malheurs que s'ils étaient tombés sur des jours,
Ils se seraient transformés en nuits !

[71] Boukhari, *Sulh*, 9 ; Tirmidhi, *Manaqib*, 30.
[72] Tabarani, *Mousnad*, 2 : 17 ; Ahmad ibn Hanbal, *Mousnad*, 4 : 189.
[73] Boukhari, *Maghazi*, 29 ; *Manaqibu'l-ansar*, 9 ; Moulim, *Jihad*, 126-129.
[74] Boukhari, *Maghazi*, 29 ; Mousslim, *Jihad*, 123, 124, 125.

les clés du Yémen, etc. »[75] En l'espace de vingt ans, la Perse et de grandes parties de Byzance devinrent des territoires musulmans grâce au brillant commandement militaire de Khalid ibn Walid et Sad ibn Abi Waqqas. Byzance fut plus tard conquise par le dirigeant ottoman Sultan Mehmed le Conquérant.

- Adiy ibn Hatim rapporte : Un jour les gens se plaignirent, en présence du Messager de Dieu, de la pauvreté, de la privation et de l'insécurité sur les routes désertes. Il dit alors : « Ô Adiy ! Si tu vis assez longtemps, tu verras sûrement que la femme voyagera à dos de chameau de Hira jusqu'à la Kaaba où elle fera les tournées rituelles en ne craignant personne d'autre que Dieu. Le jour viendra où les trésors de Chosroês fils de Hormuz (le chef de Perse) vous seront distribués. Le jour viendra où les gens voyageront à la recherche de quelqu'un à qui donner l'aumône, sans pouvoir trouver personne. » À l'époque où il avait prédit tout cela, des membres de la tribu de Tayy s'attaquaient aux voyageurs et l'Empire de Perse vivait ses plus beaux jours. Or j'ai moi-même été témoin de la réalisation des deux premières prédictions, et je m'attends à ce que la troisième se réalise aussi.[76]

Adiy ne vécut pas assez longtemps pour voir l'accomplissement de la troisième prédiction. Cependant, peu après sa mort, durant le califat de Omar ibn Abd al-Aziz, les gens devinrent si riches que personne ne pouvait trouver un pauvre à qui donner l'aumône obligatoire (*zakat*) dans les vastes terres de l'État musulman. Le niveau de vie était très élevé et il n'y avait aucun déséquilibre visible dans la distribution des richesses.

- Pendant la construction de la mosquée du Prophète à Médine, tout le monde, y compris le Messager de Dieu, travaillait dur pour la terminer le plus tôt possible. Certains moulaient des torchis et d'autres les transportaient jusqu'au chantier de construction. Pendant ce temps, Ammar ibn Yasir, l'un des premiers musulmans, s'approcha du Messager de Dieu et, probablement pour s'attirer l'attention et l'amour du Messager, dit : « Ô Envoyé de Dieu, ils m'ont chargé de deux torchis. » Le Messager de Dieu sourit et,

---

[75] Ahmad ibn Hanbal, *Mousnad*, 4 : 303 ; Nasa'i, *As-Sunanu'l-Kubra*, 5 : 269 ; Ibn Kathir, *Al-Bidaya wa'n-nihaya*, 4 : 116.

[76] Boukhari, *Manaqib*, 25 ; Ahmad ibn Hanbal, *Mousnad*, 4 : 257.

tout en essuyant la poussière du visage de Ammar, lui annonça qu'il tomberait martyr : « Quel dommage (ou « Bonne nouvelle » selon une autre version), ô Ammar, un groupe rebelle te tuera. »[77] Ammar tomba effectivement martyr quarante ans plus tard à la bataille de Siffin par la main des partisans de Muawiya.

- Le Messager de Dieu distribuait le butin de guerre quand un homme aux traits mongols lui demanda d'être équitable dans sa distribution. À cette impertinence, le Messager répondit : « Qui serait équitable si je ne le suis pas moi-même ? Si je ne me montre pas équitable, alors je suis perdu et j'ai échoué. » Selon une autre version, il aurait dit : « Si je ne suis pas juste, alors (en me suivant), vous (le peuple) êtes perdus et avez échoué. »[78]

  Omar était si furieux contre cet homme qu'il demanda que le Prophète lui permette « décapiter cet hypocrite ». Or le Messager s'est contenté de dire : « Dans le futur, un groupe de gens au visage joufflu, avec les yeux bridés et le nez plat [comme cet homme] apparaîtra. Ils réciteront tellement le Coran que ta récitation, comparé à la leur, te semblera négligeable. Toutefois, ce qu'ils réciteront n'aura pas le moindre effet sur eux. Ils quitteront la religion comme la flèche quitte son arc. En outre, il y aura une grande et grasse excroissance sur le bras de l'un d'entre eux. »[79]

  Les années passèrent et un groupe appelé les Kharidjites apparut. Portant les caractéristiques susmentionnées et se basant sur une mauvaise interprétation du Coran, ils se rebellèrent. Le calife Ali les confronta et les vainquit à Nahrawan. Un cadavre avec une grosse excroissance sur le bras fut apporté à Ali. Cet événement, en plus de prouver la véracité et la Prophétie de Mohammed, a rempli une autre prédiction : « Ô Ali, je me suis battu pour la transmission du Coran ; tu te battras contre sa mauvaise interprétation. »[80]

- Un jour, le Messager de Dieu dormit chez sa « tante de lait » (la sœur de sa nourrice), Oumm Haram. Il se réveilla avec le sourire. Oumm Haram lui demanda pourquoi il était si heureux et il

---

[77] Ibn Hicham, As-sira an-nabawiyya, 3 : 25 ; Ibn Kathir, *Al-Bidaya wa'n-nihaya*, 3 : 217.

[78] Boukhari, *Manaqib*, 25 ; *Adab*, 95 ; *Istiaze*, 4 ; Mouslim, *Zakat*, 148.

[79] Boukhari, Adab, 95 ; Mouslim, *Zakat*, 148 ; Ibn Kathir, *Al-Bidaya wa'n-nihaya*, 7 : 290.

[80] Ibn Hanbal, 3:82.

répondit : « J'ai rêvé qu'un groupe de musulmans, tels des rois s'asseyant sur leurs trônes, embarquait sur des bateaux et allait en guerre. » Oumm Haram lui demanda de prier pour qu'elle fasse partie de ce groupe. C'est ce qu'il fit, après quoi il dit : « Tu seras parmi eux. »[81] Les années s'écoulèrent. Pendant le califat de Muawiya, les musulmans s'engagèrent en guerre contre Chypre. Oumm Haram était dans l'armée, accompagnant son mari, Ubada ibn Samit. Elle rendit l'âme là-bas, et sa tombe fut régulièrement visitée depuis ce jour-là.

Prédictions relatives au futur lointain

- Un jour le Messager de Dieu déclara : « Quand la fin des temps [le Jour Dernier] approchera, les enfants de Kantura apparaîtront. Ils seront joufflus, les yeux bridés et le nez court et aplati. »[82] Cette description correspond aux Mongols, bien qu'on l'attribut traditionnellement à certains Kharidjites. Le Messager de Dieu avait prédit à la fois l'invasion mongole et la conséquente destruction du monde musulman, et le massacre des musulmans d'Andalousie perpétré par les Occidentaux – deux des plus tragiques calamités qui se sont abattues sur la nation musulmane. Toujours préoccupé par le sort de son peuple, il employait de telles prédictions pour rappeler aux musulmans que la déviation du droit chemin apporte les calamités. Dieu utilise les malfaiteurs et les oppresseurs pour châtier et corriger Ses serviteurs croyants, et ensuite Se tourne vers les tyrans et les anéantit.

- Le Messager de Dieu avait prédit la conquête de Constantinople (l'actuel Istanbul) : « Certes, la ville de Constantinople sera conquise. Quel bon commandant que celui qui la conquerra, et quelle bonne armée que la sienne ! »[83] Espérant être l'objet des louanges du Prophète, maints dirigeants et commandants musulmans ont, dès l'époque de Muawiya, cherché à conquérir cette ville. Pendant l'une de ces campagnes, Abou Ayyoub al-Ansari, un noble

---

81 Boukhari, *Jihad*, 3 : 8 ; Mouslim, *Imara*, 160 - 162.

82 Boukhari, *Jihad*, 95, 96 ; Abou Dawoud, Malahim, 9 – 10.

83 Hakim, *Mustadrak*, 4 : 468 ; Ibn Hanbal, 4 : 335 ; Tabarani, *Mujamu'l-Kubra*, 2 : 38.

Compagnon, tomba martyr et fut enterré près des remparts de la ville.

Constantinople fut finalement conquis par le dirigeant otto-man Mehmed le Conquérant. Outre ce grand commandant et homme d'État, ses deux camarades d'école, Hassan d'Ulubat et Kadi Hizir Çelebi, ainsi que son précepteur Ak Chamsaddin, étaient aussi des symboles de cette conquête. L'un d'eux servait dans l'armée, et les autres étaient dans les départements d'éducation religieu-se et scientifique. La prière et les louanges du Prophète les com-prennent tous.

- Le Messager de Dieu avait prédit et expliqué les principales raisons de la destruction de l'Empire Ottoman et de la déplorable condition des musulmans après la Première Guerre Mondiale : « Les nations vont s'appeler les unes les autres, tout comme les gens s'invitent à dîner, pour mener une attaque concertée contre vous. » Quelqu'un demanda : « Est-ce que cela arrivera parce que nous sommes peu nombreux ? » Le Messager de Dieu répondit : « Non, votre nombre sera grand, mais vous serez aussi impuissants que des bouts de bois ou de la paille emportés par une crue. Dieu ôtera du cœur de l'enne-mi sa peur de vous et implantera en vous la crainte de la mort et l'amour du bas monde. »[84]

Cette prédiction, qui devint réalité durant la Première Guerre Mondiale, décrit aussi notre situation actuelle. Nous sommes divi-sés en de nombreuses factions, tandis que nos ennemis cherchent à s'unir plus étroitement en se basant sur leurs intérêts mutuels. Dans le passé, ils avaient peur de nous, car nous voyions le cercueil comme une chambre nuptiale, comme quelque chose auquel on aspirait. Mais maintenant, nous sommes si attachés à ce monde que nous faisons tout notre possible pour échapper à la mort, même si nous savons que cela est impossible. Aussi avons-nous été l'objet de beaucoup de trahisons. Othman et Ali avaient été victimes de trahison, et le magnifique Empire Ottoman a été réduit à une offrande pour les hommes carnivores de ce monde. Il a subi d'innombrables trahisons par des nations qui avaient été si prospères et si pacifiques pendant le règne ottoman.

---

[84]   Abou Dawoud, Malahim, 5 ; Ibn Hanbal, 5 : 278.

- Le Messager de Dieu avait prédit l'avènement du communisme dans un hadith rapporté par ibn Omar. Tournant son visage vers l'Est, il dit : « Faites attention ! L'anarchie et la subversion apparaîtront de ce côté-là, à partir d'où l'Age de Satan commencera. »[85] L'Age de Satan, construit sur l'athéisme et l'hédonisme, est l'opposé de l'Age du Prophète, qui est construit sur la croyance et la dévotion à Dieu. Le communisme, ce résultat illégitime du capitalisme, prône l'hostilité à la religion, à la piété et aux valeurs morales et traditionnelles.

- Le Messager de Dieu déclara un jour : « L'Euphrate s'asséchera probablement, découvrant ainsi un trésor (une montagne selon une autre version) d'or en dessous. Quiconque d'entre vous en sera témoin devra s'abstenir d'en prendre. »[86] Ce hadith fait allusion à la grande guerre qui devra avoir lieu le long de l'Euphrate. Bien que ce fleuve ait déjà vu beaucoup de guerres, parmi lesquelles la guerre Iran/Iraq, ce hadith indique un plus grand éclat de violence dans le futur. Il est possible de comprendre ce hadith de façon littérale ou figurée. Par exemple, on parle du pétrole comme étant de « l'or noir ». Mais peut-être que l'eau elle-même deviendra aussi précieuse que de l'or et provoquera des guerres régionales ou internationales ; ou bien les revenus obtenus par les barrages sur ce fleuve attireront l'attention internationale et engendreront de grandes guerres. Dans tous les cas, le Messager de Dieu nous a avertis que la région de l'Euphrate était comme de la dynamite au cœur du monde musulman.

- L'Envoyé de Dieu affirma que le christianisme serait purifié de ses éléments et rejoindrait l'islam, renforçant ainsi la religion divine.[87] Ce sera un tournant universel dans l'histoire de l'humanité, et les croyants, à une époque où ils seront saisis par leurs ennemis, vaincront et détruiront les représentants de l'incroyance.

- Le Messager de Dieu avait prédit que les réformes agricoles et les développements scientifiques et techniques permettraient aux agriculteurs de produire une grenade qui, à elle seule, suffira à vingt personnes, et que son écorce fera de l'ombre aux gens. Il

---

[85] Boukhari, *Fitan*, 16 ; Mouslim, *Fitan*, 45 – 50.
[86] Boukhari, *Fitan*, 24 ; Mouslim, *Fitan*, 30 – 32.
[87] Boukhari, *Anbiya*, 49 ; Mouslim, *Iman*, 244-247.

prophétisa également que le blé produit sur une surface pas plus grande que le balcon d'une maison suffira à nourrir une famille pendant une année.[88] Avec l'arrivée de la biotechnologie et des manipulations génétiques, de tels miracles ne vont sûrement pas tarder à se réaliser.

- Dans un autre hadith, le Messager de Dieu décrit la fin des temps : « Avant le Jour du Jugement dernier, les gens seront sélectifs dans leurs salutations (préférant ne saluer que certaines personnes), le commerce rapportera tellement d'argent et sera si préférable que les femmes aideront leurs maris dans ce domaine, les parents et les proches ne seront plus visités, les fausses preuves et les faux témoignages remplaceront la vérité, et l'écriture sera prédominante. »[89]

Tout cela s'est avéré. Aujourd'hui, le commerce est l'activité la plus en vue pour gagner sa vie et les femmes sont exploitées pour faire la publicité de divers produits et services, et pour attirer les clients. Les droits des parents et des proches ne sont plus pris en considération et, dès qu'ils vieillissent et qu'ils ont plus que jamais besoin de tendresse et d'attention, ils sont trop souvent placés dans des maisons de retraite. Le pouvoir des médias modernes est incontestable, et le mensonge est si répandu que rares sont ceux qui y résistent. Cela est vrai à tous les niveaux, des mensonges commerciaux jusqu'aux faux témoignages lors des procès.

- Dans un hadith *qudsi*, le Prophète rapporte de Dieu : « À la fin des temps, Je ferai que le savoir soit obtenu par tout le monde, femmes et hommes, personnes libres ou esclaves, jeunes ou âgées. »[90] En effet, l'éducation est désormais accessible à presque tout le monde à travers les écoles, les universités et les médias. Beaucoup d'intellectuels et de scientifiques affirment que l'ère suivante sera l'Ère de l'information.

- Dans un autre hadith authentique, le Messager de Dieu déclare : « Le Jour Dernier n'arrivera pas tant que le Coran ne sera pas réduit à un moyen de honte et que l'islam ne sera pas laissé sans

---

[88]   Mouslim, *Fitan*, 110 ; Tirmidhi, Fitan, 59.

[89]   Ibn Hanbal, 1 : 407 – 408, 419 - 420 ; Hakim, *Mustadrak*, 4 : 98.

[90]   Darimi, *Muqaddima*, 27 ; Abou Nuaym, Hilyatu'l-awliya, 6 : 100.

aucun groupe puissant pour le soutenir. »[91] Nous avons pu voir la véracité de cette prédiction. Pendant près d'un siècle, les musulmans ont été persécutés même sur leurs propres terres. Tandis que l'athéisme et les incroyants ont ouvertement proclamé leur incroyance partout, l'islam a été la cible d'agressions verbales, écrites et même physiques. Les musulmans se sont vus forcés de cacher leur croyance et sont devenus trop embarrassés pour pouvoir proclamer ouvertement leur foi.

- Le Messager avait prédit les développements dans la télécommunication et les transports. Le hadith susmentionné continue ainsi : « L'Heure finale ne sonnera pas tant que les distances de temps et d'espace ne seront pas diminuées ».[92] Cela signifie « se rapprocher l'un de l'autre » et implique qu'avant le Jour du Jugement les choses qui prenaient jadis beaucoup de temps vont être possibles en très peu de temps.

  Ce hadith, en plus de prévoir les moyens de transport et de communication modernes, sous-entend que le temps est relatif. La Terre prend graduellement une forme elliptique, ce qui peut causer quelques changements dans la division et le calcul du temps. Quant à la relativité du temps à laquelle le hadith fait allusion, nous savons que le temps diffère sous certains aspects (division, longueur, calcul, la vitesse de son passage à l'intérieur ou autour de chaque sphère ou planète, etc.). Si l'humanité arrive à quitter ce système solaire, la conception actuelle du temps changera complètement. Ainsi, en un seul mot, le Messager de Dieu fait plusieurs révélations dont certaines se sont déjà réalisées, et qui se réfèrent à plusieurs faits scientifiques.

- L'Envoyé de Dieu avait aussi prédit : « Le jour viendra où presque tout le monde vivra de l'usure, à un tel point que ceux qui s'en abstiennent seront exposés à sa 'poussière'. »[93] Le Messager de Dieu se réfère à deux points importants :
  - Viendra le temps où toutes les transactions officielles comporteront de l'intérêt (usure). Personne ne pourra totalement l'éviter. Toutefois, ceux qui ne s'engagent pas dans des tran-

---

[91] Hindi, *Kanz al-Ummal*, 14 : 244.

[92] Haythami, *Majma az-Zawa'id*, 7 : 324. (Le mot *taqarub* a été traduit par « diminuer ».)

[93] Abou Dawoud, *Buyu*, 3 ; Ibn Maja, *Tijara*, 58 ; *Nasa'i*, Buyu, 2.

sactions basées sur l'intérêt ne seront pas tenus responsables des intérêts qu'ils obtiennent et utilisent involontairement, tant qu'ils feront de leur mieux pour s'en abstenir.

– Le Messager de Dieu a peut-être voulu dire, par l'expression « exposés à sa poussière », qu'une classe capitaliste émergera et qu'elle augmentera sa richesse grâce aux intérêts, ce qui enlisera peu à peu la classe moyenne dans une pauvreté de plus en plus affligeante. Il en résultera une guerre ouverte et amère entre les classes.

Toutes ces prédictions se sont réalisées. Comme il est tragique que les musulmans soient dans un tel état dégénéré et méprisable parce que, entre autres choses, ils se noient dans les marais d'usure en dépit des avertissements coraniques selon lesquels quiconque prendra part à des transactions basées sur l'intérêt recevra *l'annonce d'une guerre de la part de Dieu et de Son messager* (2 : 279). Si seulement les musulmans avaient été pleinement conscients de ces déclarations coraniques, ils ne seraient pas tombés dans cette position misérable.

- Dans le hadith authentique suivant, le Messager de Dieu indique un autre aspect de la déplorable situation actuelle du monde musulman : « Le temps viendra où les croyants se cacheront comme le font aujourd'hui les hypocrites. »[94] À l'époque du Prophète, les hypocrites se dissimulaient en prenant part aux manifestations extérieures des rites religieux. Selon ce hadith, les musulmans essaieront de se cacher, voire de remplir leurs obligations religieuses en secret. Le même état était décrit dans un autre hadith comme suit : « La sédition et l'égarement surgiront. Un musulman sera couvert de honte pour avoir accompli ses prières prescrites, tout comme une femme est aujourd'hui couverte de honte pour avoir forniqué. »

- Dans une autre narration, le Messager de Dieu avait prédit la découverte de pétrole dans le Taleqan (en Iran) : « Bonnes nouvelles à Taleqan ! Car des trésors de Dieu se trouvent là-bas, mais pas d'or ou d'argent. »[95] Autrefois, on entendait par trésor l'or ou l'argent.

---

[94]   Tabarani, Mousnad, 1 : 148.
[95]   Ali al-Muttaqi, *Kanz al-Ummal*, 14 : 591.

C'est pour cette raison que le Messager de Dieu souligna que les trésors du Taleqan seraient composés d'autres choses. Ce qui vient d'emblée à l'esprit aujourd'hui, quand on nous parle de trésor, c'est le pétrole. Cependant, il se peut qu'il ait voulut dire l'uranium ou les diamants. Si tel est le cas, la prophétie s'est avérée, car de telles ressources ont été découvertes à l'intérieur et autour du Taleqan.

- Une autre prédiction du Prophète : « Vous suivrez les pas de ceux qui vous ont précédés de si près que même s'ils étaient entrés dans un trou de lézard, vous feriez pareil. » Les Compagnons lui demandèrent si *ceux qui vous ont précédés* signifiait les juifs et les chrétiens et il répondit : « Qui d'autre pourrait-ce être ? »[96] Les musulmans ont souffert d'une crise d'identité depuis deux siècles. Ils ont aveuglément imité l'Occident et se sont laissés prendre à des vices qui ont valu la destruction des civilisations précédentes.

Prédictions des développements scientifiques

Le Messager de Dieu fit aussi de nombreuses prédictions concernant divers développements scientifiques dont certains se sont déjà réalisés. Parmi la multitude d'exemples, j'en citerai quelques-uns pour illustrer sa précision à cet égard.

- Selon Boukhari, le Messager de Dieu déclara : « Dieu n'a fait descendre aucune maladie pour laquelle Il n'ait envoyé aussi un remède. »[97] Ce hadith, en plus d'affirmer que chaque maladie est guérissable, est la déclaration la plus complète encourageant à la recherche médicale. Dans un autre hadith, le Messager révèle qu' « il existe un remède pour chaque maladie ».[98]

  D'après une autre version : « Ne négligez pas le traitement de vos maladies, car Dieu n'envoie pas de maladie pour laquelle Il n'envoie aussi un remède. La seule exception est la vieillesse. »[99] L'humanité peut donc découvrir un remède pour toutes les mala-

---

[96] Mouslim, Ilim, 6 ; Boukhari, Anbiya, 50.
[97] Boukhari, *Tib*, 1 ; Ibn Maja, *Tib*, 1.
[98] Mouslim, Salam, 69 ; Ahmad ibn Hanbal, Mousnad, 3 : 335.
[99] Abou Dawoud, *Tib*, 1 ; Tirmidhi, *Tib*, 2 ; Ibn Maja, *Tib*, 1.

dies, mais ne sera jamais capable d'arrêter notre voyage du monde des esprits au monde matériel, puis au Paradis ou en Enfer, en passant par les étapes de l'embryon, de l'enfance, de la jeunesse, de la vieillesse, de la tombe et de la résurrection. Le Prophète nous incite à apprendre à guérir les maladies, mais il nous prévient aussi de ne pas négliger de nous préparer pour l'autre monde.

Dieu nous encourage à poursuivre les recherches scientifiques en nous rapportant aux miracles accomplis par les Prophètes. Cela amène ces faits à l'attention des hommes de science et montre ainsi les limites de leurs aspirations. En permettant à Jésus d'accomplir ce miracle inimitable qu'est de ramener un mort à la vie, Dieu indique que nous pouvons tout guérir sauf la mort.

L'histoire du bâton de Moïse nous montre que nous pouvons utiliser des choses inanimées pour divers objectifs, comme pour obtenir de l'eau des profondeurs souterraines en utilisant un moyen aussi simple qu'un bâton comme centrifugeuse. Toutefois, nous n'arriverons jamais à faire jaillir une source d'eau en frappant un rocher avec un bâton, ni à changer un bâton en serpent – deux choses accordées spécialement à Moïse.

Le Coran est le plus grand miracle du Prophète Mohammed et marque l'ultime limite dans le domaine de l'éloquence et du style littéraire que l'humanité puisse atteindre. Cela indique aussi que l'écriture et l'éloquence seront d'une importance capitale vers la fin des temps. Les prophètes montrèrent l'exemple et nous dévoilèrent les limites de nos progrès matériels et spirituels.

- Le Messager de Dieu conseillait la mise en quarantaine pour contenir les débuts de maladies contagieuses : « Si vous entendez qu'il y a la peste quelque part, n'y entrez pas ; et si la peste se déclenche là où vous êtes, ne quittez pas le lieu pour échapper à la peste. »[100] Selon Ahmad ibn Hanbal, il déclara aussi : « Fuyez le lépreux comme vous fuyez le lion. »[101] Dans ce hadith, le Messager de Dieu nous recommande de nous protéger contre la lèpre. Ici, la quarantaine est encore suggérée comme un moyen de prévenir la propagation de la lèpre.

---

[100] Boukhari, *Tib*, 30 ; Mouslim, *Salam*, 98.
[101] Boukhari, *Tib*, 19 ; Ibn Hanbal, 2 : 443.

- L'Imam Mouslim relate dans son Sahih que le Messager de Dieu déclara : « Si un chien lèche votre assiette, nettoyez-la sept fois, la première fois avec la terre et les six autres fois avec de l'eau. »[102] Ce hadith contient les principes médicaux suivants concernant les bactéries :
  - Les chiens peuvent porter les microbes de certaines maladies qui peuvent être transmises aux êtres humains. Ce fait a été récemment découvert par les hommes de science.
  - La salive et l'excrément du chien peuvent contenir des substances capables de nuire à la santé humaine.
  - À l'époque du Prophète, on ne connaissait pas encore la désinfection et la stérilisation. Cependant, le Messager de Dieu conseillait de nettoyer avec de la terre l'assiette léchée par le chien. Aujourd'hui, nous savons que la terre est un bon antiseptique qui est composé de substances telles que la tétracycline.

  Dans un autre hadith concernant les chiens, le Messager de Dieu exprime un principe fondamental d'écologie : « Si les chiens ne représentaient pas une communauté à part, j'aurais ordonné de les tuer. »[103] Cela implique que chaque espèce est un élément indispensable pour l'équilibre écologique.

- Comme il est rapporté dans le *Sahih d'at-Tirmidhi* et dans *le Sunan d'Abou Dawoud*, le Messager de Dieu déclara : « La bénédiction de la nourriture réside dans le fait de se laver les mains avant et après manger. »[104] Ce hadith insiste sur l'importance de l'hygiène. À mesure que nous utilisons nos mains, les germes s'accumulent et ne peuvent être éliminés qu'en se lavant les mains. Dans un autre hadith, il nous incite à nous laver les mains après le réveil, car : « Vous ne savez pas ce qu'ont fait vos mains pendant que vous dormiez. »[105] À l'époque, personne ne savait rien à propos des microbes.

- Comme il a été rapporté par quarante Compagnons dans les six livres les plus authentiques de hadiths, le Messager de Dieu avait établi le principe des soins dentaires : « Si je ne craignais pas

---

[102] Mouslim, *Tahara*, 89 – 93 ; Tirmidhi, Tahara, 68.
[103] Abou Dawoud, *Adahi*, 21 ; *Tahara*, 37 ; Tirmidhi, *Sayd*, 16.
[104] Abou Dawoud, *Atima*, 11 ; Tirmidhi, Atima, 39.
[105] Boukhari, *Woudou*, 26 ; Mouslim, *Tahara*, 87 – 88.

que ce fût un fardeau trop lourd pour ma communauté, je leur ordonnerais de se nettoyer les dents avec le *miswak* [bâton en bois naturel] avant chacune des cinq prières. »[106] L'hygiène dentaire est d'une grande importance, non seulement pour les dents mais aussi pour tout notre corps. Le Prophète agissait ainsi, et nous devons en faire de même.

• En rapport à la santé et à la digestion, le Messager de Dieu recommandait : « Quand vous mangez, gardez un tiers de votre estomac pour la nourriture, un autre tiers pour la boisson et laissez le dernier tiers vide. L'estomac complètement rempli est pour Dieu une chose détestable. »[107] Dans un autre hadith similaire, il dit : « Ce que je crains pour ma communauté, c'est un gros ventre, trop de sommeil, l'oisiveté et le manque de certitude. »[108]

Chacune de ces choses est soit l'antécédent soit le résultat des autres. Ceux qui sont oisifs et insouciants, qui ignorent l'autocontrôle et l'autocritique, sont disposés à grossir. Ceci les incite à manger plus. Un estomac rempli pousse au sommeil, et l'individu se met à dormir pour plus longtemps. De telles personnes, qui sont adonnées à la suralimentation et au sommeil excessif, ne seront jamais capables d'acquérir la certitude et la conviction profonde en l'islam. C'est le cas d'une multitude de gens aujourd'hui.

• Un autre hadith lié à la santé est le suivant : « Soignez vos yeux avec le khôl, car cela nourrit les yeux et les cils. »[109] Nombre d'autorités médicales confirment que le khôl a précisément ces vertus. Une autre substance recommandée par le Prophète et utile pour la santé, en tant qu'antibiotique et pour ses bienfaits dermatologiques, est le henné.[110] Le henné est un antibiotique et un agent stérilisant plus sain et plus efficace que des substances comme la teinture d'iode.

• Boukhari rapporte d'Abou Hourayra qu'un jour le Messager de Dieu a dit : « Une graine nigelle contient un remède pour toutes

---

[106] Boukhari, Jumua, 8 ; Mouslim, *Tahara*, 42 ; Abou Dawoud, Tahara, 25 ; Tirmidhi, *Tahara*, 18 ; Nasa'i, *Tahara*, 7 ; Ibn Maja, Tahara, 7 ; Ibn Hanbal, 1 : 80.

[107] Tirmidhi, *Zuhd*, 47 ; Ibn Maja, *Atima*, 50 , Ibn Hanbal, 4 : 132.

[108] Hindi, *Kanz al-Ummal*, 3 : 460.

[109] Tirmidhi, *Libas*, 23 ; Ibn Maja, *Tib*, 25.

[110] Tirmidhi, *Libas*, 20 ; *Tib*, 13 ; Abou Dawoud, *Tarajjul18*.

les maladies sauf la mort. »[111] Ce hadith comprend beaucoup de vérités dans le domaine de la thérapie. Un patient a besoin, surtout pendant la période de convalescence, d'aliments riches en protéines, en calories et en vitamines, et qui sont faciles à digérer. Les recherches scientifiques ont récemment montré que toutes ces propriétés se trouvent dans la graine de nigelle.

- Boukhari rapporte du Messager de Dieu : « Quand une mouche tombe dans votre assiette, enfoncez-la entièrement dans votre nourriture avant de la retirer. Il y a une maladie dans l'une de ses ailes et un remède dans l'autre. »[112] Personne à cette époque-là ne savait que les mouches transportaient des microbes. De plus, quand une mouche tombe dans un plat, elle essaie de garder une aile en dehors de la nourriture afin de pouvoir reprendre son envol. Ainsi, elle laisse des bactéries dans les aliments. Mais quand on l'immerge en l'enfonçant un peu, le petit sac qui se trouve sur son autre aile éclate et répand une substance anti-bactérienne qui tue les germes déjà laissés. Ceci est une découverte toute récente.

- Aïcha relate qu'un jour Fatima bint Abou Khubach demanda au Prophète : « Ô Messager de Dieu, mon sang ne cesse de couler, devrais-je abandonner les prières prescrites ? » Il répondit : « Non, il ne faut pas, car il ne s'agit pas de menstruations mais plutôt d'hémorragie. »[113] Si ce n'était grâce à sa Prophétie, comment aurait-il pu faire la distinction entre une hémorragie normale et le sang menstruel ?

- Tariq ibn Suwayd raconte : « Je souffrais d'une maladie et j'utilisais de l'alcool comme remède. Quand l'alcool fut interdit, j'allai demander au Messager de Dieu si je pouvais néanmoins continuer à l'employer comme remède. Il me dit : « Non, car ce n'est pas un remède ; c'est bien plutôt la maladie elle-même. »[114] Beaucoup d'hommes de science s'accordent désormais à dire que même une petite quantité d'alcool est nuisible à la santé morale et physique.

- Le Messager de Dieu proclama que dix choses étaient intrinsèquement nécessaires aux hommes et étaient donc ordonnées par

[111] Boukhari, *Tib*, 7 ; Mouslim, *Salam*, 88 - 89.
[112] Boukhari, *Badiu'l-Khalq*, 17 ; *Tib*, 58 ; Abou Dawoud, *Atima*, 48.
[113] Boukhari, *Woudou*, 63 ; Mouslim, *Haydh*, 62.
[114] Mouslim, *Achriba*, 12 ; Tirmidhi, Tib, 8 ; Tahawi, Charhu'l-maani al-Athar, 1 : 108.

les prophètes. La circoncision est l'une d'entre elles.[115] Aujourd'hui, les hommes de science admettent que le prépuce de l'homme est exposé aux infections, voire au cancer. En conséquence, des millions de gens sont circoncis en Europe et en Amérique.

Nous sommes persuadés que l'Occident reconnaîtra un jour la véracité de l'islam et que la prédiction faite au début du XXe siècle par Saïd Nursi se réalisera : « L'État ottoman est gros d'un État occidental tout comme l'Occident est gros d'un État islamique. Tous deux mettront au monde ce qu'ils portent en leur sein. »[116]

Nous avons jusqu'ici expliqué la véracité des prophètes, en mettant en exergue celle du Prophète Mohammed. Nous le répétons, toutes les prophéties finissent par se réaliser, car ils ne mentent jamais. Ils sont venus pour nous guider sur le droit chemin et nous conduire au Paradis. S'ils avaient menti ne serait-ce qu'une fois, ils n'auraient guidé personne vers la vérité. Cependant, leur véracité, et tout particulièrement celle du Prophète Mohammed, sera aussi manifeste que le soleil dans l'au-delà, où les gens verront chaque chose telle qu'elle est. Là, tout ce qu'ils nous ont annoncé concernant la vie future, la résurrection, le lieu de rassemblement, le Jour du Jugement, le Pont, le Paradis et l'Enfer se réalisera.

3. La loyauté

Le deuxième attribut de la Prophétie est *amana*, un mot arabe qui signifie le fait d'être digne de confiance, la loyauté, et dérive de la même racine que *mumin* (croyant). Être un croyant sous-entend que l'on est digne de confiance. Tous les prophètes étaient les meilleurs croyants et par suite de parfaits modèles de loyauté. Pour souligner ce principe, Dieu résume les histoires de cinq prophètes en employant le même mot :

> Le peuple de Noé traita de menteurs les messagers, lorsque Noé, leur frère, leur dit : « Ne craindrez-vous pas Dieu ? Je suis pour vous un messager digne de confiance ». (26 : 105 - 107)

Remplacez le nom de Noé par ceux de Houd, Salih, Loth et Chouayb, et vous aurez une version résumée de la loyauté de ces cinq prophètes (26 : 122 - 125 ; 141 - 143 ; 161 - 164, 177 - 180)

---

[115] Boukhari, *Libas*, 63 ; Mouslim, *Tahara*, 49.
[116] Saïd Nursi, Collection des Risale-i nur, *Tarikhja- i hayat* (Biographie), 56.

Al-Mumin est aussi un nom divin, car Dieu est l'Ultime *Mumin*, la source de sécurité et de confiance. Nous mettons toute notre confiance en Lui, nous nous confions à Lui et nous nous reposons sur Lui. Il distingua les prophètes par leur loyauté, et notre connexion à Lui à travers les prophètes est entièrement fondée sur cette qualité et sur leur sérieux.

La loyauté est aussi une caractéristique essentielle de l'archange Gabriel. Le Coran le décrit comme un être *obéi, là-haut, et digne de confiance* (81 : 21). Nous avons reçu le Coran de deux messagers dignes de confiance : Gabriel et Mohammed. Ce premier le lui a transmis et ce dernier nous l'a communiqué.

a. La loyauté du Messager de Dieu

Le Prophète Mohammed était parfaitement digne de confiance envers toutes les créatures de Dieu. Il était loyal et ne trompait jamais personne. Dieu choisit le Messager pour sa loyauté afin qu'il se consacre totalement à transmettre le Message en toute vérité et sincérité. Il était si préoccupé par sa mission qu'il répétait les versets pendant que Gabriel les lui récitait. Puis Dieu révéla :

> Ne remue pas ta langue pour hâter sa récitation : son rassemblement (dans ton cœur et sa fixation dans ta mémoire) Nous incombent, ainsi que la façon de le réciter. Quand donc Nous le récitons, suis sa récitation. À Nous, ensuite, incombera son explication. (75 : 16 - 19)

Le Coran lui ayant été donné comme dépôt, il le transmit aux gens de la meilleure façon possible. Il voua sa vie à cette cause sacrée, toujours conscient de sa responsabilité. Durant la dernière année de sa vie, alors qu'il prononçait le Sermon d'Adieu lors du pèlerinage au Mont Arafat, il rappela encore une fois les commandements de Dieu. À la fin de chaque phrase, il disait aux gens : « Dans un futur proche, ils vous interrogeront à mon propos. » Alors il leur demandait s'il leur avait bien transmis le Message, à quoi ils répondaient à chaque fois avec une grande ferveur : « Oui, tu l'as transmis ! » Ensuite, il demandait à Dieu d'être témoin de leurs paroles.[117]

---

[117] Abou Dawoud, *Manasik*, 56 ; Boukhari, *Hajj*, 132 ; Mouslim, *Hajj*, 147.

b. Événements spécifiques

Le Messager de Dieu n'a jamais pensé à dissimuler ne serait-ce qu'un seul mot du Coran. En fait, on lit dans le Coran plusieurs douces réprimandes divines pour certaines de ses actions. S'il avait été l'auteur du Coran, comme osent le prétendre certains, pourquoi aurait-il inclus de tels versets ?

Le Prophète fut élevé dans une société primitive caractérisée par des coutumes qui contredisent la raison ainsi que les faits sociologiques et scientifiques. Par exemple, parce que les enfants adoptés jouissaient du même statut légal que les enfants biologiques, un homme ne pouvait pas légalement épouser la veuve ou l'ex-femme de son fils adoptif. Cette pratique a été abolie, car l'adoption ne crée pas une relation comparable à celle qui existe avec des parents biologiques. Dieu régla ce problème, comme toujours, à travers la vie du Prophète afin de séparer une fiction légale d'une réalité naturelle et d'établir une nouvelle loi et coutume.

Zayd, un esclave noir affranchi et serviteur du Messager de Dieu, était aussi son fils adoptif. À la demande du Prophète, Zayd se maria avec Zaynab bint Jahch. Toutefois, il fut bientôt clair que le mariage ne durerait pas. Avouant qu'il était spirituellement et intellectuellement inférieur à sa femme, Zayd pensa qu'il valait mieux pour lui qu'il divorce. Finalement, le Coran ordonna à Mohammed de l'épouser : *Nous te la fîmes épouser* (33 : 37).

Évidemment, une telle action violerait un puissant tabou social. À cause de cela, et parce que les hypocrites en profiteraient pour le diffamer, le Prophète retarda l'annonce de ce décret divin. C'est pour cela que Dieu l'admonesta comme suit :

Quand tu disais à celui que Dieu avait comblé de bienfaits, tout comme toi-même l'avais comblé : « Garde pour toi ton épouse et crains Dieu », et tu cachais en ton âme ce que Dieu allait rendre public. Tu craignais les gens, et c'est Dieu qui est plus digne de ta crainte. Puis quand Zayd eût cessé toute relation avec elle, Nous te la fîmes épouser, afin qu'il n'y ait aucun empêchement pour les croyants d'épouser les femmes de leurs fils adoptifs, quand ceux-ci cessent toute relation avec elles. Le commandement de Dieu doit être exécuté. (33 : 37)

Aïcha commenta plus tard : « Si le Messager de Dieu avait pu dissimuler une part de la révélation, il aurait dissimulé ce verset. »[118] Si Mohammed n'avait pas été digne de confiance, il aurait fait cela. Toutefois, un tel acte aurait été contraire à son caractère et à sa mission, et aurait signifié qu'il n'avait pas transmis le Message. D'ailleurs, Dieu l'interdit de faire cela :

Ô Messager, transmets ce qui t'a été descendu de la part de ton Seigneur. Si tu ne le faisais pas, alors tu n'aurais pas communiqué Son message. Et Dieu te protégera des gens. Certes, Dieu ne guide pas les gens mécréants. (5 : 67)

Ainsi, le Messager de Dieu communiquait absolument tout ce qui lui était révélé.

c. Ses relations avec les autres

Le Messager de Dieu était digne de confiance et encourageait les autres à suivre son exemple. Une fois, pendant les dix derniers jours du Ramadan, son épouse Safiyya lui rendit visite alors qu'il était en retraite spirituelle à la mosquée. Tandis qu'il la raccompagnait chez eux, deux Compagnons les croisèrent. Le Prophète les arrêta et, dévoilant le visage de son épouse, leur dit : « Voici mon épouse, Safiyya. » Ils dirent : « Que Dieu nous garde de penser le moindre mal à ton sujet, ô Messager de Dieu ! » Le Messager voulait les empêcher d'avoir une fausse idée de lui, car cela entraînerait la perte de leur foi et leur entrée en Enfer. Il donna, à eux comme à nous, une leçon en disant : « Satan circule continuellement dans les veines des êtres humains. »[119]

Le Messager de Dieu était la loyauté personnifiée. Son propre peuple, même avant sa Prophétie, l'appelait *Al-Amin* (le digne de confiance). Une fois proclamé Prophète, ses ennemis continuèrent à lui confier leurs biens précieux.

Il avertit son peuple contre le fait de mentir, de ne pas tenir sa parole et de ne pas rendre le dépôt à son ayant droit. Toutes ces choses étaient condamnées comme étant des « signes d'hypocrisie ».[120] Il était si scrupuleux à ce sujet que lorsqu'il voyait une femme appeler son enfant en

---

[118] Boukhari, *Tawhid*, 22 ; Mouslim, *Iman*, 288.
[119] Boukhari, *Itiqaf*, 8 ; Mouslim, *Salam*, 24 – 25 ; Tabarani, *Al-Mujamu'l-Kabir*, 24 : 72.
[120] Abou Dawoud, *Adab*, 80 ; Ibn Hanbal, 3 : 447.

lui disant : « Viens-donc, je vais te donner quelque chose ! », il lui demandait si elle disait vrai. Une fois, une femme répondit qu'elle allait donner une datte, à quoi le Prophète répondit : « Si tu ne lui donnais rien, tu aurais menti. »

Sa préoccupation à ce sujet s'étendait jusqu'aux animaux. Un jour, agacé de voir un Compagnon essayer de tromper son cheval, il dit : « Cesse de tromper les animaux et sois loyal envers eux. »[121] Une autre fois, rentrant d'une campagne militaire, plusieurs Compagnons prirent quelques oisillons de leur nid pour les caresser. La mère oiseau rentra après un moment et, ne retrouvant pas ses petits dans leur nid, se mit à voler aux alentours en poussant des cris de détresse. Quand le Messager de Dieu en eût connaissance de ce qui s'était passé, il fut si attristé qu'il ordonna que les oisillons soient immédiatement remis dans leur nid.[122] Un tel ordre montrait que les représentants de la loyauté ne devaient jamais faire le moindre mal à des créatures vivantes. Chacun des Compagnons était la loyauté personnifiée. En vertu de cela et d'autres qualités louables, des villes et des États se soumirent à l'islam. Durant le califat de Omar, Abou Ubayda, la justice incarnée, commandait les armées musulmanes en Syrie. Quand l'Empereur de Byzance se lança à la capture d'Emèse, Abou Ubayda décida d'évacuer la ville, car les forces byzantines surpassaient en nombre les siennes. Il rassembla la population non musulmane et leur annonça : « Nous avions prélevé de vous l'impôt de capitation afin de vous protéger. Mais puisque nous ne pouvons pas vous défendre contre l'assaut imminent des Byzantins, nous vous rendons l'argent que nous avions prélevé. » La restitution eut lieu. Contents des autorités musulmanes, les prêtres chrétiens et les rabbins juifs se rendirent en masse aux églises et aux synagogues pour prier afin que Dieu accorde la victoire à l'armée musulmane.[123]

Telle était l'attitude des conquérants et des gouverneurs musulmans sur les terres qu'ils dirigeaient. Les musulmans restèrent en Espagne pendant huit siècles. S'il restait assez de chrétiens pour gagner suffisamment de pouvoir pour plus tard expulser les musulmans, c'est en raison de la tolérance religieuse des autorités musulmanes. Les dirigeants musulmans ne se mêlaient pas de la religion, de la langue et de la culture des

---

[121] Boukhari, *Iman*, 24 ; Mouslim, *Iman*, 107.
[122] Abou Dawoud, *Jihad*, 112, *Adab*, 164 ; Ibn Hanbal, 1 : 404.
[123] Abou Dawoud, Adab, 164 ; Ibn Hanbal, 1 : 404.

peuples conquis. S'ils l'avaient fait, il ne serait resté aucun chrétien pour reprendre l'Espagne, aucun juif pour conquérir la Palestine, ni aucun chrétien dans les Balkans pour y perpétrer des génocides. Et les chrétiens n'auraient pas non plus été capables de détruire des peuples, des cultures et des langues sur une échelle presque globale.

L'islam insiste sur la loyauté et la sécurité à un tel point que les conjectures et la médisance sont interdites :

> Ô vous qui avez cru ! Évitez de trop conjecturer [sur autrui] car une partie des conjectures est péché. Et n'espionnez pas ; et ne médisez pas les uns des autres. L'un de vous aimerait-il manger la chair de son frère mort ? (Non !) Vous en aurez horreur. Et craignez Dieu. Car Dieu est Grand Accueillant au repentir, Très Miséricordieux. (49 : 12)

Le Messager de Dieu était si sensible sur ce point qu'un jour, quand Aïcha fit ce commentaire : « Ce qu'elle a un long cou ! », il lui dit : « Tu l'as médité et tu as donc mangé de sa chair ! »[124]

Il priait toujours : « Ô Dieu, je cherche refuge auprès de Toi contre la faim, car elle est certes un très mauvais compagnon ! Et je cherche refuge auprès de Toi contre la trahison, car elle est certes un très mauvais confident ! »[125] Il avait aussi de dures paroles contre ceux qui trahissent et sont déloyaux : « Quand Dieu rassemblera toutes les personnes du passé et du futur, une bannière sera levée au nom de chaque personne déloyale. Il sera annoncé : ' Ceci est à cause de la déloyauté d'un tel ! ' »[126]

Le cœur du Messager de Dieu était fermé à tout mal, mais ouvert à tout bien. Il vivait dans un climat de probité, de fidélité et d'honnêteté. Il ne trompait ni ne mentait jamais, ne trahissait personne, de même qu'il ne médisait ni ne calomniait jamais et ne faisait jamais de mauvaises conjectures sur qui que ce soit. En retour, les gens se reposaient sur lui et se confiaient à lui. Ses ennemis le calomniaient, mais aucun ne l'accusa jamais de mentir ou d'être déloyal. Ceux qui lui tournaient le dos étaient vite eux-mêmes trompés et entraînés dans de mauvais chemins.

On pouvait toujours compter sur le Messager de Dieu. Son honnêteté avait deux aspects : sa relation avec les gens d'une part, et avec Dieu d'autre part. La première se manifestait sous la forme d'une entière fia-

---

[124] Ibn Kathir, *Tafsir*, 7 : 359 ; *Al-Targhib wa al-Tarhib*, 4 : 285.
[125] Abou Dawoud, *Witr*, 32; *Nasa'i, Istiadha*, 19, 20.
[126] Boukhari, *Adab*, 99 ; Mouslim, *Jihad*, 9 – 16.

bilité, et la seconde comme une parfaite confiance en Dieu. Quand ces deux aspects sont combinés, ils assurent une atmosphère paisible de sécurité et de fermeté.

Le Coran donne plusieurs exemples de la parfaite confiance des prophètes en Dieu et combien ils s'en remettaient à Lui. Nous ne citerons que quelques versets :

> *Raconte-leur l'histoire de Noé, quand il dit à son peuple : « Ô mon peuple, si mon séjour parmi vous, et mon rappel des signes de Dieu vous pèsent trop, alors c'est en Dieu que je place entièrement ma confiance. Concertez-vous avec vos associés et ne cachez pas vos desseins. Puis, décidez de moi et ne me donnez pas de répit.* (10 : 71)

> *[Houd] dit [à son peuple] : « Je prends Dieu à témoin - et vous aussi soyez témoins, qu'en vérité, je désavoue ce que vous associez en dehors de Lui. Rusez donc tous contre moi et ne me donnez pas de répit. Je place ma confiance en Dieu, mon Seigneur et le vôtre. Il n'y a pas d'être vivant qu'Il ne tienne par son toupet. Mon Seigneur, certes, est sur un droit chemin.* (11 : 54 - 56)

> *Certes, vous avez eu un bel exemple à suivre en Abraham et en ceux qui étaient avec lui, quand ils dirent à leur peuple : « Nous vous désavouons, vous et ce que vous adorez en dehors de Dieu. Nous vous renions. Entre vous et nous, l'inimitié et la haine sont à jamais déclarées jusqu'à ce que vous croyiez en Dieu, seul ». Exception faite de la parole d'Abraham adressée à son père : « J'implorerai certes, le pardon de Dieu en ta faveur bien que je ne puisse rien pour toi auprès de Dieu ». « Seigneur, c'est en Toi que nous mettons notre confiance et à Toi nous revenons repentants. C'est à Toi que tout doit aboutir. »* (60 : 4)

La nature de l'incroyance est l'égarement et l'opposition. Les incroyants voient le monde enfoui dans les ténèbres et se sentent seuls dans ce monde étranger ; les croyants voient l'univers entier comme un berceau de fraternité et se sentent liés à toutes choses. Par sa nature même, l'incroyance rompt les relations ; par suite, les incroyants se sentent hostiles à tout, et surtout aux croyants. Parce qu'ils ne peuvent pas supporter l'existence des croyants, ils font tout pour éradiquer la foi. C'est pourquoi tous les prophètes rencontrèrent une opposition farouche et, avec leurs disciples, souffrirent les pires actes de cruauté. Mais grâce à leur entière confiance et dépendance à Dieu, ils *ne fléchirent pas à cause de ce qui les atteignit dans le sentier de Dieu. Ils ne faiblirent pas et ils ne cédèrent point* (3 : 146).

La confiance que le Messager avait en Dieu le rendait sans crainte. Il apparut au cœur d'un désert habité par l'un des peuples les moins civilisés du monde. Malgré leur traitement impitoyable et l'hostilité implacable de l'un de ses oncles, il défia le monde entier et, s'en remettant entièrement à Dieu, accomplit sa mission avec succès. Il n'avait qu'une poignée d'adeptes mais il obtint la victoire en très peu de temps – un exploit sans précédent. Nous pouvons comprendre l'absence de peur chez lui et son courage, qui se développa grâce à sa confiance absolue en Dieu, à travers les anecdotes suivantes.

Les Quraychites voulaient à ce point le tuer que, juste avant son émigration à Médine, ils choisirent un homme de chaque clan pour l'assassiner. En tout, ils étaient environ 200 hommes avec à leur tête Abou Lahab. Ils assiégèrent sa maison. Le Messager de Dieu dit à son cousin Ali de passer la nuit dans son lit et, jetant de la poussière aux assaillants en récitant : *Nous mettrons une barrière devant eux et une barrière derrière eux; Nous les recouvrirons d'un voile : et voilà qu'ils ne pourront rien voir* (36 : 9), il partit sans être vu.[127] Il quitta La Mecque avec son ami le plus cher, Abou Bakr, et parvint à la cave de Thawr qui se situe à la cime d'une montagne abrupte. Abou Bakr devint très anxieux, craignant pour la vie du Messager de Dieu. Mais ce dernier le réconforta : « *Ne t'afflige pas, car Dieu est avec nous* » (9 : 40), et ajouta : « Que penses-tu de deux êtres dont le troisième est Dieu ? »[128]

Comme cela a été rapporté par divers moyens, pendant les campagnes militaires de Ghatafan et Anmar, un courageux chef de tribu appelé Ghowras apparut subitement à côté du Messager de Dieu qui était allongé sous un arbre. Dégainant son épée, il demanda : « Qui donc pourra te sauver de moi maintenant ? » « Dieu ! », répondit le Messager qui fit cette prière : « Ô Dieu, protège-moi contre lui comme Tu le voudras ! » À ce moment-là, Ghowras fut jeté à terre et son épée glissa de sa main. Le Messager de Dieu la ramassa et lui demanda : « Et maintenant qui pourra te sauver de moi ? » Ghowras se mit à trembler et à implorer qu'il lui laisse la vie sauve : « Tu es un homme noble et pardonneur ; on

127 Ibn Hicham, As-*sira an-nabawiyya*, 3 : 8 – 9 ; Tabari, *Tarikhu'l-Umam*, 1 : 567.
128 Boukhari, *Tafsir*, 9 ; Mouslim, *Fadha'il as-Sahaba*, 1.

ne peut attendre de toi que la clémence. » Le Messager de Dieu le pardonna.[129] Quand Ghowras retourna vers sa tribu, il dit : « Je viens tout juste de rencontrer la crème de l'humanité. »

La loyauté est une pierre angulaire de la croyance :

> *Certes, Dieu vous commande de rendre les dépôts à leurs ayants droit, et quand vous jugez entre des gens, de juger avec équité. Quelle bonne exhortation que Dieu vous fait ! Dieu est, en vérité, Celui qui entend et qui voit tout.* (4 : 58)

Selon le Messager de Dieu, abuser de la confiance et ne pas rendre le dépôt à son ayant droit est l'un des signes de la fin des temps : « Quand le dépôt ne sera pas rendu, attendez-vous à la fin des temps. »[130]

Assigner des gens qualifiés à des postes ou à des emplois est un acte de conviction sociale et joue un grand rôle dans l'administration publique et l'ordre social. Un abus dans ce domaine causerait un chaos social. Il faut de l'ordre à tous les niveaux de la société, car des individus doivent attribuer des responsabilités à d'autres. Le Messager de Dieu déclara : « Chacun de vous est un berger et chacun de vous est responsable de son troupeau. Le dirigeant est un berger responsable de ses sujets. Le mari est un berger responsable de sa famille. La femme est un berger responsable de la maison de son mari. Le domestique est un berger responsable des tâches ou des biens que son maître lui a confiés. »[131] Si tout le monde dans la société remplissait ses responsabilités, nous vivrions dans une « société de personnes dignes de confiance ». D'ici là, nous ne pouvons qu'imaginer de telles utopies.

La loyauté est un aspect si essentiel de la croyance que le Messager de Dieu déclara un jour : « Celui qui n'est pas digne de confiance n'est pas un croyant »[132], et décrivit le croyant comme celui en qui les gens ont confiance pour ce qui a trait à leur sang et à leurs biens.[133] De plus, il dit :

> Promets-moi les six choses suivantes et je te promettrai le Paradis : quand tu parles, dis la vérité ; quand tu fais une promesse, tiens-la ;

129 Boukhari, *Jihad*, 84 ; Mouslim, *Fadha'il*, 13.
130 Boukhari, *Ilim*, 2 ; Ibn Hanbal, 3 : 361.
131 Boukhari, *Jumua*, 11 ; Mouslim, *Imara*, 20.
132 Ibn Hanbal, 3 : 135.
133 Tirmidhi, *Iman*, 12 ; Nasa'i, *Iman*, 8.

quand quelqu'un te confie quelque chose, sois loyal ; reste chaste, ne regarde pas ce qui est illicite et ne fais pas ce qui est interdit.[134]

Même poser un regard rempli de désir sur une personne avec qui l'on n'est pas marié est interdit. Dieu dit : « Un tel regard est comme une flèche empoisonnée lancée du carquois de Satan. Quiconque s'abstient par crainte de Moi, J'imprimerai la foi si fermement dans son cœur qu'il y goûtera. »[135]

Vivre dans une sécurité absolue n'est possible que si des gens dignes de confiance sont au pouvoir. Si le monde musulman observe le dépôt que Dieu lui a confié et devient le représentant de la loyauté et de la sécurité dans le monde, un « nouvel ordre mondial » fondé sur la justice et l'équilibre sera possible. Sinon, l'humanité continuera à courir après des mirages de justice, de sécurité et de bonheur.

Par sa véracité, sa loyauté et ses autres vertus louables, le Messager de Dieu laissa des marques indélébiles sur les gens de tous âges. Chacune de ses paroles et de ses actions proclamait qu'il était Prophète, qu'il avait été envoyé pour guider les gens vers la vérité, pour les sortir des ténèbres de l'ignorance et de la barbarie, de l'esclavage et de l'immoralité, vers la lumière du savoir, de la haute moralité, de l'amour, de la compassion et de la vraie liberté.[136]

---

[134] Ibn Hanbal, 5 : 323 ; Tabarani, *Al-Mujamu'l-Kabir*, 8 : 262 ; *Al-Mujamu'l-Awsat*, 3 : 77 ; Bayhaqi, *as-Sunan al-Kubra*, 6 : 288.

[135] Hindi, *Kanz al-Ummal*, 5:328.

[136] Un jour, l'un des élèves d'Avicenne lui dit que, grâce à sa compréhension et son intelligence extraordinaire, il pourrait prétendre être prophète et rassembler autour de lui beaucoup d'adeptes. Avicenne resta silencieux. Le temps s'écoula, puis un hiver, ils entreprirent un long voyage. Avicenne se réveilla à l'aube, et réveilla son élève pour lui demander d'aller lui apporter un peu d'eau. L'élève avança quelques excuses pour s'éviter une telle peine. Avicenne avait beau insister, l'élève ne quittait pas son lit chaud et douillet. Juste à ce moment-là, on entendit l'appel à la prière : *Dieu est Grand... J'atteste qu'il n'y a de dieu que Dieu. J'atteste que Mohammed est le Messager de Dieu...* Avicenne profita de cette opportunité pour enfin répondre à la question de son élève : Te rappelles-tu quand tu m'as encouragé à proclamer ma Prophétie et qu'ainsi beaucoup de gens me suivraient ? Tu as été mon élève pendant des années et tu as profité de mes leçons, mais tu n'es même pas capable de quitter ton lit douillet pour m'apporter un peu d'eau à boire. Or cet homme, qui nous appelle à la prière comme d'autres l'ont fait depuis 400 ans, suit le (vrai) Prophète. Il a quitté son lit bien chaud, comme il fait tous les matins avec des centaines de milliers d'autres, est monté jusqu'au haut du minaret, et a proclamé l'uni-

4. Transmission du message

Le troisième attribut de la Prophétie est la transmission des vérités islamiques, autrement connues comme étant « enjoindre le bien et interdire
le mal ». Nous disons « islamiques » parce que tous les prophètes vinrent
avec la même religion divine fondée sur la soumission à Dieu. La transmission de ce message était l'ultime raison de l'envoi de prophètes.

De même que Dieu manifeste Sa Clémence à travers la lumière et la
chaleur du soleil, de même Il manifesta Sa Miséricorde et Sa Compassion
pour l'humanité à travers les prophètes. Il choisit Mohammed, qu'il envoya
comme une miséricorde pour tous les mondes, pour établir pour toujours
le message de compassion et de miséricorde. S'il n'avait pas été envoyé
pour raviver et réviser les messages des prophètes précédents et ensuite propager cette connaissance à travers la terre, nous serions maintenant en train d'errer dans un désert terrifiant d'incroyance, d'égarement
et d'ignorance.

Philosophes, sociologues et psychologues ont de tout temps recherché des réponses à des questions existentielles telles que : Qui suis-je ?
D'où viens-je ? Quelle est ma destination finale ? Quel est le sens de la vie ?
Que signifie notre mort ? La mort est-elle une non-existence absolue ou
seulement une porte vers une nouvelle et éternelle vie ? Chacun de nous
se débat avec de telles questions. Mais ce n'est qu'avec les éclaircisse-
ments des prophètes que nous pouvons trouver la vraie satisfaction et la
sérénité. À travers eux, nous pouvons comprendre que cette vie terrestre n'est qu'une étape sur notre voyage perpétuel du monde des esprits
au monde de l'éternité, un champ qu'il faut semer de graines pour en faire
la récolte dans le monde éternel. On parvient à ce monde via le monde
intermédiaire de la tombe. Quand nous réalisons cela, nous sommes sou-
lagés de nos angoisses, et le monde se transforme en un jardin fleuri de
récréation et un lieu de rassemblement pour des amis.

Les prophètes furent envoyés pour transmettre ce message et pour
illuminer le sentier du bonheur dans ce monde et dans l'autre. Nous allons
maintenant discuter de trois points essentiels concernant la transmission du message divin par les prophètes.

---

té de Dieu et la qualité de Messager de Mohammed. Maintenant, comprends-tu
ma position vis-à-vis de celle du Prophète ?

a. Une invitation universelle à Dieu

Les prophètes traitaient les gens et la vie d'une manière holistique, faisant appel à l'intelligence, à la raison, à l'âme et à tous les sentiments et sens internes et externes de tout un chacun.

La position d'un prophète par rapport à la révélation divine est similaire à celle d'un cadavre entre les mains de son laveur : l'individu ne peut rien faire de son propre chef.[137] Dieu dirige et guide un prophète dans la manière requise afin qu'il puisse guider son peuple. Sans cette direction divine, il serait incapable de guider qui que ce soit. S'il négligeait leurs intellects, le résultat final serait une communauté de mystiques misérables et dociles. S'il négligeait leurs cœurs ou leurs âmes, il en résulterait un rationalisme brut, dépourvu de toute dimension spirituelle. Comme chaque individu est composé d'un intellect, d'une âme et d'un corps, chacun doit donc recevoir sa part du message.

Les êtres humains sont actifs. Par conséquent, ils doivent être conduits vers les activités qui forment le vrai but de leurs vies, comme l'a déterminé Dieu et l'a communiqué le Prophète. Dieu n'a pas créé les gens pour qu'ils soient des reclus passifs, des activistes sans raison ni âme, ou des rationalistes sans réflexion spirituelle ni activisme.

Ce n'est que lorsque l'intellect, l'âme et le corps sont en harmonie et que les gens sont motivés à agir sur le chemin illuminé du message divin, qu'ils peuvent atteindre la perfection et la vraie humanité. Tous les prophètes poursuivaient cet objectif, et ceux qui veulent les suivre doivent s'évertuer à cela : *Dis : « Voici ma voie : j'appelle les gens [à la religion] de Dieu, moi et ceux qui me suivent, nous basant sur une preuve évidente* (12 : 108).

Un prophète est un être entièrement dévoué à sa mission. Il est donc un altruiste qui vit pour le bonheur et le bien-être des autres. Son bonheur consiste à voir les autres se consacrer à Dieu dans l'espoir d'obtenir le salut, et non pas à attendre une quelconque récompense pour ses services. Il sait que sa récompense est seulement avec Dieu. Ce fait indispensable est souligné dans le Coran : *Ô mon peuple ! Je ne vous demande pas de richesse en retour. Mon salaire n'incombe qu'à Dieu* (11 : 29).

Les prophètes étaient chargés de transmettre le message divin. Ils faisaient de leur mieux, ils enduraient patiemment les malheurs et même

---

[137] Cette comparaison a été inventée par égard à la soumission du Prophète à la Révélation. Il accomplissait tout ce qui lui était ordonné de faire par la Révélation.

les supplices et remplissaient leurs responsabilités sans se soucier des résultats de leur appel à Dieu, car ils savaient avec certitude que Dieu seul pouvait donner le résultat souhaité. Ces trois points fondamentaux forment la ligne de conduite pour tous ceux qui veulent appeler les gens à l'islam.

b. La méthode suivie par les prophètes

L'effort constant est une caractéristique essentielle de la transmission du message, ainsi qu'un élément important de la méthode prophétique. Un prophète est, pour ainsi dire, obnubilé par l'accomplissement de son devoir. Mettant cet objectif au premier plan, il considère toutes les circonstances et fait tout ce qui est permis. Comme il n'est pas responsable des résultats, il laisse cela à Dieu. Il sait qu'il ne peut faire accepter à qui que ce soit le message, car il n'a été envoyé que pour le transmettre de la meilleure façon possible : *Tu (Mohammed) ne diriges pas celui que tu aimes : mais c'est Dieu qui guide qui Il veut. Il connaît mieux cependant les bien-guidés* (28 : 56).

Beaucoup de prophètes vécurent sans que personne n'eût accepté leur message. Cependant, ils ne perdirent jamais espoir, ne faiblirent pas et n'eurent pas recours à des moyens inacceptables comme la violence, la terreur ou la tromperie quand ils étaient confrontés aux épreuves et aux tortures les plus impitoyables. Quand le Prophète fut sévèrement blessé à la bataille d'Ouhoud, certains Compagnons lui demandèrent d'invoquer la malédiction divine sur l'ennemi. Au lieu de cela, il pria pour eux en disant : « Ô Dieu, pardonne à mon peuple, car ils ne savent pas. »[138] Il fit cela tandis que son visage était couvert de sang.

Tous les prophètes réagissaient de la même façon aux supplices et aux fausses accusations qu'ils avaient à endurer. Par exemple :

Les notables de son [Noé] peuple dirent : « Nous te voyons dans un égarement manifeste ». Il dit : « Ô mon peuple, il n'y a pas d'égarement en moi; mais je suis un messager de la part du Seigneur de l'Univers. Je vous communique les messages de mon Seigneur et je vous donne conseil sincère, et je sais de Dieu ce que vous ne savez pas ». (7 : 60 - 62)

---

[138] Qadi Iyad, *Chifa ach-Charif*, 1 : 105 ; Boukhari, Anbiya, 54 ; Mouslim, Jihad, 105.

Les notables de son [Houd] peuple qui ne croyaient pas dirent : « Certes, nous te voyons en pleine sottise et nous pensons que tu es du nombre des menteurs ». Il dit : « Ô mon peuple, il n'y a point de sottise en moi; mais je suis un messager de la part du Seigneur de l'univers. Je vous communique les messages de mon Seigneur, et je suis pour vous un conseiller digne de confiance ». (7 : 66 - 68)

Rien ne changea dans l'histoire de la Prophétie. Les prophètes transmettaient le message dans le seul but d'obtenir l'agrément de Dieu. Un messager fut envoyé à chaque nation :

Quiconque prend le droit chemin ne le prend que pour lui-même; et quiconque s'égare, ne s'égare qu'à son propre détriment. Et nul ne portera le fardeau d'autrui. Et Nous n'avons jamais puni [un peuple] avant de [lui] avoir envoyé un messager. (17 : 15)

Nous avons envoyé dans chaque communauté un messager, [pour leur dire] : « Adorez Dieu et écartez-vous des fausses déités ». (16 : 36)

Après avoir reçu la première révélation, le Messager de Dieu rentra chez lui tout bouleversé. Alors qu'il était enveloppé dans son manteau, Dieu lui ordonna :

Ô toi (Mohammed) ! Le revêtu d'un manteau ! Lève-toi et avertis. Et de ton Seigneur, célèbre la grandeur. Et tes vêtements, purifie-les. Et de tout péché, écarte-toi. Et ne donne pas dans le but de recevoir davantage. Et pour ton Seigneur, endure. (74 : 1 - 7)

Il lui fut également dit :

Ô toi, l'enveloppé [dans tes vêtements] ! Lève-toi [pour prier], toute la nuit, excepté une petite partie ; Sa moitié, ou un peu moins ou un peu plus. Et récite le Coran, lentement et clairement. Nous allons te révéler des paroles lourdes (très importantes). (73 : 1 - 5)

Tous les prophètes transmirent le message divin sans se lasser ni se laisser intimider. La dureté des gens ne les dissuadait pas. Par exemple :

[Noé] dit : « Seigneur ! J'ai appelé mon peuple, nuit et jour. Mais mon appel n'a fait qu'accroître leur fuite. Et chaque fois que je les ai appelés pour que Tu leur pardonnes, ils ont mis leurs doigts dans leurs oreilles, se sont enveloppés de leurs vêtements, se sont entêtés et se

sont montrés extrêmement orgueilleux. Ensuite, je les ai appelés ouver-
tement. Puis, je leur ai fait des proclamations publiques et des confi-
dences en secret ». J'ai donc dit : « Implorez le pardon de votre Seigneur,
car Il est grand Pardonneur ». (71 : 5 - 10)

Quand un peuple rejette le prophète qui leur a été envoyé et persis-
te dans l'incroyance et la corruption, il s'ensuit généralement que le courroux divin s'abat sur eux. Le Coran contient les récits de la destruction
de plusieurs peuples; nous pouvons d'ailleurs voir leurs ruines à travers
toute la terre.

c. Un effort constant

La communication du message divin était l'une des caractéristiques essen-
tielles du Messager de Dieu. Nous sommes inquiets dès que nous avons
faim ou soif ou que nous avons du mal à respirer, lui était inquiet dès qu'une
journée passait sans qu'il ne pût transmettre le message divin à quelque
personne. Il était si préoccupé par la transmission du message et si affligé par l'incroyance que Dieu lui conseilla de faire attention à sa santé :
Tu vas peut-être te consumer de chagrin parce qu'ils se détournent de toi
et ne croient pas en ce discours ! (18 : 6)

Le Messager de Dieu invitait tous les Mecquois, aussi bien en public
qu'en privé, à croire en Dieu. Il appela certains individus très obstinés,
comme Abou Jahl, au moins une cinquantaine de fois. Il aspirait surtout
à la conversion de son oncle Abou Talib qui l'avait élevé et protégé des
Mecquois polythéistes. Durant la onzième année de sa Prophétie, quand
Abou Talib était mourant, le Messager de Dieu l'invita à nouveau à croire. Cependant, les chefs mecquois l'entouraient pour l'en empêcher.

Il fut si marqué par l'incroyance d'Abou Talib qu'il dit : « Je demanderai pardon à Dieu aussi longtemps qu'Il me le permettra. »[139] Plus tard,
un verset lui fut révélé, l'interdisant de faire cela :

Il n'appartient pas au Prophète et aux croyants d'implorer le pardon
en faveur des associateurs, fussent-ils des parents alors qu'il leur est
apparu clairement que ce sont les gens de l'Enfer. (9 : 113)

Abou Bakr, le plus proche Compagnon du Prophète, savait combien
la conversion de son oncle lui tenait à cœur. Un jour, il emmena son vieux

---

[139] Boukhari, *Jana'iz*, 81 ; Mouslim, *Iman*, 39 – 40.

père, qui s'était converti le jour de la conquête de La Mecque, au Messager de Dieu et pleura amèrement. Quand le Prophète lui demanda pourquoi il versait ainsi des larmes, il expliqua : « Ô Messager de Dieu, je voulais tellement que mon père croie, et maintenant il croit. Mais plus que cela, je voulais qu'Abou Talib croie, parce c'est ce que tu souhaitais. Pourtant, Dieu ne lui accorda pas la foi. C'est pourquoi je pleure. »[140]

L'un des meilleurs exemples de la préoccupation du Prophète pour la croyance de tout le monde est le fait qu'il ait invité Wahchi à l'islam – cet homme qui avait tué son oncle Hamza à Ouhoud. Après la conquête de La Mecque, le Messager de Dieu le fit venir pour l'appeler à l'islam. Wahchi déclina l'invitation par une lettre où il cita les versets suivants :

Ceux qui n'invoquent pas d'autre dieu avec Dieu et ne tuent pas la vie que Dieu a rendue sacrée, sauf à bon droit; qui ne commettent pas de fornication - car quiconque fait cela encourra une punition, et le châtiment lui sera doublé, au Jour de la Résurrection, et il y demeurera éternellement couvert d'ignominie. (25 : 68 - 69)

Wahchi ajouta à la suite du verset : « Tu m'invites à accepter l'islam, or j'ai commis tous les péchés mentionnés ci-dessus. J'ai vécu plongé dans l'incroyance, j'ai eu des relations sexuelles illicites et, en plus de cela, j'ai tué ton oncle que tu aimais tant. Est-ce qu'une telle personne peut réellement être pardonnée et devenir musulmane ? »

Le Messager de Dieu lui répondit par une lettre contenant le verset suivant :

Certes Dieu ne pardonne pas qu'on Lui donne quelque associé. À part cela, Il pardonne à qui Il veut. Mais quiconque donne à Dieu quelque associé commet un énorme péché. (4 : 48)

Wahchi répondit à la lettre en prétextant que le pardon promis dans le verset dépendait de la volonté divine. Sur ce, le Messager de Dieu lui envoya une troisième lettre dans laquelle figurait le verset suivant :

Dis : « Ô Mes serviteurs qui avez commis des excès à votre propre détriment, ne désespérez pas de la miséricorde de Dieu. Car Dieu pardonne tous les péchés. Oui, c'est Lui le Pardonneur, le Très Miséricordieux ». (39 : 53)

---

[140] Tabarani, *Al-Mujamu'l-Kabir*, 9 : 40 ; Ibn Hajar, *Al-Isaba*, 4 : 116.

C'est à travers cette correspondance que le Messager de Dieu ouvrit le cœur de Wahchi à la foi, lequel put enfin se voir inclus dans le verset mentionné dans la dernière lettre. Cette correspondance permit à Wahchi de se repentir complètement et de devenir un Compagnon.[141] Toutefois, Hamza avait été tué d'une façon si horrible que le Prophète en fut profondément affecté et qu'il soupira à Wahchi : « Évite de te présenter trop souvent à moi. Il se peut que je me souvienne de Hamza et que je ne te montre pas l'affection que je devrais. »

Wahchi fit de son mieux pour accéder à sa demande. Il se cachait derrière un poteau et essayait d'attirer l'attention du Messager de Dieu dans l'espoir qu'il lui permette de se présenter à lui. Quand le Messager de Dieu décéda peu après, Wahchi chercha le moyen de réparer sa faute. Quand la guerre de Yamama éclata contre Moussaylima le Menteur, Wahchi se précipita sur le champ de bataille avec la lance qu'il avait employée pour tuer Hamza. Au moment crucial, il vit Moussaylima en train d'essayer de s'enfuir. Il jeta immédiatement sa lance sur l'imposteur et le tua. Après cela, Wahchi se prosterna devant Dieu.[142] Pleurant à chaudes larmes, c'était comme s'il disait : « Me permettras-tu maintenant de me montrer à toi, ô Messager de Dieu ? »

On ne peut qu'espérer que le Messager de Dieu fût présent en esprit à Yamama et qu'il embrassât Wahchi pour montrer qu'il le pardonnait et qu'il l'acceptait complètement dans sa noble compagnie.

Un autre bel exemple de la noblesse et de l'altruisme du Messager de Dieu, ainsi que de son amour de l'humanité et de sa préoccupation pour la guidance des gens, est son acceptation de Ikrima en tant que Compagnon. Ikrima était l'un des ennemis les plus farouches de l'islam et du Prophète, et un participant actif dans tous les complots menés contre lui. Le jour de la conquête de La Mecque, tandis qu'un grand nombre de ses camarades se convertirent à l'islam, Ikrima choisit de fuir au Yémen avec sa femme. Celle-ci, Oumm Hakam, le convainquit d'aller voir le Messager de Dieu et de lui demander pardon. Malgré son hostilité passée, Ikrima fut très bien accueilli par le Messager de Dieu : « Bienvenue, ô cavalier émigrant ! » Après la conquête de La Mecque, il n'y avait plus eu

---

[141] Tabarani, *Al-Mujamu'l-Kabir*, 11 : 197.
[142] Ibn Kathir, *Al-Bidaya wa'n-nihaya*, 6 : 268.

d'« émigration » au vrai sens du terme ; le Prophète faisait allusion au long voyage d'Ikrima du Yémen jusqu'à Médine.

Ikrima fut profondément touché par tant de noblesse et lui demanda d'implorer le pardon de Dieu pour ses péchés. Quand le Messager de Dieu eut fait cela, Ikrima devint euphorique et promit de dépenser pour l'islam le double de ce qu'il avait dépensé pour le combattre. Ikrima tint sa promesse à la bataille de Yarmuk où il fut blessé. Voyant sa femme pleurer à ses côtés sous la tente, il lui dit : « Ne pleure pas, car je ne mourrai pas tant que je n'aurai pas été témoin de la victoire. » Quelques temps plus tard, son oncle Hicham entra et annonça le triomphe des musulmans. Ikrima demanda de l'aide pour pouvoir se lever et une fois debout, il dit d'une voix faible : « Ô Messager de Dieu, ai-je tenu la promesse que je t'avais faite ? » Puis il récita : *Fais-moi mourir en parfaite soumission et fais-moi rejoindre les vertueux.* (12 : 101), et soumit son âme à Dieu.

Tout au long de sa vie, le Messager de Dieu a toujours pleuré les malheurs de l'humanité. Il n'a jamais cessé d'appeler les gens au chemin de Dieu. Pendant ses années à La Mecque, il marchait dans les rues et visitait les foires annuelles dans l'espoir de gagner quelques nouveaux convertis. Les insultes, les moqueries et la torture ne l'ont jamais dissuadé, pas même une fois. Quand le verset *Et avertis les gens qui te sont les plus proches* (26 : 214) fut révélé, il invita les membres les plus proches de sa famille à dîner. Plus tard, Ali raconta l'incident :

Le Messager de Dieu invita ses proches chez lui. Après le repas, il s'adressa à eux : « Dieu m'a ordonné d'avertir mes proches. Vous êtes de ma tribu et parmi mes plus proches. Je ne pourrai rien faire pour vous dans l'au-delà à moins que vous ne proclamiez qu'il n'y a pas de divinité en dehors de Dieu ». À la fin de son discours, il demanda qui d'entre eux le soutiendrait. À cette époque, j'étais un jeune garçon chétif aux bras et aux jambes tout maigres. Comme personne ne répondait, je mis de côté la cruche que je tenais et déclarai : « Moi ! ô Messager de Dieu ! » Le Prophète réitéra son appel trois fois et à chaque fois, j'étais le seul à lui répondre.[143]

Le Messager de Dieu persévéra, endurant une dérision incessante et de plus en plus dure, l'humiliation, les coups et l'expulsion des foires. Il fut même lapidé par les enfants de Ta'if.

---

[143] Ibn Hanbal, 1 : 159.

Ce n'est que durant la douzième année de sa mission qu'il fut capable de rencontrer quelques Médinois à Aqaba (à l'extérieur de La Mecque). Il leur parla d'islam et ils acceptèrent. L'année suivante, soixante-dix Médinois devinrent musulmans au même endroit. Ils prêtèrent le serment d'allégeance au Messager de Dieu et promirent de l'aider s'il décidait d'émigrer à Médine. Le Prophète désigna Mousab ibn Oumayr pour leur enseigner l'islam. C'était le début d'une nouvelle étape dans sa vie. Lorsqu'il émigra à Médine l'année suivante, il y avait au moins un musulman dans chaque maison.[144]

d. Autres remarques

Ce qui est notable dans le comportement du Prophète, c'est que tout en communiquant le message, il présentait un excellent exemple de ferveur pour guider les gens. Les Compagnons faisaient leur possible pour imiter sa technique. Par exemple, la technique de Mousab ibn Oumayr était si efficace et sincère que même les Médinois les plus obstinés, comme Sad ibn Mouadh, devenaient musulmans. La réaction initiale de Sad aux activités de Mousab avait été dure. Mais quand ce dernier lui demanda poliment : « Tout d'abord assieds-toi et écoute-moi. Si ce que je te dis ne te plaît pas, n'hésite pas à me décapiter avec l'épée que tu as entre les mains ». La colère de Sad se dissipa et il finit par quitter Mousab en musulman.

Le Messager de Dieu continua à envoyer des Compagnons dans les villes voisines. Il envoya Talha à Duwmat al-Jandal et Bara ibn Azib au Yémen. Quand un Compagnon ne réussissait pas sa mission, ce qui était rare, il en envoyait un autre à sa place. Comme Khalid et Bara n'arrivaient pas à ouvrir les cœurs des Yéménites, le Messager de Dieu envoya Ali. Peu de temps après, la plupart d'entre eux devinrent musulmans.[145]

Un autre point important est sa conduite après le Traité de Houdaybiya. Certains Compagnons estimaient que plusieurs conditions du traité étaient humiliantes (pour les musulmans). Toutefois, dans l'atmosphère de paix qui s'ensuivit, à la suite d'années de perturbations et de guerres, beaucoup d'ennemis de l'islam reconsidérèrent le message.

---

[144] Ibn Sad, *Tabaqatu'l-Kubra*, 1 : 211 – 212 ; Ibn Hicham, As-*Sira*, 2 : 266 - 267.
[145] Ibn Kathir, *Al-Bidaya*, 5 : 120.

Finalement, même de puissants opposants tels que Khalid et Amr ibn al-As acceptèrent l'islam.[146]

Le Messager de Dieu accueillit Khalid avec un compliment : « Je me demandais comment un homme aussi raisonnable que Khalid pouvait rester incroyant. J'étais persuadé que tu finirais par embrasser un jour l'islam. » Il rassura ainsi Amr ibn al-As, qui lui demandait d'implorer Dieu pour qu'Il le pardonne : « Ne savez-vous pas que ceux qui acceptent l'islam sont purifiés de tous leurs péchés passés ? »[147]

Après le Traité de Houdaybiya, le Messager de Dieu envoya des lettres aux dirigeants des pays voisins. Il écrivit au Négus, roi d'Abyssinie :

> De la part de Mohammed, le Messager de Dieu, au Négus Achama, Roi d'Abyssinie. Paix sur vous ! À cette occasion, je loue Dieu, le Souverain, le Très Saint exempt de tous défauts, le Garant de la sécurité, Celui qui surveille Ses créatures. J'atteste que Jésus est un esprit venant de Dieu, un verbe de Lui, qu'Il octroya à Marie qui était chaste, pure et vierge. Je t'invite à Dieu, l'Unique sans associé.[148]

Le Messager incita le Négus à se convertir en commençant par le saluer avec la paix. Comme le Négus était chrétien, le Messager de Dieu exprima sa croyance en la Prophétie de Jésus et affirma la pureté et la virginité de Marie, soulignant ainsi leurs points communs.

Le Négus reçut la lettre et, y appliquant un baiser, la fit passer sur sa tête en signe de respect. Après l'avoir lue, il adopta l'islam sans hésitation et dicta la réponse suivante à son scribe :

> À Mohammed, le Messager de Dieu, de la part du Négus. J'atteste que tu es le Messager de Dieu. Si tu m'ordonnes de venir, je viendrai, mais je ne suis pas dans la position de pouvoir convertir mes sujets à l'islam. Ô Messager de Dieu, j'affirme que tout ce que tu dis est vrai.[149]

Le Négus était si sincère qu'un jour il dit à ses confidents : « Je préférerais être un serviteur de Mohammed plutôt qu'un roi. » Quand il mourut, le Messager de Dieu accomplit la prière funéraire en son absence.[150]

---

[146] Ibn Sad, *Tabaqatu'l-Kubra*, 4 : 252, 7 : 395.

[147] Ahmad IbnHanbal, 4 : 205.

[148] Tabari, *Tarikhu'l-Umam*, 2 : 131 – 132 ; Ibn Kathir, *al-Bidaya wa'n-nihaya*, 3 : 83.

[149] Ibn Sad, *Tabaqatu'l-Kubra*, 1 : 207 ; Tabari, *Tarikhu'l-Umam*, 2 : 131 – 132.

[150] Boukhari, *Jana'iz*, 4, 65 ; Mouslim, *Jana'iz*, 62-67.

La lettre suivante fut envoyée à Héraclès, l'Empereur de Byzance :

Au nom de Dieu, le Tout-Miséricordieux, le très Miséricordieux ! De la part de Mohammed, le serviteur de Dieu et Son Messager, à Héraclès, le grand chef des Byzantins. Que le salut soit sur celui qui suit la guidance ! Je t'appelle selon la formule de l'islam: embrasse l'islam et tu seras sauvé (*aslam taslim*)*; tu auras de la part de Dieu une double récompense. Si tu tournes le dos, tu seras brûlé avec, en plus de la tienne, les âmes de tous ceux qui tournent le dos (parmi ton peuple). *Ô Gens du Livre, venez à une parole commune entre nous et vous : que nous n'adorions que Dieu, sans rien Lui associer, et que nous ne prenions point les uns les autres pour seigneurs en dehors de Dieu. Puis, s'ils tournent le dos, dites : « Soyez témoins que nous, nous sommes soumis ».* (3 : 64)[151]

L'Empereur fut touché par la lettre. Il convoqua Abou Soufyan, qui était alors en Syrie en train de conduire une caravane marchande de La Mecque. Le dialogue que voici eut lieu entre eux deux :

– Quel est le statut de la famille de cet homme ?
– Noble.
– Est-ce que l'un de ses ancêtres a jamais proclamé la Prophétie ?
– Non.
– Y a-t-il eu un roi parmi ses ancêtres ?
– Non.
– Ceux qui le suivent font-ils surtout partie de l'élite ou des faibles ?
– Des faibles.
– Parmi les convertis à sa religion, y a-t-il déjà eu des apostats ?
– Pour l'instant, aucun.
– Est-ce que le nombre de ses disciples augmente ou diminue ?
– Il augmente jour après jour.
– L'as-tu déjà entendu prononcer un mensonge ?
– Non.
– A-t-il jamais manqué à sa promesse ?
– Pas encore, mais je ne sais pas si cela arrivera dans le futur.

Bien qu'Abou Soufyan fût alors un ennemi juré du Messager de Dieu, il dit la vérité à son propos, exceptés ses derniers mots qui laissaient entendre que le Prophète pourrait plus tard être déloyal. L'Empereur était enclin

---

[151] Boukhari, *Badiu'l-Wahy*, 6.

à reconnaître la foi, mais voyant la réaction des prêtres qui l'entouraient, il se contenta de conclure : « Dans un futur très proche, toutes ces terres sur lesquelles je demeure seront les siennes. »[152] L'Imam Boukhari rapporte que l'évêque de la région accepta l'islam.[153]

Le Messager de Dieu envoya des lettres à d'autres rois, parmi lesquels Mouqawqis, le gouverneur d'Égypte, qui répondit par des présents.[154] Crésus, de Perse, déchira la lettre – incident prémonitoire de la fin de son empire, qui eut lieu pendant le califat de Omar.[155]

Quand Dieu ordonne à Mohammed de communiquer le message, Il s'adresse à lui en l'appelant *Messager*, pour montrer qu'il a le plus haut rang parmi les prophètes. Il s'adresse à tous les autres prophètes par leurs noms ; le terme *Messager* démontre qu'il est le plus en avant dans la transmission du message. La civilisation islamique, fondée sur les principes qu'il a transmis, a attiré et ébahi un grand nombre de gens, tant et si bien que survinrent des incidents intéressants comme celui que l'on peut lire dans L'histoire par Mizanci Murad *(Mizanci Murad Tarihî)* : Auguste Comte, philosophe français et athée, fit quelques recherches sur l'islam après avoir visité les ruines de l'Espagne islamique. Quand il apprit que le Prophète Mohammed était analphabète, il dit : « Mohammed n'était pas un dieu, mais il n'était pas non plus un simple être humain. »

Néanmoins, citons al-Busiri : « La conclusion que nous tirons de toutes les informations que nous avons rassemblées à son propos est qu'il était un être humain – mais le meilleur parmi la création de Dieu. »

e. Autres points importants

Les trois points suivants jouent un rôle important dans la transmission du message de l'islam : l'intelligence, la pratique de ce qui est prêché, et le fait de ne n'attendre aucune rétribution.

Premièrement, l'intelligence doit être utilisée pour évaluer l'individu à qui le message doit être délivré. À ce propos, un hadith dit : « Il nous a été ordonné, à nous prophètes, de nous adresser aux gens en fonction de leur niveau de compréhension. » Ceux qui cherchent à répandre l'islam

---

[152] Boukhari, *Badiu'l-Wahiy*, 6.
[153] *Ibid.*
[154] Ibn Sad, *Tabaqatu'l-Kubra*, 1 : 260 ; Tabari, *Tarikhu'l-Umam*, 2 : 128.
[155] Boukhari, *Ilim*, 7 : 1 ; Ibn Hanbal, 1 : 243.

doivent savoir comment aborder et gagner l'attention des non-musulmans. Illustrons ce point avec deux des nombreux exemples qui se trouvent dans la vie du Messager de Dieu :

Le Messager de Dieu gagna le cœur de Omar en appréciant son bon sens. Il dit à Omar : « Je n'arrive pas à comprendre comment un homme aussi raisonnable que toi peut attendre quoi que ce soit d'objets inanimés comme les pierres, le bois ou la terre. » Aussi inspirait-il confiance à Omar à travers sa bonne conduite. Sa dévotion à l'adoration de Dieu influença tellement Omar que celui-ci finit par venir au Messager de Dieu en étant aussi obéissant et respectueux devant lui que l'est un enfant bien élevé devant un père respectable. »

Un jour, un jeune homme (apparemment Joulaybib) demanda au Messager de Dieu la permission de forniquer parce qu'il n'arrivait pas à se retenir. Ceux qui étaient présents réagirent de différentes façons. Certains se moquèrent de lui, d'autres lui tirèrent la robe, d'autres encore se préparaient à le frapper. Mais le Prophète, plein de compassion, l'approcha de lui et commença à lui parler. « Laisserais-tu quelqu'un faire cela à ta mère ? » demanda-t-il d'abord. « Jamais de la vie, ô Messager de Dieu ! Je ne serais pas d'accord avec cela », répondit le jeune homme. « Naturellement, personne n'accepterait que sa mère soit impliquée dans un acte aussi honteux », dit le Prophète.

Il continua à demander à Joulaybib la même question, mais en remplaçant *ta mère* par *ta femme*, *ta sœur* et *ta tante*. Chaque fois, Joulaybib répondait qu'il ne serait pas d'accord avec un tel acte. À la fin de la conversation, Joulaybib avait perdu toute envie de forniquer. Le Messager de Dieu conclut cette « opération spirituelle » par une supplication. Plaçant sa main sur la poitrine de Joulaybib, il pria : « Ô Dieu, pardonne-lui, purifie son cœur et préserve sa chasteté. »[156]

Joulaybib devint un modèle de chasteté. Quelques temps plus tard, il se maria avec la médiation du Prophète. Peu après cela, il tomba martyr dans une bataille après avoir tué sept soldats ennemis. Quand on retrouva son corps, le Messager de Dieu mit sa main sur son genou et dit : « Celui-ci est de moi, et je suis de lui. »[157]

---

[156] Ibn Hanbal, 5 : 256 ; Tabarani, *Al-Mujamu'l-Kabir*, 8 : 162, 183.
[157] Mouslim, *Fadha'il as-Sahaba*, 131 ; Ibn Hanbal, 4 : 420 – 421 – 425.

Le Messager de Dieu était d'une compétence et d'une réussite exceptionnelles dans l'éducation des gens que cela constitue une preuve irréfutable de sa Prophétie. Les gens les moins civilisés, les plus grossiers, mal élevés, cruels et ignorants de cette époque-là furent transformés en très peu de temps en des guides de l'humanité les plus dignes de louanges.

Je me demande si le groupe le plus grand et le mieux équipé d'éducateurs professionnels, de pédagogues modernes, de sociologues, de psychologues, d'enseignants et de leurs semblables pourraient réussir en 100 ans où que ce soit dans le monde moderne et civilisé ne serait-ce qu'un centième de ce que le Messager de Dieu avait accompli en 23 ans dans le désert barbare d'Arabie d'il y a quatorze siècles. Quand on compare les efforts et les techniques modernes mis en œuvre pour supprimer une mauvaise habitude aussi insignifiante que celle de fumer – et ce, sans grand succès – avec le succès durable du Prophète pour éradiquer tant d'importantes mauvaises habitudes et idées, prouve que le Prophète Mohammed était inégalable dès qu'il s'agissait d'éduquer les gens.

Deuxièmement, ceux qui veulent que leurs paroles aient un impact sur les gens doivent d'abord mettre en pratique ce qu'ils prêchent. S'ils ne font pas cela, qu'ils ne s'attendent pas à réussir, car il est bien connu que les actes sont plus éloquents que les paroles. Le Coran est très explicite à ce sujet : *Ô vous qui avez cru ! Pourquoi dites-vous ce que vous ne faites pas ? C'est une grande abomination auprès de Dieu que de dire ce que vous ne faites pas* (61 : 2-3).

Le Messager de Dieu était la personnification même de sa mission. Il était le meilleur dans la pratique de l'islam, dans la dévotion et la servitude à Dieu. Il suffisait souvent qu'une personne le voie et n'ait besoin d'aucune autre preuve pour croire en sa Prophétie. Par exemple, Abdoullah ibn Salam, le célèbre savant juif de Médine, crut en lui dès le premier coup d'œil et dit : « Il ne peut y avoir de mensonge avec un tel visage. Un être doté d'un visage pareil ne peut qu'être un Messager de Dieu. »[158]

Abdoullah ibn Rawaha, un poète renommé de l'époque, exprima ce fait dans les vers suivants :

> *Même s'il n'était pas venu avec des signes manifestes,*
> *Un simple regard sur sa personne aurait suffi*
> *à inspirer la croyance en lui.*[159]

---

[158] Ibn Hicham, *As-Sira*, 163 - 64.
[159] Said Hawwa, *Ar-Rasul*, 1 : 9 ; Ibn Hajar, *Al-Isaba*, 2 : 307.

Ceux qui croyaient en lui n'étaient pas des gens idiots ou insensés. Parmi eux se trouvaient de grands personnages comme les quatre premiers califes (Abou Bakr, Omar, Othman, et Ali), chacun ayant dirigé de très grands États. Ils avaient une spiritualité si intense et une foi si profonde que Ali, par exemple, dit une fois : « Ma certitude n'augmenterait pas même si le voile de l'inconnaissable (qui sépare le monde matériel du monde immatériel) se levait. »[160]

L'une des raisons pour laquelle le Prophète Mohammed est toujours profondément aimé par des millions de gens – en dépit de l'incessante propagande hostile et négative – et pour laquelle chaque jour des gens de par le monde embrassent l'islam, est qu'il prêchait par l'exemple. Il invitait les gens à adorer Dieu en toute sincérité et était lui-même le meilleur dans le domaine de l'adoration. Il passait plus de la moitié de la nuit en prière, en larmes et plein d'humilité. Quand on lui demandait pourquoi il priait si longtemps que ses pieds enflaient, alors qu'il n'avait commis aucun péché, il répondait : « Ne devrais-je pas être un esclave reconnaissant envers Dieu ? »[161]

Aïcha relate qu'une nuit, il demanda sa permission pour se lever et prier. Il était si soucieux des droits de ses épouses qu'il attendait leur accord pour accomplir les prières surérogatoires. Cette nuit-là, il pria jusqu'à l'aube en versant des larmes. Il récita de nombreuses fois les versets suivants :

> En vérité, dans la création des cieux et de la terre, et dans l'alternance de la nuit et du jour, il y a certes des signes pour les doués d'intelligence qui, debout, assis, couchés sur le côté, invoquent Dieu et méditent sur la création des cieux et de la terre (disant) : « Notre Seigneur ! Tu n'as pas créé cela en vain. Gloire à Toi ! Garde-nous du châtiment du Feu. Seigneur ! Quiconque Tu fais entrer dans le Feu, Tu le couvres vraiment d'ignominie. Et pour les injustes, il n'y a pas de secoureurs ! Seigneur ! Nous avons entendu l'appel de celui qui a appelé ainsi à la foi : Croyez en votre Seigneur et dès lors nous avons cru. Seigneur, pardonne-nous nos péchés, efface de nous nos méfaits, et place-nous, à notre mort, avec les gens de bien. Seigneur ! Donne-nous ce que Tu nous as promis par Tes messagers. Et ne nous cou-

[160] Ali al-Qari, *Al-Asrar al-Marfua*, 286.
[161] Boukhari, *Tahajjud*, 6 ; Mouslim, *Munafiqin*, 81.

vre pas d'ignominie au Jour de la Résurrection. Car Toi, Tu ne manques pas à Ta promesse ». (3 : 190 - 194)[162]

Aïcha rapporte aussi :

Une nuit, je me suis réveillée mais le Messager de Dieu n'était pas à mes côtés. J'étais jalouse, car je craignais qu'il ne fût avec une autre de ses épouses. Tandis que je me levais du lit, ma main toucha ses pieds. Je remarquai qu'il était prosterné et qu'il priait : « Ô Dieu, je cherche refuge en Ton agrément contre Ton courroux, en Ta clémence contre Ton châtiment ; je cherche aussi refuge auprès de Toi contre Toi. Je ne puis Te louer comme Tu Te loues Toi-même. »[163]

Sa vie était si simple qu'une fois Omar dit en le voyant : « Ô Messager de Dieu ! Les rois dorment dans des lits de plumes tout moelleux, alors que tu dors sur une natte rugueuse. Tu es le Messager de Dieu et mérites donc plus que les autres une vie facile. » Le Messager de Dieu répondit : « Ne veux-tu pas que les plaisirs de ce monde soient les leurs et ceux de l'au-delà les nôtres ? »[164] Le Messager de Dieu vivait pour les autres. Il souhaitait une vie confortable pour sa nation, pourvu que sa communauté ne fût pas égarée par les attraits de ce monde ; mais lui menait une vie très simple.

Troisièmement, le Messager de Dieu, comme tous les autres prophètes, n'attendait aucune récompense pour l'accomplissement de sa mission. Il souffrait de la faim, de la soif et de toutes sortes de difficultés. Il fut forcé à l'exil et fut la cible d'assauts et de pièges. Il supportait tout cela uniquement pour le bon plaisir de Dieu et pour le bien-être de l'humanité. Un jour, Abou Hourayra le vit prier en position assise et lui demanda s'il était malade. La réponse du Messager fit pleurer Abou Hourayra : « J'ai faim. La faim ne m'a pas laissé assez de force pour me lever et prier. »[165] La faim était chose commune parmi les musulmans. Une nuit, le Messager de Dieu, Abou Bakr et Omar se croisèrent dehors. Quand ils se demandèrent les uns les autres pourquoi ils étaient sortis, tous répondirent : « La faim ».[166]

---

[162]   Ibn Kathir, *Tafsir*, 2 : 164.
[163]   Mouslim, *Salat*, 221 ; Tirmidhi, *Daawat*, 75 ; Abou Dawoud, *Salat*, 147.
[164]   Boukhari , *Tafsir*, 2 ; Mouslim, Talaq, 31.
[165]   Abou Nuaym, *Hilya*, 7 : 109.
[166]   Mouslim, *Achriba*, 140 ; Muwatta, *Sifatu'n-Nabi*, 10.

Même si les années qui suivirent, la plupart de ses Compagnons devinrent plus riches, le Messager de Dieu et sa famille ne changèrent jamais de mode de vie. Fatima, son unique enfant survivant, accomplissait elle-même toutes les tâches ménagères pour sa famille. Un jour, lorsque les prisonniers de guerre étaient distribués à Médine, elle demanda à son père si elle pouvait avoir une servante. Il répondit :

> Ô ma fille ! Je ne pourrai rien te donner tant que je n'aurai pas satisfait les besoins du peuple de Suffa. Cependant, laisse-moi t'enseigner quelque chose de mieux pour toi qu'une servante. Avant de te coucher, dit 33 fois « Gloire à Dieu ! », « Louanges à Dieu ! » et « Dieu est le plus grand ! ». [Selon d'autres hadiths, la dernière expression devrait être répétée 34 fois.] Ceci est meilleur pour ta vie future.[167]

Un jour, la voyant porter une chaine en or, il la prévint : « Voudrais-tu que les habitants des cieux et de la terre disent que ma fille porte une chaîne de l'Enfer ? »[168]

En plus de ne recevoir aucune récompense en ce monde, le Messager de Dieu endurait les tortures. Il était souvent battu et laissé à terre, couvert de poussière, avec seulement Fatima courant à son aide. Un jour, tandis qu'on le frappait à la Kaaba, Abou Bakr courut à son secours en s'écriant aux malfaiteurs : « Allez-vous tuer un homme parce qu'il dit : ' Mon Seigneur est Dieu ' ? »[169]

5. L'intellect

L'intellect est un autre attribut important de la Prophétie. Dans ce contexte, il a un sens particulier : un composé du pouvoir de raisonnement, de la sagacité, de l'intelligence, du jugement sain et de la sagesse surpassant de loin la capacité du commun des mortels grâce à un pouvoir sublime de compréhension. Il contient et coordonne toutes les aptitudes humaines liées au cœur, à l'âme ou à l'esprit.

Sous l'influence de certaines tendances passagères, certains réduisent l'islam à un système rationaliste. Ils considèrent la raison comme l'ulti-

---

[167]   Boukhari, *Fadha'il al-Ashab*, 12 ; Mouslim, *Fadha'il as-Sahaba*, 92 – 93 ; Al-Hakim, *Al-Mustadraq*, 3 : 172.
[168]   *Nasa'i*, Zinat, 39 ; Ibn Hanbal, 5 : 278 – 279.
[169]   Boukhari, *Fadha'il al-Ashab*, 5 ; Ibn Hanbal, 2 : 204.

me autorité et ne font pas de distinction entre le jugement de la raison saine et les excès et les défauts du rationalisme. Tous les principes de l'islam, cette religion révélée dont l'origine est un savoir tout-englobant, peuvent être confirmés par la raison. Toutefois, une compréhension intégrale de l'islam requiert un intellect de Prophète pour saisir l'entière signification de l'univers et de l'humanité. L'islam admet l'ultime autorité de la raison ; mais pas de la raison humaine, qui est limitée par notre propre capacité et qui est souvent en conflit avec celle d'un autre, mais la raison universelle d'un prophète, car l'islam est le nom de l'ordre universel divin.

Dieu manifeste Ses noms à travers des voiles. Son unité absolue requiert que nous attribuions les effets directement à Son pouvoir créateur. Mais Sa transcendance, Sa grandeur et Sa majesté requièrent que des causes « naturelles » voilent Ses actes afin que les gens ne Lui attribuent pas les choses qui leur semblent désagréables. Il éleva des prophètes pour transmettre Sa révélation. Parce que nous ne pouvons pas recevoir la révélation directement, les prophètes fonctionnent comme un prisme recevant puis reflétant la révélation divine. Ils modulaient la révélation en fonction des capacités intellectuelles de leur public et des conditions de leur époque. En d'autres termes, l'intellect prophétique permet à un prophète de comprendre tout concernant son peuple et ainsi de répondre à toutes leurs questions et résoudre leurs problèmes.

Si nous examinons les réussites du Prophète, nous voyons qu'il était un homme d'État et un commandant de premier ordre. En tant que personnification ou manifestation la plus compréhensive de l'attribut divin de la parole, il est l'orateur le plus éloquent que nous ayons jamais vu. Ses paroles, malgré leur apparente simplicité, touchent chacun de nous, malgré notre simplicité intellectuelle. À mesure que les connaissances humaines évoluent, nous réalisons que derrière ces paroles a priori simples se cachent un océan dont la profondeur ne peut être appréciée que si l'on y plonge plus profondément, ou une rose dont les pétales s'entrelacent les uns les autres, chacun étant plein de signification.

Son niveau de compréhension était si élevé que Wahb ibn Munabbih, qui était versé dans la Torah et les Évangiles, dit : « Comparée à celle du Messager de Dieu, la perception et la capacité mentale de l'humanité entière sont comme un grain de sable comparé à tout le sable d'un immense désert. »[170]

---

[170] Qadi Iyad, ach-*Chifa*, 1 : 67.

a. Exemples de sa capacité intellectuelle

- Avant sa Prophétie, la Kaaba était en partie endommagée par la pluie et les inondations conséquentes. Les Quraychites la restaurèrent. Cependant, une guerre de clan faillit éclater au moment où il fallut décider qui aurait l'honneur de remettre en place la Pierre Noire sacrée. Quelqu'un suggéra que l'on s'en remette à la première personne qui apparaîtrait à la Kaaba. Au soulagement de chacun, cette personne fut Mohammed. Ils s'exclamèrent : « Le digne de confiance arrive ! » Après avoir expliqué le problème, Il étala son manteau par terre. Posant la Pierre Noire dessus, il dit à chaque chef de clan de le tenir d'un coin. Quand la Pierre Noire fut à la hauteur requise, Mohammed la remit à sa place. C'est ainsi qu'il empêcha une guerre tribale d'avoir lieu.[171]
- Le Messager de Dieu évaluait toujours les capacités mentales et spirituelles d'une personne ou d'un public avec précision. Il savait parfaitement comment s'y prendre avec un individu en particulier, à un moment particulier et dans des circonstances particulières; il n'avait jamais recours à la flatterie ni à la fausseté. Un jour, Houssayn, un excellent orateur réputé pour sa rhétorique de persuasion, tenta de lui faire abandonner sa mission. Le Messager de Dieu écouta avec attention son argumentation, puis entama le dialogue suivant :

  – Houssayn, combien de divinités adores-tu ?
  – Huit : l'une dans les cieux et les autres sur terre.
  – À laquelle fais-tu appel quand un malheur t'atteint ?
  – À celle qui est dans les cieux.
  – À laquelle fais-tu appel quand tes biens sont perdus ?
  – À celle qui est dans les cieux.

  Le Messager de Dieu posa une ou deux autres questions similaires puis, recevant à chaque fois la même réponse, il demanda : « D'après toi, donc, seule Celle qui est dans les cieux répond à ton appel. Pourtant, tu continues à Lui associer des partenaires. N'est-ce pas ce que je prêche ? Il n'y a de divinité que Dieu. Deviens

---

[171] Ibn Hicham, ss-*Sira*, 1 : 209 ; Tabari, *Tarikhu'l-Umam*, 1 : 526.

musulman et sois sauvé. »[172] Cet argument apparemment simple vainquit Houssayn avec sa propre logique.

- Les Bédouins sont souvent appelés les « gens du désert ». Leur mode de vie est particulier et entraîne parfois certaines expériences telles que la perte d'un chameau, l'oubli de l'emplacement des choses, ou encore les tempêtes de sable. Malgré le grand nombre de divinités qu'ils adorent, c'est toujours à Dieu, l'Un, l'Unique Créateur de l'univers, le Tout-Puissant, qu'ils demandent aide et secours. Leur for intérieur et leur saine conscience leur dit la vérité sous le ciel enchanteur du désert ou dans l'obscurité, où ils reconnaissent enfin l'Unicité Divine. Cela arriva à Hamza, qui proclama : « Ô Mohammed, j'ai perçu dans l'obscurité de la nuit du désert que Dieu est trop grand pour être contenu entre quatre murs ! »[173]

Le Messager de Dieu connaissait le caractère de chacun et s'adressait à leurs âmes en les invitant à l'islam. Par exemple, Ahmad ibn Hanbal rapporte d'Abou Tamima qu'un Bédouin demanda au Messager de Dieu s'il était Mohammed. Recevant une réponse affirmative, le Bédouin voulut savoir à quoi il invitait les gens. Le Messager répondit : « À Dieu, le Tout-Majestueux. Je les invite à Lui seulement, sans Lui donner d'associés. Il est Dieu, Celui que tu appelles quand un malheur t'atteint et qui l'écarte de toi. C'est Lui seul que tu implores pendant la sécheresse et la famine, et c'est Lui qui envoie la pluie et fait pousser l'herbe. C'est aussi Lui que tu supplies quand tu perds quelque chose dans le vaste désert et c'est Lui qui te le fait retrouver. » Ces paroles simples, précises et concises amenèrent le Bédouin à s'éveiller à la vérité et à embrasser l'islam aussitôt.[174]

L'histoire ne relate aucun autre exemple d'individu formant une telle communauté vertueuse aussi rapidement et à partir de gens si peu prometteurs et de ressources si maigres. Le Prophète Mohammed utilisa si habilement les dynamiques que Dieu lui a accordées que les historiens et les sociologues n'arrivent toujours pas à saisir complètement toutes les dimensions de son

[172] Ibn Hajar, *Al-Isaba*, 2 : 87.
[173] Ajluni, *Kachf al-Khafa*, 1 : 147.
[174] Ibn Hanbal, 4 : 65.

message révolutionnaire. Les vagues que celui-ci engendra se propagèrent à travers les siècles et continuent d'attirer un nombre grandissant de personnes des quatre coins du monde vers le paisible océan de l'islam.

- Le Prophète résolvait les problèmes, comme Bernard Shaw le faisait remarquer, aussi facilement que l'on boit un café. Même quand il faisait face aux urgences les plus inattendues, il restait calme et résolvait le problème à la satisfaction de chacun. Toute sa vie montre qu'il était un homme d'un équilibre parfait et qu'il ne perdit jamais cet équilibre.

Pour développer ce dernier élément, prenons l'exemple suivant. Après la conquête de La Mecque, beaucoup d'anciens ennemis proclamèrent leur conversion. Naturellement, il leur était difficile d'acquérir une foi sincère aussi rapidement. C'est pour cela que le Messager de Dieu chercha à « réconcilier leurs cœurs » et à augmenter leur engagement en les préférant aux musulmans lors de la distribution du butin après la bataille de Hounayn.

Le butin était composé de 24 000 chameaux, 40 000 moutons et chèvres, et environ 4540 kilos d'or et d'argent. Le Messager de Dieu donna 300 chameaux et 113 kilos d'or et d'argent à Abou Soufyan et à sa famille, 200 chameaux à Hakim ibn Hizam et 100 chameaux chacun à Nusayr ibn al-Harith, Qays ibn Asiyy, Safwan ibn Oumayya, Malik ibn Awf, al-Aqra ibn Habis et Uyayna ibn Hisn. Une telle générosité aida à réparer la fierté blessée des chefs mecquois.

Quelques jeunes Ansar, malgré leur dévotion au Messager de Dieu et à l'islam, se vexèrent ; non pas parce qu'ils auraient aimé avoir tout le butin pour eux-mêmes, mais parce qu'ils ne voulaient pas voir d'anciens ennemis de l'islam être récompensés. Cela aurait pu engendrer un mouvement dissident parmi les musulmans. Quand il fut informé par Sad ibn Ubada, un chef ansari, le Prophète les convoqua afin de leur parler. Une fois rassemblés, il commença son discours d'une façon dramatique afin d'attirer et de garder leur attention, et de laisser un impact sur leurs âmes : « Ô communauté de Secoureurs [Ansar] ! J'entends que vous n'êtes pas satisfaits de moi. »

Il continua dans ce style puissant et impressionnant, en leur rappelant les bienfaits que Dieu leur a accordés à travers sa personne. Il demanda : « N'étiez-vous pas dans l'égarement quand je suis venu à vous ? Et

Dieu ne vous a-t-Il pas guidés à la vérité à travers moi ? N'étiez-vous pas dans la misère quand je suis venu à vous ? Et Dieu ne vous a-t-Il pas enrichis à travers moi ? N'étiez-vous pas dans des conflits internes quand je suis venu à vous ? Et Dieu ne vous a-t-Il pas réconciliés à travers moi ? » Ils acquiesçaient et répondaient à chaque question : « Oui, ô Messager de Dieu ! Nous avons une dette envers Dieu et Son Messager ! »

Après leur avoir rappelé tous ces bienfaits, le Messager de Dieu énuméra leurs services rendus à l'islam : « Ô Ansar ! Si vous l'aviez voulu, vous auriez pu me répondre différemment et dire : ' Ton peuple t'a renié, mais nous avons cru en toi. Tu es venu à nous sans personne pour te défendre, mais nous t'avons admis et protégé. Ton peuple t'a exilé, mais nous t'avons accueilli les bras ouverts. Tu es venu à nous sans aucun moyen de subsistance, mais nous avons pourvu à tous tes besoins. ' Si vous m'aviez répondu ainsi, vous auriez dit vrai et personne n'aurait pu se lever pour vous contredire. »

Il continua : « Ô Ansar ! Même si vous étiez vexés par mes actions, ne préféreriez-vous pas rentrer chez vous avec le Messager de Dieu pendant qu'ils rentrent avec des chameaux et des moutons ? Je jure par Dieu qui détient mon âme dans Sa main puissante que si tous les autres gens prenaient une direction différente de celle des Ansar, je n'hésiterais pas à aller avec les Ansar ! N'eût été pour l'Émigration, j'aurais aimé de tout mon cœur être l'un des Ansar ! Ô Dieu, protège les Ansar et leurs descendants ! » Ces paroles suffirent à faire pleurer les Ansar, qui s'exclamèrent d'une même voix : « Dieu et Son Messager nous suffisent ! Nous ne désirons rien d'autre ! »[175]

Bien que ce discours fût improvisé sous l'impulsion du moment, il réussit à la fois à écraser un éventuel mouvement dissident et à reconquérir les cœurs des Ansar. Analysons ce discours afin qu'il puisse être mieux compris et apprécié à sa juste valeur.

- Il parla seulement aux Ansar, car ils étaient les seuls à être offensés. Cela leur montra d'emblée qu'ils étaient particulièrement honorés et exerça une influence psychologique sur eux. Cela prévint aussi l'apparition d'un quelconque ressentiment chez les Mouhadjiroun, qui avaient été forcés d'émigrer à Médine, ou chez

---

[175] Boukhari, *Manaqib al-Ansar*, 1 : 2 ; Mouslim, *Zakat*, 132-140 ; Ibn Hanbal, 3 : 76 – 77 ; Ibn Hicham, *as-Sira*, 5 : 169-177 ; Ibn Kathir, *al-Bidaya*, 4 : 355 - 360.

les nouveaux musulmans de La Mecque, dont beaucoup n'étaient pas encore tout à fait convaincus.

- Son discours, si on le lit dans sa version originale en arabe, constitue un exemple de rhétorique d'une éloquence extraordinaire.
- L'ouverture de son discours était dramatique, car il voulait attirer l'attention de son public. En effet, leur attention ne vacilla pas un instant, car le ton dramatique demeura intact jusqu'à la fin du discours.
- Il n'eut pas recours à la flatterie ni à la diplomatie. Au contraire, il parla avec une sincérité toute simple, ce qui était essentiel pour assurer l'influence souhaitée sur les auditeurs.
- La nature improvisée de ce discours joua aussi un rôle important dans l'obtention du résultat souhaité. La fraîcheur et la force d'un tel discours non préparé, dans de telles circonstances, est souvent plus efficace qu'un discours préparé à l'avance.

Ces quelques exemples illustrent l'intellect du Messager de Dieu et montrent qu'il ne parlait ni n'agissait de son propre chef ; au contraire, ce qu'il disait et faisait portait la charge ou la force de quelqu'un qui remplissait une mission divine.

b. Concision

Une autre dimension de son intellect est la nature très succincte de son discours. Rappelons qu'il est non seulement le leader de ceux qui vivaient à son époque, mais aussi de tous les croyants à venir. Il fut envoyé pour s'adresser à toutes les catégories de personnes, aux Bédouins du VIIe siècle comme aux plus grands intellectuels et hommes de science, jusqu'au Jour du Jugement. À ce jour, personne n'a encore été capable de réfuter ses paroles. En conséquence, après examen minutieux de sa Sunna et du Coran, nous réalisons qu'ils se complètent au niveau du style et du contenu. Qui plus est, il n'y a aucune contradiction entre eux et les connaissances scientifiques. Depuis la révélation, des milliards de gens ont trouvé dans le Coran des réponses à leurs problèmes intellectuels, des remèdes pour leurs maladies spirituelles et des modèles de conduite pour toutes les circonstances.

Les paroles enchanteresses, passionnantes et éducatives du Messager de Dieu qui ont tant illuminé ses Compagnons intellectuellement et les ont ranimés spirituellement, ont exercé une influence pareille sur d'innombrables savants, hommes de science, exégètes du Coran, spécialistes des hadiths, juristes, guides spirituels et spécialistes dans les sciences physiques et humaines. De tels individus, dont la plupart n'étaient pas arabes, ont utilisé le Coran et la Sunna comme les sources fondamentales de leurs efforts et de leurs études universitaires.

Aujourd'hui encore, ses paroles suffisent à inciter les gens à se réformer et à embrasser l'islam. Il reconnaissait son don comme un bienfait octroyé par Dieu et il insistait là-dessus en disant parfois : « Je suis Mohammed, un prophète illettré. Aucun prophète ne viendra après moi. J'ai été caractérisé par une parole à la fois concise et chargée de sens »[176], et : « Ô peuple, j'ai été honoré par la concision de mon discours et par le jugement final sur toutes choses. »[177]

On dit du rossignol qu'il communique la gratitude des plantes et des fleurs à Dieu le Tout-Pourvoyeur. De même, le Messager de Dieu est venu pour chanter les louanges de Dieu dans le jardin de l'humanité et pour annoncer Ses commandements avec ses chants enchanteurs. Ses paroles faisaient éclore des fleurs toujours fraîches dans tous les cœurs humains et réduisaient les paroles des autres, malgré leur beauté superficielle, à néant. Les croyants étaient purifiés par la profonde sérénité de ses paroles, vivifiés par l'atmosphère radieuse créée par ses discours et par l'amour que sa conduite personnelle inspirait. À travers ses actes et ses paroles, le Messager de Dieu ôtait les voiles du « visage » de la nature et embellissait le « Livre de l'univers » avec des inscriptions divines.

Beaucoup de célèbres rhétoriciens, d'orateurs et de poètes ont préféré écouter le Prophète ou ont grandement profité de ses paroles. Des milliers d'hommes de lettres ont consacré leurs vies à l'étude de ses paroles et ont compilé des ouvrages de plusieurs tomes sur elles ou à partir d'elles. Nombre de penseurs et de savants se sont « désaltérés » à la « source de vie » qui s'y trouve. Afin d'exprimer la beauté et la portée de ses mots, nous citerons quelques vers légèrement adaptés et prononcés à propos du Coran :

Presque rien dans ce monde
N'est venu pur ou sans voile,
Excepté les mots du Messager

---

[176] Ibn Hanbal, 2 : 172 ; 212.
[177] Ibn Abi Chayba, *al-Musannaf*, 1 : 261 ; 6 : 318.

Qui préservent leur beauté intacte,
Et attendent toujours d'être pleinement saisis.

Le Messager de Dieu, étant illettré, ne pouvait pas être influencé par la culture écrite de son époque. Sa conscience était si saine, son intellect si parfait, et son caractère si pur que seul lui aurait pu recevoir la révélation divine. Son cœur et son esprit étaient exclusivement nourris par la révélation divine. Chacune de ses paroles et de ses actes était un rayon de cette révélation, un signe de sa Prophétie. Tel une coupe d'eau douce, claire et cristalline, son intellect était si pur que la révélation divine y entrait et en émergeait, goutte par goutte, sous la forme de mots dans leur clarté originale.

L'expression principale de la révélation divine est le Coran. Celui-ci est aussi la source principale de la loi islamique. Bien qu'il contienne des conseils se rapportant à tous les aspects de la vie humaine, le nombre de questions et de problèmes posés au Messager de Dieu entraînaient la nécessité d'une seconde forme de révélation. Celle-ci prit la forme d'une inspiration divine, une révélation implicite, pour clarifier des versets coraniques ou pour établir de nouveaux principes liés à la conduite islamique. Cela, avec son comportement et ses paroles quotidiennes, forme la seconde source de la loi islamique, à savoir la Sunna. Ce sujet est abordé au chapitre 10.

Tous les Prophètes étaient aidés par des miracles appropriés à leur époque et à leur contexte. Par exemple, les miracles de Moïse se devaient d'apparaître comme de la magie, car elle était en vogue à l'époque. Les miracles de Jésus relevaient du domaine des remèdes, car il y avait alors un grand besoin de médecine. De même, quand Mohammed apparut en tant que Prophète, les choses les plus populaires en Arabie étaient alors : l'éloquence et l'habileté dans la parole, la poésie et l'art oratoire, la divination, la connaissance du passé et la cosmologie. Le Coran défia tous les experts connus dans ces domaines et les força à se rendre. Le Prophète Mohammed les surpassa par son éloquence merveilleuse, sa connaissance du cosmos et ses prédictions.

Comme sa Prophétie est universelle et qu'elle durera jusqu'au Jour Dernier, son éloquence et son style linguistique ne pourront jamais être égalés. Ses paroles, avec le Coran, supplantent tous les ouvrages littéraires. Leur excellence est éternelle et devient de plus en plus vive à mesure que leurs sens plus profonds sont découverts au cours du temps. Ses paroles et le Coran sont d'une telle nature extraordinaire, débordant de significations, que grâce à eux des millions de saints et de gens cherchant la connaissance divine ont atteint une parfaite connaissance de l'Être Divin, des attributs divins et des noms divins. C'est aussi à travers eux que les vérités cachées du monde de l'inconnaissable (les anges, les djinns, l'au-delà, le Paradis, l'Enfer, etc.) sont dévoilées.

Ces deux sources ont aussi servi de fontaine intarissable et pure de perspicacité pour d'innombrables juristes, interprètes du Coran, spécialistes des hadiths, historiens, hommes de science, sociologues, psychologues et beaucoup d'autres. Le Coran et la Sunna ont éclairé des milliards de gens et leur ont montré comment prier, jeûner, donner l'aumône et faire le pèlerinage – et même comment manger, boire et parler ; en bref, comment nous comporter à tous les moments de la vie.

Voici quelques exemples :

- L'Imam Tirmidhi rapporte de Ibn Abbas, le Savant de la *oumma*, ce que le Messager de Dieu lui a dit :

> Ô jeune homme, laisse-moi t'apprendre quelques principes : observe les droits de Dieu afin que Dieu te protège. Observe Ses droits afin que tu puisses toujours Le trouver près de toi. Quand tu demandes quelque chose, demande-le à Dieu. Quand tu cherches de l'aide, cherche-la auprès de Dieu. Sache que si tout le monde se rassemblait pour t'aider, ils ne pourraient faire que ce que Dieu a déjà décrété pour toi. Et si tout le monde se rassemblait pour te faire du mal, ils ne pourraient faire que ce que Dieu a déjà décrété pour toi. La Plume de la destinée est levée, et tout a été décrété.[178]

Ce hadith encourage la soumission à Dieu et la croyance en Son unité et au destin. Il ne faut pas en conclure que le destin exclut le libre arbitre ; loin de là, il renforce notre action, notre prière et notre besoin de fournir des efforts pour obtenir les résultats souhaités. Il nous avertit que puisque tout est finalement entre les mains de Dieu, nous devons œuvrer en conformité avec Ses commandements et espérer les résultats de Lui seulement.

- L'imam Tirmidhi rapporte de Ibn Omar que le Messager de Dieu a dit : « Vis dans ce monde comme si tu étais un étranger ou un

---

[178] Tirmidhi, *Qiyama*, 59

voyageur. Considère-toi comme un mort. »¹⁷⁹ Ce très court hadith nous encourage à mener une vie austère et disciplinée, basée sur la conscience de Dieu. Il nous rappelle notre destination finale en insistant sur le caractère éphémère de ce monde, et établit l'équilibre entre cette vie et l'autre.

Nous sommes des voyageurs en ce monde. Mawlana Jalal ad-Din ar-Roumi, un soufi turc du XIIIe siècle, dit que chaque individu est comme une flûte faite d'un roseau séparé de sa roselière. Nous gémissons sans cesse dans les affres de notre séparation du vrai Maître et de la vraie patrie. Nous partons du Monde des Esprits et voyageons en passant par les stations du ventre de la mère, de la jeunesse, de la vieillesse, de la tombe et de la résurrection. Enfin, notre voyage se termine soit au Paradis, soit en Enfer. Si nous désirons un voyage agréable et une arrivée sûre au Paradis, nous devons être conscients du caractère transitoire de cette vie et nous préparer pour la vie éternelle. Certes, nous pouvons, dans une certaine mesure, goûter aux plaisirs de cette vie, à condition qu'ils ne soient pas spécifiquement interdits, mais nous ne devons pas nous laisser aller à des excès ni oublier notre vraie destination.

- Des livres de hadiths authentiques tels que *Sahih al-Boukhari*, *Sahih Mouslim* et *Sunan Abou Dawoud* relatent de Abdoullah Ibn Massoud que le Messager de Dieu a dit : « Sois toujours véridique, car la véracité mène à la piété et la piété mène au Paradis. Si tu es toujours véridique et cherches la véracité, Dieu t'inscrira comme tel. Ne mens jamais, car le mensonge mène à la perversité et la perversité mène en Enfer. Si tu persistes à mentir et cherches à tromper, Dieu t'inscrira comme tel. »¹⁸⁰

La véracité est un attribut essentiel de la Prophétie. La véracité ouvre la porte du bonheur dans les deux mondes. Personne ne peut goûter à la vraie félicité tout en vivant dans les ténèbres des mensonges et de la fausseté. Le mensonge est « une assertion contraire à la connaissance de Dieu », un pilier de l'incroyance, et le signe le plus manifeste de l'hypocrisie. L'actuelle prédomi-

¹⁷⁹ Tirmidhi, *Zuhd*, 25 ; Boukhari, *Riqaq*, 3.
¹⁸⁰ Boukhari, *Adab*, 69 ; Mouslim, *Birr*, 103-105 ; Abou Dawoud, *Adab*, 80.

nance du mensonge est en train de détruire notre sécurité et notre moralité, et de contaminer l'ensemble de la communauté (tout particulièrement les cercles politiques) comme une maladie contagieuse. Toute structure fondée sur le mensonge est vouée à l'anéantissement à cause de sa nature même.

Ce hadith affirme que la véracité conduit à la piété absolue et le mensonge au péché. Le mot arabe *birr*, que l'on a traduit par piété, comprend toutes les vertus, de la pensée saine, la véracité et les intentions pures, à l'honnêteté, la décence et la bonne conduite. Son contraire, *fujur* (perversité), signifie toutes sortes de mal et d'égarements, parmi lesquels la débauche, l'indécence et la perversion.

- Boukhari et Mouslim rapportent de Ibn Massoud que le Messager de Dieu a dit : « L'homme (ou la femme) est avec celui qu'il (ou elle) aime. »[181] Ce hadith est une source d'espoir et de consolation pour ceux qui n'arrivent pas à adhérer complètement aux commandements divins. Ceux qui aiment les prophètes et les saints seront en leur compagnie dans l'au-delà. Par conséquent, quiconque désire cela doit les aimer sincèrement et les suivre du mieux qu'il peut. Ceux qui aiment les ennemis de Dieu seront avec eux en Enfer.

  Nuayman, un Compagnon, n'arrivait pas à arrêter de boire de l'alcool. Il fut puni plusieurs fois. Lorsqu'un autre Compagnon lui reprocha encore de boire, le Messager de Dieu avertit ce Compagnon : « N'aide pas Satan contre ton frère ! Je jure par Dieu qu'il aime Dieu et Son Messager. »[182] Donc, ceux qui font de leur mieux pour se réformer, tant qu'ils continuent à observer leurs devoirs et à s'abstenir des grands péchés, doivent être encouragés et non pas réprimandés. Ceci est une condition préalable de leur amour pour Dieu et Son Messager.

- Ibn Hanbal rapporte de Mouadh ibn Jabal ce que le Messager de Dieu a dit : « Craignez Dieu où que vous soyez. Faites suivre votre péché d'un bien afin qu'il l'efface, et pratiquez les bonnes manières avec les gens. »[183] Ce hadith concis établit les principes d'une vie heureuse et décrit la voie vers la félicité éternelle. La crainte

---

[181] Boukhari, *Adab*, 96 ; Mouslim, *Birr*, 165.
[182] Boukhari, *Hudud*, 4 : 5.
[183] Tirmidhi, *Birr*, 55 ; Ibn Hanbal, 5 : 153.

de Dieu est à la base de toutes les vertus et de toute bonne conduite, et mène au Paradis. Grâce à cela, les gens peuvent effacer leurs péchés par des bonnes actions, et les bonnes manières les élèveront au rang de la perfection.

- Le Messager de Dieu déclara : « Vous êtes gouvernés selon ce que vous êtes (en fonction de votre croyance et de votre mode de vie). »[184] Ce hadith exprime un principe d'administration publique et politique : la structure politique d'un pays est formée selon les tendances de son peuple, soit directement par la démocratie, soit indirectement par d'autres moyens. Les sciences naturelles et sociales ont toutes deux leurs lois que nous appelons « les lois divines créationnelles et opérationnelles de l'univers ». Selon ces lois, si les gens se plongent dans le mal et le péché, ils seront inévitablement gouvernés par des gens mauvais. Si au contraire, ils préfèrent une vie vertueuse, leur gouvernement sera composé de gens de bien.

Le hadith attire l'attention sur le fait que les lois n'ont pas leurs propres sanctions, et que leur autorité dépend de ceux qui les appliquent. Le caractère des membres du gouvernement est donc d'une importance capitale. Si le peuple est juste, ses dirigeants ou membres du gouvernement seront également justes. S'ils ne le sont pas, ils ne devront pas s'attendre à avoir une administration juste. L'élite au pouvoir est comme la crème qui monte à la surface d'un liquide : le lait a sa propre sorte de crème, de même que la chaux et l'alun. Quand on rappela à Hajjaj, un commandant despotique, la justice de Omar, il répondit : « Si vous étiez un peuple comme celui de Omar, j'aurais été comme Omar. »

Le hadith nous incite aussi à développer la maîtrise de soi et à discerner nos propres fautes. L'harmonie sociale ne peut pas être établie si les gens ne cessent d'accuser les autres. Comme il est souligné dans le Coran : *Dieu ne modifie point l'état d'un peuple, tant que les [individus qui le composent] ne modifient pas ce qui est en eux-mêmes* (13:11). C'est nous qui déterminons notre propre sort et qui faisons notre histoire.

---

[184] Hindi, *Kanz al-Ummal*, 6 : 89.

• Boukhari, Mouslim et Abou Dawoud rapportent de Omar que le Messager de Dieu a dit : « Les actions sont jugées en fonction des intentions. L'on est rétribué que pour ce que l'on a l'intention de faire. Quiconque émigre pour Dieu et Son Messager aura émigré pour Dieu et Son Messager ; quiconque émigre pour se marier ou pour acquérir les biens de ce monde aura émigré pour l'objet de ses intentions. »[185] Ce hadith concerne un Compagnon qui a émigré pour épouser Oumm Qays et représente une pierre angulaire de la loi islamique et la norme de règle pour évaluer les actions d'un croyant.

L'intention est l'esprit de nos actions. Par exemple, si nous accomplissons nos obligations religieuses sans avoir préalablement spécifié notre intention à ce sujet, elles s'avéreront inacceptables aux yeux de Dieu. Si nous ne recherchons pas l'agrément divin, alors ce que nous ferons ne sera pas récompensé par Dieu. L'hégire (l'émigration sacrée dans le sentier de Dieu) peut-être considérée comme la jumelle du jihad (la lutte sacrée au service de Dieu).

Bien qu'il n'y ait plus de véritable hégire (de La Mecque à Médine) depuis la conquête de La Mecque, l'hégire continuera ailleurs avec le jihad jusqu'au Jour Dernier. Les croyants peuvent émigrer pour prêcher l'islam, comme l'avaient fait le Messager de Dieu et ses Compagnons quand cela leur était devenu impossible à La Mecque. De telles émigrations sont acceptées comme des hégires dès lors qu'elles sont faites uniquement pour l'amour de Dieu. L'intention peut parfois être récompensée sans qu'il y ait eu passage à l'action. Par exemple, si nous projetons de faire quelque chose de bien mais qu'en fin de compte, pour une raison légitime, nous ne pouvons pas faire, alors nous serons récompensés comme si nous avions accompli l'action que nous voulions faire.

L'intention multiplie les récompenses pour une action et transforme chaque action en une sorte d'acte d'adoration. Nous n'arriverons jamais à gagner de plein droit le bonheur éternel dans une vie aussi courte. Mais, en ayant l'intention d'adorer Dieu

---

[185] Boukhari, *Bad'u al-Wahy*, 1 ; Mouslim, *Imara*, 155 ; Abou Dawoud, Talaq, 11.

comme si nous allions vivre pour l'éternité, nous pouvons en arriver à mériter la vie éternelle au Paradis. Les incroyants dont les cœurs sont fermés à la foi, selon le même principe, méritent le châtiment éternel en Enfer. Les croyants qui se couchent après la prière de la nuit en ayant l'intention de se lever avant l'aurore pour faire la prière du *tahajjud* sont considérés comme ayant adoré Dieu pendant toute la nuit. C'est pourquoi le Messager de Dieu déclara : « L'intention d'un croyant apporte plus de récompenses que son action. »[186]

- Boukhari rapporte que le Messager de Dieu a dit : « Le musulman est celui dont on est à l'abri de sa langue et de sa main. L'Émigrant est celui qui fuit ce que Dieu a interdit. »[187] Ce hadith si court exprime de nombreuses vérités. Tout d'abord, il décrit l'idéal ou la norme en commençant par *le musulman*, et non pas *un musulman*. De cette manière, notre Prophète attire l'attention sur les qualités des musulmans parfaits, et non pas de ceux qui n'ont de musulman que leurs noms.

Le mot *musulman*, qui dérive de la racine *silm* (sécurité, paix et salut), signifie celui qui souhaite et donne la paix, la sécurité et le salut. Ainsi, *le musulman* est le croyant qui incarne la paix, ne cause aucun tort aux autres et est le représentant le plus sûr de la paix et de la sécurité. Il s'efforce d'amener la paix, la sécurité et le salut aux autres et se voue à disséminer sa paix intérieure et son bonheur.

Notre Prophète mentionne la langue avant la main, car la diffamation, la médisance et les insultes font souvent plus de dégâts que la violence physique. En effet, il nous est plus facile de réprimer en nous l'envie d'une attaque physique que verbale. De plus, l'autodéfense contre une violence physique est plus souvent plus facile que contre une calomnie ou des commérages. Les vrais musulmans s'abstiennent donc de faire du mal avec leurs langues et leurs mains et ainsi les autres n'ont rien à craindre d'eux.

Dans ce même hadith, l'émigration veut dire plus que quitter sa famille, sa maison, ses biens et sa terre natale pour l'amour

[186] Tabarani, *al-Mujamu'l-Kabir*, 6 : 185 -186 ; al-Bayhaqi, *as-Sunan* p.20.
[187] Boukhari, *Iman*, 39 ; Mouslim, *Musaqat*, 107.

de Dieu. Pour pouvoir faire cela, il faut d'abord émigrer du monde matériel à la dimension spirituelle de son être, émigrer des plaisirs de ce monde vers une vie altruiste, et de desseins égoïstes vers une vie consacrée à Dieu. Par conséquent, l'abstinence des interdictions divines est directement liée au fait d'être un bon musulman et de sacrifier sa vie pour le service de l'humanité et ce, uniquement pour l'amour de Dieu.

- Le Messager de Dieu a dit : « Un bon musulman est celui qui abandonne ce qui est vain pour lui. »[188] De telles personnes pratiquent le *ihsan*, terme qui signifie que nous adorons Dieu comme si nous Le voyions, en étant pleinement conscient que même si nous n'arrivons pas à Le voir, Lui, certes, nous voit parfaitement et tout le temps.[189] Ceux qui atteignent ce rang peuvent dire : « Je Le cherchais dans le monde extérieur et voilà que je réalise qu'Il est l'âme à l'intérieur de mon âme », comme le disait un poète en faisant allusion au verset coranique « Nous sommes plus proche de lui que sa veine jugulaire », ou comme le disait un autre : « J'attendais quelque nouvelle d'ailleurs, au-delà du monde ; or le voile de mon âme s'est levé et j'ai pu me voir. »

Pour accéder à ce niveau, les croyants doivent abandonner tout ce qui est vain et futile. Ils doivent savoir que Dieu les regarde et que le Messager de Dieu et les croyants clairvoyants ont conscience de la vraie valeur de leurs œuvres. Dieu dit :

> Et dis : « œuvrez, car Dieu va voir votre œuvre, de même que Son messager et les croyants, et vous serez ramenés vers Celui qui connaît bien l'invisible et le visible. Alors Il vous informera de ce que vous faisiez ». (9 : 105)

Les bons musulmans abandonnent l'insouciance et l'indifférence, font leur travail correctement, mettent tous leurs efforts en œuvre dans tout ce qu'ils font, et sont sérieux et sûrs dans toutes leurs affaires et leurs transactions. La désinvolture et la frivolité nuisent à notre fiabilité et réduisent notre dignité.

---

[188] Tirmidhi, *Zuhd*, 11 ; Ibn Maja, *Fitan*, 12.
[189] Boukhari, *Iman*, 37 ; Mouslim, *Iman*, 1.

• Boukhari et Mouslim rapportent que le Messager de Dieu a dit : « La patience doit se manifester au premier choc. »[190] Dans les premiers temps de sa mission, le Messager de Dieu interdisait de se rendre au cimetière pour visiter ses proches défunts parce que les gens pratiquaient encore de mauvaises coutumes non islamiques. Mais quand celles-ci furent enfin éradiquées, il encouragea ses Compagnons à visiter les tombes, ce qu'il faisait lui-même, car cela incite les gens à améliorer leur comportement et à œuvrer pour la vie future.

Lors d'une visite au cimetière de Médine, le Messager de Dieu aperçut une femme qui pleurait amèrement et se plaignait du destin. Quand il chercha à la consoler, la femme, qui ne l'avait pas reconnu, se mit en colère et lui dit de s'en aller en ajoutant : « Tu ne sais rien des malheurs que me sont arrivés ! » Plus tard, quand elle apprit que c'était le Prophète, elle s'empressa de le trouver et arriva chez lui pour lui demander pardon. Le Messager de Dieu lui dit : « La patience doit se manifester au premier choc. » La patience est la clé du succès ; c'est accepter les peines, les problèmes, les malheurs et tout autre fait désagréable, sans se plaindre ni perdre son sang-froid, sa confiance ou sa croyance en Dieu et au destin. Parfois, on peut réussir à être patient dans des circonstances difficiles en changeant son attitude, son lieu, ses préoccupations ou les conditions immédiates. Faire ses ablutions rituelles (*woudou*) ou prier peuvent aussi nous aider dans ces moments de grandes douleurs.

Il existe plusieurs sortes de patience :

- La détermination à s'abstenir de commettre des péchés, qui nous élève au rang de ceux qui craignent Dieu et qui jouissent de son attention particulière.

- L'adoration régulière et sans relâche de Dieu, qui conduit au rang de ceux qui sont les bien-aimés de Dieu.

- L'acceptation des malheurs sans aucune plainte, qui nous inclut parmi les gens doués de patience et ceux qui s'en remettent totalement à Dieu.

---

[190] Boukhari, *Jana'iz*, 32 ; Mouslim, *Jana'iz*, 14, 15.

- Venir à bout de l'exaspération ; ce qui signifie avoir une compréhension réaliste de ce qui est requis pour parvenir à un résultat donné. Par exemple, pour produire un pain, il faut cultiver un champ, faire la récolte, emmener les grains au moulin, faire la pâte, la mettre en forme et l'enfourner. Si, par impatience ou négligence, on ne suit pas exactement cette procédure et si l'on néglige l'ordre des étapes, le pain ne pourra pas être produit.

• Boukhari, Mouslim et Ahmad ibn Hanbal rapportent que le Messager de Dieu a dit : « La main haute (généreuse) est meilleure que la main basse (aride). »[191] Dans un autre hadith, le Messager explique que la main haute donne aux pauvres et aux nécessiteux, tandis que la main basse prend des gens. Donc, en plus de rappeler les mérites de la charité, ce hadith encourage les gens à travailler et à gagner leur vie.

Un point subtil : le Messager de Dieu n'a pas dit *celui qui donne et celui qui reçoit*, mais plutôt *la main haute et la main basse*. C'est donc l'acte, et non pas la personne, qui est préférable. Par conséquent, il se peut que la personne qui reçoit soit meilleure que celle qui donne.

Par exemple, certains serviteurs de Dieu, comme Bara ibn Malik, semblent être très bas (du point de vue matériel), mais sont si aimés de Dieu que tout ce qu'ils prédisent en jurant par Dieu se réalise. De telles personnes ne demandent rien aux gens et sont extraordinairement indépendantes. Le Messager de Dieu conseilla à Thawban de ne pas mendier. Suite à cela, il n'osait même plus demander à qui que ce soit de ramasser la cravache qu'il faisait tomber pendant qu'il était à dos de chameau. Donc, quand des croyants d'une telle qualité, apparemment « pauvres », reçoivent des autres, on ne peut pas dire qu'ils soient inférieurs à ceux qui leur donnent.

L'islam n'approuve pas la mendicité, que ce soit au niveau individuel ou national. Rappelons que l'honneur, la dignité et la supériorité appartiennent toujours à Dieu, à Son Messager et aux croyants. Par conséquent, les musulmans ne doivent pas se met-

---

[191] Boukhari, *Zakat*, 18 ; Mouslim, *Zakat*, 94 - 97 ; Ibn Hanbal, 2 : 4.

tre sous l'autorité ou le contrôle des incroyants, car cela ébranle leur dignité et leur supériorité.

• L'Imam Mouslim rapporte du Messager de Dieu : « Au Jour Dernier, Dieu ne parlera pas, ne s'intéressera pas et ne purifiera pas trois catégories de personnes. Un châtiment douloureux les attend. Ce sont ceux qui « traînent leurs robes », qui rappellent aux gens le bien qu'ils leur ont fait et qui essaient de vendre leurs biens par de faux serments. »[192]

Le hadith commence par *thalathatun* (trois), signifiant n'importe quel « trois », non-spécifiés, qui ne méritent pas d'être nommés. Autrement dit, on peut les rencontrer n'importe où, et leurs actions et eux-mêmes sont si méprisables que les musulmans doivent les éviter. Dieu ignorera de tels individus dans l'autre monde. C'est un châtiment très dur, car comme il est dit dans la sourate *ar-Rahman*, la parole est la plus grande et la plus essentielle des faveurs de Dieu à l'humanité. En outre, le Jour du Jugement, nous aurons absolument besoin de parler afin de pouvoir nous justifier. Toutefois, il sera dit à ces gens : *Soyez-y refoulés (humiliés) et ne Me parlez plus* (23 : 108).

Ce jour-là, tout le monde sera préoccupé par ses propres soucis, et il n'y aura d'autre refuge que Dieu Tout-Puissant. Chacun voudra obtenir un peu d'attention spéciale de la part de Dieu, espérant qu'Il les considèrera avec miséricorde et les purifiera. Mais les trois groupes d'individus en question n'auront aucun espoir d'être purifiés ou pardonnés, car Dieu Tout-Puissant ne les reconnaîtra pas.

Dans le hadith, leur châtiment est annoncé avant même que leurs péchés ne soient identifiés. C'est de cette manière que le Messager de Dieu insiste sur la gravité de leurs péchés et prévins tout le monde pour qu'ils s'en abstiennent. Le premier et le plus grave de ces péchés est de « traîner ses robes », une expression arabe employée pour l'arrogance.

L'arrogance signifie rivaliser avec Dieu pour diriger la terre. Les êtres humains, malgré leur immense faiblesse, pauvreté et impuissance, sont néanmoins émerveillés par eux-mêmes. Ils consi-

---

[192] Mouslim, Iman, 171 – 4 ; Suyuti, *Al-Fath al-Kabir*, 2:57.

dèrent leurs aptitudes, leurs talents, leur position, leurs richesses, leurs prétendus succès et ainsi de suite, comme des sujets de fierté. Bien qu'ils soient créés d'une vulgaire « goutte d'eau » et qu'ils soient incapables de choisir leur lieu et date de naissance, leur famille, leur couleur et leur race, leur fierté s'accroît en dépit de leur incapacité à pourvoir à leurs besoins physiques.

Par exemple, ils ne peuvent surmonter leur faim, soif ou sommeil. La seule raison pour laquelle les êtres humains survivent est que Dieu les a dotés de divers talents et facultés. Mais les gens ignorent ce fait, ils s'attribuent leurs talents et rivalisent avec Dieu. Une telle arrogance finit par les aveugler et les empêcher de voir les innombrables signes de l'existence, l'unité et la souveraineté absolue de Dieu. Selon les termes du Coran :

> J'écarterai de Mes signes ceux qui, sans raison, s'enflent d'orgueil sur terre. Même s'ils voyaient tous les miracles, ils n'y croiraient pas. Et s'ils voient le bon sentier, ils ne le prennent pas comme sentier. Mais s'ils voient le sentier de l'erreur, ils le prennent comme sentier. C'est qu'en vérité ils traitent de mensonges Nos preuves et ils ne leur accordaient aucune attention. (7 : 146)

Le deuxième grave péché est celui de rappeler le bien qu'on a fait aux gens. Ceci est étroitement lié à l'arrogance, car ceux qui considèrent ce que Dieu leur a accordé comme leurs propres acquis et talents tendent à commettre aussi ce péché. Mais ceux qui regardent chaque chose comme un présent de Dieu comprennent qu'ils ne peuvent aider les autres que si Dieu le leur permet. Par suite, ceux qui font une faveur doivent se sentir redevables vis-à-vis de ceux qu'ils aident, car de telles actions leur permettent de recevoir une récompense spirituelle. Ce hadith encourage les gens à l'altruisme et à la générosité désintéressée. Le Messager de Dieu dit à ce propos :

> Le généreux est proche de Dieu, du Paradis, et des gens, et est éloigné de l'Enfer. L'avare, par contre, est éloigné de Dieu, du Paradis, et des gens, mais est proche de l'Enfer.[193]

---

[193] Tirmidhi, *Birr*, 40 ; Tabarani, *al-Mujamu'l-Awsat*, 3 : 27.

Le dernier grave péché est la tromperie dans le commerce. Selon les lois de l'islam, les marchands doivent divulguer tous les défauts de leurs marchandises. Il est aussi interdit de jurer au nom de Dieu, surtout lors des transactions. Si les commerçants essaient de vendre leurs biens grâce à des mensonges et des faux serments, ou en incitant à l'achat en jurant par Dieu, ils commettent alors un grave péché qui mérite une punition sévère. Ce péché est lié de près aux deux premiers, car il provient souvent de l'avarice et de la non reconnaissance de Dieu. En plus d'être en relation avec l'incroyance en Dieu et la méfiance envers Lui, ces trois péchés empoisonnent la vie de la société et indiquent une faiblesse de caractère; d'où la sévérité du châtiment.

- L'Imam Boukhari rapporte dans son *Sahih* que le Messager de Dieu a dit : « Quiconque me garantit ce qui est entre ses lèvres et ce qui est entre ses jambes, je lui garantis le Paradis. »[194] Puisque la parole est l'une des plus grandes faveurs que Dieu nous ait faites, nous ne devons utiliser notre langue que pour le bien et les actes utiles, comme réciter le Coran, prier, dire la vérité, enjoindre le bien et interdire le mal. Il nous faut être modeste et poli dans notre façon de parler, et ne pas prononcer de mensonges, de jurons, de calomnies, de commérages, etc. Les mots doivent être choisis avec précaution car, comme le dit Ali : « Ta parole dépend de toi jusqu'à ce que tu la prononces ; mais une fois prononcée, c'est toi qui dépends d'elle. »

La maîtrise de ses désirs sexuels est très importante pour atteindre la perfection humaine et mériter le Paradis. Dieu nous a dotés de nombreuses facultés et pulsions de sorte que nous puissions évoluer spirituellement en les refrénant et en les canalisant vers des vertus et des bonnes actions, et ainsi accéder à de hauts rangs spirituels. En luttant pour satisfaire nos désirs uniquement de façon licite, nous pouvons atteindre le rang de la sainteté et gagner une supériorité sur les anges. Les anges n'ayant pas de désirs charnels et ne pouvant donc pas lutter contre la tentation, ils ne peuvent pas non plus évoluer spirituellement. Cependant, à cause de notre dualité essentielle, nous oscillons

---

[194] Boukhari, *Riqaq*, 23.

entre le niveau le plus bas (où nous sommes plus misérables que Satan) et le niveau le plus haut (où nous surpassons les anges).

Puisque l'islam interdit ou bloque le passage à tout ce qui conduit aux actes illicites. Comme pour tenir sa langue, cela requiert beaucoup de volonté, de l'autodiscipline et une lutte continuelle. Même si au premier abord tout cela peut paraître trop difficile, cela engendrera un grand plaisir spirituel, car le plaisir du travail et de l'effort résident dans le travail et l'effort eux-mêmes. Ceux qui réussiront mériteront le Paradis.

• Mouslim rapporte que le Messager de Dieu a dit :

> « Écoutez ! Devrais-je vous guider vers les choses par lesquelles Dieu efface les péchés et élève à de hauts rangs ? » Quand les Compagnons lui demandèrent de le leur dire, il reprit : « Faites vos ablutions rituelles aussi correctement que possible, même dans les conditions les plus difficiles ; pour chaque prière, allez à la mosquée en marchant ; et attendez la prière suivante après avoir prié. Ceci est le ribat, ceci est le ribat (préparation, dévouement). »[195]

Le hadith commence par « Écoutez » pour marquer l'importance de ce qui va suivre. Dans ce cas, il s'agit des cinq prières quotidiennes. La prière prescrite est un pilier de l'islam. Sans elle, l'islam ne peut pas être maintenu. Quand les croyants prient correctement, ils sont protégés des mauvaises actions et pensées. C'est une échelle sacrée pour s'élever à la Présence de Dieu. Mais avant que nous puissions la gravir, nous devons accomplir l'ablution (*woudou*) aussi parfaitement que possible. Dès le premier pas fait pour prendre l'ablution, le croyant commence déjà à gagner des récompenses. Pendant qu'il fait ses ablutions, il est soulagé du stress de la vie quotidienne et est purifié de ses péchés. Si le woudou est accompli dans des circonstances difficiles, le croyant n'en est que davantage récompensé.

L'appel à la prière (*adhan*) est à la fois un appel aux croyants pour entrer à la Présence de Dieu et un appel à la prospérité dans les deux mondes. Le woudou est la préparation que le croyant doit faire pour pouvoir se présenter à Dieu. En accomplissant la

---

[195] Mouslim, *Tahara*, 41 ; Tirmidhi, *Tahara*, 39.

prière surérogatoire (*sunna*) avant la prière prescrite (*fardh*), le croyant achève ses préparatifs et reçoit la permission de l'aide de camps de Dieu : le Prophète Mohammed. Quand le muezzin (celui qui appelle à la prière) récite l'*iqama* (l'annonce du départ de la prière), le croyant entre en Sa Présence dans un respect et une vénération absolus, s'entretient avec l'Unique Maître de l'univers, et L'implore pour ses besoins et ses souhaits.

Le croyant qui prie cinq fois par jour voit ses péchés s'effacer et sa capacité à commettre des péchés se transformer en « graines d'arbres bénis de bien et de vertu ». Il y a toutefois une condition : la prière doit être accomplie avec une sincérité absolue, l'intention pure de gagner uniquement l'agrément de Dieu et la conscience d'être en la Présence du Créateur et du Maître de l'univers, le Tout-Puissant, le Tout-Voyant, le Tout-Entendant et le Tout-Dominant.

Le Messager de Dieu décrit la prière prescrite comme la *ribat*, ce qui peut être traduit par « le dévouement pour quelque chose » ou encore « la garde de la frontière ». Cela est mentionné dans le Coran : *Ô les croyants ! Soyez endurants. Incitez-vous à l'endurance. Luttez constamment (soyez préparés et alertes contre l'ennemi) et craignez Dieu, afin que vous réussissiez !* (3 : 200) et : *Et préparez [pour lutter] contre eux tout ce que vous pouvez comme force et comme cavalerie équipée (et dévouée)* (8 : 60).

Ribat signifie être préparé et être en alerte dans le premier verset, et être dévoué dans le second. En décrivant la prière avec ce terme, le Messager de Dieu insiste sur la valeur et l'importance de la lutte dans le sentier de Dieu ainsi que sur la primauté des prières prescrites en islam et dans la vie du croyant. Dans un autre hadith, il appelle ce premier *le petit jihad* et ce dernier *le grand jihad*. Pour réussir ce premier, le croyant doit être très attentif à ce dernier.

En décrivant la prière prescrite comme *ribat*, le Messager de Dieu souligne aussi que le musulman doit consacrer sa vie à l'adoration de Dieu et organiser ses activités quotidiennes autour des cinq prières prescrites. Il doit s'assurer qu'il peut prier quand l'heure arrive et qu'il peut faire cela avec une concentration totale. Après chaque prière, il doit demeurer dans l'attente de la prière suivante. Celui qui prie de cette façon sera purifié de tous péchés, et qui plus est, sera protégé du fait de commettre d'autres péchés. C'est alors qu'il vivra quelque chose comme le *miraj* (ascension à la Présence Divine), comme le précise un autre hadith.

- Boukhari rapporte que le Messager de Dieu a dit : « Dieu dit : ' J'ai préparé pour mes fidèles serviteurs des choses telles qu'ils n'en ont jamais vu, entendu ou imaginé '. »[196] Le Paradis est un lieu de surprises. Le Coran nous parle de ses faveurs en utilisant des mots qui nous sont familiers afin que nous puissions nous en faire une idée. Mais comme le rappelle Ibn Abbas : *Or c'est quelque chose de semblable (seulement dans la forme) [qui leur sera servi]* (2 : 25), ce qui signifie que ces faveurs sont spécifiques au Paradis par leur goût et leur nature, mais que leur apparence est similaire à celles que nous connaissons sur terre. Les croyants seront récompensés au Paradis avec des grâces toujours renouvelées et, par-dessus tout, ils pourront contempler Dieu sans aucune dimension qualitative ou quantitative. Un seul instant de cette contemplation surpassera, en plaisir et en grâce, des milliers d'années au Paradis. Mais la plus grande des faveurs au Paradis est que Dieu sera pour toujours satisfait des croyants.

Pour mériter le Paradis, nous devons être justes, droits dans toutes nos actions et tout faire aussi parfaitement que possible. Le croyant juste ne ment pas et trompe pas, il est parfaitement fiable. Dieu est certain qu'il accomplira ses obligations religieuses aussi scrupuleusement que se peut et qu'il respectera Ses interdictions. Toutes les autres créatures sont sures qu'un tel croyant ne leur fera aucun mal. Ces croyants font tout en ayant pleinement conscience que Dieu Tout-Puissant les surveille. Parce qu'ils ont gagné l'agrément de leur Seigneur, ils sont comptés parmi ceux qu'Il appelle *Mes fidèles serviteurs ;* c'est-à-dire qu'ils sont aimés de Dieu et qu'en conséquence : « Il est leurs yeux avec lesquels ils voient, leurs oreilles avec lesquelles ils entendent, leurs mains avec lesquelles ils tiennent, et leurs pieds avec lesquels ils marchent. »

Dieu multiplie les bonnes actions de Ses serviteurs et donne, dans certaines circonstances, des millions de récompenses pour

---

[196] Boukhari, *Tawhid*, 35 ; Mouslim, *Janna*, 2 - 5.

chacune de ces actions. C'est pourquoi les croyants trouveront au Paradis des grâces telles qu'ils n'auraient jamais pu imaginer sur terre.

• Dans un hadith rapporté par Sahih al-Boukhari et Mouslim, le Messager de Dieu dit : « Le Feu est voilé par les passions et les plaisirs, et le Paradis par les difficultés ».[197] Le Paradis et l'Enfer sont, en essence, des grâces pour l'humanité. La peur de l'Enfer nous pousse à nous abstenir des interdictions divines afin que nous puissions aller au Paradis. Cependant, être sauvé de l'Enfer et en venir à mériter le Paradis requièrent une grande autodiscipline et une formation intellectuelle et spirituelle très stricte.

Le Coran dit que les gens sont tentés par l'amour *des choses qu'ils désirent : femmes, enfants, trésors thésaurisés d'or et d'argent, chevaux marqués, bétail et champs* (3 : 14). Les gens ont un attachement naturel à la vie et à ses plaisirs. L'Enfer est une demeure de supplice située dans un décor attirant et séduisant avec ses leurres et ses plaisirs. Si nous sommes pris par le charme et ne vivons que pour satisfaire nos désirs, nous serons trompés et entraînés vers l'Enfer. Il nous est très facile de parvenir à une telle destination, car le chemin de l'Enfer passe par toutes sortes d'attraits terrestres.

Pour atteindre le Paradis, nous devons d'abord nous entraîner à ignorer les attraits de ce monde. L'Enfer est sur le chemin du Paradis, car nous devons passer par là sans nous laissés séduire par ses attraits. Cela requiert de l'autodiscipline et une lutte continue contre la tentation et les désirs du moi charnel. Chaque fois que nous sommes invités à jouir des luxes de ce monde comme la célébrité, la richesse et le statut, nous devons nous restreindre aux limites posées par les commandements divins. Nous devons continuer à prier, jeûner, donner l'aumône et, si possible, faire le pèlerinage à la Kaaba. Nous devons aussi être constamment justes, honnêtes, véridiques, bons envers les pauvres, les nécessiteux et les orphelins, et enjoindre le bien et interdire le mal. Aussi devons-nous nous abstenir de la tromperie, l'usure, les jeux de hasard, l'alcool, la médisance, l'hypocrisie et toutes formes d'in-

---

[197] Boukhari, *Riqaq*, 28 ; Mouslim, *Janna*, 1.

justice. Nous devons nous attendre à être éprouvés : car Dieu nous éprouvera par des malheurs et *par un peu de peur et de faim, et de perte de biens ou de personnes ou de fruits du labeur* (2 : 155). Pour atteindre le Paradis, nous devons persévérer, endurer l'affliction, accomplir ce qui est obligatoire, s'abstenir de commettre des péchés, et remercier Dieu pour Ses faveurs et Ses grâces. De tels actes vertueux sont haïs par notre moi charnel.

• L'Imam Tirmidhi rapporte que le Messager de Dieu a dit :

> Je vous conseille de craindre pieusement Dieu et d'obéir, même si un esclave noir devient votre leader. Ceux parmi vous qui vivront assez longtemps verront une grande controverse, alors adhérez à ma Sunna et à la Sunna des califes bien guidés. Accrochez-vous à eux fermement. Prenez garde aux choses inventées dans la religion, car chaque chose inventée est une innovation. Chaque innovation est un égarement et chaque égarement est le Feu de l'Enfer.[198]

Le mot arabe traduit ici par « craindre pieusement Dieu » est *taqwa*, qui dérive de *wiqaya* (protection). *Taqwa* signifie être sous la protection ou la garde de Dieu. Cela a deux aspects. Le premier est que les croyants craignent Dieu et Lui obéissent en observant Ses commandements et Ses interdictions. Le second est que, en étudiant la nature et la vie et en découvrant les lois divines qui les gouverne, les gens acquièrent un savoir scientifique et ordonnent leurs vies. La science ne peut être établie si les êtres humains ne découvrent pas ces lois.

Pour être sous la garde et la protection de Dieu, la vraie religion et la science doivent s'unir car elles sont deux expressions d'une même vérité. Selon les savants et les sages musulmans, l'univers est « le Coran Créé » où les lois de Dieu provenant de Ses attributs de volonté et de pouvoir, ainsi que du destin, sont en action. Le Coran, cette collection de lois divines venant de l'attribut divin de parole, est « l'univers rédigé » ou « l'univers en mots ».

Le second point est que les croyants ne doivent pas désobéir à leur gouvernement sans raison valable. Sans leader, une communauté est comme un chapelet cassé dont les grains se sont épar-

---

[198] Tirmidhi, *Ilim*, 16 ; Abou Dawoud, *Sunna*, 5 ; al-Bayhaqi, *as-Sunan*, 10 : 114.

pillés. Une telle situation de conflit social et politique résulte souvent en anarchie et en destruction. Le hadith relève aussi une vérité que même les démocraties modernes ont été incapables de saisir : pas de discrimination raciale. Il est dit clairement qu'un esclave noir affranchi peut très bien devenir le chef de la communauté musulmane. Cela n'est pas resté une simple affirmation théorique et s'est confirmé dans la pratique à travers la multitude de grands gouverneurs, saints et savants de couleur noire qui furent respectés et obéis.

Ici, le Messager de Dieu attire aussi l'attention sur sa Sunna. Comme il est le meilleur modèle dans tous les aspects de la vie, les croyants doivent suivre son exemple jusqu'au Jour Dernier. Une telle adhésion garantit la préservation de la pureté originelle de l'islam. Tout écart résultera en des divisions sociales et doctrinales et en de nouvelles importations à l'islam, la religion parachevée par Dieu. L'adhésion à la voie des quatre premiers califes assure aussi l'unité des musulmans et le maintien de l'islam.

Ce hadith contient aussi la prédiction que ses quatre premiers successeurs politiques seraient bien guidés et que toute désobéissance à ces califes provoquerait des scissions internes. L'histoire islamique confirme la réalisation de cette prédiction. Il suffit de regarder les soulèvements qui eurent lieu pendant les califats de Othman et Ali.

- Boukhari et Mouslim rapportent que le Messager de Dieu a dit : « Les croyants ne se font pas piquer deux fois par le même repaire. »[199] Les croyants sont clairvoyants, perspicaces et intelligents, car ils se distinguent par leur raisonnement sain et leur pénétration spirituelle. La communauté musulmane a – et devrait avoir – la même pénétration et doit toujours être consciente des problèmes et des dangers potentiels. Ils peuvent se tromper une fois, mais la perspicacité et la conscience que leur procure la foi doit les empêcher de se tromper deux fois. Ce hadith contient un avertissement important pour les musulmans d'aujourd'hui, qui ont été dupés depuis des siècles par l'Occident et par les hypo-

---

[199] Boukhari, *Adab*, 83 ; Mouslim, *Zuhd*, 63.

crites de l'Orient. Il est grand temps que les musulmans prennent le contrôle de leurs affaires et revoient la qualité de leur foi.

- Un hadith rapporté par Boukhari et Mouslim appelle les éducateurs à réévaluer leurs méthodes : « Les êtres humains sont comme des minerais d'or et d'argent. Ceux qui sont prometteurs et qui ont de hautes positions pendant qu'ils sont incroyants s'avèrent meilleurs que les autres (en vertu) dès qu'ils acceptent l'islam et qu'ils acquièrent une bonne compréhension de cette religion. »[200] Ce hadith est très significatif, surtout en ce qui concerne l'éducation et l'appel à une cause, choses qui exigent clairvoyance et perspicacité. Le Prophète a dit : *Voici ma voie : j'appelle les gens [à la religion] de Dieu, moi et ceux qui me suivent, nous basant sur une preuve évidente. Gloire à Dieu ! Et je ne suis point du nombre des associateurs* (12 : 108).

La clairvoyance implique de connaître le caractère, les aptitudes et les défauts de chaque individu. Les êtres humains ne sont pas semblables en caractère, capacités, ambition et goûts. Par exemple, on peut dire qu'ils « contiennent du charbon, du cuivre, de l'argent, de l'or ou des diamants ». La première étape pour donner une bonne éducation est de découvrir le potentiel de l'individu et de savoir le développer. De même que vous ne pouvez pas obtenir d'or à partir d'une mine de charbon, de même vous ne pourrez pas transformer des personnes en « cuivre » en des personnes en « or ». Inversement, si vous essayez d'extraire du cuivre en utilisant la méthode d'extraction de l'or, vos efforts ne porteront pas leurs fruits.

Remarquons aussi que ceux qui ont un grand potentiel finissent toujours par se distinguer. Par exemple, de hauts opposants à l'islam comme Omar se convertirent finalement à l'islam et devinrent des figures de proue de la communauté musulmane. Cela montre que leur potentiel en vertu a été raffiné et entièrement développé dans le creuset de l'islam.

- Dans un autre hadith, le Messager de Dieu dit : « Certes, Dieu accorde un délai au malfaiteur, à l'oppresseur. Mais une fois qu'Il les

---

[200] Boukhari, *Manaqib*, 1 ; Mouslim, *Birr*, 160.

saisit, Il les anéantit. »[201] Puis il récita : *Telle est la rigueur de la prise de ton Seigneur quand Il frappe les cités lorsqu'elles sont injustes. Son châtiment est bien douloureux et bien dur* (11 : 102).

Dieu donne un répit aux malfaiteurs afin qu'ils se repentent et qu'ils corrigent leur conduite. S'ils ne profitent pas de cette opportunité, Il les punira sévèrement.

Dieu utilise parfois les malfaiteurs comme une « épée divine » pour punir les transgresseurs. Les musulmans sont souvent la cible des puissances malfaitrices quand ils s'écartent de l'islam et abandonnent les commandements divins. Cela arrive quand Dieu souhaite les punir en ce monde avant le Jour du Jugement.

Par exemple, suite à la division des musulmans en plusieurs factions concurrentes neuf siècles auparavant, ils furent exposés à l'invasion des Mongols et à leurs massacres. Plus tard, ils goûtèrent l'amère défaite et l'assujettissement pendant et après la Première Guerre Mondiale. Ce fut parce qu'ils ne pratiquaient plus l'islam dans leurs vies et parce qu'ils s'étaient rendus intellectuellement, spirituellement et matériellement aux tendances non islamiques venant de l'Occident.

Toutefois, chaque malheur s'abattant sur les musulmans est, parce qu'il résulte du péché, une occasion et un moyen d'auto-purification et de pardon divin ; le début d'un nouveau et plus splendide réveil. Ainsi le futur proche sera-t-il témoin de l'effondrement de la tyrannie, si Dieu le veut, et d'une magnifique renaissance de l'islam et du monde musulman.

- Dans une tradition authentique, le Messager de Dieu a dit :

> Dieu mettra sous Son ombre sept (groupes de) personnes le Jour où il n'y aura d'ombre que la Sienne : les chefs équitables ; les jeunes qui auront grandi dans l'adoration de Dieu Le Glorifié ; ceux qui sont très attachés aux mosquées ; deux êtres qui se sont aimés en Dieu, se sont réunis en Lui et se sont séparés en Lui ; les hommes qui déclinent les invitations des belles femmes de haut rang en disant : « Je

---

[201] Boukhari, *Tafsir*, 5 ; Mouslim, *Birr*, 61.

crains Dieu »[202] ; ceux qui dépensent au service de Dieu si secrètement que leur main gauche n'a pas su ce que leur main droite a donné en aumône ; et ceux dont les yeux se remplissent de larmes quand ils sont seuls et qu'ils évoquent le nom de Dieu.[203]

Les gens seront trempés jusqu'au cou par la sueur à cause de la chaleur du Jour du Jugement. Ceux qui désirent Son ombre doivent s'évertuer pour l'obtenir en suivant les consignes de ce hadith.

La justice est le fondement de la vie sociale, et le dirigeant juste est une chose rare. Les jeunes qui maîtrisent leurs désirs charnels et qui se vouent au culte de Dieu sont effectivement bénis et saints. Ordonner sa vie selon les prières quotidiennes est une vertu louable qui plaît à Dieu Tout-Puissant. Une autre qualité importante, surtout dans ce monde d'individualisme et d'égoïsme, est de s'aimer les uns les autres pour l'amour de Dieu et de regarder la terre comme un « berceau de fraternité ». La chasteté requiert l'autodiscipline et est si méritoire qu'elle élève ceux qui la pratiquent aux plus hauts rangs. La charité faite dans le secret, uniquement pour l'amour de Dieu, est presque autant encouragée en islam que la croyance et les prières prescrites. La méditation et l'autodiscipline, accompagnées par la conscience d'être en Présence de Dieu, empêchent les gens de pécher et les rendent dignes du Paradis.

- Dieu est Bienveillant et accorde Ses faveurs à tout le monde. Tout ce que les gens possèdent leur vient de Dieu. Cependant, Il octroya à chaque prophète et communauté des faveurs particulières aux circonstances de leurs époques. Par exemple, Adam fut gratifié

---

[202] De même, les femmes qui résistent aux hommes sont aussi certainement incluses dans le sens de ce hadith. La raison pour laquelle les hommes sont mentionnés est qu'ils sont souvent attirés par les femmes et suivent leurs désirs. De ce point de vue, les hommes sont plus en danger que les femmes et plus susceptibles de tomber dans le péché. Ainsi, le hadith avertit les hommes de se protéger contre les relations illicites. Les hommes exploitent la beauté et les charmes des femmes pour leur profit, et les femmes sont malheureusement employées pour répandre l'immoralité et l'obscénité. L'on a rarement vu dans l'histoire humaine de cas où la femme commanderait et emploierait les hommes de cette manière.

[203] Boukhari, *Adhan*, 36 ; Mouslim, *Zakat*, 91 ; Tirmidhi, *Zuhd*, 53.

de la connaissance des noms (les clés de toutes les branches du savoir) ; Noé fut doté de fermeté et de persévérance ; Abraham fut honoré par l'amitié de Dieu et par la paternité de nombreux prophètes ; Moïse reçut la capacité à administrer et fut exalté par la parole directe de Dieu ; et Jésus fut distingué par la patience, la tolérance et la compassion. Tous les prophètes ont une part de ces louables qualités, mais chacun, en raison de sa mission, surpasse les autres dans une ou plusieurs de ces qualités.

Le Prophète Mohammed possède toutes les qualités susmentionnées, sauf le fait d'être père de prophètes. Dû à la nature universelle de sa mission, il est de plus distingué par les cinq faveurs suivantes. Comme le rapporte Boukhari, le Prophète a dit :

> J'ai reçu cinq faveurs que personne n'a eues avant moi : Dieu m'aide en inspirant la crainte dans le cœur de mes ennemis à une distance d'un mois de marche. Il a fait de la terre un lieu d'adoration et un moyen de purification rituelle pour moi ; ainsi, tout homme de ma nation peut faire sa prière où il le souhaite dès qu'il est l'heure de prier. Le butin de guerre m'a été rendu licite, alors qu'il était illicite à tous les autres avant moi. Le privilège de l'intercession (auprès de Dieu en faveur des croyants) m'a été accordé. Enfin, tandis que tous les prophètes avant moi avaient été envoyés exclusivement à leur propre peuple, j'ai été envoyé à tout le monde.[204]

Il est possible de déduire les choses suivantes à partir de ce hadith :

- La Prophétie est une faveur divine accordée par Dieu à qui Il veut.
- Les cinq choses mentionnées sont exclusives à la communauté musulmane.
- Inspirer la crainte chez l'ennemi depuis de longues distances, conserver une entière sincérité et se dévouer à la cause de Dieu, comme cela se faisait durant l'Âge de la Félicité quand le Prophète et ses vrais successeurs régnaient sur les musulmans.

---

[204] Boukhari, *Tayammum*, 1 ; Mouslim, Masajid, 3.

- Parce que l'islam ne reconnaît aucun intermédiaire entre Dieu et les hommes, il n'existe ni église ni clergé organisé et régulier. Bien que certains saints puissent être autorisés à intercéder en faveur de certains musulmans le Jour du Jugement, le Messager de Dieu jouira du droit intégral d'intercéder en faveur de tous les croyants.

- Le butin de guerre, qui fut prohibé à toutes les communautés antérieures à titre d'épreuve, fut permis aux musulmans car ils doivent lutter au service de Dieu jusqu'au Jour Dernier et transmettre le Message à travers le monde entier.

- Tandis que la mission des prophètes précédents se restreignait à un peuple et à une époque donnés, le Messager de Dieu fut envoyé comme une miséricorde pour tous les mondes.

6. L'infaillibilité

L'infaillibilité est un attribut nécessaire des prophètes. Le mot arabe traduit ici par « infaillibilité » est *isma*, qui signifie protéger, sauver ou défendre. Il apparaît dans le Coran sous diverses formes. Par exemple, quand le prophète Noé demanda à son fils d'embarquer sur l'Arche lors du Déluge, ce dernier répondit : « *Je vais me réfugier vers un mont qui me protégera de l'eau" ». Et Noé lui dit : « Il n'y a aujourd'hui aucun protecteur [protégeant : participe présent] contre l'ordre de Dieu* » (11 : 43).

La femme d'un grand officier égyptien, nommé Putiphar dans la Bible (Genèse, 39 : 1), utilise le même mot : *J'ai essayé de le séduire mais il s'en défendit fermement* (12 : 32). Le Coran appelle les croyants à tenir fermement la *corde de Dieu* (à savoir le Coran et l'islam) en employant le même mot sous une forme différente : *Et cramponnez-vous tous ensemble au « Habl » (corde) de Dieu et ne soyez pas divisés* (3 : 103). Aussi rencontrons-nous ce mot dans le verset suivant : *Et Dieu te protégera des gens* (5 : 67).

L'infaillibilité des prophètes est un fait établi qui se fonde sur la raison et la tradition prophétique. Cette qualité est requise pour plusieurs raisons.

Premièrement, les prophètes sont apparus pour transmettre le Message de Dieu. Si nous comparons ce Message à la lumière ou à l'eau pures (13 : 17, 24 : 35), l'archange Gabriel (qui l'apporta) et le Prophète (qui le transmit) doivent aussi être parfaitement purs. Si ce n'était pas le cas, leur impureté polluerait le Message. Toute chute est une impureté, une tache noire dans le cœur. Les âmes ou les cœurs de Gabriel et du Prophète sont comme des miroirs brillants qui reflètent la révélation divine aux gens, une coupe immaculée à laquelle les êtres humains viennent se désaltérer avec une eau pure et divine.

Toute tache noire sur ce miroir absorberait un rayon de cette lumière ; une seule goutte de boue suffirait à troubler l'eau. Par conséquent, sans infaillibilité les prophètes ne seraient pas capables de transmettre le Message dans son intégralité. Or ils le communiquèrent entièrement et parfaitement, comme le confirme le Coran :

> Ô Messager, transmets ce qui t'a été descendu de la part de ton Seigneur. Si tu ne le faisais pas, alors tu n'aurais pas communiqué Son message. Et Dieu te protégera des gens. Certes, Dieu ne guide pas les gens mécréants. (5 : 67)

> Aujourd'hui, J'ai parachevé pour vous votre religion, et accompli sur vous Mon bienfait. Et J'agrée l'islam comme religion pour vous. (5 : 3)

Deuxièmement, les prophètes enseignent à leurs peuples tous les principes de croyance et de conduite. Pour que les gens puissent apprendre leur religion dans sa vérité et sa pureté originales, et aussi parfaitement que possible afin d'assurer leur bonheur et leur prospérité dans les deux mondes, les prophètes doivent représenter puis présenter la Révélation sans nulle faute ni défaut. Telle est leur fonction en tant que guides et modèles à suivre :

> En effet, vous avez dans le Messager de Dieu un excellent modèle [à suivre], pour quiconque espère en Dieu et au Jour Dernier et invoque Dieu fréquemment. (33 : 21)

> Certes, vous avez eu un bel exemple en Abraham et en ceux qui étaient avec lui (...) Vous avez certes eu en eux un bel exemple, pour celui qui espère en Dieu et en le Jour Dernier. (60 : 4 - 6)

Un prophète ne peut faire ou dire que ce qui a été sanctionné par Dieu. S'il pouvait agir autrement, même le repentir de toute une vie ne suffirait pas. Par exemple, le Jour du Jugement, Abraham dira à ceux qui lui demanderont son intercession d'aller voir Moïse, expliquant qu'il ne pouvait pas intercéder pour eux car il avait parlé trois fois de façon allusive dans sa vie.[205] Bien que cela ne constitue pas un péché, son repentir continuera de cette façon dans l'au-delà.

Troisièmement, le Coran enjoint aux croyants d'obéir à tous les ordres et les interdictions du Prophète, sans exception, et souligne qu'*il n'appartient pas à un croyant ou à une croyante, une fois que Dieu et Son messager ont décidé d'une chose, d'avoir encore le choix dans leur façon d'agir* (33 : 36). Le Coran avertit aussi que *La seule parole des croyants, quand on les appelle vers Dieu et Son messager, pour que celui-ci juge parmi eux, est : « Nous avons entendu et nous avons obéi »* (24 : 51). L'obéissance absolue à un prophète implique que tous ses ordres et ses interdictions sont corrects et irréprochables.

La Prophétie est une si grande faveur que tous les prophètes supportaient des douleurs extrêmes quand ils remplissaient leur devoir de remerciement au Seigneur, et vivaient toujours dans l'inquiétude de ne pas avoir suffisamment adoré Dieu. Le Prophète Mohammed implorait souvent Dieu comme suit :

> Gloire à Toi. Nous n'avons pas été capables de Te connaître comme Ta connaissance le requiert, ô Le Très Connu ! Gloire à Toi. Nous n'avons pas été capables de T'adorer comme Ton adoration le requiert, ô Le Très Adoré !

Les versets coraniques que l'on comprend parfois – à tort – comme des réprimandes faites à certains prophètes pour quelque erreur qu'ils auraient faite ou montrant qu'ils aspirent au pardon de leur Seigneur pour quelque péché qu'ils auraient commis, doivent être considérés dans cette perspective. En outre, le pardon de Dieu ne signifie pas toujours qu'un péché a été commis. Les mots coraniques *afw* (indulgence) et *maghfira* (pardon) portent aussi les sens de faveur spéciale et de bonté, ainsi que de dispense divine concernant l'allègement ou la négligence d'un devoir religieux :

> (...) Si quelqu'un est contraint par la faim, sans inclination vers le péché... alors, Dieu est Pardonneur et Miséricordieux. (5 : 3)

> Si (...) vous ne trouviez pas d'eau, alors recourez à une terre pure, et passez-vous-en sur vos visages et sur vos mains. Dieu, en vérité est Indulgent et Pardonneur. (4 : 43)

---

[205] Mouslim, *Iman*, 326.

Enfin, les péchés et le pardon sont de différents genres et degrés, qui sont : désobéir à des commandements religieux, et le pardon de cela ; désobéir aux lois divines de la création et de la vie, et le pardon de cela ; et désobéir aux règles de bonnes manières ou de politesses (*adab*), et le pardon de cela. Un quatrième genre, qui n'est pas un péché, consiste à ne pas faire quelque chose aussi parfaitement que possible, ce qui est requis par l'amour de Dieu et la proximité à Dieu. Il se peut que certains prophètes aient fait cela, mais cela ne peut pas être considéré comme un péché au sens exact de la définition commune de ce terme.

La tradition prouve aussi l'infaillibilité des prophètes. Dieu dit de Moïse : *Et J'ai répandu sur toi une affection de Ma part, afin que tu sois élevé sous Mon œil* (20 : 39). Ainsi, puisque Moïse a été élevé par Dieu Lui-même et préparé pour la mission de Prophétie, comment donc aurait-il pu commettre un quelconque péché ?

Cela est vrai pour tous les autres prophètes. Par exemple, le Messager de Dieu dit de Jésus : « Satan ne pouvait toucher ni Jésus ni sa mère à sa naissance. » Jésus fut protégé dès sa naissance jusqu'à son élévation à la Présence de Dieu :

> Elle fit alors un signe vers lui [le bébé]. Ils dirent : « Comment parlerions-nous à un bébé au berceau? » Mais [le bébé] dit : « Je suis vraiment le serviteur de Dieu. Il m'a donné le Livre et m'a désigné Prophète. Où que je sois, Il m'a rendu béni ; et Il m'a recommandé, tant que je vivrai, la prière et la Zakat ; et la bonté envers ma mère. Il ne m'a fait ni violent ni malheureux. Et que la paix soit sur moi le jour où je naquis, le jour où je mourrai, et le jour où je serai ressuscité vivant ». (19 : 29 - 33)

Jésus, comme tous les prophètes, fut protégé contre le péché dès la naissance. Le Messager de Dieu, alors qu'il n'était qu'un enfant et pas encore prophète, voulut assister à deux cérémonies de mariage. Or à chaque fois, il fut assommé par le sommeil.[206] Pendant sa jeunesse, il aida ses oncles à réparer la Kaaba en portant des pierres. Comme les pierres blessaient ses épaules, son oncle Abbas lui conseilla de soulever une partie de sa robe de façon à couvrir et à protéger ses épaules. Aussitôt qu'il fit cela, découvrant ainsi une partie de son corps, il tomba sur le dos et

---

[206] Ibn Kathir, *Al-Bidaya*, 2 : 350 - 51.

regarda fixement. Un ange apparut et lui dit : « Cela ne te sied pas »[207], car plus tard il allait dire aux gens de pratiquer les bonnes manières et d'observer les normes de conduite ordonnées par Dieu, comme de couvrir ses cuisses. Ainsi fut le futur Prophète protégé contre les pratiques et les rites païens de son peuple.

Le Messager de Dieu a dit que « tous les enfants d'Adam font des erreurs et s'égarent, et le meilleur d'entre eux est le repentant. »[208] Cela signifie qu'en tant qu'êtres humains, nous sommes faillibles par nature, mais cela ne veut pas dire que nous soyons « condamnés » à nous tromper. Que ce soit par la volonté de Dieu ou par Sa protection spéciale, comme nous l'expliquerons plus bas, ou par le fait qu'Il nous montre le moyen de devenir sans péché et sans faute, même les plus grands saints qui continuent la mission prophétique peuvent, dans une certaine mesure, être faillibles.

Dieu Tout-Puissant promet de protéger les croyants qui Lui obéissent dans le plus grand respect et qui méritent Sa protection, et Il promet de les doter d'un jugement sain afin qu'ils puissent distinguer le vrai du faux, et le bien du mal :

> Ô vous qui croyez ! Si vous craignez Dieu, Il vous accordera la faculté de discerner (le bien du mal), vous effacera vos méfaits et vous pardonnera. Et Dieu est le Détenteur de l'énorme grâce. (8 : 29)

Dieu a fait un pacte avec les croyants selon lequel s'ils croient en Lui et s'efforcent d'exalter Sa parole, en proclamant Sa religion, Il les aidera et les établira fermement dans la religion en les protégeant contre toutes sortes d'égarements (47 : 7). Cette protection contre les ennemis et le péché dépend de leur soutien à l'islam et de l'effort pour le propager afin que Dieu seul soit adoré, et qu'aucun partenaire ne Lui soit associé dans la croyance ou l'adoration, ou dans la création et le contrôle de l'univers. Ainsi, Dieu dit : *Si vous tenez vos engagements vis-à-vis de Moi, Je tiendrai les miens* (2 : 40). *Mais si vous récidivez, Nous récidiverons* (17 : 8).

Dieu protège Ses serviteurs du péché de différentes façons. Par exemple, Il peut placer des obstacles sur leurs chemins, installer un « avertisseur » dans leurs cœurs, ou même leur infliger une blessure physique

---

[207] Boukhari, *Hajj*, 42 ; Ibn Kathir, *Al-Bidaya*, 2 : 350.
[208] Tirmidhi, *Qiyama*, 49 ; Ibn Maja, *Zuhd*, 30.

afin qu'ils ne puissent pas pécher ; ou Il peut également mettre un verset dans la bouche de quelqu'un, comme cela arriva avec un jeune homme durant le califat de Omar.

Le jeune homme était si strict et si consciencieux dans son adoration qu'il accomplissait chaque prière à la mosquée. Une femme qui habitait sur le chemin qu'il prenait pour aller à la mosquée était tombée amoureuse de lui et cherchait à le séduire. Bien qu'il résistât à ses gestes, le jour vint où il fit quelques pas dans sa direction. Juste à ce moment-là, il s'entendit réciter : *Ceux qui pratiquent la piété, lorsqu'une suggestion du Diable les touche se rappellent [du châtiment de Dieu] : et les voilà devenus clairvoyants* (7 : 201). Terrassé par la honte devant Dieu et envahi d'amour pour Lui pour l'avoir empêché de commettre ce péché, il tomba raide mort. Quand Omar en fut informé quelques jours plus tard, il se rendit à sa tombe et s'écria : *Et pour celui qui aura craint de comparaître devant son Seigneur, il y aura deux jardins !* (55 : 46) Une voix d'outre-tombe, celle du jeune homme défunt ou celle d'un ange le représentant, répliqua : « Ô Commandant des Croyants ! Dieu m'a accordé le double de ce que tu dis. »[209]

Ainsi Dieu protège-t-Il Ses fidèles serviteurs. Dieu dit dans un hadith *qudsi*[210] :

> Mes serviteurs ne peuvent se rapprocher de Moi par rien de plus aimable à Mes yeux que l'accomplissement des obligations que Je leur ai ordonnées. En dehors de ces obligations, ils continuent à se rapprocher de Moi à travers les actes d'adoration surérogatoires, jusqu'à ce que Je les aime. Une fois que Je les aimerai, Je serai leurs oreilles avec lesquelles ils entendent, leurs yeux avec lesquels ils voient, leurs mains avec lesquelles ils saisissent et leurs pieds avec lesquels ils marchent. S'ils Me demandent quelque chose, je le leur accorderai immédiatement. S'ils cherchent Ma protection contre quelque chose, Je les en protègerai.[211]

Dieu guide Ses serviteurs vers le bien et les protège du mal. Les serviteurs font ce qui est bien et s'abstiennent de faire le mal. Ils ne demandent à Dieu que le bien, et quoi qu'ils demandent leur est accordé. Ils

---

[209] Ibn Kathir, *Tafsir*, 3 : 539.
[210] Une parole Prophétique dont le sens vient directement de Dieu.
[211] Boukhari, *Riqaq*, 38 ; Ibn Hanbal, 6 : 256.

cherchent refuge auprès de Dieu contre ce qui est mauvais, et Dieu les protège selon leur requête.

Tous les prophètes étaient infaillibles, sans péché, et menaient des vies parfaitement vertueuses. Bien que Dieu envoya de nombreux prophètes, le Coran n'en mentionne spécifiquement que vingt-huit. Certains considèrent la mémorisation des noms des prophètes comme une obligation religieuse. Je pense qu'il convient ici de les énumérer selon les paroles de Ibrahim Haqqi, un saint et savant religieux turc du XVIIIe siècle qui était aussi un expert dans les domaines de l'astronomie et de l'anatomie :

> Dieu nous informa de 28 d'entre eux dans le Coran : Adam, Hénoch, Noé, Houd et Salih ; Abraham, Isaac, et Ismaël, qui fut un sacrifice pour Dieu ; Jacob, Joseph, Chouayb, Loth, et Jean le Baptiste ; Zacharie et Aaron, le frère de Moïse qui parla à Dieu ; David, Salomon, Elie, et Job ; Elisée, un proche de Jésus qui était un esprit venant de Dieu ; Dhu'l-Kifl et Jonas, qui était assurément un prophète.

Le Sceau des prophètes est le bien-aimé de Dieu – Mohammed, le Messager de Dieu. Les savants ne s'accordent pas sur la prophétie d'Ezra, de Luqman, de Khidr et de Dhu'l-Qarnayn. Certains les classent parmi les prophètes tandis que d'autres les voient comme des saints de Dieu.

a. Dissiper les doutes

Certains versets semblent réprimander certains prophètes ou semblent insinuer qu'un prophète pourrait pécher, selon la définition commune de la notion de péché. Avant de clarifier certains exemples spécifiques, acquittons d'abord les prophètes de telles accusations.

Le peuple de Loth (Sodome et Gomorrhe) fut détruit par Dieu à cause de leur immoralité sexuelle. Même la Bible dit plus tard que Loth et ses filles furent les seuls à être épargnés en raison de leur foi, de leur bon comportement et de leur décence. Dans la Genèse (19 : 30 - 38), il est dit que les deux filles du prophète Loth le soûlèrent afin qu'il les engrosse. Qu'une calomnie aussi immonde soit faite contre un prophète est incroyable ! Ce supposé « péché » du prophète Loth est ô combien pire que celui commis par son peuple pour lequel il fut d'ailleurs détruit par Dieu !

Dans la Genèse (38 : 15 - 18), Juda[212], un fils de Jacob, est supposé avoir eu des rapports sexuels avec sa bru. Cette femme serait ensuite tombée enceinte de lui et aurait mis au monde des jumeaux. Certains prophètes israélites descendraient d'eux. Le verset 49 : 4 de la Genèse prétend aussi qu'un autre fils de Jacob, Ruben, coucha avec la femme de son père (la belle-mère de Ruben).

Ni les fils de Jacob, que le Coran mentionne comme des « petits-enfants » dont la conduite exemplaire devrait être suivie, ni ses épouses n'ont agi de la sorte. Notre Prophète déclara de façon très claire qu'il n'y a pas eu un seul cas de fornication dans sa lignée qui commence avec Adam[213], et que tous les prophètes sont des frères qui descendent du même père.[214] Notre Prophète est un descendant d'Abraham, de même que l'étaient Juda et les autres prophètes israélites. Par conséquent, comment même un seul parmi eux aurait-il pu être issu d'une relation sexuelle illégitime ?

Dans le deuxième Livre de Samuel (verset 11), il est dit que le prophète David tomba amoureux de l'épouse d'un commandant et commit l'adultère avec elle. Selon la Bible, il envoya ensuite le mari de cette femme à la première ligne du front pour qu'il s'y fasse tuer ; quand il mourut, il se maria avec elle.

En réalité, David est un prophète qui reçut l'Écriture sainte (les Psaumes) et qui fut loué dans le Coran pour sa dévotion sincère et profonde à Dieu :

Endure ce qu'ils disent ; et rappelle-toi David, Notre serviteur, doué de force [dans l'adoration] et plein de repentir [à Dieu]. Nous lui soumîmes les montagnes à glorifier Dieu, soir et matin, en sa compagnie, de même que les oiseaux assemblés en masse, tous ne faisant qu'obéir à Lui [Dieu]. Et Nous renforçâmes son royaume et lui donnâmes la sagesse et la faculté de bien juger. (38 : 17 - 20)

---

[212] Juda n'est pas mentionné dans le Coran comme un prophète. Toutefois, le Coran parle des fils de Jacob comme des hommes dignes d'être suivis. Bien qu'ils aient fait du tort à Joseph par jalousie, ils ont dû se corriger plus tard. Selon la Bible, mais pas selon le Coran, certains prophètes israélites descendraient de Juda.

[213] Ibn Kathir, *Al-Bidaya*, 2 : 313 - 14.

[214] Boukhari, *Anbiya*, 48 ; Mouslim, *Fadha'il*, 144.

Bien qu'il fût un roi, il menait une vie simple et vivait de son propre labeur. Il avait une conscience si profonde de Dieu qu'il pleurait beaucoup et qu'il jeûnait un jour sur deux. D'ailleurs, notre Prophète recommanda ce genre de jeûne à certains Compagnons qui lui demandaient quel était le genre de jeûne surérogatoire le plus méritoire.[215] Est-ce qu'un tel prophète pourrait jamais commettre l'adultère, qui plus est avec une femme mariée, et comploter la mort de son époux pour ensuite l'épouser ?

Dans le premier Livre des Rois (11 : 1 - 8), malgré le commandement divin : « Vous n'entrerez pas chez elles et elles n'entreront pas chez vous, sans quoi elles détourneraient vos cœurs vers leurs dieux. », le prophète Salomon est accusé d'avoir épousé une multitude de femmes appartenant aux nations païennes et d'avoir suivi leurs dieux et leurs déesses (idoles). Est-ce qu'un prophète serait capable de commettre un crime aussi grave que celui de suivre des idoles et des déités d'autres tribus ?

Si le Coran n'avait pas été révélé, nous aurions eu des doutes sur la sincérité, la dévotion et la fidélité des Prophètes antérieurs. Le Coran sauve Jésus de la déification de ses adeptes et du reniement de sa prophétie par son propre peuple, et explique que Dieu n'a ni fils ni fille. Le Coran purifie aussi les prophètes israélites et non israélites de leurs prétendus « péchés » mentionnés dans la Bible. Le Coran présente Jésus comme un esprit de Dieu insufflé en la sainte Vierge Marie, Abraham comme un ami intime de Dieu, Moïse comme un homme qui parla à Dieu et Salomon comme un roi et un prophète qui priait humblement pour son Seigneur :

« Permets-moi Seigneur, de rendre grâce pour le bienfait dont Tu m'as comblé ainsi que mes père et mère, et que je fasse une bonne œuvre que tu agrées et fais-moi entrer, par Ta miséricorde, parmi Tes serviteurs vertueux. » (27 : 19)

Salomon n'adora jamais d'idoles et ne commit jamais de péchés. Bien qu'il fût le roi le plus grand et le plus puissant qui ait jamais vécu, il resta un humble serviteur de Dieu jusqu'à sa mort.

Il y a aussi plusieurs autres affirmations également inacceptables. Par exemple : la Bible prétend que le prophète Isaac voulut bénir son fils aîné Esaü, mais qu'il bénit Jacob par erreur à cause d'un tour que lui joua sa femme Rébecca (Genèse, 27). La Bible prétend aussi que le prophète

215 Boukhari, *Tahajjud*, 7 ; *Sawm*, 59 ; Mouslim, *Siyam*, 182.

Jacob lutta avec Dieu qui lui serait apparu sous une forme humaine (Genèse, 32 : 24 - 30).

b. Exemples individuels

Une petite minorité de savants musulmans ont affirmé que les prophètes ont pu commettre des péchés insignifiants (*zalla* : erreur ou faute légère). Pour prouver leurs dires, ils citent quelques exemples tirés de la vie d'Adam, de Noé, d'Abraham et de Joseph.

Avant de passer à cela, rappelons que l'erreur et le péché ont des définitions radicalement différentes. Le péché signifie désobéir aux commandements de Dieu. Quand les prophètes étaient confrontés à une question à laquelle ils ne pouvaient pas répondre, ils avaient tendance à attendre une révélation divine. Toutefois, en de rares occasions, ils faisaient appel à leur propre raison pour décider d'une affaire, car ils étaient les plus grands *moujtahid* (juristes qui peuvent déduire des lois à partir des principes établis dans le Coran et la Sunna). Il se peut qu'ils se soient trompés dans leurs jugements ou leurs décisions. Néanmoins, de telles erreurs, qui étaient immédiatement corrigées par Dieu, ne sont pas des péchés.

De plus, les prophètes recherchaient toujours l'agrément de Dieu et essayaient d'obtenir ce qui était le mieux. Si, pour une raison ou une autre, ils ne pouvaient pas obtenir le mieux et qu'ils devaient en rester à ce qu'il y avait de meilleur, cela ne veut pas dire qu'ils péchaient. Par exemple : supposez que vous ayez à décider entre réciter le Coran en dix jours en accordant l'attention requise à chacun de ses versets, et le réciter en sept jours afin d'exprimer votre amour profond pour la parole divine. Si vous faites le premier choix sans savoir que l'agrément de Dieu réside davantage dans le second, vous ne pouvez pas être jugé comme étant coupable d'un péché. Ainsi la préférence d'un prophète pour ce qui est meilleur à défaut de ce qui est le mieux ne peut être considérée comme un péché. Toutefois, en raison de sa position vis-à-vis de Lui, Dieu peut parfois lui adresser de doux reproches.

Maintenant, clarifions certains exemples individuels à partir de la vie des prophètes.

Le Prophète Adam

Avant sa vie terrestre, Adam habitait le Jardin d'Éden. Dieu dit à lui et à son épouse Ève de ne pas manger d'un arbre fruitier en particulier. Ils lui désobéirent sur ce point et furent donc expulsés du Jardin et obligés de vivre sur terre. Bien que les exégètes coraniques ne soient pas d'accord sur ce qu'était le fruit interdit, c'était probablement l'inclination humaine vers le sexe opposé. Satan aborda Adam et Ève en leur disant que c'était *l'arbre de l'éternité et un royaume impérissable* (20 : 120). Adam et Ève, qui devaient probablement savoir qu'ils étaient mortels, ont du désirer l'éternité à travers une descendance, car un tel désir est inhérent à l'être humain. Cela peut aussi être déduit de :

> Puis le Diable, afin de leur rendre visible ce qui leur était caché - leurs nudités - leur chuchota, disant : « Votre Seigneur ne vous a interdit cet arbre que pour vous empêcher de devenir des anges ou d'être immortels ! » Et il leur jura : « Vraiment, je suis pour vous deux un bon conseiller ». Alors il les fit tomber par tromperie. Puis, lorsqu'ils eurent goûté de l'arbre, leurs nudités leur devinrent visibles ; et ils commencèrent tous deux à y attacher des feuilles du Paradis. Et leur Seigneur les appela : « Ne vous avais-Je pas interdit cet arbre ? Et ne vous avais-Je pas dit que le Diable était pour vous un ennemi déclaré ? » (7 : 20 - 22)

Même si nous acceptons le fait qu'Adam ait mangé du fruit interdit comme une défaillance, une faute légère, il est difficile de considérer cela comme une rébellion ou une désobéissance délibérée ou réfléchie à Dieu, car cela pourrait nous induire à croire que les prophètes sont faillibles. Premièrement, Adam n'était pas prophète quand il était dans le Jardin. Deuxièmement, cette défaillance n'était pas le résultat d'une désobéissance intentionnelle, mais seulement une sorte d'oubli. À ce propos, le Coran dit : *Nous avons auparavant fait une recommandation à Adam ; mais il oublia ; et Nous n'avons pas trouvé chez lui de résolution ferme* (20 : 115).

Les erreurs commises par oubli ne seront pas comptées dans l'au-delà. Le Prophète a dit : « Ma communauté ne sera pas interrogée sur l'oubli, l'erreur non intentionnelle et ce qu'elle aura été forcée de faire. »[216] Le Coran nous enseigne cette prière : *Seigneur, ne nous châtie pas s'il nous arrive d'oublier ou de commettre une erreur !* (2 : 286)

Adam ne commit pas cette erreur de façon délibérée. Bien que certains lisent dans ces versets le manque de détermination d'Adam à rem-

---

[216] Boukhari, *Hudud*, 22 ; Abou Dawoud, *Hudud*, 17 ; Tirmidhi, *Hudud*, 1 ; Ibn Maja, *Talaq*, 15, 16.

plir son pacte avec Dieu, le contexte ne permet pas une telle interprétation. Adam et Ève se tournèrent vers Dieu aussitôt après leur manquement et, dans un repentir sincère, implorèrent Dieu : « *Ô notre Seigneur, nous avons fait du tort à nous-mêmes. Et si Tu ne nous pardonnes pas et ne nous fais pas miséricorde, nous serons très certainement du nombre des perdants* » (7 : 23).

Le destin a sa part dans la défaillance d'Adam. Dieu l'avait destiné à être Son représentant sur terre, avant même qu'Il ne le crée et ne l'installe dans le Jardin. Cela est explicite dans le Coran :

> Lorsque Ton Seigneur confia aux anges : « Je vais établir sur la terre un vicaire (Khalifa) ». Ils dirent : « Vas-Tu y désigner un qui y mettra le désordre et répandra le sang, quand nous sommes là à Te sanctifier et à Te glorifier ? » - Il dit : « En vérité, Je sais ce que vous ne savez pas ! » (2 : 30)

Le Messager de Dieu indique aussi cette vérité dans un hadith :

> Adam et Moïse se rencontrèrent au Paradis. Moïse dit à Adam : «Tu es le père de l'humanité, mais tu as provoqué notre expulsion du Paradis et notre descente sur terre ». Adam répondit : « Tu es celui à qui Dieu s'adressa directement. N'as-tu pas vu cette phrase dans la Torah : 'Adam avait été destiné à manger de ce fruit quarante ans avant qu'il ne le mange' ? »

Après avoir rapporté l'histoire de cette rencontre, le Messager de Dieu ajouta trois fois : « Adam réduisit Moïse au silence. »[217]

La vie d'Adam dans le Jardin et son épreuve étaient des préliminaires par lesquels il devait passer avant sa vie terrestre. Il réussit tous ces tests. Étant choisi et sauvé de la boue du péché et de l'égarement, il devint prophète et honoré par la paternité de milliers de prophètes, y compris le Prophète Mohammed, et de millions de saints : *Son Seigneur l'a ensuite élu, a agréé son repentir et l'a guidé* (20 : 122).

Le Prophète Noé

Le Prophète Noé appela son peuple à la religion de Dieu pendant 950 ans. Comme ils persistaient dans l'incroyance et le mal, Dieu lui dit alors

---

[217] Boukhari, *Tafsir*, 3 ; Tirmidhi, *Qadar*, 2 ; Ibn Hanbal, 2 : 287, 314.

de construire l'Arche. Après avoir achevé cette tâche, Noé y chargea, selon le commandement divin, un couple de chaque espèce d'animaux, les membres de sa famille (exceptés ceux que Dieu avait déjà condamnés) et les croyants (11 : 40).

Quand l'Arche se mit à voguer en les emportant parmi des vagues comme des montagnes, Noé aperçut l'un de ses fils qui n'avait pas embarqué sur le navire et l'appela. Or son fils rejeta son offre en disant : « *Je vais me réfugier vers un mont qui me protégera de l'eau* » (11 : 43). Quand Noé vit son fils se noyer, il s'adressa à Dieu : « *Ô mon Seigneur, certes mon fils est de ma famille et Ta promesse est vérité. Tu es le plus juste des juges* » (11 : 45). Dieu répondit : « *Ô Noé, il n'est pas de ta famille car il a commis un acte infâme. Ne me demande pas ce dont tu n'as aucune connaissance. Je t'exhorte afin que tu ne sois pas au nombre des ignorants* » (11 : 46).

Certains savants ont considéré l'appel de Noé comme un péché. Pourtant, il est difficile d'être en accord avec eux. Noé est mentionné dans le Coran comme l'un des cinq plus grands prophètes et y est décrit comme étant ferme et résolu. Il pensait que son fils était un croyant.

Chacun sait que la religion de Dieu nous enjoint dans ce domaine de juger selon les apparences. Ainsi, ceux qui font profession de foi et accomplissent les devoirs religieux de première importance (comme la prière prescrite et l'aumône) passent pour des croyants. C'est pourquoi le Prophète Mohammed traitait les hypocrites comme des musulmans. Apparemment, le fils de Noé cacha son incroyance jusqu'au Déluge, car c'était Noé lui-même qui avait prié à l'avance : « *Seigneur ! Pardonne-moi, et à mes père et mère et à celui qui entre dans ma demeure croyante, ainsi qu'aux croyants et croyantes ; et ne fait croître les injustes qu'en perdition* » (71 : 28).

Dieu accepta sa prière et lui dit de monter à bord de l'Arche avec sa famille, sauf ceux qui avaient déjà mérité le châtiment à cause de leur persistance délibérée dans l'incroyance. L'épouse de Noé était parmi ceux qui se noyèrent. Noé ne demanda pas à Dieu de la sauver, soit parce qu'il savait lui-même qu'elle était incroyante ou qu'il en avait été informé. Il a sûrement dû penser que son fils était croyant et c'est pour cela que Dieu lui répondit de cette manière (11 : 46).

Noé, comme tous les autres prophètes, était bon et attentionné. Chaque prophète se sacrifia pour le bien de l'humanité et travailla sans relâche pour guider les gens à la vérité et au bonheur dans les deux mondes. En ce qui concerna l'attitude du Prophète Mohammed à cet égard, Dieu dit : *Tu vas peut-être te consumer de chagrin parce qu'ils se détournent de toi et ne croient pas en ce discours !* (18 : 6)

Noé appela son peuple pendant 950 ans, sans jamais fléchir. Il est tout à fait naturel qu'un prophète et un père montre de la déception quand il apprend que son fils est parmi les impies condamnés au châtiment dans les deux mondes. Mais comme Dieu est le plus juste et le plus miséricordieux, Noé se tourna immédiatement vers Lui et chercha refuge auprès de Lui, de crainte qu'il ne Lui demande ce dont il n'a aucune connaissance :

> « Seigneur, je cherche Ta protection contre toute demande de ce dont je n'ai aucune connaissance. Et si Tu ne me pardonnes pas et ne me fais pas miséricorde, je serai au nombre des perdants. » (11 : 47)

Le Prophète Abraham

Abraham, « l'ami proche de Dieu », était l'un des plus grands prophètes. Le Messager de Dieu était fier et heureux de faire partie de ses descendants : « Je suis celui pour l'arrivée duquel Abraham pria et dont la bonne nouvelle fut annoncée par Jésus ; et je ressemble à mon ancêtre Abraham plus que quiconque. »[218] Abraham fut jeté au feu à cause de sa croyance en Un Seul Dieu, mais le feu devint, par la Volonté et la Puissance de Dieu, fraîcheur et protection pour lui.

Comme tous les prophètes, Abraham ne pensa jamais un seul instant à adorer autre chose que Dieu. Malgré cela, plusieurs récits inexacts et faux ont pris place dans certains commentaires coraniques. Ils viennent de la mauvaise interprétation des versets suivants :

> Quand la nuit l'enveloppa, il observa une étoile et dit : « Voilà mon Seigneur ! » Puis, lorsqu'elle disparut, il dit : « Je n'aime pas les choses qui disparaissent ». Lorsqu'ensuite il observa la lune se levant, il dit : « Voilà mon Seigneur ! » Puis, lorsqu'elle disparut, il dit : « Si mon Seigneur ne me guide pas, je serai certes du nombre des égarés ». Lorsqu'ensuite il observa le soleil levant, il dit : « Voilà mon Seigneur ! Celui-ci est plus grand ». Puis lorsque le soleil disparut, il dit : « Ô mon peuple, je désavoue tout ce que vous associez à Dieu.

---
[218] Mouslim, *Iman*, 271.

Je tourne mon visage exclusivement vers Celui qui a créé (à partir du néant) les cieux et la terre ; et je ne suis point de ceux qui Lui donnent des associés ». (6 : 76 - 79)

Ces versets montrent clairement qu'Abraham essaya, au moyen de l'analogie, de convaincre son peuple qu'aucun astre ne saurait être Dieu. Abraham vivait parmi les Chaldéens du nord de la Mésopotamie, qui étaient un peuple qui connaissait bien les corps célestes et qui les adorait, ainsi que beaucoup d'autres idoles. Abraham discuta d'abord avec son père, en lui disant qu'aucune idole n'était digne d'être adorée : *Abraham dit à Azar, son père : « Prends-tu des idoles comme divinités ? Je te vois, toi et ton peuple, dans un égarement évident ! »* (6 : 74)

Parce qu'Azar était le fabricant régional d'idoles, Abraham commença sa mission en s'opposant à lui. Après cela, il chercha à guider son peuple à la vérité. Comme ils possédaient une vaste connaissance en astronomie, Dieu l'instruit dans ce domaine et lui dévoila plusieurs réalités métaphysiques cachées afin qu'il atteigne une parfaite certitude dans la foi et qu'il dissuade son peuple de leur égarement :

Ainsi avons-Nous montré à Abraham le royaume des cieux et de la terre, afin qu'il fût de ceux qui croient avec conviction. (6 : 75)

Tout en voyageant par le cœur et l'esprit à travers les corps célestes, Abraham commença en disant à son peuple qu'une étoile ne peut pas être Dieu puisqu'elle se couche. Bien que les superstitieux y croient lire l'avenir ou lui attribuent quelque influence sur lui, le vrai savoir montre qu'elle se lève et se couche selon les lois divines, et que sa lumière s'éteint quand il fait jour. Alors pourquoi devrait-on adorer les étoiles ?

La deuxième étape de son analogie fut de montrer que la Lune, bien qu'elle paraisse plus brillante et plus grande qu'une étoile, ne peut pas être Dieu ; car elle se couche tout comme les étoiles, change de forme heure après heure, et sa lumière dépend d'autres corps célestes. Là, Abraham déclara ouvertement avoir été guidé par son Seigneur, et que ceux qui n'adoraient pas uniquement Dieu s'égaraient.

La dernière analogie d'Abraham montrait qu'on ne peut pas vouer un culte au Soleil car malgré sa taille et sa lumière, il disparaît aussi de notre vue. Ainsi, l'adoration de phénomènes créés est pure folie. C'est après avoir rejeté le culte des créatures qu'Abraham déclara sa foi :

Je tourne mon visage exclusivement vers Celui qui a créé (à partir du néant) les cieux et la terre ; et je ne suis point de ceux qui Lui donnent des associés. (6 : 79)

Par conséquent, c'est commettre une grave erreur que de conclure de ces versets qu'Abraham aurait adoré des corps célestes dans les premiers temps de sa vie.

Le seconde prétendue faute ou défaillance d'Abraham serait lorsqu'il appela Dieu à lui montrer comment Il ressuscitait les morts. À ce propos, le Coran dit :

Et quand Abraham dit : « Seigneur ! Montre-moi comment Tu ressuscites les morts », Dieu dit : « Ne crois-tu pas encore ? » « Si ! dit Abraham, mais que mon cœur soit rassuré ». (2 : 260)

Dans un hadith, le Messager de Dieu dit que 70 000 voiles séparent l'humanité de Dieu. Cela implique que notre cheminement vers Dieu est sans fin et que les gens ont différents degrés de connaissance et de compréhension ainsi que diverses capacités pour le contentement spirituel et intellectuel. Comme Dieu est infini, non lié par Ses attributs et Ses noms, chaque individu peut obtenir quelque connaissance de Lui et atteindre quelque degré de satisfaction (selon sa capacité).

Abraham avait l'une des plus grandes capacités possibles et avait donc besoin d'accroître chaque jour sa connaissance de Dieu afin d'atteindre une entière satisfaction spirituelle. Les prophètes, comme tous les autres êtres humains, étaient dans un processus continu de développement spirituel et intellectuel. Considérant chaque étape précédente de développement insatisfaisante, ils poursuivaient sans cesse de plus hauts degrés de conviction. C'est pour cela que le Messager de Dieu implorait le pardon de Dieu environ cent fois par jour et Le suppliait souvent en disant :

Gloire à Toi ! Nous n'avons pas été capables de Te connaître comme Ta connaissance le requiert, ô Le Très Connu ! Gloire à Toi ! Nous n'avons pas été capables de T'adorer comme Ton adoration le requiert, ô Le Très Adoré !

Un jour, Mouhyi'd-Din ibn al-Arabi rencontra Mawlana Jalal ad-Din ar-Roumi et lui demanda : « Qui est plus grand : le Prophète Mohammed qui dit : ' Gloire à Toi. Nous n'avons pas été capables de Te connaître comme Ta connaissance le requiert, ô Le Très Connu ! ' ou Bayazid al-Bistami qui dit [dans un moment d'extase où il était en transe] : ' Gloire à moi, comme je suis exalté ! ' ? » La réponse de Mawlana s'adresse aussi à ceux qui essaient de critiquer Abraham : « Les deux paroles montrent à quel point notre Prophète est plus grand que Bayazid. Le cœur ou l'âme de notre Prophète était comme un océan, si profond et si vaste qu'il ne pouvait être satisfait. Mais l'âme de Bayazid, en comparaison, était comme une cruche – facile à remplir et débordant rapidement. »[219]

Afin d'écarter tout doute sur la conviction d'Abraham, le Messager de Dieu dit un jour : « Si la conviction d'Abraham contenait le moindre doute, nous serions plus sujets à douter que lui. »[220]

Abraham passa toute sa vie à lutter contre l'incroyance et le polythéisme. Il ne fit d'allusions que trois fois dans sa vie. En d'autres termes, il choisit de détourner l'attention de son public vers autre chose en faisant des références indirectes à la vérité. Il fit cela soit pour éviter des tracasseries, soit pour pouvoir expliquer plus facilement une vérité religieuse. Mais comme certains savants considèrent ces allusions comme des mensonges, nous nous devons de les clarifier ici.

La première allusion : quand son peuple voulut qu'il les accompagnât à leur célébration religieuse, il jeta un coup d'œil vers les étoiles et dit qu'il était malade.

Abraham n'était pas physiquement malade, mais le fait qu'il puisse être associé avec les faussetés de son peuple tourmentait son âme et son esprit. Il était impensable pour lui d'aller adorer des idoles ; au contraire, il était déterminé à les détruire. Une fois, afin de ne pas participer à leurs cérémonies, il leur dit qu'il était malade et, après qu'ils l'eurent quitté, il détruisit leurs idoles. Ce n'était pas un mensonge, car il était vraiment devenu malade de leurs idoles et de leur idolâtrie. C'est pourquoi il avait agi ainsi. Et le Coran le loue pour cela :

> Du nombre de ses coreligionnaires [de Noé], certes, fut Abraham. Quand il vint à son Seigneur avec un cœur sain. Quand il dit à son père et à son peuple : « Qu'est-ce que vous adorez ? Cherchez-vous, dans votre égarement, des divinités en dehors de Dieu ? Que pensez-vous du Seigneur de l'univers ? » Puis, il jeta un regard attentif sur les étoiles et dit : « Je suis malade ». Ils lui tournèrent le dos et

[219] Molla Jami, *Nafahat al-Uns*, 521.
[220] Boukhari, *Anbiya*, 11 ; Mouslim, *Iman*, 238.

s'en allèrent. Alors il se glissa vers leurs divinités et dit : « Ne mangez-vous pas ? Qu'avez-vous à ne pas parler ? » Puis il se mit furtivement à les frapper de sa main droite. (37 : 83 - 93)

La deuxième allusion : Abraham utilise l'ironie pour montrer la vérité. Comme on le lit dans le Coran :

En effet, Nous avons mis auparavant Abraham sur le droit chemin. Et Nous en avions bonne connaissance. Quand il dit à son père et à son peuple : « Que sont ces statues auxquelles vous vous attachez ? » Ils dirent : « Nous avons trouvé nos ancêtres les adorant ». Il dit : « Certainement, vous avez été, vous et vos ancêtres, dans un égarement évident ». Ils dirent : « Viens-tu à nous avec la vérité ou plaisantes-tu ? » Il dit : « Mais votre Seigneur est plutôt le Seigneur des cieux et de la terre et c'est Lui qui les a créés. Et je suis un de ceux qui en témoignent. Et par Dieu ! Je ruserai certes contre vos idoles une fois que vous serez partis ». Il les mit en pièces, hormis [la statue] la plus grande. Peut-être qu'ils reviendraient vers elle. Ils dirent : « Qui a fait cela à nos divinités ? Il est certes parmi les injustes ». (Certains) dirent : « Nous avons entendu un jeune homme médire d'elles ; il s'appelle Abraham ». Ils dirent : « Amenez-le sous les yeux des gens afin qu'ils puissent témoigner » (Alors) ils dirent : « Est-ce toi qui as fait cela à nos divinités, Abraham ? » Il dit : « Il a fait cela. Voici la plus grande d'entre elles. Demandez-leur donc, si elles peuvent parler ». (21 : 51 - 63)

Certains considèrent la dernière réponse d'Abraham comme un mensonge. En vérité, c'est un exemple d'ironie mordante. Abraham voulait que son peuple comprenne enfin que les choses qui ne peuvent pas parler ni faire de mal ou de bien sont indignes d'être adorées. Sa tentative fut réussie, car son peuple, incapable de réfuter son raisonnement, ne put trouver d'autre moyen de protéger ses idoles que de jeter Abraham dans le feu.

Abraham n'avait pas dit que les idoles avaient été détruites par la plus grande d'entre elles. Lisons avec plus d'attention. Il dit : *Il a fait cela*, puis s'arrête – il y a un arrêt conséquent dans la lecture du verset – puis reprend : *Voici la plus grande d'entre elles !* Donc, la phrase *Il a fait cela* fait référence à celui qui a brisé les idoles, mais pour détourner l'attention de son public vers la grande statue il ajouta : *Voici la plus grande d'entre elles !*

Un jour, le Messager de Dieu dit à une vieille dame que les personnes âgées n'entreraient pas au Paradis. Quand il s'aperçut que ses paroles l'attristèrent beaucoup, il clarifia ses propos : « Parce qu'ils y entreront comme de jeunes personnes. »[221] Cela est, d'une certaine façon, similaire à ce que fit Abraham et n'est donc pas un mensonge.

La troisième allusion : Abraham et son épouse Sarah.

Dans un hadith, et aussi dans la Bible (Genèse, 20 : 2 - 14), on lit qu'Abraham demanda à son épouse Sarah de répondre à ceux qui l'interrogeraient qu'elle était sa sœur et non pas son épouse.[222] Selon la Bible, Abraham fit cela car si la vraie identité de Sarah était connue, il se serait fait tuer. Cela n'est pas un mensonge, car comme le déclare le Coran, tous les croyants sont frères et sœurs.

Pour conclure, Abraham n'a jamais menti. S'il avait menti, Dieu le lui aurait reproché. Cependant, aucun reproche à son encontre ne se trouve dans le Coran. C'est pour cela que la Tradition prophétique concernant ces allusions ne doit pas être comprise de façon littérale.

La prétendue défaillance d'Abraham

Abraham entama sa mission en appelant son père Azar, le fabricant régional d'idoles, à abandonner l'idolâtrie et à se tourner vers Dieu, le Créateur des cieux et de la terre. Quand son père refusa d'agir ainsi, il le quitta, en disant qu'il demanderait à Dieu de le pardonner. Il tint sa promesse : *Pardonne à mon père car il a été du nombre des égarés* (26 : 86).

Certains considèrent cela comme une défaillance, car après tout, son père était incroyant. Or cela est difficile à croire car Abraham était un Prophète élu par Dieu pour inviter les gens à la vérité et au salut. Comme tous les prophètes, cela l'affligeait énormément de voir un quelconque serviteur de Dieu ne pas suivre Sa voie vers le bonheur et le salut dans les deux mondes. On discerne bien dans les versets suivants combien il désirait la guidance de son père :

> Et mentionne dans le Livre, Abraham. C'était un très véridique et un
> prophète. Lorsqu'il dit à son père : « Ô mon père, pourquoi adores-
> tu ce qui n'entend ni ne voit, et ne te profite en rien ? Ô mon père,
> il m'est venu de la science ce que tu n'as pas reçu ; suis-moi, donc,

---

[221] Tirmidhi, *Chama'il*, 199 ; Tabarani, *Mujamu'l-Awsat*, 5 : 357.
[222] Boukhari, *Anbiya*, 8 ; Mouslim, *Fadha'il*, 154.

je te guiderai sur une voie droite. Ô mon père, n'adore pas le Diable, car le Diable désobéit au Tout Miséricordieux. Ô mon père, je crains qu'un châtiment venant du Tout Miséricordieux ne te touche et que tu ne deviennes un allié du Diable ». (19 : 41 - 45)

C'était le devoir d'Abraham d'appeler les gens à l'adoration de Dieu, en dépit de leurs refus continuels. Bien que le Coran déclare ouvertement : *[Mais] certes les infidèles ne croient pas, cela leur est égal, que tu les avertisses ou non: ils ne croiront jamais* (2 : 6), le Messager de Dieu ne cessa jamais de les avertir. En plus d'appeler son père à la vérité, Abraham pria pour lui jusqu'à ce qu'il réalise que son père était un ennemi de Dieu. Quand il fut convaincu de ce fait, il se dissocia de lui. Dieu mentionne cela non pas comme une défaillance de la part d'Abraham, mais comme une vertu : *Abraham était certes plein de sollicitude et indulgent* (9 : 114).

Dieu mentionne aussi la conduite d'Abraham comme un excellent exemple à suivre :

Certes, vous avez eu un bel exemple [à suivre] en Abraham et en ceux qui étaient avec lui, quand ils dirent à leur peuple : « Nous vous désavouons, vous et ce que vous adorez en dehors de Dieu. Nous vous renions. Entre vous et nous, l'inimitié et la haine sont à jamais déclarées jusqu'à ce que vous croyiez en Dieu, seul ». Exception faite de la parole d'Abraham [adressée] à son père : « J'implorerai certes, le pardon [de Dieu] en ta faveur bien que je ne puisse rien pour toi auprès de Dieu. Seigneur, c'est en Toi que nous mettons notre confiance et à Toi nous revenons [repentants]. C'est à Toi que tout doit aboutir. » (60 : 4)

Abraham pria donc pour le pardon de son père afin de tenir sa promesse (9 : 114). Quand il vit que son père était déterminé à rester incroyant, il se dissocia de lui et ne chercha plus à le faire pardonner.

Enfin, notons ici que certains exégètes coraniques ne considèrent pas Azar comme étant le père d'Abraham. Bien que le fait qu'Abraham descende d'un père mécréant ne constitue pas un défaut, puisque Dieu *fait sortir le vivant du mort et [Il] fait sortir le mort du vivant* (3 : 27), le Coran utilise pour Azar le mot *ab* (qui, en plus d'avoir le sens de père, peut aussi avoir celui d'oncle, de beau-père, de père adoptif ou de grand-père).

Bien qu'il lui fût dit de ne pas chercher le pardon pour Azar, le Coran raconte qu'alors qu'il avait atteint un âge très avancé, il pria : *Ô notre*

Seigneur ! Pardonne-moi, ainsi qu'à mes père et mère et aux croyants, le jour de la reddition des comptes (14 : 41). Dans cette prière, il emploie le terme *walid* (celui qui l'a engendré) pour désigner son père. Il est donc tout à fait possible qu'Azar ne fût pas celui qui l'a engendré. Selon la Bible, le vrai père d'Abraham était Terah. Or Dieu sait mieux ce qu'il en est.

Le prophète Joseph

Le prophète Joseph est exalté dans le Coran comme un exemple de chasteté. Durant son enfance, ses frères envieux le jetèrent au fond d'un puits et l'y laissèrent. Une caravane qui passait par là le trouva et le vendit plus tard comme esclave à un officier de haut rang (probablement un ministre) de la cour égyptienne. La Bible lui donne le nom de Putiphar (Genèse, 37 : 36).

Joseph était issu d'une famille de prophètes. Quand quelqu'un dit au Messager de Dieu qu'il était un homme noble, le Messager fit allusion à ce fait en disant : « L'homme noble, fils d'un noble qui était fils d'un noble qui était lui aussi fils d'un noble. C'est Joseph, fils de Jacob, fils d'Isaac, fils d'Abraham, l'ami intime de Dieu ».[223] Joseph n'était encore qu'un enfant quand il était dans le puits et qu'il lui fut révélé : « *Tu les informeras sûrement de cette affaire sans qu'ils s'en rendent compte* » (12 : 15). Ainsi, dès le début, il fut protégé de tout vice.

Joseph, un jeune homme d'une beauté exceptionnelle, tomba vite sous l'attention de l'épouse de son maître. Elle s'éprit de lui. Selon les paroles des femmes de la ville, citées dans le Coran, *elle en est follement éprise* (12 : 30). Elle essaya de le séduire en fermant les portes à clé et en l'appelant à venir à elle. Or Joseph, à qui Dieu donna le savoir, le jugement sain et le discernement, répondit aussitôt : « *Que Dieu me protège ! C'est mon Seigneur qui m'a accordé un bon asile. Vraiment les injustes ne réussissent pas* » (12 : 23).

Le Prophète Joseph avait atteint le rang de l'*ihsan*, que le Messager de Dieu décrit comme étant la capacité du croyant à adorer Dieu comme s'il le voyait en face de lui. Autrement dit, il était conscient, à chaque instant, que Dieu l'observait. Il était aussi quelqu'un que Dieu avait fait sincère, avec un cœur et des intentions des plus purs. Par conséquent, il est inconcevable qu'il ait pu trahir les grâces de Dieu en succombant à cette

---

[223] Boukhari, *Anbiya*, 21 : 19 ; Ibn Hanbal, 2 : 96, 332.

tentation. Eut-il fait ne serait-ce qu'un pas vers elle, il serait devenu injuste. Ou bien, si par « mon seigneur » il signifiait son maître, il aurait alors été injuste pour avoir trahi la confiance de son maître.

Le Coran continue ainsi le récit :

Mais elle avait complètement succombé à son charme et lui aussi l'aurait désirée s'il n'avait pas été éclairé par un signe de son Seigneur. Et c'est ainsi que Nous avons écarté de lui le mal et la turpitude. Il était, en effet, un de Nos serviteurs élus. (12 : 24)

Malheureusement, le verset a été mal compris par certains exégètes du Coran qui lui donnèrent ce sens : « Mais elle avait complètement succombé à son charme et lui aussi l'aurait désirée s'il n'avait pas été éclairé par un signe de son Seigneur. Et c'est ainsi que Nous avons écarté de lui le mal et la turpitude ». D'aucuns ont extrapolé « un signe de son Seigneur » avec tant de fantaisie qu'ils s'imaginèrent que Jacob apparut avec sa main sur ses lèvres, sauvant ainsi son fils d'un énorme péché.

Plus qu'un malentendu, il s'agit ici d'une calomnie faite contre un prophète qui fut honoré et présenté par Dieu comme un « excellent modèle de chasteté » et par le Messager de Dieu comme le plus noble de tous. Pour supprimer de tels doutes, nous analyserons le terme *hamma*, qui est traduit littéralement par « brûler intérieurement » et qui a égaré certains exégètes.

Hamma signifie littéralement « souffrir, brûler, être mal à l'intérieur, et être consumé par la passion et le désir ». Il existe un principe de morphologie et de sémantique selon lequel il faut préférer le sens premier et le plus courant d'un mot, à moins qu'une incohérence ou qu'une non conformité n'apparaisse dans le contexte. Ce principe, avec les deux autres principes que nous expliquerons plus bas, rend impossible de comprendre *hamma* dans son sens premier :

1- Le prophète Joseph et cette femme n'avaient rien en commun ; tout les séparait aussi bien sur le plan de la croyance, des ambitions, du caractère que du mode de vie. Ainsi, chacun avait sa propre souffrance ou angoisse, et chacun brûlait pour différentes ambitions.

2- Le verset contenant le verbe *hamma* est en fait une parenthèse pour expliquer la vertu de la croyance et de la sincérité, qui apportent la faveur et la protection de Dieu. Le verset n'occupe pas la place d'un simple morceau du récit. Notons aussi qu'il y a des arrêts après chaque expression, ce qui montre qu'elles ne relient pas une chaîne d'événements, mais qu'elles expriment plutôt trois réalités différentes. Dans ce cas, la signification exacte du verset est donc :

> Elle brûlait à l'intérieur à cause de son amour pour Joseph. Cet amour causa des ennuis à Joseph ; sa chasteté, son bon caractère et sa réputation étaient en jeux. Il devait trouver une issue à cette situation. À cet instant crucial, la preuve de Dieu (Sa protection ou autre chose) vint à son secours et l'éloigna de tout mal, car Dieu avait préalablement fait de lui l'un de Ses serviteurs sincères et purs. Il n'était pas un *mukhlis* (purifié et sincère grâce à une autodiscipline et à une formation spirituelle), mais plutôt un *mukhlas* (rendu sincère et pur par Dieu).

De plus, le verbe *hamma* dans ce contexte n'indique pas le début d'une action, car on lit dans le verset précédent qu'elle avait déjà commencé l'action : *elle ferma bien les portes et dit : « Viens, [je suis prête pour toi !] »* (12 : 23). Mais Joseph refusa. Donc, dire que *hamma* a le sens de « être sur le point de » pour à la fois Joseph et la femme contredit le verset précédent ainsi que le suivant : *Et tous deux coururent vers la porte, et elle lui déchira sa tunique par derrière* (12 : 25). Il est clair que Joseph courut à la porte pour s'enfuir, qu'elle courut pour l'attraper et qu'elle déchira sa chemise par derrière.

Pourtant, certains suggèrent qu'elle désira Joseph et qu'il aurait pu également la désirer s'il n'avait pas vu un signe de Son Seigneur. Puisqu'il avait été protégé contre tout péché dès le début, il n'avait pas pu éprouver de désir pour elle. Dans tous les cas, il ne ressentit rien pour elle et n'entama rien vers elle. Comme tous les prophètes, Joseph était infaillible.

Le Prophète Mohammed

Le Messager de Dieu est supérieur à tous les autres prophètes. Il ne pourrait en être autrement car il fut envoyé comme une miséricorde pour tous les mondes. La religion qu'il a transmise contient tous les principes essentiels des religions révélées auparavant ainsi que tout ce qui est nécessaire pour résoudre les problèmes de l'homme jusqu'au Jour dernier.

Le Prophète Mohammed, selon les termes de Busiri : « (…) est le soleil des vertus et les autres sont, en comparaison, des étoiles qui diffusent la lumière pour éclairer la nuit aux gens. » Quand le soleil se lève, la lune et les étoiles ne sont plus visibles. De même, quand le « Soleil de la Prophétie » (le Prophète Mohammed) se leva pour illuminer l'univers entier, la lumière des étoiles devint superflue.

Comme ses prédécesseurs, le Prophète Mohammed était infaillible. Nous voyons à la fois dans le Coran et dans les livres d'histoire que, même si ses ennemis le calomniaient sans cesse, ils ne remirent jamais en question son honnêteté et son infaillibilité.

Ils disaient qu'il était « fou » – certes, il aimait Dieu « à la folie » et désirait et cherchait éperdument à guider son peuple. On pourrait donc dire qu'il était « fou », mais pas au sens d'avoir perdu la raison. Ils disaient qu'il était un « magicien » qui ensorcelait les gens – certes, il les enchantait, mais avec sa personnalité, ainsi qu'avec l'islam et le Coran qu'il apportait de Dieu. Mais il n'était pas magicien. Ils disaient qu'il était un « devin » – certes, il fit des centaines de prédictions, dont la plupart se sont déjà réalisées et dont le reste se réalisera bientôt. Mais il n'était pas devin.

Comme les expressions coraniques susmentionnées qui, en apparence, semblent semer le doute sur l'infaillibilité de certains prophètes, il se trouve plusieurs remontrances dans le Coran concernant certaines actions du Messager de Dieu. Mais avant de les analyser, rappelons que les prophètes, comme les grands juristes, exerçaient aussi leur propre raison quand aucune loi explicite ou implicite n'avait été révélée concernant l'affaire en question.

De même que les épouses du Prophète ne sont pas comparables aux autres femmes musulmanes en termes de récompense et de châtiment divin (voir 33 : 30 - 32), de même Dieu ne traite pas les prophètes de la même manière que les autres croyants. Par exemple, Il les réprimanda pour avoir bu de l'eau de *Zamzam* (un puits de La Mecque) au lieu de *Kawthar* (une fontaine du Paradis). De telles réprimandes ne doivent jamais être perçues comme résultant de péchés. De plus, ces reproches sont en général de vrais compliments divins qui montrent la grandeur des prophètes et leur proximité de Dieu.

Le Messager de Dieu et les captifs de la Bataille de Badr

La petite communauté musulmane de La Mecque était sujette aux pires tortures. Ses membres les enduraient patiemment et ne pensaient jamais à se venger, car le Coran ordonnait au Messager de Dieu d'appeler les incroyants à la voie de Dieu avec sagesse et bon prêche, de repousser le mal par le bien et de pardonner leurs fautes et leurs mauvaises actions. Quand les musulmans émigrèrent à Médine pour pouvoir vivre selon les principes islamiques, ils laissèrent tout ce qu'ils avaient derrière eux. Cependant, ils ne cessèrent pas d'être victimes des harcèlements des polythéistes mecquois et aussi d'un nouveau groupe : les tribus juives de Médine. De plus, même si les Ansar partageaient volontiers leurs possessions avec les Émigrés, tous les musulmans souffraient de la privation. Dans des circonstances aussi difficiles et parce qu'ils avaient été traités injustement, Dieu leur permit de résister à l'assaut de l'ennemi. C'était juste avant la bataille de Badr.

Cette bataille était la première confrontation militaire des musulmans avec les forces ennemies. Bien que les ennemis les surpassaient en nombre, les croyants remportèrent la victoire. Jusque là, si nous réfutons les opinions de certains exégètes selon lesquels la sourate *Mohammed* aurait été révélée avant la sourate *Anfal*, aucun commandement divin n'avait été révélé concernant le traitement des prisonniers de guerre. En l'occurrence, Sad ibn Mouadh n'était guère content de voir ses confrères faire prisonniers les ennemis ; il préférait qu'on les tuât lors de la première confrontation.

Après la bataille, le Prophète consulta ses Compagnons, comme il le faisait toujours quand il n'y avait pas de révélation précise sur un sujet donné. Abou Bakr dit : « Ô Messager de Dieu, il s'agit de ton peuple. Même s'ils t'ont beaucoup maltraité, toi et tous les musulmans, tu gagneras leurs cœurs et leur permettra de trouver le droit chemin si tu les pardonnes et les contentes. »

Omar pensait autrement et dit : « Ô Messager de Dieu, ces prisonniers sont les grandes figures de La Mecque. Si nous les tuons, l'incroyance ne pourra plus être assez forte pour nous combattre à nouveau. Remets chaque prisonnier à son plus proche parent musulman. Qu'Ali tue son frère Aqil. Qu'Abou Bakr tue son fils Abdou'r-Rahman. Que je tue mon proche, et ainsi de suite. »

Le Messager de Dieu se tourna vers Abou Bakr et dit : « Tu es comme Abraham qui a dit : *Quiconque me suit est des miens. Quant à celui qui me désobéit... c'est Toi, le Pardonneur, le Très Miséricordieux !* (14 : 36) Tu es aussi comme Jésus qui a dit : *Si Tu les châties, ils sont Tes serviteurs. Et si Tu leur pardonnes, c'est Toi le Puissant, le Sage* » (5 : 118). Puis il se tourna vers Omar et dit : «Tu es comme Noé qui a dit : *Seigneur, ne laisse sur la terre aucun infidèle* (71 : 26). Tu es aussi comme Moïse qui a dit : *Ô notre Seigneur, anéantis leurs biens et endurcis leurs cœurs, afin qu'ils ne croient pas, jusqu'à ce qu'ils aient vu le châtiment douloureux* » (10 : 88). Le Prophète finit par suivre le conseil d'Abou Bakr.[224]

Chaque Prophète était envoyé pour guider son peuple sur le chemin de Dieu, et la mission de chacun était fondée sur la miséricorde. Toutefois, la miséricorde nécessite parfois, comme dans les cas de Noé et de Moïse, d'amputer un bras pour assurer la santé du corps, ou même de faire subir une grande opération. L'islam, étant la voie du juste milieu et de l'équilibre absolu entre tous les extrêmes temporels et spirituels et contenant les voies de tous les prophètes précédents, fait un choix en fonction de la situation.

Avant Badr, les musulmans étaient faibles tandis que leurs ennemis, au niveau matériel, étaient forts, redoutables et organisés. Ainsi, les conditions ont pu requérir que le Prophète *ne devrait pas faire de prisonniers avant d'avoir prévalu [mis les mécréants hors de combat] sur la terre* (8 : 67), car ils se battaient pour la cause de Dieu et non pas pour quelque bien terrestre. Cependant, Dieu Tout-Puissant avait déjà décrété que les rançons et le butin de guerre étaient rendus licites aux musulmans. Les cœurs purs du Prophète et d'Abou Bakr ont dû sentir que Dieu leur permettrait de prendre le butin et les rançons. Par conséquent, ils libérèrent les prisonniers en échange d'une rançon avant que les versets concernant cette affaire ne soient révélés :

> N'eût-été une prescription préalable de Dieu, un énorme châtiment vous aurait touché pour ce que vous avez pris [de la rançon]. Mangez donc de ce qui vous est échu en butin, tant qu'il est licite et pur. (8 : 68 - 69)

Cela est mentionné de façon plus explicite dans un autre verset :

> Lorsque vous rencontrez (au combat) ceux qui ont mécru, frappez-les aux cous. Puis, quand vous les avez dominés, enchaînez-les solidement. Ensuite, c'est soit la libération gratuite, soit la rançon. (47 : 4)

Pour conclure, les musulmans ne désobéirent pas à un commandement divin qui avait déjà été révélé, et ne commirent donc pas de péché. Ce fut une décision obtenue suite à une consultation.

---

[224] Mouslim, *Jihad*, 58 ; Ibn Hanbal, 1 : 31 - 33.

Le Prophète exemptant les hypocrites de l'expédition de Tabouk

L'expédition de Tabouk eut lieu en l'an 9 de l'hégire, pendant la canicule de l'été arabe. Les soldats furent envoyés pour confronter Byzance, l'une des deux superpuissances de la région. Contrairement à ses habitudes, le Messager de Dieu annonça la destination de l'expédition. Certains demandèrent à en être dispensés, et le Messager de Dieu dispensa ceux qui présentaient des excuses valables. Il ne vérifia pas si oui ou non ils disaient la vérité car, en tant que musulman, il devait juger en fonction de leurs signes extérieurs et de leur profession de foi.[225]

En outre, de même que Dieu couvre nos défauts, ainsi le Messager de Dieu ne réprimandait jamais les gens directement. Quand il discernait un défaut chez une personne ou une erreur commune parmi sa communauté, il montait en chaire et prononçait un avertissement général. Il ne mentionnait jamais de noms en particulier.

De nombreux hypocrites donnèrent de fausses excuses. Malgré cela, le Messager de Dieu accepta leurs excuses. C'est à cette occasion-là que ce verset fut révélé : *Dieu te pardonne ! Pourquoi leur as-tu donné permission avant que tu ne puisses distinguer ceux qui disaient vrai et reconnaître les menteurs ?* (9 : 43)

Bien que certains savants soutiennent que Dieu reprocha à Son Messager d'avoir exempté les hypocrites, la vérité est tout autre. L'imam Fakhr ad-Din ar-Razi et beaucoup d'autres, parmi lesquels se trouvent des linguistes, ont très justement relevé que *Dieu te pardonne* est une exclamation similaire à « Dieu te bénisse ! » en français. Ainsi, le vrai sens de l'expression est « Dieu te donne la grâce ! » Comme nous l'avons expliqué plus tôt, il n'est pas nécessaire qu'un péché existe pour qu'un pardon soit accordé. Par exemple, comme nous l'avons vu dans les versets 4 : 99, 5 : 3 et 4 : 43, le pardon peut être juxtaposé à la grâce, car leurs significations sont très proches.[226]

De plus, le Messager de Dieu était motivé par la bonté ainsi que par la prudence : la bonté parce que, dans l'urgence du moment, il ne souhaitait pas refuser ceux qui avaient de réelles excuses ; et la prudence car ceux

---

[225] Il ne voulait pas leur faire révéler leurs véritables raisons. C'est pourquoi les hypocrites, qui ont l'apparence de musulmans mais qui au fond sont incroyants, sont traités comme des musulmans dans les sociétés musulmanes. Il y en avait beaucoup à Médine à l'époque du Prophète. Il ne divulgua jamais leur identité.

[226] Fakhr ar-Razi, *Mafatihu'l-Ghayb*, 16 : 73 - 74.

qui prendraient part à l'expédition juste parce qu'ils y étaient forcés seraient un fardeau et une source de troubles :

> S'ils étaient sortis avec vous, ils n'auraient fait qu'accroître votre trouble et jeter la dissension dans vos rangs, cherchant à créer la discorde entre vous. (9 : 47)

Le Messager de Dieu savait qui étaient les hypocrites : *Tu les reconnaîtrais certes aux traits de leurs visages ; et tu les reconnaîtrais très certainement au ton de leurs discours* (47 : 30). D'ailleurs, Dieu ne voulait pas qu'ils sortent en guerre :

> Et s'ils avaient voulu partir (au combat), ils auraient fait des préparatifs. Mais leur départ répugna à Dieu ; Il les a rendus paresseux. Et il leur fut dit : « Restez avec ceux qui restent ». (9 : 46)

Ceci étant, le sens du verset en question est : « Dieu te donne la grâce ! Si tu ne les avais pas excusés quand ils te demandaient dispense, les hypocrites auraient été clairement distingués des véridiques. » Comme on le voit, le Prophète, loin d'être réprimandé, est complimenté par Dieu qui montre Son affection pour lui.

La sourate Abasa

La Prophétie n'est pas un métier parmi d'autres que n'importe qui peut exercer. Chaque individu a deux aspects : terrestre et céleste. Nous avons pris corps à partir de la poussière et avons été créés d'une vulgaire goutte d'« eau ». Néanmoins, nous avons été distingués par le « souffle de Dieu ». En conséquence, nous pouvons nous élever (ou tomber) à des niveaux infiniment hauts (ou bas). Tous les prophètes appartenaient au rang le plus haut. Dieu les a choisis et les a dotés des vertus les plus louables et du plus haut degré dans les facultés intellectuelles et spirituelles.

Pour avoir un aperçu de la grandeur du Messager de Dieu, analysons comment, par la Volonté et le Pouvoir de Dieu, il transforma un peuple bédouin du désert en fondateurs de la plus grande civilisation de l'histoire de l'humanité. De plus, selon la règle que « celui qui provoque une chose est semblable à celui qui fait cette chose », la récompense pour chaque bonne action des croyants, de l'époque du Prophète jusqu'au Jour dernier, s'ajoute à la récompense du Prophète, ce qui entraîne la continuation de son élévation spirituelle.

Malgré cela, certains commentaires coraniques classiques et autres ouvrages du genre contiennent des assertions basées sur des emprunts ou sur des anecdotes peu fiables et incompatibles avec la Prophétie. Ce qui est plus tragique encore est que même dans le monde musulman, des « chercheurs » influencés soit par des orientalistes soit par des tentations de ce monde, ont été pour le moins irrespectueux envers la Prophétie, le Messager de Dieu et la Sunna. Leurrés au point de « prendre le reflet du soleil pour le soleil lui-même », ils se considèrent libres de critiquer le Prophète et sa Sunna. L'un de leurs prétextes réside dans les premiers versets de la sourate Abasa :

> Il s'est renfrogné et il s'est détourné parce que l'aveugle est venu à lui. Qui te dit : peut-être [cherche]-t-il à se purifier ? Ou à se rappeler en sorte que le rappel lui profite ? Quant à celui qui se complaît dans sa suffisance (pour sa richesse), tu vas avec empressement à sa rencontre. Or, que t'importe qu'il ne se purifie pas. Et quant à celui qui vient à toi avec empressement, tout en ayant la crainte, tu ne t'en soucies pas. (80 : 1 - 10)

D'après ce que certains exégètes coraniques ont écrit, un jour le Messager de Dieu se mit à transmettre le Message avec beaucoup de sérieux et de concentration à des leaders païens Quraychites quand soudain il fut interrompu par un aveugle. Cet homme, Abdoullah ibn Oumm Maktoum, était si pauvre qu'habituellement personne ne le remarquait. Il voulut profiter des enseignements du Messager de Dieu, mais ce dernier désapprouva l'interruption et devint impatient. Par suite, ces versets auraient été révélés pour faire des reproches au Prophète.

Ce récit, toutefois, est très douteux pour plusieurs raisons :

- La narration de l'événement et ses participants ne sont pas identiques dans tous les livres de traditions authentiques ni dans tous les commentaires coraniques. Certaines versions de ce récit comptent sept personnes en plus d'Ibn Oumm Maktoum.
- Plusieurs versets expliquent comment les prophètes précédents se comportaient envers les pauvres. Il est inconcevable pour un prophète qui a toujours conseillé à ses adeptes d'être avec les pauvres de se renfrogner ou de tourner le dos à un pauvre homme aveugle, d'autant que ce dernier venait pour l'écouter.

- Le Messager de Dieu a toujours rejeté l'appel des leaders Quraychites qui exigeaient qu'il délaisse les musulmans pauvres s'il voulait qu'ils croient en l'islam.

- Le Coran attache une grande importance à la façon de se comporter en présence du Messager de Dieu. Par exemple, les croyants ne doivent « pas partir sans demander sa permission quand ils sont avec lui ». Ils ne peuvent pas non plus entrer dans sa maison sans sa permission, ils verront leurs actions réduites à néant s'ils haussent leurs voix au-dessus de la sienne et seront punis en Enfer s'ils le maltraitent. Étant donné cela, Ibn Oumm Maktoum aurait dû être réprimandé pour avoir interrompu le Messager de Dieu.

- Ibn Oumm Maktoum était le fils de l'oncle de Khadija et l'un de ceux qui accepta l'islam dans ses tout débuts. Il avait une position remarquable en islam. Le Messager de Dieu lui assigna deux fois le gouvernement de Médine pendant qu'il était en campagne militaire. Donc, en dépit de sa cécité, il n'aurait pas pu être impoli au point d'interrompre le Messager de Dieu tandis qu'il invitait ces leaders à la vérité. Il était aveugle, mais pas sourd.

- La réprimande contenue dans les versets en question est trop sévère pour pouvoir s'adresser au Prophète. Le verbe « se renfrogner » et « tourner le dos à » ne sont jamais utilisés dans le Coran en référence à des prophètes, ni même à des croyants ordinaires. Dans ce verset, ils sont utilisés à la troisième personne du singulier. Cela signifie un manque de respect et un avilissement. Aussi, les expressions suivantes sont du genre de celles qui sont employées à l'encontre des leaders incroyants. Par conséquent, il n'est pas pensable que la cible de la réprimande eût été le Prophète.

- Les exégètes coraniques qui mentionnent cet incident y ajoutent que chaque fois que le Messager de Dieu rencontrait Ibn Oumm Maktoum après cela, il le saluait ainsi : « Salut à toi, ô celui à cause de qui mon Seigneur m'a réprimandé ». Cet ajout ne se trouve dans aucun des livres de traditions fiables.

- Le Messager de Dieu était d'une grande bonté et donnait tout ce qu'il avait pour la guidance de son peuple. Le Coran déclare : *Certes, un Messager pris parmi vous, est venu à vous, auquel pèsent lourd les difficultés que vous subissez, qui est plein de sollicitude pour vous, qui est compatissant et miséricordieux envers les croyants* (9 : 128).

Après toutes ces explications, nous choisissons de remettre la vérité de cette affaire à Dieu, l'Omniscient.

L'offre faite par la tribu de Thaqif

Avant d'entrer en islam, la tribu de Thaqif essaya d'obtenir quelques concessions de la part du Prophète, y compris des exemptions de certains devoirs religieux – comme si le Messager de Dieu était autorisé à faire cela ! Alors qu'aucun musulman ordinaire ne penserait à accéder à une telle requête, que dire du Prophète lui-même ! Les versets révélés à propos de cet incident disent :

Ils ont failli te détourner de ce que Nous t'avions révélé, [dans l'espoir] qu'à la place de ceci, tu inventes quelque chose d'autre et (l'imputes) à Nous. Et alors, ils t'auraient pris pour ami proche. Et si Nous ne t'avions pas raffermi, tu aurais bien failli t'incliner quelque peu vers eux. Alors, Nous t'aurions certes fait goûter le double [supplice] de la vie et le double [supplice] de la mort ; et ensuite tu n'aurais pas trouvé de secoureur contre Nous. (17 : 73 - 75)

Tout d'abord, le Messager de Dieu est l'allocutaire et le destinataire direct de la révélation divine. C'est pour cela que Dieu s'adresse directement à lui concernant les ordres collectifs et individuels, les interdictions et les responsabilités. Cela n'implique pas que le Messager de Dieu feignait parfois d'ignorer ce qui lui avait été dit de faire. Étant la personnification, le représentant et le prédicateur de l'islam, ainsi que le meilleur exemple, le Messager de Dieu appliquait strictement ce qui lui était révélé et vivait « toute l'histoire de l'islam » en miniature.

Dieu employait le Messager de Dieu, son temps et ses Compagnons comme un modèle en fonction duquel la future expansion de l'islam prendrait forme. Il fonctionnait comme une graine à partir de laquelle toutes les civilisations islamiques futures, les divers mouvements et les sciences – l'arbre universel de l'islam – grandiraient. C'est pour cela que de tels versets ne doivent jamais être interprétés de façon à suggérer que le Prophète soit réprimandé pour quelque mal qu'il aurait fait. Cette sainte personne, le Bien-aimé de Dieu et pour l'amour duquel Dieu créa tous les mondes, est parfaitement exempt de tout vice, faute ou défaut.

Le Messager de Dieu aspirait de tout son cœur à la guidance de son peuple. Pour mieux comprendre son amour et son affection pour l'humanité et pour l'existence en général, méditons sur ce qu'a dit Saïd Nursi, le grand savant et saint de notre époque, concernant l'ardent désir du Prophète pour la guidance et le bien-être de sa nation :

> Je n'ai connu aucun plaisir en ce monde pendant ma vie de plus de quatre-vingts ans. Toute ma vie s'est passée sur des champs de bataille et en d'autres lieux de souffrance. Il n'est nul supplice que je n'ai goûté, nulle oppression dont je n'ai souffert. Je ne m'intéresse pas au Paradis et je ne crains pas l'Enfer. Si je devais être témoin que la foi de ma nation (c'est-à-dire de tous les musulmans) était assurée, alors je n'aurais aucune objection à être brûlé dans les flammes de l'Enfer, car mon cœur se changerait en un jardin de roses pendant que mon corps brûlerait.[227]

Dieu dit à Son Messager, le consolant de cette incroyance continuelle : Tu vas peut-être te consumer de chagrin parce qu'ils se détournent de toi et ne croient pas en ce discours ! (18 : 6)

Ayant vu le vif désir du Messager de guider son peuple, les leaders de la tribu de Thaqif tentèrent d'arracher des concessions spéciales. Ils ajoutèrent même que si d'autres s'y opposaient, il pourrait mentir et prétendre que son Seigneur le lui avait ordonné. D'un point de vue purement humain, il peut sembler être une bonne politique de faire une petite concession afin de remplir une grande mission. Or le Messager de Dieu n'était pas l'auteur de l'islam ; sa seule responsabilité était de le transmettre. La religion appartient à Dieu. Les versets en question accentuent ce point.

Son mariage avec Zaynab

Durant la période préislamique, et encore aujourd'hui, l'esclavage culturel, économique et spirituel était très répandu. L'islam vint pour détruire cet esclavage et chercha à résoudre ce problème social et psychologique en plusieurs étapes. Comme l'esclavage a un aspect profondément psychologique, son abolition tout d'un bloc aurait pu résulter en des conditions plus dures encore. Par exemple, quand Lincoln abolit l'esclavage aux États-Unis, la plupart des esclaves durent retourner chez leurs anciens

---

[227] Saïd Nursi, *Mathnawi al-Nuriya*, (Izmir, Kaynak : 1999), II.

maîtres parce que leur capacité à assumer des responsabilités, à choisir et à gérer leurs propres affaires en tant qu'hommes libres avaient été extirpées d'eux par la force et cela avait causé le meurtre de leurs leaders.

L'islam a établit, dans une première étape, des principes stricts sur le traitement des esclaves, comme le montrent ces hadiths : « Ceux qui tuent leurs esclaves seront tués. Ceux qui emprisonnent et affament leurs esclaves seront emprisonnés et affamés. Ceux qui castrent leurs esclaves seront castrés »[228] et « Les Arabes ne sont pas supérieurs aux non-Arabes et les non-Arabes ne sont pas supérieurs aux Arabes. Les blancs ne sont pas supérieurs aux noirs et les noirs ne sont pas supérieurs aux blancs. La supériorité réside uniquement dans la piété et la crainte de Dieu. »[229]

Dans une deuxième étape, l'islam a permis aux esclaves de réaliser leur identité et leur conscience humaine. Il les a éduqués aux valeurs islamiques et a implanté en eux l'amour de la liberté. Ainsi, le jour de leur émancipation, ils étaient parfaitement équipés pour devenir des membres utiles de la communauté en tant que fermiers, artisans, enseignants, savants, commandants, gouverneurs, ministres et même premiers ministres.

Une autre pratique préislamique, qui existe encore dans les codes civils de nombreux pays actuels, autorise les enfants adoptifs à jouir du même statut légal que les enfants naturels. Par conséquent, un père ne pouvait pas épouser légalement la veuve ou la divorcée de son fils. Cette pratique allait être abolie, car ni l'adoption ni aucune autre méthode pour déclarer quelqu'un son fils ne saurait créer une relation comparable à celle qui existe entre des enfants et leurs parents naturels.

Zayd avait été kidnappé et fait esclave alors qu'il n'était qu'un enfant. Khadija, la première épouse du Messager de Dieu, l'acheta au marché d'esclaves de La Mecque. Après son mariage avec le Prophète, elle le lui offrit comme présent. Le Messager de Dieu l'affranchit et l'appela « mon fils ». Quand les parents de Zayd finirent par le retrouver et qu'ils vinrent à La Mecque pour le reprendre, Zayd refusa de rentrer avec eux et leur annonça qu'il préférait rester avec le Messager de Dieu.

Afin de montrer l'égalité entre les noirs et les blancs et pour démontrer que la supériorité réside dans la droiture et la dévotion à Dieu, et non pas dans la lignée et le statut social, le Messager de Dieu maria Zayd à Zaynab bint Jahch de la tribu des Hachémites. C'était une musulmane

---

[228] Abou Dawoud, *Diyat*, 70 ; Tirmidhi, *Diyat*, 17.
[229] Ibn Hanbal, 411.

très pieuse et une intellectuelle dotée d'une grande noblesse de caractè-re. Le Messager de Dieu la connaissait très bien depuis son enfance. Bien que sa famille eût voulu la marier au Messager de Dieu, ils consentirent à son mariage avec Zayd parce que tel était le souhait du Prophète.

Cependant, Zayd admit qu'il était spirituellement inférieur à elle. Il se rendit compte que la sublimité de son caractère la rendait digne d'être l'épouse d'un homme plus grand que lui-même. Il demanda maintes fois au Messager de Dieu de lui permettre de divorcer, mais à chaque fois il lui recommandait de rester marié avec elle. Cependant, Zayd, qui était assez perspicace pour voir qu'il n'était pas l'égal de son épouse, finit par divorcer.

Après cela, Dieu ordonna à Son Messager de l'épouser, même si cela violait les normes de la société dans laquelle il vivait. Parce que ce maria-ge avait été arrangé dans les cieux, il se soumit au décret divin et épousa Zaynab :

> Puis quand Zayd eut cessé toute relation avec elle, Nous te la fîmes épouser, afin qu'il n'y ait aucun empêchement pour les croyants d'épouser les femmes de leurs fils adoptifs, quand ceux-ci cessent toute relation avec elles. Le commandement de Dieu doit être exé-cuté. (33 : 37)

Bien que l'accomplissement de ce mariage fût très pénible pour le Messager, Dieu l'employa pour abolir une mauvaise coutume et établir une nouvelle loi et mœurs. Le Prophète était toujours le premier à met-tre en pratique la loi ou règle à être établie et obéie afin d'influencer les autres. Son mariage avec Zaynab fut pour lui l'un des commandements les plus difficiles à appliquer. C'est pourquoi Aïcha remarqua : « Si le Messager de Dieu avait été enclin à supprimer quoi que ce soit de ce qui lui a été révélé, il aurait sûrement supprimé ce verset-là. »

Comme on pouvait s'y attendre, les ennemis de l'islam et les hypo-crites calomnièrent le Messager de Dieu. Bien que certaines de leurs allé-gations se soient infiltrées dans diverses interprétations coraniques, aucu-ne de ces allégations ni de ces calomnies n'a jamais affecté – et n'affecte-ra jamais – sa chasteté et la pureté de sa personnalité. Tous les savants s'accordent à dire qu'il vécut heureux avec Khadija, une veuve de quinze ans son aînée, sans que rien ne suggère la moindre inconduite durant ses vingt-cinq années de mariage avec elle (qui prirent fin avec le décès de Khadija). Contrairement aux autres jeunes, il ne brûlait pas du désir charnel. Cela montre clairement que ses mariages suivants, qui survinrent après ses cinquante ans, à l'âge où le désir s'estompe, visaient des objectifs bien précis.

En somme, comme tous les autres prophètes, le Messager de Dieu est irréprochable et est innocent de tout ce dont il fut accusé. Aussi son infaillibilité ne peut-elle être remise en doute.

7. Exemption de tout défaut mental ou physique

Tous les théologiens musulmans conviennent que les prophètes sont exempts de tous défauts, physiques ou mentaux. En plus d'être extraordinairement attirants de par leur personnalité et leur comportement, ils étaient aussi plein de grâce et de charme dans leur apparence externe. Ils étaient parfaits dans leur apparence physique, ils beaux et bien bâtis.

Anas rapporte que le Messager de Dieu était le plus bel homme qui fût. Jabir ibn Samura remarque : « Une nuit durant la pleine lune, alors que nous étions assis à la mosquée, le Messager de Dieu entra. Je regardai d'abord la lune brillante, puis son visage. Je jure par Dieu que son visage était plus brillant que la lune. »[230]

Les prophètes doivent être exempts de tous défauts physiques, car il ne faut pas que leur apparence repousse les gens. Expliquant la sagesse divine qui se cache derrière la durée de vie de 63 ans du Messager de Dieu, Saïd Nursi écrit :

> Les croyants sont religieusement obligés d'aimer et de respecter au plus haut point le Messager de Dieu, et de suivre chacun de ses commandements sans éprouver la moindre aversion envers un quelconque aspect de sa personne. C'est pour cette raison que Dieu ne lui permit pas de vivre la période difficile et souvent humiliante de la vieillesse, et l'envoya à la « plus haute demeure » quand il avait 63 ans. Telle était la durée de vie moyenne des membres de sa communauté, faisant de lui un exemple également dans ce domaine.[231]

a. Les afflictions de Job

Bien que cette caractéristique soit commune à tous les prophètes, de fausses histoires concernant Job et Moïse, qui ont été empruntées à des

---

[230] Suyuti, *Al-Khasa'is al-Kubra,* 1 : 123 ; Hindi, *Kanz al-Ummal,* 7 : 168.
[231] Nursi, *The Letters,* 2 : 84 - 85.

sources israélites ou qui sont de mauvaises interprétations coraniques, se sont infiltrées dans les exégèses coraniques.

Dans un hadith, le Messager de Dieu dit : « Les prophètes passent par les épreuves les plus dures ; c'est eux que les plus grands malheurs frappent. Puis viennent les autres croyants ; plus ferme est leur foi, plus grands sont leurs malheurs. » Le Prophète Job est ainsi loué dans le Coran : *Nous l'avons trouvé vraiment endurant. Quel bon serviteur ! Sans cesse il se repentait* (38 : 44). Comme on peut en déduire des versets coraniques et comme le mentionne la Bible, il fut atteint d'une maladie de la peau qui lui causait des plaies douloureuses de la tête aux pieds (Job, 2 : 7). Influencés par quelques récits israélites, certains commentateurs coraniques ont ajouté que des vers vivaient dans ces plaies ou ces abcès, et que l'odeur qui en résultait faisait fuir les gens.

Ces ajouts n'ont aucun fondement. Si les gens l'avaient effectivement quitté, ce devait être dû à la pauvreté dans laquelle il tomba plus tard dans sa vie. Au début, Job était un serviteur riche et reconnaissant de Dieu ; mais plus tard, il perdit sa richesse et ses enfants. En tant que prophète, il n'avait pas pu avoir une apparence repoussante ou dégoûtante, sans même, au moins, avoir son visage épargné par les plaies. De même, son corps n'avait pas pu émettre d'odeur écœurante.

Contrairement au récit biblique selon lequel il aurait maudit le jour de sa naissance (Job, 3 : 1) et Dieu Lui-même ouvertement (Job, 7 : 20 - 21), et se prétendrait plus juste que Dieu (Job, 32 : 2), Job endura ses afflictions pendant des années sans jamais se plaindre. Il pria : « *Le mal m'a touché. Mais Toi, Tu es le plus Miséricordieux des miséricordieux !* » (21 : 83) Dieu répondit à sa prière et retira son affliction, et *enleva le mal qu'il avait, lui rendit les siens et autant qu'eux avec eux* (21 : 84).

b. Le défaut d'élocution de Moïse

Le Coran déclare que Moïse, après avoir reçu l'ordre d'aller auprès de Pharaon, supplia : *Seigneur, ouvre-moi ma poitrine, et facilite ma mission, et dénoue un nœud en ma langue, afin qu'ils comprennent mes paroles* (20 : 25 - 28). Certains commentateurs, influencés par les sources israélites et interprétant mal la supplication de Moïse, ont avancé qu'il avait un défaut d'élocution. Ils disent que Moïse, enfant, tira un jour la barbe de Pharaon. En colère, Pharaon voulut le faire tuer. Mais sa femme, essayant de sauver l'enfant, demanda à Pharaon de le tester pour voir s'il était apte à être jugé, et sinon de décider en sa faveur. Apportant une balance, ils mirent un morceau d'or sur l'un des plateaux et de la braise sur l'autre. Moïse mit la braise dans sa bouche, ce qui le rendit bègue. Ainsi, selon ces interprétations, Moïse demandait dans ce verset à Dieu de retirer son bégaiement.

Une histoire inventée ne saurait servir de base à l'interprétation d'un verset coranique. Si Moïse avait eu un tel défaut d'élocution, il aurait dû prier pour que *le* nœud – et non pas *un* nœud – soit défait. Ce que Moïse demandait de Dieu était un plus grand talent pour exprimer clairement le Message divin en présence de Pharaon, car il n'était pas aussi éloquent que son frère Aaron (28 : 34 ; Exode, 4 : 10).

Pour conclure, tous les prophètes étaient à la fois physiquement et mentalement parfaits. Peu importe ce que d'autres prétendent, il n'y a jamais rien eu dans leurs vies qui suggère le moindre défaut. Toutefois, certains d'entre eux ont pu être supérieurs à d'autres à certains égards : *Parmi ces messagers, Nous avons favorisé certains par rapport à d'autres. Il en est à qui Dieu a parlé ; et Il en a élevé d'autres en grade* (2 : 253). Le Prophète Mohammed est supérieur à eux tous en vertu du fait qu'il est le dernier Prophète envoyé à l'humanité et aux djinns. Aussi sa mission n'était-elle pas limitée à un peuple donné et à une époque donnée ; au contraire, elle s'adressait à tout le monde et demeure valide encore aujourd'hui et jusqu'à la fin des temps.

Chapitre 5
Le Prophète Mohammed en tant qu'époux et père

1. Le prophète et ses épouses

Le Prophète Mohammed personnifie les rôles de père et d'époux parfaits. Il était si bon et si tolérant envers ses épouses qu'elles n'envisagèrent jamais de vivre sans lui ou loin de lui.

Il épousa Sawda, sa deuxième épouse, pendant qu'il vivait encore à La Mecque. Après un temps, il voulut divorcer pour certaines raisons. Elle fut si affligée d'entendre cela qu'elle le supplia ainsi : « Ô Messager de Dieu, je ne te demande rien de ce monde ! Je sacrifierai le temps qui m'est alloué, si tu ne veux pas me visiter. Mais par pitié, ne me prive pas d'être ta compagne. Je veux aller à l'au-delà en tant que ton épouse. Je n'ai que faire du reste. »[232] Suite à cela, le Messager ne divorça pas et ne cessa pas non plus de la visiter.[233]

Un jour il remarqua que Hafsa n'était pas à l'aise en raison de leur situation financière. « Si elle le souhaite, je peux la libérer », dit-il. Cette suggestion l'alarma tellement qu'elle fit appel à des médiateurs pour qu'ils le persuadent de ne pas agir ainsi. Il garda donc la fille de ses fidèles amis comme son épouse digne de confiance.

---

[232] Les raisons ne sont pas spécifiées dans les sources. Toutefois, les discussions rarissimes qu'il y avait entre ses épouses à cause de quelque jalousie les ont peut-être poussées à lui parler d'une façon malséante. Une autre raison pourrait être qu'elles aient demandé au Prophète, comme cela arrivait très rarement, quelque chose qu'il ne pouvait pas leur procurer. Il n'y a pas la moindre mention rapportant un quelconque désaccord entre le Prophète et ses épouses pour des raisons sexuelles. Les visites ne se restreignaient pas à des relations intimes. Il se peut qu'il ait été offensé par son mauvais comportement dans sa chambre.

[233] Mouslim, *Rada*, 47.

Il s'était si fermement établi dans le cœur de ses épouses qu'elles voyaient leur séparation du Messager de Dieu comme une calamité. Elles étaient de tout cœur avec lui. Elles avaient une part dans sa vie bénie, douce et naturelle. S'il les avait quittées, elles seraient mortes de désespoir. S'il avait divorcé l'une d'elles, elle aurait attendu au pas de sa porte jusqu'au Jour dernier.

Après son décès, il y eut beaucoup d'émotion et une énorme affliction. À chaque fois qu'ils leur rendaient visite, Abou Bakr et Omar trouvaient les épouses du Messager en train de pleurer. Il semble que leur chagrin ne cessa qu'à la fin de leurs vies. Mohammed avait laissé une impression durable sur chacun. Il fut un temps où il eut neuf épouses et les traita toutes avec égalité, sans qu'il ne survînt jamais de sérieux problèmes. C'était un mari bon et doux, qui ne se conduisait jamais de façon rude ou sévère. En bref, il était le parfait époux.

Quelques jours avant son décès, il dit : « Il a été permis à un serviteur de choisir entre ce monde et son Seigneur. Il a choisi son Seigneur. »[234] Abou Bakr, un homme d'une grande intelligence, se mit à pleurer, comprenant que le Prophète parlait de lui-même. Sa maladie empirait de jour en jour et il se tordait de douleur à cause de son terrible mal de tête. Mais même durant cette période difficile, il continua à traiter ses épouses avec bonté et douceur. Il demanda la permission de rester dans une chambre, car il n'avait plus la force de les visiter une par une. Ses épouses consentirent, et le Messager passa ses derniers jours dans la chambre de Aïcha.

Chacune de ses femmes, en raison de sa générosité et de sa gentillesse, croyait qu'elle était sa préférée. L'idée qu'un homme puisse montrer une parfaite égalité et justice dans ses relations avec ses neuf épouses semble impossible. C'est pour cela que le Messager de Dieu demandait pardon à Dieu pour tout penchant involontaire qu'il aurait pu avoir. Il priait ainsi : « Il se peut que j'aie montré inconsciemment plus d'amour pour l'une d'elles que pour les autres, et cela serait de l'injustice. Donc, ô Seigneur, je me réfugie auprès de Ta grâce pour les choses qui sont au-delà de mon pouvoir. »[235]

---

[234] Boukhari, *Salat*, 80 ; Mouslim, *Fadha'ilu's-Sahaba*, 2.
[235] Tirmidhi, *Nikah*, 42; Abou Dawoud, *Nikah*, 37.

Quelle douceur et quelle sensibilité ! Je me demande si quelqu'un d'autre pourrait jamais montrer autant de gentillesse envers ses enfants et ses épouses. Quand les gens parviennent à dissimuler leurs bas instincts innés, c'est pour eux comme s'ils avaient fait quelque chose de très intelligent et qu'ils avaient fait montre d'une très grande volonté. Mais parfois c'est précisément ces défauts qu'ils exposent inconsciemment pendant qu'ils se targuent d'être intelligents. Le Messager, bien qu'il ne commît aucune faute, ne recherchait que le pardon de Dieu.

Sa bonté pénétra l'âme de ses épouses si profondément que son départ entraîna ce qu'elles ont dû vivre comme séparation irréparable. Elles ne se suicidèrent pas, car l'islam l'interdit, mais leurs vies se remplirent d'une douleur inconsolable et de larmes intarissables.

Le Messager était gentil et doux envers toutes les femmes, et recommandait tous les autres hommes de suivre son exemple. Sad ibn Abi Waqqas décrit sa bonté comme suit :

> Omar dit : « Un jour, j'allai chez le Prophète et je le vis souriant. 'Que Dieu te fasse sourire pour toujours, ô Messager de Dieu' dis-je, puis je lui demandai pourquoi il souriait. 'Je souris à cause de ces femmes. Elles discutaient devant moi avant que tu ne viennes. Puis elles se sont sauvées dès qu'elles ont entendu ta voix', répondit-il toujours en souriant. Suite à cette réponse, je haussai ma voix et je leur dis : 'Ô ennemies de vous-mêmes ! Vous me redoutez mais vous ne redoutez pas le Messager de Dieu !' Oui, affirmèrent-elles, comparé au Messager de Dieu, tu fais preuve de rudesse et de dureté. »[236]

Mais Omar aussi était doux avec les femmes. Toutefois, même l'homme le plus beau peut sembler laid si on le compare à la beauté de Joseph. De même, la sensibilité et la douceur de Omar semblent n'être que violence et sévérité si on les compare à celles du Prophète. Les femmes ayant connu la douceur, la sensibilité et la gentillesse du Messager, elles considéraient alors Omar comme étant strict et sévère. Or Omar remplit à la perfection le rôle de calife et devint l'un des plus grands modèles après le Prophète. Il fut un dirigeant juste et s'efforça de distinguer le bien du mal. Il avait toutes les qualités pour devenir calife. Si certaines de ses qualités pouvaient d'emblée paraître sévères, ce sont pourtant elles qui lui permirent d'endosser de très hautes responsabilités.

---

[236] Boukhari, *Adab*, 68.

a. La consultation du Prophète avec ses épouses

Le Messager discutait de sérieux sujets avec ses épouses comme avec des compagnons. Il n'avait certes nul besoin de leurs conseils, puisqu'il était dirigé par la révélation divine. Toutefois, il voulait enseigner à sa nation que les hommes musulmans devaient accorder aux femmes une très haute considération. C'était une idée très radicale à l'époque, et encore aujourd'hui dans beaucoup d'endroits de la planète. Il commença à éduquer son peuple à travers ses propres relations avec ses épouses.

Par exemple, les clauses du Traité de Houdaybiya déçurent et enragèrent de nombreux musulmans, car l'une des conditions stipulait qu'ils ne pourraient pas faire le pèlerinage cette année-là. Ils voulurent rejeter le traité, continuer leur marche vers La Mecque et faire face aux conséquences de tout cela. Mais le Messager leur ordonna d'abattre les animaux en sacrifice et de retirer leurs tenues de pèlerins. Certains Compagnons hésitèrent, espérant qu'il changerait d'avis. Il réitéra son ordre, mais ils continuèrent à hésiter. En cela, ils ne s'opposaient pas à lui; ils espéraient seulement qu'il change d'avis car ils s'étaient mis en route avec l'intention d'accomplir le pèlerinage et ne voulaient pas s'arrêter à mi-chemin.

Remarquant cette réticence, le Prophète rentra dans sa tente et demanda à Oumm Salama, l'épouse qui l'accompagnait durant cette période-là, ce qu'elle pensait de la situation. Alors elle lui donna son opinion, tout en sachant qu'il n'avait pas besoin de conseil. Ce faisant, il enseigna aux hommes musulmans une importante leçon : il n'y a pas de mal à échanger des idées avec les femmes sur des sujets importants, tout comme sur n'importe quel sujet d'ailleurs.

Oumm Salama lui dit alors : « Ô Messager de Dieu, ne répète pas ton ordre. Il se peut qu'ils résistent et qu'ainsi ils périssent. Abats ton animal de sacrifice et change ta parure de pèlerin. Ils obéiront, bon gré mal gré, quand ils se rendront compte que ta décision est finale. »[237] Aussitôt dit, il prit un couteau dans sa main, sortit et se mit à égorger son mouton. Les Compagnons commencèrent à faire de même, car il était désormais clair que son ordre ne changerait pas.

Le conseil et la consultation, comme chaque bonne action, étaient d'abord pratiqués par le Messager de Dieu au sein de sa famille, puis de toute sa communauté. Même aujourd'hui, nous comprenons si peu de

---

[237] Boukhari, *Churut*, 15.

chose concernant ses relations avec ses épouses que c'est comme si nous errions sans but autour d'un terrain, inconscients de l'énorme trésor qui se cache sous nos pieds.

Malheureusement, les femmes sont des êtres secondaires dans l'esprit de beaucoup, y compris de ces défenseurs auto-proclamés des droits de la femme ainsi que de nombreux prétendus musulmans. Pour nous, la femme est la partie d'un tout, une moitié qui rend l'autre moitié utile. Nous pensons que c'est lorsque les deux moitiés se rassemblent que la vraie unité de l'être humain apparaît. Si cette unité n'existe pas, l'humanité n'existe pas non plus – ni d'ailleurs la Prophétie, la sainteté ou même l'islam.

Notre maître nous encouragea à travers ses paroles révélatrices à bien nous comporter envers les femmes. Il déclara : « Les croyants les plus parfaits sont ceux qui ont le meilleur caractère, et les meilleurs d'entre vous sont ceux qui se comportent le mieux envers leurs femmes. »[238] Il est clair que les femmes ont reçu le véritable respect et honneur qu'elles méritent, pas seulement en théorie mais aussi en pratique, une seule fois dans l'histoire – pendant l'époque du Prophète Mohammed.

b. Le choix que le Messager de Dieu donna à ses épouses

Il offrit à ses femmes de rester avec lui ou de le quitter :

> Ô Prophète ! Dis à tes épouses : "Si c'est la vie présente que vous désirez et sa parure, alors venez ! Je vous demanderai [les moyens] d'en jouir et vous libérerai [par un divorce] sans préjudice. Mais si c'est Dieu que vous voulez et Son Messager ainsi que la Demeure dernière, Dieu a préparé pour les bienfaisantes parmi vous une énorme récompense. (33 : 28 - 29)

Certaines de ses épouses avaient souhaité jouir d'une vie plus prospère et avaient demandé : « Ne pourrions-nous pas vivre dans un peu plus de confort comme d'autres musulmans font ? Ne pourrions-nous pas au moins avoir un bol de soupe chaque jour, ou quelques vêtements plus jolis ? » Au premier abord, de tels désirs peuvent sembler compréhensibles et justes. Toutefois, ces femmes étaient membres de la famille qui allait être un exemple pour toutes les familles musulmanes jusqu'au Jour dernier.

---

[238] Tirmidhi, *Rada*, 11.

Le Messager avait réagi en faisant une retraite. Quand la nouvelle se propagea, tout le monde se rua à la mosquée où il s'était retiré et se mit à pleurer. Le moindre petit chagrin qui affligeait leur Prophète bien-aimé suffisait à les faire fondre tous en larmes et le moindre petit incident dans sa vie les touchait profondément. Abou Bakr et Omar, regardant l'événement sous un autre angle parce que leurs filles étaient directement impliquées, se ruèrent à la mosquée. Ils voulurent le rencontrer, mais il avait décidé de ne pas quitter sa retraite. Finalement, après leur troisième tentative, ils obtinrent le droit d'entrer chez lui et se mirent à réprimander leurs filles. Le Messager vit ce qui arrivait, mais son seul commentaire fut : « Je ne peux pas me permettre ce qu'elles demandent. »[239] Le Coran déclara : *Ô épouses du Prophète ! Vous n'êtes comparables à aucune autre femme* (33 : 32).

D'autres pouvaient peut-être trouver le salut simplement en remplissant leurs obligations, mais ceux qui étaient au centre de l'islam devaient se dévouer corps et âme afin qu'aucune faiblesse n'apparaisse au centre. Il y avait certes des avantages à être les épouses du Prophète, mais ces avantages apportaient avec eux des responsabilités et parfois des risques. Le Prophète les préparait à être des exemples pour toutes les femmes musulmanes de leur temps et du futur. Il s'inquiétait surtout qu'elles puissent jouir des récompenses de leurs bonnes œuvres uniquement en ce bas monde et ainsi être comprises dans ce verset : *Vous avez dissipé vos [biens] excellents et vous en avez joui pleinement durant votre vie sur terre* (46 : 20).

La vie dans la maison du Prophète manquait de confort. C'est pour cela que, de façon explicite ou implicite, ses épouses firent quelques modestes requêtes. Or leur statut étant unique, elles ne devaient pas s'attendre à s'amuser et à jouir des choses de ce bas monde. Certaines saintes personnes ne rient que quelques fois durant toutes leurs vies ; d'autres ne remplissent jamais leurs estomacs.

Par exemple, Foudhayl ibn Iyad n'avait jamais ri. Il n'avait souri qu'une seule fois. Surpris de le voir ainsi, certains lui demandèrent la raison de son sourire. Il leur dit : « Aujourd'hui, j'ai entendu que mon fils Ali venait de mourir. J'ai été heureux d'entendre que Dieu l'avait aimé, c'est pour-

---

[239] Boukhari, *Mazalim*, 25 ; Mouslim, *Talaq*, 34, 35.

quoi j'ai souri. »[240] S'il existait de telles personnes en dehors de la Maison du Prophète, alors ses épouses, qui étaient encore plus pieuses et qui étaient considérées comme les « mères des croyants », devaient certainement être d'un plus haut rang.

Il n'est pas facile de mériter la compagnie du Messager de Dieu aussi bien dans l'ici-bas que dans l'au-delà. Ainsi, ces femmes spéciales avaient été mises à une dure épreuve. Le Messager leur permit de choisir entre son pauvre foyer et le luxe de ce monde. Si elles choisissaient Dieu et Son Messager, elles devaient se contenter de ce qu'elles avaient. Cela était une particularité de sa famille. Puisque cette famille était unique, ses membres devaient aussi être uniques. Le chef de famille avait été élu, de même que les épouses et les enfants.

Le Messager appela d'abord Aïcha et dit : « Je veux discuter de quelque chose avec toi. Tu ferais mieux d'en parler avec tes parents avant de rendre ta décision. » Puis il récita les versets susmentionnés. Sa décision fut exactement celle qu'on aurait pu attendre de la fille véridique d'un père véridique : « Ô Messager de Dieu, qu'ai-je besoin de parler avec mes parents ? Par Dieu, je choisis Dieu et Son Messager. »[241]

Aïcha nous raconte elle-même ce qui se passa ensuite : « Le Messager reçut la même réponse de la part de toutes ses épouses. Aucune n'exprima une opinion différente. Elles dirent toutes ce que j'avais dit. » Elles agirent ainsi car elles ne faisaient qu'un avec le Messager. Il ne pouvait en être autrement. Si le Messager leur avait demandé de jeûner durant toute leur vie sans arrêt, elles l'auraient fait et l'auraient supporté avec plaisir. Ainsi endurèrent-elles la pauvreté jusqu'à leur mort.

Certaines de ses épouses avaient joui d'un style de vie prodigue avant leur mariage avec le Prophète. L'une d'elles était Safiyya, qui avait perdu père et époux, et avait été faite prisonnière durant la bataille de Khaybar. Elle avait dû être très en colère contre le Messager, mais lorsqu'elle l'aperçut, ses sentiments changèrent complètement. Elle endura la même destinée que les autres épouses. Elles l'endurèrent parce que l'amour du Messager de Dieu avait pénétré leurs cœurs.

Safiyya était juive. Un jour, elle fut consternée quand ce fait lui fut mentionné sur un ton sarcastique. Elle en informa le Messager et lui expri-

---

[240] Abou Nuaym, *Hilyat al-Awliya*, 8 : 100.
[241] Boukhari, *Mazalim, 35* ; Mouslim, *Talaq*, 35.

ma sa tristesse. Il la réconforta en disant : « S'ils répètent cela, dis-leur : 'Mon père est le prophète Aaron, mon oncle est le prophète Moïse, et mon époux est, comme vous le voyez, le Prophète Mohammed, l'Élu. Qu'avez-vous de plus que moi dont vous pourriez vous vanter ?' »[242]

Le Coran déclare que pour les croyants, *ses épouses sont leurs mères* (33 : 6). Bien que quatorze siècles se soient écoulés, nous éprouvons toujours du plaisir à dire « notre mère » quand nous nous référons à Khadija, à Aïcha, à Oumm Salama, à Hafsa et à ses autres épouses. Nous ressentons cela grâce à lui. Certains ont plus d'amour pour ces saintes femmes qu'ils n'en ont pour leurs propres mères. Sans aucun doute, ce sentiment a dû être plus profond, plus chaleureux et plus fort à l'époque du Prophète.

Le Messager était le chef de famille idéal. Il réussissait à s'occuper parfaitement de ses nombreuses épouses, à être l'amant de leurs cœurs, l'instructeur de leurs esprits, l'éducateur de leurs âmes, sans pour autant négliger les affaires de la nation ni compromettre ses devoirs.

Le Messager excellait dans tous les domaines de la vie. Les gens ne doivent pas le comparer à eux-mêmes ni aux prétendues grandes figures de leur époque. Les chercheurs doivent le regarder – lui envers qui les anges sont reconnaissants – en se rappelant toujours qu'il excellait en tout. S'ils veulent découvrir Mohammed, ils doivent le chercher dans ses propres dimensions. Notre imagination ne peut l'atteindre car nous ne savons même pas comment l'imaginer correctement. Dieu lui accorda, comme une faveur spéciale de Sa part, la supériorité dans tous les domaines.

2. Le Messager de Dieu et les enfants

Il était un mari extraordinaire, un père parfait et un grand-père unique. Il était unique sous tous ses aspects. Il traitait ses enfants et ses petits-enfants avec beaucoup de compassion et ne négligeait jamais de les orienter vers l'au-delà et vers les bonnes actions. Il leur souriait, les prenait sur ses genoux, les câlinait, les caressait et les aimait, mais ne leur permettait pas de délaisser les sujets liés à l'au-delà. Il était très ouvert pour ce qui avait trait aux affaires de ce monde ; mais quand il s'agissait de maintenir leur rapport à Dieu, il était très sérieux et faisait preuve de dignité. Il leur montrait comment mener une vie proprement humaine et

---

[242] Tirmidhi, *Manaqib*, 64.

ne les laissait jamais abandonner leurs obligations religieuses et devenir gâtés. Son but ultime était de les préparer à l'au-delà. Son parfait équilibre à cet égard représente une autre dimension de son intelligence inspirée par Dieu.

Dans un hadith rapporté par Mouslim, Anas bin Malik, honoré par le fait d'être le serviteur du Messager pendant dix années continues, dit : « Je n'ai jamais vu personne qui soit aussi bon et compatissant envers les membres de sa famille que Mohammed. »[243] Si cet aveu n'était fait que par nous, l'on pourrait le juger sans importance. Or, des millions de gens, si affables et sensibles qu'ils ne feraient pas de mal à une mouche, déclarent qu'il était unique en cela qu'il embrassait chaque chose avec compassion. C'était un être humain comme nous, mais Dieu inspira en lui une affection si intime pour tous les êtres vivants qu'il pouvait établir un lien avec eux tous. Il va sans dire qu'il était rempli d'une affection extraordinaire envers sa famille et envers les autres.

Tous les fils du Prophète décédèrent. Ibrahim, son dernier fils, né de son épouse copte Marie, mourut aussi en bas âge. Le Messager lui rendait souvent visite avant sa mort, bien qu'il fût très occupé. C'était une nourrice qui s'occupait d'Ibrahim. Le Prophète le prenait dans ses bras, le câlinait et le caressait avant de rentrer chez lui.[244] Quand Ibrahim rendit l'âme, le Prophète le prit dans ses bras comme avant, le câlina et dit à ceux qui étaient étonnés de voir ses larmes : « Les yeux peuvent bien se mouiller et les cœurs se briser, mais nous ne disons rien d'autre que ce que Dieu agrée. » Il fit signe vers sa langue et ajouta : « Dieu nous interrogera sur cela. »[245]

Il portait ses petits-enfants Hassan et Houssayn sur son dos. En dépit de son statut unique, il n'hésitait pas à faire cela, comme pour annoncer le haut rang d'honneur qu'ils allaient atteindre plus tard. Un jour, alors qu'ils étaient sur son dos, Omar entra dans la maison du Prophète et les voyant ainsi, s'exclama : « Quelle magnifique monture vous avez ! » à quoi le Messager répliqua aussitôt : « Quels magnifiques cavaliers ils sont ! »[246]

Ils n'étaient peut-être pas conscients de l'honneur que leur faisait le Messager. Ce compliment particulier était fait en raison de leur futur sta-

---

[243] Mouslim, *Fadha'il*, 63.
[244] *Ibid.*, 62.
[245] Boukhari, *Jana'iz*, 44 ; Mouslim, *Fadha'il*, 62 ; Ibn *Maja, Jana'iz*, 53.
[246] Hindi, *Kanz al-Ummal*, 13 : 650.

tut de leaders et de chefs qui surgiront parmi les membres de la famille du Prophète. Leurs descendants allaient compter les saints les plus grands et les plus respectés. Son compliment s'adressait non seulement à ses petits-fils, mais aussi à tous leurs descendants. C'est pourquoi Abdou'l-Qadir al-Jilani, un célèbre descendant de la famille du Prophète, dit : « Les pieds bénis du Messager sont sur mes épaules, et les miens sont sur ceux de tous les saints. » Cette affirmation est probablement valable pour tous les saints à venir.

Le Messager maintenait un parfait équilibre dans sa façon d'éduquer les enfants. Il aimait beaucoup ses enfants et ses petits-enfants, et leur insufflait l'amour. Toutefois, il ne laissait jamais l'amour qu'il leur portait aller trop loin au point de leur être néfaste. Aucun d'eux n'osa faire consciemment quoi que ce soit de mal, mais s'ils venaient à commettre une faute sans le vouloir, la protection du Messager les empêchait de s'égarer ne serait-ce qu'un instant. Il réussit cela en les enveloppant d'amour et dans une aura de dignité. Ainsi, un jour Hassan ou Houssayn voulut manger une datte parmi celles qui étaient distribuées aux pauvres en aumône. Le Messager la prit immédiatement de sa main et dit : « Tout ce qui est donné en aumône nous est interdit. »[247] En leur apprenant pendant qu'ils étaient tout jeunes à être conscients des actes illicites, il avait établi un principe d'éducation très important.

Chaque fois qu'il rentrait à Médine, il mettait les enfants sur sa monture. En de telles occasions, le Messager embrassait non seulement ses petits-enfants, mais les enfants qui se trouvaient chez lui et ceux des entourages. Il avait conquis leurs cœurs grâce à sa compassion. Il aimait tous les enfants.

Il aimait sa petite-fille Oumama tout autant qu'il aimait Hassan et Houssayn. Il sortait souvent en la portant sur ses épaules, et priait même parfois en la portant sur son dos. Alors, quand il se prosternait, il la reposait à terre, et quand il se relevait, il la remettait sur son dos.[248] Il exhibait ce degré d'amour pour Oumama afin d'enseigner à ses disciples à bien s'occuper des filles. Cela était une nécessité absolue car seulement une décennie auparavant, l'une des normes sociales d'avant l'islam était d'enterrer vives les petites filles. Jusqu'alors en Arabie, personne n'avait

---

[247] Ibn Hanbal, 2 : 279 ; Mouslim, *Zakat*, 161.
[248] Boukhari, *Adab*, 18 ; Ibn Sad, *Tabaqat*, 8 : 39.

été témoin d'une telle affection paternelle montrée en public pour sa petite-fille.

Le Messager proclamait que l'islam n'autorisait aucune discrimination entre les filles et les fils. Comment pourrait-il en être autrement ? L'un est Mohammed et l'autre est Khadija ; l'un est Adam et l'autre est Ève ; l'un est Ali et l'autre est Fatima. Pour chaque grand homme il y a une grande femme.

Fatima, la fille du Messager, est la mère de tous les membres de son noble foyer. Elle est aussi notre mère. Aussitôt que Fatima entrait, le Messager se levait, lui prenait les mains et la faisait asseoir là où il s'asseyait. Il l'interrogeait sur sa santé et sur sa famille, lui montrait de l'amour paternel et la complimentait.

Il l'aimait autant qu'il s'aimait lui-même, et Fatima, sachant combien il avait d'affection pour elle, l'aimait encore plus qu'elle-même. Sa grande mission était de devenir la source d'où allait jaillir des saints et des personnes hautement pieuses. Elle observait toujours son père et sa méthode d'invitation à l'islam. Elle pleura et gémit de douleur quand le Messager lui révéla qu'il allait bientôt rendre l'âme, puis se réjouit quand il lui annonça qu'elle serait le premier membre de sa famille à le rejoindre.[249] Son père l'aimait beaucoup et elle aimait beaucoup son père. Le Messager maintenait l'équilibre même dans son amour pour Fatima. Il la forma pour les hauteurs vers lesquelles l'âme humaine doit s'élever.

Le Messager l'éleva, elle ainsi que tous les autres membres de sa famille et les Compagnons, de manière à les préparer à l'au-delà. Nous avons tous été créés pour l'éternité, et ne pouvons donc être satisfaits que grâce à l'éternité et à l'Être Éternel. Par conséquent, nous ne voulons que Lui et n'aspirons qu'à Lui, consciemment ou inconsciemment. L'essence de toutes les religions et le message de tous les prophètes concernait l'au-delà. C'est pour cela que le Messager cherchait toujours à préparer ses adeptes à la paix et à la félicité éternelles ; en même temps, sa propre existence parmi eux était un échantillon de cette paix et de cette félicité auxquelles ils goûteraient en la présence divine.

Il les aimait et les dirigeait vers l'au-delà, vers ce qui dépasse ce monde, vers la beauté éternelle, et vers Dieu. Par exemple, il vit un jour Fatima portant un collier (un bracelet selon une autre version) et lui demanda :

[249] Mouslim, *Fadha'il*, 98, 99 ; Boukhari, *Manaqib*, 25.

« Voudrais-tu que les habitants des cieux et de la terre disent que ma fille porte une chaîne de l'Enfer ? » Ces quelques mots, venant d'un homme dont le trône avait été établi dans son cœur et qui avait conquis toutes ses facultés, lui firent raconter plus tard : « J'ai immédiatement vendu le collier, j'ai acheté et libéré un esclave, puis je me suis rendue auprès du Messager. Quand je lui ai dit ce que j'avais fait, il se réjouit. Il ouvrit ses mains et remercia Dieu : 'Louanges à Dieu, qui protégea Fatima de l'Enfer.' »[250]

Fatima n'avait commis aucun péché en portant ce collier. Cependant, le Messager voulait la garder dans le cercle de ceux qui sont proches de Dieu (mouqarrabin). Son avertissement se fondait sur la piété et dévotion à Dieu (taqwa) et la proximité de Dieu (qurb). En un sens, il s'agit de l'abandon des choses de ce monde. C'est aussi un exemple de la sensibilité qui sied à la mère des descendants du Prophète (Ahl al-Bayt), qui représentera la communauté musulmane jusqu'au Jour dernier. Être la mère de personnes aussi pieuses que Hassan, Houssayn et Zayna'l-Abidin n'était certes pas une tâche ordinaire. Le Messager la préparait à être la mère, dans un premier temps, de sa propre descendance, puis de ceux qui descendraient d'eux, à savoir de grands chefs spirituels comme Abdou'l-Qadir al-Jilani, Mohammed Baha ad-Din an-Naqchband, Ahmad Rifai, Ahmad Badawi, ach-Chadhili, et autres.

C'était comme s'il lui disait : « Fatima, tu épouseras un homme (Ali) et iras dans une maison d'où une multitude d'anneaux d'or émergeront dans le futur. Oublie cette chaîne en or que tu as autour du cou et concentre-toi à devenir la mère des chaînes en or de saints qui apparaîtront dans les ordres spirituels de Naqchbandiya, Rifaiya, Chadhiliyya et autres. » Il aurait été difficile de remplir un tel rôle en portant un collier en or. C'est pourquoi le Messager était plus sévère avec les gens de sa Maison qu'avec les autres. Il les rappelait au droit chemin en tournant leurs visages vers l'au-delà, en fermant toutes les fenêtres ouvrant sur ce monde et en leur disant que ce dont ils ont besoin, c'est Dieu.

Ils allaient mener toutes leurs vies avec le regard fixé sur l'autre monde. Pour cette raison, en signe d'amour, le Messager purifia les membres de sa Famille de toutes les choses vaines de ce monde et ne laissa aucune poussière d'ici-bas les souiller. Il tourna leurs visages vers les royaumes exaltés et les prépara afin qu'ils puissent s'y retrouver ensemble.

---

[250] Nasa'i, Zinat, 39 ; Ahmad ibn Hanbal, Mousnad, 5 : 278 – 279.

3. « Vous êtes avec ceux que vous aimez ! »

Selon ce hadith, si vous aimez le Prophète Mohammed, vous serez sur son chemin, et ceux qui sont sur son chemin seront avec lui dans l'autre monde. Pour préparer les membres de sa famille et ses Compagnons à ce rassemblement, le Messager les aima et les embrassa. Il utilisa cet amour de façon efficace.

Boukhari et Mouslim donnèrent un autre exemple sur sa manière de les éduquer. Ali raconte :

> Nous n'avions aucun domestique chez nous et Fatima accomplissait donc toutes les tâches ménagères elle-même. Nous vivions dans une maison qui ne comportait qu'une petite chambre. Là, elle allumait un feu et essayait de cuisiner. Ses vêtements roussissaient souvent tandis qu'elle s'efforçait d'attiser le feu en soufflant. Elle faisait le pain elle-même et transportait l'eau. Ses mains devinrent calleuses à force de tourner la meule et son dos s'éreinta à force de transporter l'eau. Pendant ce temps, des prisonniers de guerre furent apportés à Médine. Le Messager les distribuait à ceux qui en demandaient. Je suggérai à Fatima de demander une servante à son père. Et c'est ce qu'elle fit.

Fatima continue ainsi :

> Je me suis rendue auprès de mon père mais il n'était pas chez lui. Aïcha me dit qu'elle lui transmettrait le message dès qu'il rentrerait. Je suis donc repartie chez moi. Juste au moment où nous nous étions couchés, le Messager entra. Nous voulions nous lever, mais il ne nous laissa pas faire et s'assit entre nous. Je pouvais sentir le froid de ses pieds sur mon corps. Il demanda ce que nous voulions et je lui expliquai la situation. Le Messager, sur un ton impressionnant, répondit : « Fatima, crains Dieu et sois sans fautes dans tous tes devoirs envers Lui. Je vais te dire quelque chose. Quand tu veux te coucher, dis *soubhan'Allah* (Gloire à Dieu !), *alhamdoul'Allah* (Louange à Dieu !) et *Allahou akbar* (Dieu est Grand !) trente-trois fois chacun. Cela est mieux pour toi que d'avoir une servante.[251]

En fait, ce qu'il voulait dire à travers ce discours était :

---

[251] Boukhari, *Daawat*, 11 ; Mouslim, *Dhikr*, 80, 81.

Je veux tourner vos visages vers les royaumes de l'au-delà. Il y a pour toi deux moyens de les atteindre et d'y être avec moi : accomplis tes devoirs dans la parfaite servitude à Dieu et remplis tes devoirs envers ton époux. Si une servante se charge de tes responsabilités, il se peut que cela t'affaiblisse. Tu dois avoir deux ailes pour pouvoir voler vers de plus hauts rangs. Comment un homme ou une femme peut-il/elle devenir un esclave parfait de Dieu ? Comment une personne peut-elle devenir un être humain parfait et remplir toutes ses obligations ? C'est ton devoir de trouver les réponses à ces questions. Avant tout, deviens un parfait esclave de Dieu. Puis deviens un être humain parfait en accomplissant tes devoirs envers Ali, un grand homme qui représente tous les saints qui descendront de ta famille. Si tu fais tout cela, tu seras avec moi au Paradis, où toutes les choses parfaites et les êtres humains parfaits se retrouveront.

Je ne peux m'empêcher de faire une digression concernant Ali. Le Messager lui donna sa fille en mariage sans hésitation, parce qu'il méritait d'avoir une telle épouse et d'être le gendre du Prophète. Ali était le roi des saints et fut créé selon cette nature. Le Messager lui dit : « Ô Ali, tous les autres prophètes eurent leurs propres descendances. Cependant, la mienne viendra de toi. »[252] Grâce à ce mariage, Ali eut l'honneur d'être le père des descendants du Prophète, à savoir de ses petits-enfants et des autres générations de descendants. C'est pourquoi obéir à Ali signifie obéir au Messager, et obéir au Messager signifie obéir à Dieu. De même, ceux qui aiment Ali doivent aimer le Prophète et suivre sa Sunna.

4. Pourquoi avait-il plus d'une épouse ?

Certains détracteurs de l'islam, soit parce qu'ils ne connaissent pas les raisons de ces mariages ou qu'ils veulent le dépeindre comme un libertin qui ne se refuse rien, ont accusé le Messager de défauts de caractère qui sont incompatibles avec la vertu moyenne, et encore moins avec la vertu du dernier Messager de Dieu et du meilleur modèle pour l'humanité. Les faits, qui sont tous facilement disponibles dans un grand nombre de biographies et de récits de ses paroles et de ses actions dont l'authenticité a bien été établie, réfutent de telles allégations et montrent que ces

---

[252] Bediüzzaman Saïd Nursi, *Lemalar*, 4. Lema.

mariages faisaient partie d'une vie strictement disciplinée et représentaient pour lui un fardeau de plus.

Les raisons derrière ses mariages, quoiqu'elles diffèrent d'un cas à l'autre, ont toutes trait à son rôle de leader de la nouvelle communauté musulmane et à sa responsabilité de guider ses adeptes vers les normes et les valeurs de l'islam.

Mohammed se maria avec sa première épouse quand il avait vingt-cinq ans, c'est-à-dire quinze ans avant que sa Prophétie ne commence. Étant donné l'environnement moral et culturel dans lequel il vivait, sans même mentionner le climat, son jeune âge et d'autres facteurs, il jouissait néanmoins d'une parfaite réputation de quelqu'un de chaste, intègre et digne de confiance. Aussitôt qu'il fut appelé à la Prophétie, il s'attira des ennemis qui l'accusèrent de toutes sortes de choses. Pourtant, même ses ennemis les plus acharnés n'attaquèrent pas sa réputation, car cela les aurait amenés à être immédiatement ridiculisés et discrédités. Il est important de comprendre que sa vie était fondée sur la chasteté et l'auto-discipline dès le début, et resta ainsi.

Quand il était à la fleur de l'âge, à 25 ans, Mohammed épousa Khadija, une veuve de quinze ans son aînée. Ce mariage était très élevé et exceptionnel aux yeux du Prophète et de Dieu. Pendant vingt-trois années, ce couple dévoué vécut ensemble dans un parfait contentement et fidélité. Le Prophète n'eut aucune autre épouse du vivant de Khadija, bien que l'opinion publique et les normes sociales l'auraient permis. Même ses ennemis admirent que, pendant ces années-là, ils ne pouvaient trouver aucune déficience dans son caractère moral. Quand elle rendit l'âme dans le courant de la huitième année de sa Prophétie, le Prophète se retrouva à nouveau seul ; mais cette fois-ci avec des enfants. Il ne se remaria pas pendant quatre ou cinq ans. Tous ses autres mariages survinrent après qu'il eut 53 ans ou plus tard, donc à un âge où l'on n'a plus vraiment d'intérêt ni de désir pour le mariage, surtout en Arabie où les gens vieillissaient relativement tôt. Par conséquent, les allégations de libertinage et de laisser-aller sont sans fondements.

Les gens se demandent souvent comment un Prophète pourrait avoir plus d'une épouse. Il faut d'abord considérer trois points pour pouvoir répondre à cette question. Mais avant cela, voyons qui sont les auteurs de cette question. Pour la plupart, il s'agit de chrétiens ou de juifs (les Gens du Livre), ou encore d'athées. Comme très souvent de telles personnes ne savent quasiment rien de l'islam, leur question se fonde soit sur une sincère ignorance, soit sur un désir de semer le doute parmi les croyants.

Ceux qui ne croient pas en une religion ni ne la pratiquent devraient éviter de critiquer ceux qui y croient et la pratiquent. De telles personnes sont souvent connues pour leur libertinage, leurs nombreux partenaires sexuels et leur refus de se soumettre à toutes formes d'éthique ou de valeurs morales. Leur auto-indulgence, qu'ils déguisent mais ne restreignent pas, ainsi que leur refus de considérer ses conséquences sur eux-mêmes et sur les jeunes en général, sans compter leurs propres enfants, a eu de très graves répercussions sociales. Se considérant totalement libres, ils se lancent dans des activités que la plupart des sociétés jugent immorales : l'inceste, l'homosexualité, la polyandrie (le fait d'avoir plusieurs 'maris' en même temps), etc. Ils n'arrêtent jamais pour se demander quels effets ces pratiques ont sur les enfants de telles unions.

Une fois que nous avons compris cela, nous pouvons mettre en perspective leurs critiques et voir ce qu'elles sont vraiment : un désir, conscient ou non, d'entraîner les croyants dans une confusion morale et vicieuse dans laquelle ils ont eux-mêmes été pris.

On se demande pourquoi les juifs et les chrétiens attaquent le Prophète à cause de ses nombreux mariages. Ont-ils oublié que les grands patriarches hébreux, considérés comme des prophètes dans la Bible et dans le Coran, et qui sont vénérés par les juifs, les chrétiens et les musulmans comme des exemples d'excellence morale, pratiquaient la polygamie ? Qui plus est, comme dans le cas du prophète Salomon[253], ils avaient bien plus de femmes le Prophète Mohammed. L'on en vient à se demander s'ils sont plus motivés par leurs sentiments anti-islamiques que par un intérêt sincère.

La polygamie n'a pas commencé avec les musulmans. De plus, dans le cas du Prophète de l'islam, cela représentait une part importante dans la transmission du message et dans l'invitation des incroyants à l'islam. Par exemple, une religion qui embrasse toutes les sphères de la vie ne saurait se taire dès qu'il s'agit des affaires intimes. De telles choses ne peuvent être connues qu'entre époux. Par conséquent, il doit y avoir des femmes qui puissent donner des conseils et des indications claires, puisque de tels sujets ne peuvent pas être abandonnés aux allusions habituelles,

---

[253] Selon Livre I, Rois 11 : 3, Salomon avait *700 épouses, princesses, et 300 concubines.*

aux insinuations et aux sous-entendus. Les épouses du Prophète servaient d'enseignantes qui transmettaient et expliquaient à d'autres femmes, ainsi qu'aux hommes, les normes islamiques et les règles concernant les affaires conjugales, familiales et les autres sujets intimes.

Certains mariages furent contractés pour des raisons spécifiques telles que :

- Comme ses épouses comptaient des femmes de tous âges, les normes et les exigences de la loi islamique pouvaient être appliquées correctement à chaque étape de leurs vies et de leurs expériences. Ces dispositions étaient apprises et appliquées parmi les membres de la famille du Prophète et ensuite transmises à d'autres musulmans par le biais de ses épouses.

- Chacune de ses épouses appartenait à une tribu ou à un clan différents, ce qui lui permettait d'établir des liens de parenté et d'affinité à travers toute l'Arabie. Cela engendra un profond attachement pour lui à travers les divers peuples de la nouvelle communauté musulmane, et créa et assura l'égalité et la fraternité d'un point de vue pratique et religieux.

- À la fois avant et après le décès du Prophète, chaque épouse se révéla d'un grand profit et d'une grande aide. Elles transmettaient et interprétaient l'islam à leurs peuples dans toutes ses dimensions internes et externes, ainsi que les qualités, les manières et la foi de l'homme qui était la personnification du Coran dans tous les aspects de sa vie. De cette façon, leurs peuples apprenaient le Coran, la Sunna, le *tafsir* (commentaires et interprétations coraniques) et le *fiqh* (compréhension de la loi islamique), et devinrent donc pleinement conscients de l'essence et de l'esprit de l'islam.

- À travers ses mariages, le Prophète avait établi des liens de parenté dans toute la péninsule arabique et pouvait donc circuler librement et être accepté comme un membre de chacune de ces familles. De plus, tous ceux qui étaient ainsi liés à lui se sentaient assez proches de lui pour pouvoir lui demander directement des conseils sur n'importe quel sujet. La tribu entière profitait aussi d'une telle alliance ; ils se considéraient chanceux et étaient fiers de leurs nouveaux liens de parenté. Par exemple, de tels liens furent établis avec les Omeyyades (grâce à Oumm Habiba), avec les

Hachémites (grâce à Zaynab bint Jahch) et avec les Banu Makhzoum (grâce à Oumm Salama).

Ce que nous avons dit jusqu'ici est général et pourrait, à certains égards, valoir pour tous les prophètes. Cependant, nous allons maintenant décrire brièvement la vie de ces femmes, pas dans l'ordre des mariages mais à partir d'une autre perspective.

Khadija fut la première épouse du Prophète. Quand ils se marièrent, elle avait 40 ans et lui 25. Elle fut la mère de tous ses enfants sauf Ibrahim qui décéda en bas âge. Mais elle était plus que son épouse – elle était aussi son amie qui partageait ses inclinations et ses idéaux à un degré remarquable. Leur mariage fut merveilleusement béni et ils vécurent ensemble dans une grande harmonie pendant vingt-trois ans. À travers tous les outrages et les persécutions dont il fut accablé par les Mecquois, Khadija était son plus cher compagnon et aide. Il l'aimait tendrement et ne se maria avec aucune autre femme de son vivant.

Ce mariage représente les formes idéales d'intimité, d'amitié, de respect mutuel, de soutien et de consolation. Bien qu'il fût fidèle et loyal envers toutes ses épouses, il n'oublia jamais Khadija ; pendant le reste de sa vie, il ne cessa de mentionner ses vertus et ses mérites. Le Prophète ne se remaria pas pendant les quatre ou cinq années qui suivirent sa mort. Le fait de pourvoir à l'alimentation et à tous les autres besoins de ses enfants, supportant les problèmes et les difficultés, fit de lui à la fois un père et une mère. Oser prétendre que cet homme était un sensuel ou un homme à femmes est totalement aberrant. S'il n'y avait ne serait-ce qu'une once de vérité en cela, il n'aurait pas pu vivre comme l'histoire rapporte qu'il a vécu.

Aïcha, sa deuxième épouse (mais pas dans l'ordre chronologique de mariage), était la fille d'Abou Bakr, son ami le plus proche et son disciple le plus dévoué. L'un des premiers convertis à l'islam, cet homme avait depuis longtemps aspiré à raffermir son profond attachement au Prophète en lui accordant la main de sa fille Aïcha. Son acceptation conféra le plus grand honneur et la plus grande faveur à un homme qui avait partagé tous les bons et mauvais moments avec lui depuis le début de sa mission.

Aïcha, qui s'avéra une femme remarquablement intelligente et sage, avait à la fois la nature et le tempérament pour faire avancer le travail de la mission prophétique. Son mariage la prépara à être une éducatrice et un guide spirituel pour toutes les femmes. Elle devint une élève et disciple du Prophète et à travers lui, comme tant d'autres musulmans de cette période bénie, elle développa et perfectionna ses talents afin de le rejoindre dans la demeure de félicité comme son épouse et son élève. Sa vie et le service qu'elle rendit à l'islam après son mariage prouvent qu'une personne aussi exceptionnelle était effectivement digne d'être l'épouse du Prophète.

À travers les années, elle se révéla l'une des plus grandes autorités compétentes dans le domaine des hadiths, une excellente commentatrice du Coran et une experte reconnue et distinguée en *fiqh* (jurisprudence islamique). Elle représentait véritablement les expériences et les qualités internes et externes du Prophète Mohammed à travers sa compréhension unique.

Oumm Salama, du clan des Makhzoum, fut d'abord mariée à son cousin. Le couple avait embrassé l'islam dès les tout débuts et avait émigré en Abyssinie afin d'échapper à la persécution des Quraychites. Après leur retour, ils émigrèrent à Médine avec leurs quatre enfants. Son mari prit part à de nombreux combats puis, sévèrement touché à celle d'Ouhoud, obtint le martyre peu de temps après. Abou Bakr et Omar offrirent de l'épouser, conscients de ses besoins et de ses souffrances en tant que veuve avec quatre enfants sans aucun soutien. Elle refusa, persuadée que personne ne pouvait être mieux que son défunt mari.

Plus tard, le Prophète lui fit une proposition de mariage. Cela était très juste et naturel car cette noble femme, qui n'avait jamais fui les sacrifices et les souffrances pour l'islam, était désormais seule après avoir passé de nombreuses années parmi le clan arabe le plus noble. Il ne fallait pas la négliger et la laisser mendier sa subsistance. Considérant sa piété, sa sincérité et tout ce qu'elle avait souffert, elle méritait d'être aidée. En l'épousant, le Prophète faisait ce qu'il avait toujours fait depuis sa jeunesse, à savoir offrir son amitié à ceux qui n'ont pas d'amis, soutenir ceux qui ne reçoivent pas de soutien et protéger ceux qui sont sans protection.

Oumm Salama était aussi intelligente et comprenait très vite. Elle avait toutes les qualités et les dons pour devenir un guide spirituel et une éducatrice. Après son mariage avec le Prophète, elle devint une nouvelle étudiante dans l'école du savoir et de la guidance, envers qui toutes les femmes sont reconnaissantes. Rappelons-nous que, à cette époque, le Prophète approchait la soixantaine. Son mariage avec une veuve qui avait quatre enfants et son acceptation de pourvoir à toutes les dépenses et d'assumer toutes les responsabilités conséquentes ne peuvent être compris qu'en termes de ses réserves infinies de compassion et d'humanité.

Oumm Habiba était la fille d'Abou Soufyan qui, pendant très longtemps, fut l'ennemi le plus acharné du Prophète et le plus grand partisan de l'incroyance. Malgré cela, sa fille fut l'une des premières converties à l'islam et émigra en Abyssinie avec son mari. Ce dernier mourut là-bas, la laissant seule et sans espoir dans l'exil.

Oumm Habiba ne pouvait subvenir à ses propres besoins. Elle fut donc confrontée à plusieurs choix : la conversion au christianisme en échange de l'aide de la part des chrétiens abyssiniens (impensable) ; rentrer chez son père, là où siégeait le quartier général de la guerre contre l'islam (impensable) ; ou mendier de maison en maison. Cette dernière solution était aussi impensable que les deux premières, et avait en plus l'inconvénient de porter la honte sur sa famille qui était l'une des plus riches et des plus nobles familles arabes.

Dieu récompensa Oumm Habiba pour tout ce qu'elle avait perdu et sacrifié au nom de l'islam. Elle avait été réduite à un exil solitaire et à être une malheureuse veuve dans un endroit peu sûr où les gens étaient d'une religion et d'une race différentes de la sienne. Le Prophète, en apprenant son triste état, la demanda en mariage par l'intermédiaire du roi Négus. Cette noble et généreuse action est une preuve pratique de : *Et Nous ne t'avons envoyé qu'en miséricorde pour l'univers* (21 : 107).

À travers ce mariage, la puissante famille d'Abou Soufyan fut liée à la personne et au foyer du Prophète, un fait qui les poussa à reconsidérer leur opposition. Il est aussi correct de percevoir l'influence que ce mariage a eu, non seulement sur la famille proche d'Abou Soufyan, mais également sur tous les Omeyyades, lesquels dirigèrent les musulmans pendant près d'un siècle. Ce clan, dont les membres avaient été les plus hostiles à l'islam, produisirent quelques-uns des guerriers, des dirigeants et des gouverneurs les plus renommés des premiers temps de l'ère islamique. Ce fut son mariage avec Oumm Habiba qui enclencha ce changement : la profondeur de générosité et la grandeur d'âme du Prophète les ont sûrement confondus.

Zaynab bint Jahch était une femme de noble naissance et descendance, et était aussi une proche parente du Prophète. C'était une femme d'une grande piété qui jeûnait beaucoup, priait longtemps la nuit et aidait généreusement les pauvres. Quand le Prophète informa ses parents qu'il souhaitait qu'elle épouse Zayd (qui était alors son fils adoptif), sa famille et elle-même furent d'abord réticentes. Sa famille avait espéré marier leur fille au Prophète lui-même. Naturellement, quand ils réalisèrent que tel était le désir du Prophète, ils consentirent par amour du Messager et par égard pour son autorité.

Comme mentionné plus tôt, le Messager arrangea ce mariage afin d'abolir plusieurs coutumes païennes : un ancien esclave libéré ne pouvait pas épouser une femme née libre, le racisme (Zayd était du Yémen), un père adoptif ne pouvait pas se marier avec l'ex-femme ou la veuve de ses fils adoptifs. Or le mariage n'apporta pas le bonheur escompté chez les époux. Tous deux étaient de pieux musulmans et aimaient le Prophète de tout leur cœur, mais ils s'avérèrent incompatibles. Zayd demanda plusieurs fois au Prophète de l'autoriser à divorcer Zaynab, mais le Prophète lui dit d'être patient et de ne pas se séparer d'elle. Puis un jour, tandis qu'il parlait avec des gens, l'archange Gabriel apparut et lui transmit une révélation divine.[254] Le verset révélé annonçait le mariage du Prophète avec Zaynab comme une alliance déjà établie : *Nous te la fîmes épouser* (33 : 37).

Il est clair que le désir charnel n'avait aucune part dans cette union. Loin de là, ce fut une épreuve si pénible qu'Aïcha dit plus tard : « Si le Messager de Dieu avait été enclin à supprimer quoi que ce soit de ce qui lui a été révélé, il aurait assurément supprimé ce verset. »[255]

Juwayriya bint Harith, la fille du chef du clan des Banu Mustaliq qui subirent la défaite, fut capturée durant une expédition militaire. Elle fut gardée, comme les autres membres de sa si fière famille, parmi les gens « ordinaires » de son clan. Elle était extrêmement affligée quand elle fut amenée devant le Prophète, entre autres parce que ses proches avaient tout perdu et parce qu'elle détestait les musulmans. Le Prophète comprenait la blessure portée à sa fierté et à sa dignité, et savait comment la soigner. Il accorda de payer sa rançon, de la libérer et de lui offrir de l'épouser.

On peut facilement imaginer l'immense joie avec laquelle Juwayriya accepta cette offre. Environ cent familles furent libérées quand les Ansar (les secoureurs de Médine) et les Mouhadjiroun (émigrés de La Mecque) apprirent que les Banu Mustaliq étaient désormais apparentés au Prophète par les liens du mariage. Une tribu ainsi honorée ne pouvait demeurer

---

[254] Boukhari, *Tawhid*, 22.
[255] Boukhari et Mouslim.

dans l'esclavage.[256] De cette façon, les cœurs de Juwayriya et de tout son peuple purent être gagnés.

Safiyya était la fille de Huyayy, un chef de clan des juifs de Khaybar, qui avait persuadé les Banu Quraydha de rompre leur traité avec le Prophète. Elle avait vu sa famille et ses proches s'opposer au Prophète depuis qu'elle était toute petite. Suite à la bataille de Khaybar, elle perdit son père, son frère et son mari, et elle était elle-même devenue captive.

Il se peut que l'attitude et les actions de sa famille et de ses proches l'aient poussé à nourrir une haine profonde et un grand désir de vengeance contre les musulmans. Or trois jours après l'apparition du Prophète devant la citadelle de Khaybar, Safiyya vit en rêve une lune brillante venant de Médine et se dirigeant vers Khaybar, puis tombant sur ses genoux.

Elle dit plus tard : « Quand je fus capturée, je me mis à espérer que mon rêve se réaliserait. » Quand on l'amena devant le Prophète, il fut très généreux envers elle en la libérant et en lui offrant le choix de rester juive et de rentrer chez son peuple ou d'entrer dans l'islam et de devenir son épouse. « Je choisis Dieu et Son Messager », répondit-elle. Et ils se marièrent peu après.

Elevée au rang de membre de la famille du Prophète et désormais « mère des croyants », elle fut elle-même témoin direct du traitement honorable et très respectueux que lui montrèrent les Compagnons. Elle vit le raffinement et la vraie courtoisie de ceux qui avaient soumis leurs cœurs et leurs esprits à Dieu. Son attitude vis-à-vis de ses expériences passées changea radicalement, et elle commença à apprécier l'immense honneur d'être l'épouse du Prophète. Ce mariage changea aussi l'attitude de nombreux juifs au fur et à mesure qu'ils venaient voir et connaître le Prophète de plus près.

Sawda bint Zama était la veuve de Sakran. Ce couple avait été parmi les premiers à embrasser l'islam et à émigrer en Abyssinie. Sakran mourut en exil et laissa sa femme sans moyen de subsistance. Pour soulager ses peines, le Prophète l'épousa bien qu'il eût lui-même de grandes difficultés à pourvoir à ses propres besoins quotidiens. Ce mariage eut lieu quelques années après le décès de Khadija.

Hafsa était la fille de Omar ibn al-Khattab, le futur deuxième calife de l'islam. Également en exil en Abyssinie puis émigrée à Médine, elle devint

---

[256] Ibn Hanbal, *Mousnad*, 6 : 277.

veuve quand son mari obtint le martyre au service de Dieu. Elle resta veuve pendant un certain temps. Omar aspirait à l'honneur et à la bénédiction d'être proche du Prophète aussi bien dans ce monde que dans l'autre, tout comme Abou Bakr espérait l'être. Ainsi le Prophète épousa-t-il Hafsa afin de protéger et d'aider la fille de son fidèle disciple.

Tels étaient les circonstances et les motifs derrière les différents mariages du Prophète. Aucun désir charnel n'y avait pris part. Bien au contraire, il se maria pour pourvoir à la subsistance et à la dignité de veuves ou de femmes dépourvues de tout soutien ; pour consoler ou honorer les membres des tribus qui étaient enragés ou brouillés en amenant les anciens ennemis dans quelque degré de relation familiale et d'harmonie ; pour gagner certains individus exceptionnellement doués, en particulier des femmes d'un grand talent, pour la cause de l'islam ; pour établir de nouvelles normes de relations entre différentes personnes au sein de la fraternité unificatrice de la foi en Dieu ; et pour honorer avec des liens de famille les hommes qui allaient être ses successeurs immédiats.

Ces mariages n'avaient rien à voir avec la complaisance, les désirs personnels, ou la convoitise. Exception faite de Aïcha, toutes ses épouses étaient veuves et tous ses mariages (sauf celui avec Khadija) furent contractés alors qu'il était déjà un vieil homme. Loin d'être des actes d'auto-indulgence, ces mariages étaient des actes d'autodiscipline.

Le Prophète avait eu une dispense divine spéciale, faite uniquement pour lui, pour avoir ce nombre d'épouses. La révélation divine qui restreignait la polygamie apparut après qu'il avait contracté tous ces mariages. Suite à cela, il lui fut également interdit d'épouser toute autre femme.

Chapitre 6
Le Prophète Mohammed
en tant qu'éducateur

1. L'atmosphère éducative

Examinons le verset suivant :

> C'est Lui qui a envoyé à des gens sans Livre (les Arabes illettrés) un
> Messager des leurs qui leur récite Ses versets, les purifie et leur ensei-
> gne le Livre et la Sagesse, alors qu'ils étaient auparavant dans un
> égarement évident. (62 : 2)

Certains de ces mots sont très intéressants. Dieu est mentionné à la
troisième personne car les Arabes, ignorants, primitifs et sauvages qu'ils
étaient ne Le connaissaient pas. Comme il n'y avait pas de « Lui » dans
leur esprit et vu l'obscurité de leur nature et leur grand éloignement de
Lui, Dieu indique qu'ils ne sauraient être adressés directement (à la
deuxième personne) par Lui.

Puis Dieu les appelle *illettrés*. Ils ne l'étaient pas tous, mais ils n'avaient
nulle connaissance de Dieu et du Messager. Dieu, par Son pouvoir infini,
envoya à cette communauté opiniâtre un Messager doté de la plus grande volonté, de la nature la plus sublime, de la spiritualité la plus profonde et de la plus haute moralité, au moyen duquel Il allait les instruire à
devenir des génies qui allaient un jour diriger l'humanité.

L'expression *des leurs* montre que le Messager faisait partie d'eux,
mais uniquement dans le sens où il ne savait ni lire ni écrire. Étant choisi
par Dieu, il ne pouvait évidemment pas appartenir à l'Ère de l'Ignorance
(l'Arabie pré-islamique dite *Jahiliyya*), c'est-à-dire qu'il ne pouvait pas être
ignorant comme ses contemporains. Toutefois, il fallait qu'il fût illettré afin
que Dieu lui enseignât ce qu'il devait savoir. Dieu allait le séparer de son
peuple, l'éduquer et faire de lui un enseignant pour tous les illettrés.

Qui leur récite Ses versets, (et) les purifie montre qu'Il leur enseigne graduellement les significations du Coran et de la création, et les informe sur la façon de devenir des êtres humains idéaux en s'évertuant à atteindre la perfection spirituelle. Il les guide vers de plus hauts rangs en leur expliquant le Coran et l'univers, et en leur montrant avec détail comment mener une vie équilibrée et exemplaire dans tous les domaines.

La phrase *alors qu'ils étaient auparavant dans un égarement évident* indique que Dieu allait les purifier et les éduquer même s'ils s'étaient égarés. Il fit tout cela par le biais d'un Messager analphabète et en leur enseignant le Coran. À travers l'histoire et encore aujourd'hui, ce Livre a répondu aux besoins d'innombrables saints, savants et scientifiques.

Suite au Prophète, l'humanité vit son drapeau flotter partout pendant des siècles. Ceux qui le suivent, hier comme aujourd'hui, atteignent les royaumes spirituels les plus élevés grâce aux ailes de la sainteté, de la piété, de la droiture, du savoir et de la science. Ceux qui gravirent les marches de la bonne conduite et de la spiritualité, et du savoir et de la science, aussi bien dans le présent que dans le passé, virent sur chaque marche les « empreintes » du Prophète Mohammed et le saluèrent par : « La paix et les bénédictions de Dieu soient sur toi ! »

Ils referont la même chose dans un futur proche. Toutes les prétendues idées originales disparaîtront l'une après l'autre, comme des bougies qui s'éteignent, ne laissant apparaître qu'un seul « soleil » – le Coran – qui ne se couchera jamais. Son drapeau sera le seul à flotter dans l'horizon, et chaque génération se ruera vers lui, brisant les chaînes autour de leurs cous.

2. L'islam s'adresse à toutes les facultés humaines

Comme nous le voyons clairement dans le verset susmentionné, la méthode d'éducation du Messager fait bien plus que seulement purifier notre moi charnel qui nous pousse au mal ; c'est une méthode dont la nature est universelle et qui élève le cœur, l'esprit et l'âme de l'homme à leur niveau idéal. Il respectait et inspirait la raison. En fait, il l'éleva au plus haut rang sous l'intelligence de la Révélation.

Les vérités universelles du Coran établissent aussi ce fait. De plus, le Message touche tous nos sens intérieurs et extérieurs, il permet à ceux qui le suivent de s'envoler avec les ailes de l'amour et de la compassion, et les emporte vers des lieux qui dépassent notre imagination. Son appel universel inclut, en plus des règles de bonne conduite et de spiritualité, tous les principes d'économie, de finance, d'administration, d'éducation, de justice et de loi internationale. Il a ouvert les portes des institutions économiques, sociales, administratives, militaires, politiques et scientifiques à ses élèves, dont il formait et développait l'âme et l'esprit à devenir de parfaits gérants, les meilleurs économistes, les politiciens les plus efficaces et des génies militaires exceptionnels.

S'il y avait eu une quelconque lacune dans son enseignement à l'humanité, le but de sa Prophétie n'aurait pas pu se réaliser aussi pleinement. Il dit :

> Chaque Prophète avant moi a construit une partie de ce magnifique édifice, mais il y avait une brèche qu'il fallait combler. Chaque passant disait : « Je me demande quand cet édifice sera achevé. » Celui qui l'achève, c'est moi, le sceau des prophètes. Après moi, il n'y aura plus aucun manque dans la structure.[257]

Le Coran affirme ceci : *Aujourd'hui, J'ai parachevé pour vous votre religion* (5 : 3). En bref, le Prophète a réformé, complété et parfait les modes de vie qui étaient devenus déficients ou qui avaient dévié du service de Dieu.

Tous les prophètes précédents avaient été envoyés à un peuple donné et pour une période donnée. Cependant, comme Dieu a choisi le Prophète Mohammed et l'islam pour tous les temps et tous les peuples, l'islam est le point culminant de Sa faveur universelle pour Sa création. Il a façonné l'islam de sorte qu'il convienne à tout le monde. Par conséquent, au lieu de chercher des défauts dans le Message et les principes relayés par le Messager, les gens doivent plutôt rechercher ces vérités et ces principes afin d'organiser leurs vies en fonction d'eux.

Le Prophète était un homme qui a réformé, parachevé et parfait. Il a transformé un peuple illettré et sauvage en une armée de saints bénis, d'illustres éducateurs, d'invincibles commandants, d'éminents hommes d'État et de dignes fondateurs de la plus magnifique civilisation qu'ait connu l'histoire.

La perfection d'un éducateur dépend de la grandeur de son idéal et des dimensions qualitatives et quantitatives de ses auditeurs. Même avant le décès du Prophète Mohammed, les instructeurs et les guides spirituels

---

[257] Boukhari, *Manaqib*, 18 ; Mouslim, *Fadha'il*, 20-23.

qu'il avait envoyés voyageaient de l'Égypte à l'Iran et du Yémen au Caucase pour transmettre ce qu'ils avaient appris de lui. Durant les siècles qui suivirent, des peuples aux traditions, conventions et cultures différentes (perses, touraniens, chinois, indiens, romains, abyssiniens, arabes, quelques européens, etc.) se ruèrent vers l'islam. La grandeur d'un éducateur dépend aussi de la continuation de ses principes. Personne ne peut nier que des gens à travers toute la terre acceptent l'islam et adoptent ses principes. Avec la volonté et la puissance de Dieu, la majorité de l'humanité embrassera bientôt l'islam.

Rappelez-vous que le Messager est apparu parmi un peuple sauvage et primitif. Ils s'adonnaient à l'alcool, aux jeux et à l'adultère sans aucune honte. La prostitution était légale et les maisons closes étaient signalées par un drapeau spécial. L'indécence avait atteint un tel degré parmi eux qu'on n'oserait à peine les appeler des êtres humains. Les gens ne cessaient de se battre entre eux et personne n'avait été capable de les unifier en une seule et puissante nation. On pouvait trouver toutes les variétés du mal en Arabie. Cependant, le Prophète éradiqua tous ces maux et les remplaça par des valeurs et des vertus si profondément ancrées que les gens de son peuple devinrent les leaders et les instructeurs du monde civilisé.

Aujourd'hui encore, nous ne parvenons pas à atteindre leur niveau, ce qui a même été reconnu par des intellectuels occidentaux tels que Isaac Taylor[258], Robert Briffault, John Davenport, M. Pickhtall, P. Bayle, et Lamartine[259].

---

[258] Isaac Taylor, qui parla au Congrès des Églises d'Angleterre, relate comment l'islam change les gens qui l'acceptent :

« Les vertus que l'islam inculque comme la tempérance, la propreté, la chasteté, la justice, la grandeur d'âme, le courage, la bienfaisance, l'hospitalité, la véracité, et la résignation... L'islam prêche une fraternité pratique, l'agalité sociale de tous les musulmans. L'esclavage ne fait pas partie du credo de l'islam. La polygamie est une question plus difficile. Moïse ne l'a pas interdite. Elle était pratiquée par David, et n'est pas directement interdite par le Nouveau Testament. Mohammed limita la polygamie. Il s'agit de l'exception plutôt que la règle... » (Abou'l-Fazl Ezzati, *An Introduction to the History of the Spread of Islam*, London)

[259] Pour ne donner qu'un exemple, Lamartine demande :

Philosophe, orateur, apôtre, législateur, guerrier, conquérant d'idées, restaurateur des dogmes rationnels d'un culte sans images, fondateur de vingt empires terrestres et d'un empire spirituel, voilà Mahomet. À toutes les échelles où l'on mesure la grandeur humaine, quel homme fut plus grand ? » (*Histoire de la Turquie*, 2 : 276-77.)

Dieu crée des choses vivantes à partir de choses inanimées. Il accorde la vie à la terre et à la roche. Aussi le Prophète transforma-t-il « les roches, la terre, le charbon et le cuivre » en « or et diamants ». Regardez ne serait-ce que les exemples d'Abou Bakr, Omar, Othman, Ali, Khalid, Uqba ibn Nafi, Tariq ibn Ziyad, Abou Hanifa, Imam Chafi, Bayazid al-Bistami, Mouhyi'd-Din ibn al-Arabi, Biruni, Zahrawi, et des centaines de milliers d'autres, tous ayant été éduqués dans son école. Le Messager ne permettait en aucun cas que les facultés humaines restent incultivées. Il les développa donc et remplaça la faiblesse par une très haute compétence. Comme le rappela un grand penseur :

> Omar avait le potentiel d'un grand homme avant même d'embrasser l'islam. Après sa conversion, il devint un homme très puissant mais non moins doux, qui ne piétinerait pas une fourmi ni ne tuerait une sauterelle.

D'une part, il y a notre incapacité à éradiquer ne serait-ce qu'une petite habitude comme celle de fumer, et ce malgré tous les équipements modernes et les symposiums et conférences organisés presque tous les jours pour la combattre. La science médicale a beau affirmer que la cigarette peut provoquer le cancer du larynx, de la bouche, de l'œsophage, de la tranchée et des poumons, les gens s'obstinent pourtant à fumer. D'autre part, il y a les accomplissements extraordinaires du Messager qui éradiqua d'innombrables mauvaises habitudes invétérées parmi ses contemporains et les remplaça par des vertus et des habitudes louables. Ceux qui voyaient ces gens disaient : « Mon Dieu, ses disciples sont supérieurs aux anges. » Quand ces nobles personnes passeront par le Pont eschatologique suspendu au-dessus de l'Enfer avec leur lumière se diffusant partout, même les anges, éblouis, demanderont : « Sont-ils des prophètes ou des anges ? » Ni prophètes ni anges, ils sont les personnes éduquées de la nation (*oumma*) du Prophète.

Le Prophète Mohammed avait une vision holistique de chaque individu. Il prenait toutes leurs facultés mentales et spirituelles en compte et les développait, changeant son pauvre peuple en parangons de vertu. Sa sagesse dans l'évaluation d'un tel potentiel n'est qu'une preuve de plus de sa Prophétie.

3. L'éducation par l'exemple

Le Messager de Dieu représentait et exprimait ce qu'il voulait enseigner à travers ses actes, puis traduisait ses actes en mots. Comment être envahi par la crainte révérencielle et l'amour de Dieu, comment être humble, comment se prosterner avec de profonds sentiments, comment s'incliner et s'asseoir lors de la prière, comment pleurer pour Dieu la nuit – toutes ces choses, il les a d'abord faites lui-même et ce n'est qu'ensuite qu'il les a enseignées aux autres. En conséquence, tout ce qu'il prêchait était aussitôt accepté par les membres de sa famille et par ses disciples, car ses paroles pénétraient leurs cœurs. Après lui, l'humanité vit ses normes transmises partout par des gens transportés par les ailes de la sainteté, de la purification, de la dévotion à Dieu, et du désir d'être proche de Lui. Partout où ils aillaient, ils marchaient sur les pas du Prophète Mohammed. D'autres feront de même dans le futur.

Dans la maison du Messager, il y avait en permanence une atmosphère de crainte révérencielle de Dieu. Ceux qui voyaient le Messager percevaient en lui l'attrait du Paradis et la terreur de l'Enfer. Il oscillait pendant la prière, en tremblant de crainte de l'Enfer et en volant avec les ailes du désir du Paradis. Tous ceux qui le voyaient se rappelaient Dieu. L'Imam an-Nasa'i rapporte : « Quand le Messager priait, on entendait un son ressemblant à celui qu'émet l'eau qui bout. »[260] Il priait toujours avec le cœur brûlant et pleurant. Aïcha le trouvait souvent dans la présence de son Maître, prosterné et tremblant.[261] Son comportement inspirait et profitait à tous ceux qui étaient autour de lui. La plupart des enfants et des épouses des Messagers avaient cette même humilité et crainte révérencielle, car les Messagers prêchaient, ordonnaient, rapportaient ce qu'ils pratiquaient et vivaient, et donnaient des exemples à travers leurs actions. L'on peut évaluer l'impact d'un individu à travers sa façon de se conduire chez lui. Quand bien même tous les pédagogues se rassemblaient et réunissaient toutes leurs connaissances acquises dans le domaine de l'éducation, ils ne sauraient être aussi efficaces qu'un seul Prophète.

Beaucoup des descendants du Prophète ont brillé parmi leurs contemporains comme des soleils, des lunes ou des étoiles. Il a élevé ses Compagnons si parfaitement que presque aucun d'entre eux ne devint

[260] Nasa'i, *Sahw*, 18.
[261] Ibid., *Ichrat an-Nisa*, 4.

un hérétique.[262] Nul parmi ses descendants n'est devenu un hérétique, ce qui représente une distinction qui lui est propre. Des hérétiques et des apostats sont apparus parmi la famille et les descendants de nombreuses saintes personnes, mais aucun des descendants de Mohammed n'a trahi les racines de la famille d'où il descendait. Et s'il y a jamais eu des exceptions inconnues de nous et de l'histoire, elles n'invalideraient pas pour autant la règle.[263]

4. Les fondements d'une bonne éducation

Un véritable éducateur doit avoir plusieurs vertus, parmi lesquelles :

Premièrement : donner l'importance requise à tous les aspects de l'esprit, de l'âme et du moi d'une personne, et élever chacun à la perfection qu'ils sont aptes à atteindre. Le Coran mentionne le moi malveillant – âme instigatrice qui incite au mal et qui entraîne les gens, tels des bêtes avec des cordes au cou, partout où elle veut aller, et les aiguillonne jusqu'à ce qu'ils obéissent à leurs désirs charnels. En effet, le moi malveillant veut que les gens ignorent le don que Dieu leur a accordé pour leur permettre d'élever leurs sentiments, leurs pensées et leurs âmes.

Le Coran cite le Prophète Joseph disant : Je ne cherche pas à m'innocenter moi-même, car c'est le propre de la nature humaine à pousser au mal, à moins qu'on ne soit touché par la grâce de Dieu, car Il est Clément et Miséricordieux (12 : 53). Le fait de pousser à faire le mal est inhérent à la nature du moi. Cependant, à travers l'adoration et la discipline, le moi peut être élevé vers de plus hauts rangs, à une position où il reconnaît ses méfaits et ses défauts (nafs al-lawama) (75 : 2), puis plus haut (nafs al-mutma'inna) jusqu'au point où Dieu lui dit : Ô toi, âme apaisée, retourne vers ton Seigneur, satisfaite et agréée (89 : 27 - 28).

Il existe néanmoins un rang encore plus haut que celui du *nafs* en paix (âme apaisée et contentée) : c'est l'âme parfaitement purifiée. Ceux qui s'élèvent à ce degré de réalisation sont les plus proches de Dieu. Quand vous les regardez, vous vous rappelez Dieu, car ils sont comme des miroirs

---

[262] Ceux qui devinrent des apostats après le décès du Prophète ne sauraient être considérés comme des Compagnons.

[263] Il y a une règle de logique : les exceptions n'invalident pas la règle. À notre connaissance, il n'y a eu aucun hérétique parmi ses descendants. Mais cela ne veut pas dire qu'il n'y en aura pas, parce que c'est possible. C'est en considérant cette possibilité que nous parlons avec précaution.

sur lesquels tous les attributs divins se reflètent. Le désir des Compagnons de suivre la formation donnée par le Prophète Mohammed permit à la majorité d'entre eux d'atteindre ce degré de perfection morale et spirituelle. Des millions de gens ont suivi et continuent à suivre leurs exemples.

Deuxièmement : l'évaluation d'un système d'éducation dépend de son universalité, son étendue et la qualité de ses élèves. Les disciples du Prophète étaient prêts à transmettre son Message à toute la planète. Le Message qu'ils portèrent étant par nature universel et valable pour tous les temps et tous les lieux, il fut facilement accepté parmi des peuples de différentes races et religions, de tous niveaux intellectuels, de tous âges et de partout, du Maroc et de l'Espagne jusqu'aux Philippines, des steppes de la Russie jusqu'au cœur de l'Afrique. Ses principes demeurent valides. Malgré de nombreux soulèvements et changements, ainsi que de révolutions sociales, économiques, intellectuelles, scientifiques et technologiques, le système apporté par le Prophète reste le plus original, tant et si bien qu'il est l'espoir de l'avenir de l'humanité.

Troisièmement : un système d'éducation se juge par sa capacité à changer ses élèves. L'exemple de la dépendance au tabac a été mentionné plus tôt, de même que celui montrant comment l'islam et sa propagation par le Prophète métamorphosèrent l'Arabie en son parfait opposé en l'espace de seulement deux ou trois décennies. Nous défions ceux qui réfutent ou remettent en cause sa Prophétie d'aller où que ce soit sur la terre et d'accomplir, en l'espace de cent ans, ne serait-ce qu'un centième de ce qu'il a accompli dans le désert d'Arabie d'il y a 1400 ans. Qu'ils prennent avec eux tous les experts qu'ils peuvent rassembler, puis attendons de voir leurs résultats.

Quand le Prophète Mohammed transmettait le Message, l'Arabie était isolée de ses voisins par d'immenses déserts. Du point de vue culturel, intellectuel et moral, on pouvait à juste titre considérer cette région comme l'une des plus arriérées du monde. Le Hidjaz, région dans laquelle se situent La Mecque et Médine, n'avait vu aucune évolution sociale et ni aucun développement intellectuel digne d'être mentionné. Dominés par la superstition, des coutumes violentes et barbares et des normes morales dépravées, les gens vivaient comme des sauvages. Ils buvaient du vin, s'adonnaient aux jeux de hasard et se laissaient aller à des activités sexuelles que même les sociétés moyennes jugent immorales. Les prostituées faisaient connaître leurs services en accrochant un drapeau aux portes de leurs maisons.[264]

C'était une terre sans loi ni gouvernement. La force primait le droit, comme dans beaucoup d'endroits aujourd'hui, et le pillage, les incendies criminels et les meurtres étaient choses communes. Le plus banal incident suffisait à susciter une querelle qui pouvait dégénérer en un conflit féroce s'étendant sur toute la péninsule. Ces gens formaient le peuple au sein duquel apparut le Prophète Mohammed. Avec le Message qu'il apporta de Dieu et sa façon de le prêcher, il éradiqua la barbarie et la brutalité, il orna les peuples sauvages et inflexibles d'Arabie avec toutes les vertus les plus louables et fit d'eux des instructeurs pour le monde. Sa domination n'était pas physique ou militaire, au contraire, il les conquit et les subjugua en devenant le bien-aimé de leurs cœurs, l'enseignant de leurs esprits, l'éducateur et le dirigeant de leurs âmes. Il élimina leurs mauvaises caractéristiques et implanta et inculqua dans les cœurs de ses adeptes de nobles qualités tant et si bien qu'elles devinrent une nouvelle nature pour tous ses adeptes.

Mais cette transformation ne se limita pas seulement aux gens de son époque et de son pays, car ce processus continue encore aujourd'hui partout où son Message est arrivé. L'islam avait été non seulement accepté rapidement en Arabie, en Syrie, en Iraq, en Perse, en Égypte, en Afrique du Nord et en Espagne dès ses débuts, mais aussi n'y a-t-il jamais perdu sa position stratégique – exception faite de la brillante civilisation désormais éteinte de l'Espagne musulmane. Depuis sa première apparition, il n'a jamais cessé de se répandre.[265]

---

[264] Boukhari, *Nikah*, 37; Abou Dawoud, *Talaq*, 33.

[265] Un écrivain occidental du XIXe siècle nous fait part de ses impressions sur l'influence des valeurs morales islamiques sur les africains :

« Quant aux effets de l'islam quand il est embrassé pour la première fois par une tribu noire, pourrait-il, à partir d'une vue d'ensemble, y avoir un quelconque doute justifié ? Le polythéisme disparaît presque instantanément, la sorcellerie et tous les maux qui l'accompagnent s'éteignent graduellement, et les sacrifices humains deviennent de l'histoire ancienne. L'élévation morale générale est la plus notable ; les indigènes, pour la première fois de leur histoire, se mettent à s'habiller, et comme il faut d'ailleurs. La saleté sordide est remplacée par quelque approche à l'hygiène personnelle; l'hospitalité devient un devoir religieux; l'ivrognerie, au lieu d'être la règle, devient, en comparaison, une rare exception. La chasteté est considérée comme l'une des plus grandes vertus, et dans les faits, l'une des plus communes. Désormais, c'est l'oisiveté qui abaisse, et le travail qui élève, au lieu

Beaucoup d'individus mondialement connus ont été élevés dans l'école de Mohammed. Sans aucun doute, l'on rencontre aussi de nombreuses grandes figures historiques issues d'autres écoles. Dieu a honoré l'humanité avec de grands héros, d'éminents hommes d'État, d'invincibles commandants, de saints inspirés et de grands scientifiques. Toutefois, la majorité d'entre eux n'ont pas laissé de marque profonde dans plus d'un ou deux aspects de la vie humaine, car ils se restreignaient à ces quelques domaines.

Or comme l'islam est un sentier divin pour tous les domaines de la vie, un système divin qui comprend tous les aspects de la vie – « tel un chef-d'œuvre d'architecture dont les parties sont harmonieusement conçues pour se complémenter et se soutenir entre elles, n'ayant rien de manquant, a comme résultat une structure parfaitement équilibrée et solide », selon Mohammed Asad[266], un juif converti – ses élèves combinent souvent en eux-mêmes le matériel et l'immatériel, le rationnel et le spirituel, le bas-monde avec l'au-delà, l'idéal avec le réel, et le scientifique avec le divinement révélé.

Dès son commencement, l'islam a aboli les conflits tribaux et a condamné la discrimination raciale et ethnique. Le Prophète mit les chefs Quraychites sous le commandement de Zayd (un esclave affranchi), et d'innombrables savants, scientifiques, commandants et saints apparurent parmi les peuples conquis. L'un d'entre eux fut Tariq ibn Ziyad, un esclave berbère affranchi qui conquit l'Espagne avec 90 000 vaillants guerriers et posa les fondements de l'une des plus magnifiques civilisations de l'histoire du monde. Après cette victoire, il alla au palais où le trésor du roi vaincu était gardé. Il se dit alors à lui-même :

> Fais attention Tariq ! Hier tu étais un esclave avec une chaîne autour du cou. Dieu t'a libéré, et aujourd'hui tu es un commandant victorieux.

---

du contraire. Les offenses sont désormais mesurées par un code écrit et non plus par les caprices arbitraires d'un chef de clan – un pas, comme chacun avouera, d'une grande importance dans le progrès d'une tribu. La mosquée offre une idée de l'architecture ô combien plus élevée que celle que les noirs aient jamais eue. Une soif pour la littérature est créée, ainsi qu'un désir pour les ouvrages de sciences et de philosophie, et pour les commentaires coraniques. (Waitz cité par B. Smith, Muhammad and Muhammadanism, 42-3.)

[266] Al-Ezzati, *An Introduction to the History of the Spread of Islam.*

Mais demain tu seras transformé en chair pourrissant sous la terre. Finalement, le jour viendra où tu devras te tenir en la Présence de Dieu.

Le monde et son faste ne l'attiraient pas, et il continua à mener une vie simple et modeste. Quelle sorte d'éducation pouvait transformer un esclave en une personne aussi digne et honorable ?

Or sa conquête de l'Espagne ne fut pas sa vraie victoire. Celle-ci arriva au moment où il se tint devant le trésor du roi d'Espagne et se rappela qu'un jour il mourrait et ferait face à Dieu. Suite à cette réflexion, il ne prit rien du trésor pour lui-même.

Uqba ibn Nafi fut un autre grand commandant qui conquit l'Afrique du Nord et atteignit la côte atlantique. Là il se tint debout et dit : « Ô Dieu, si ce n'était pour cette mer, j'aurais transmis Ton nom, la source de lumière, jusqu'aux coins les plus reculés de la planète. »[267]

Avant sa conversion, Abdoullah ibn Massoud s'occupait des moutons de Uqba ibn Abi Muayt. C'était un homme faible et petit qui n'avait aucune importance pour personne.[268] Cependant, une fois devenu musulman, il fut l'un des plus grands Compagnons. Pendant le califat de Omar, celui-ci l'envoya comme enseignant à Koufa. C'est dans le climat de savoir qu'il avait établi là-bas que les plus grandes figures de la jurisprudence islamique émergèrent, parmi lesquelles Alqama, Ibrahim an-Nakha'i, Hammad ibn Abi Soulayman, Soufyan ath-Thawri, et notamment l'Imam Abou Hanifa, le fondateur de la plus grande école de droit islamique.

Ikrima était le fils d'Abou Jahl, le leader inflexible et cruel des incroyants quraychites. Finalement, après la conquête de La Mecque, Ikrima se convertit à l'islam. Cet événement le changea tellement qu'il accueillit le martyre trois ans plus tard à la bataille de Yarmouk. Son fils Amir tomba martyr avec lui.

Hansa était l'une des poétesses les plus célèbres avant l'islam. Suite à sa conversion, elle abandonna la poésie : « Je ne peux écrire de poèmes tandis que nous avons le Coran. » Elle perdit ses quatre fils à la bataille de Qadissiyya. Cette grande femme, qui avait pleuré la mort de son frère à travers un beau poème avant l'apparition de l'islam, ne s'est pas lamentée sur cette nouvelle perte. Au lieu de cela, elle augmenta sa soumission

---

[267] Ibn Athir, *Al-Kamil fi't-Tarikh*, 4:106.

[268] Koufa, une célèbre ville des premiers temps de l'islam, est située sur la branche orientale de l'Euphrate, au sud des ruines de Babel (en Irak).

à Dieu et se contenta de dire : « Ô Dieu, toutes les louanges T'appartiennent. Tu m'as accordé de mon vivant la possibilité de T'offrir en martyrs les quatre fils que Tu m'as donnés. »[269]

L'école du Prophète Mohammed a aussi produit les dirigeants les plus justes de l'histoire. Outre Abou Bakr, Othman, Ali et beaucoup d'autres qui leur succédèrent, Omar a été reconnu à presque toutes les époques comme l'un des plus grands et des plus justes hommes d'État. Il disait : « Si un mouton tombait d'un pont, même sur le fleuve de l'Euphrate, et en mourait, Dieu m'en demandera des comptes au Jour du Jugement. »[270] Quand vous comparez le païen Omar au musulman Omar, vous notez clairement le grand contraste entre les deux et vous comprenez à quel point l'islam change radicalement les gens.

5. Autres remarques

En raison des idées fausses et des tendances séculaires, particulièrement en Occident ces derniers siècles, la plupart des gens définissent la religion comme une foi aveugle, des actes d'adoration dénués de sens, et une simple consolation. De telles mauvaises conceptions se sont développées dans la chrétienté, en partie à cause des défauts et des erreurs historiques du christianisme. Certains musulmans sécularisés attachés à ce bas-monde ont aggravé cette faute en réduisant l'islam à une idéologie et à un système social, économique et politique. Ils ignorent un fait qui est déclaré dans le Coran, dans les Traditions prophétiques et à travers toute l'histoire islamique : l'islam, la voie du juste milieu loin de tous les extrêmes, s'adresse à tous les sens et facultés de l'être humain, ainsi qu'à l'esprit, au cœur et aux sentiments de chaque individu, et comprend tous les aspects de la vie humaine. C'est pourquoi le Prophète Mohammed accentua l'importance de l'éducation, du commerce, de l'agriculture, de l'action et de la réflexion.

De plus, il encourageait son peuple à faire parfaitement tout ce qu'il faisait, et condamnait l'oisiveté et la mendicité. Par exemple, il dit : « Dieu aime le serviteur croyant et habile. »[271] Le Coran déclare : *Et dis : « œuvrez, car Dieu va voir votre œuvre, de même que Son messager et les*

---

[269] Ibn Athir, *Usdu'l-Ghaba*, 7 : 88 – 90 ; Ibn Hajar, *Al-Isaba*, 4 : 287.

[270] Tabari, *Tarikh*, 5 : 195 ; Ibn Sad, *Tabaqat*, 3 : 305 ; Abou Nuaym, *Hilya*, 1 : 53.

[271] Munawi, *Faydh al-Qadir*, 2 : 290.

croyants » (9 : 105). Comme toutes nos actions seront exposées le Jour du Jugement, nous ne pouvons pas nous permettre d'être négligents et de faire les choses sans enthousiasme juste pour nous en débarrasser. De surcroît, le Messager rappelle : « Quand vous faites quelque chose, Dieu aime que vous le fassiez à la perfection. »[272]

L'islam incite les gens à travailler et considère nos efforts légaux pour gagner notre vie et subvenir aux besoins de notre famille comme des actes d'adoration. Contrairement au christianisme médiéval, l'islam n'idéalise ni ne conseille la vie en ermitage. Il interdit la dissipation et la luxure car si nous nous laissons aller dans cette voie et que nous négligeons nos devoirs religieux, notre prospérité dans les deux mondes sera en jeu. Le Messager déclare, dans une parole concise qui résume les fondements d'une vie économique et sociale heureuse et de la prospérité dans ce monde et dans l'autre :

> Quand vous êtes impliqués dans des transactions spéculatives, occupés uniquement par l'élevage d'animaux, contentés par l'agriculture, et que vous abandonnez les efforts dans le sentier de Dieu pour prêcher Sa religion, Dieu vous condamnera à une grande humiliation. Il ne la retirera que quand vous retournerez à votre religion.[273]

Ce hadith offre une description très précise de l'état lamentable des musulmans durant ces derniers siècles. Les transactions spéculatives signifient la mort d'une vie économique saine et le recours à des moyens de subsistance illégaux et sans restrictions. Le contentement par l'élevage et l'agriculture est le signe de la paresse et de l'abandon de la recherche scientifique – le Coran annonce clairement que Dieu a créé l'être humain comme Son lieutenant sur terre et qu'Il lui a confié le savoir des noms des choses.

Cela veut dire que nous ne devons pas nous contenter seulement de l'élevage et de l'agriculture mais aussi développer les sciences et exploiter les ressources naturelles en découvrant les lois divines de la nature et en réfléchissant sur les phénomènes naturels. Ce faisant, nous devons rechercher l'agrément de Dieu et pratiquer l'islam.

Le Coran comporte de nombreux versets tels que : *Dis : « Sont-ils égaux, ceux qui savent et ceux qui ne savent pas ? »* (39 : 9), qui soulignent l'im-

---

[272] Hindi, *Kanz al-Ummal*, 3 : 907.
[273] Abou Dawoud, *Buyu*, 56 ; Ibn Hanbal, *Mousnad*, 2 : 84.

portance du savoir et de l'apprentissage. Il avertit aussi que *Parmi Ses serviteurs, seuls les savants craignent vraiment Dieu* (35 : 28), signifiant que la véritable piété et adoration n'est possible qu'avec le savoir. Confiner le savoir aux sciences religieuses sans faire de réflexion et ni de recherche conduit inévitablement à se contenter de l'élevage et de l'agriculture, dans l'oisiveté et la négligence des efforts dans le sentier de Dieu. Le résultat final est la misère, la pauvreté et l'humiliation.

Le Messager attira l'attention sur ce fait important dans plusieurs autres hadiths tels que : « Une heure de réflexion et de contemplation est meilleure que toute une année d'actes d'adoration (surérogatoires) »[274] et « Le croyant fort est meilleur et préférable au croyant faible »[275].

La puissance requiert à la fois une santé physique et spirituelle ainsi que la compétence scientifique et technique. Restreindre le sens d'être « puissant » à la force physique révèle un manque total de compréhension de ce sur quoi le vrai pouvoir se fonde.

Pour conclure, être un bon musulman passe forcément par être un bon élève à l'école du Prophète Mohammed. Citons en exemple Jafar ibn Abi Talib, le cousin du Prophète, qui émigra en Abyssinie afin d'échapper à la persécution des Quraychites. Un jour il dit au Négus, le roi d'Abyssinie : « Ô Roi, dans le passé, nous buvions du sang, mangions de la charogne, commettions la fornication, le vol, le meurtre et le pillage. Les plus forts opprimaient les plus faibles. Et nous faisions aussi beaucoup d'autres choses honteuses et méprisables. »[276]

Le Prophète Mohammed montrait le meilleur exemple pour son peuple dans la croyance, l'adoration et le bon comportement – en bref, dans tous les aspects de la vie. Les gens de son peuple considérant le fait d'avoir des filles comme une source de honte, ils les enterraient vivantes. Quand le Prophète vint avec le Message divin, les femmes purent enfin jouir de tous leurs droits. Un jour, une jeune fille vint au Messager et se plaignit : « Ô Messager de Dieu, mon père essaie de me forcer à épouser le fils de mon oncle. Je ne veux pas me marier avec lui. » Le Messager envoya chercher son père et lui dit de ne pas agir ainsi. L'homme lui promit qu'il ne ferait pas cela. Puis la jeune fille se leva et dit : « Ô Messager de Dieu, je n'avais pas l'intention de m'opposer à mon père. Je suis venue ici uni-

---

[274] Ajluni, *Kachf al-Khafa*, 1 : 370.

[275] Mouslim, *Qadar*, 34 ; Ibn Maja, *Muqaddima*, 10 ; Ibn Hanbal, 3 : 366.

[276] Boukhari, *Wassaya*, 9.

quement pour savoir si l'islam permet à un père de marier sa fille sans son consentement. »[277]

Le Messager avertissait ses Compagnons contre la mendicité. Si pauvres et nécessiteux fussent-ils, les Compagnons ne mendièrent jamais auprès de qui que ce fût. Ils étaient si sensibles à ce sujet qu'ils s'abstenaient même de demander de l'aide. Si, par exemple, l'un d'entre eux faisait tomber sa cravache tandis qu'il était sur sa monture, il descendait et la ramassait lui-même plutôt que d'attendre de l'aide de quelqu'un.[278]

Avant l'islam, les gens adoraient des idoles et ne montraient pas le respect dû à leurs parents. Le Message de Dieu leur dit : *Ton Seigneur a décrété : « N'adorez que Lui ; et (marquez) de la bonté envers les père et mère »* (17 : 23). Ce décret divin les changea de façon si radicale qu'ils se mirent même à demander au Messager s'ils seraient punis s'ils ne répondaient pas aux regards de leurs parents par un sourire. Le Coran leur ordonna : *n'approchez pas les biens de l'orphelin* (17 : 34) et leur interdit le vol. Cela les rendit si sensibles aux droits d'autrui que l'histoire ne rapporte pas plus d'un ou deux vols durant toute la période bénie par la direction du Prophète.

Le meurtre était très répandu dans l'Arabie pré-islamique. Toutefois, quand le Prophète vint avec l'interdiction : *Et, sauf en droit, ne tuez point la vie que Dieu a rendu sacrée* (17 : 33), ce mal fut totalement supprimé. Le Messager interdit aussi la fornication, ce qui mit fin à toutes sortes d'immoralités sexuelles. L'on trouve malgré tout un incident de fornication pendant cette période :

> Un jour, un homme pâle et exténué vint au Messager et s'exclama : « Ô Messager de Dieu ! Purifie-moi ! » Le Messager détourna son visage de lui, mais l'homme insista en réitérant sa demande par quatre fois. Finalement, le Messager demanda : « De quel péché devrais-je te purifier ? » L'homme répondit qu'il avait forniqué. Ce péché pesait tellement sur sa conscience qu'il désirait être puni. Le Messager demanda à ceux qui étaient présents : « Est-il sain d'esprit ? » Quand on lui répondit qu'il l'était, il demanda s'il était ivre. Ils l'examinèrent et le trouvèrent sobre. Face à sa confession insistante, le Messager dut ordonner que l'homme fût puni. Après quoi, il s'assit et pleura.

---

[277] Nasa'i, *Nikah*, 36.
[278] Mouslim, *Zakat*, 108 ; Ibn Maja, *Jihad*, 41.

Quelques jours plus tard, la partenaire de l'homme fit appel au Messager pour qu'il la purifie. Il se détourna d'elle et la renvoya à maintes reprises. Mais rongée par le remords, elle insista pour être punie. Le Messager la renvoya une fois de plus en disant : « Il se peut que tu sois enceinte. Va et donne naissance à ton enfant. » Ainsi fit la femme, mais elle revint avec la même requête. Le Messager lui chercha des excuses : « Rentre chez toi et allaite ton enfant. » Après que l'enfant eut été sevré, la femme revint. Quand quelqu'un la blâma pendant qu'elle subissait son châtiment, le Prophète le réprouva et dit : « Par Dieu, cette femme s'est tellement repentie pour son péché que si sa repentance était partagée entre tous les habitants de Médine, elle suffirait à les couvrir aussi de pardon.»[279]

Le Prophète Mohammed a établi un système si parfait et a formé une communauté si excellente que pas même un Platon, un Thomas Moore, un Campanella, ni aucun autre utopiste n'a jamais réussi à imaginer leurs pareils. Parmi des milliers d'exemples, citons celui-ci pour illustrer ce fait :

Abou Hourayra, l'un des Compagnons les plus pauvres, vint auprès du Messager. Il n'avait rien mangé depuis plusieurs jours. Abou Talha (un Ansar) l'emmena chez lui pour le nourrir. Or il n'y avait rien à manger chez lui, sauf de la soupe que sa femme avait préparée pour ses enfants. Elle demanda à son mari ce qu'elle devait faire et ils décidèrent ceci : ils coucheraient leurs enfants sans les nourrir. Comme il n'y avait pas assez de soupe pour les satisfaire tous, seul l'invité devrait y avoir droit. Alors qu'ils seraient assis à table et s'apprêteraient à manger, la femme d'Abou Talha allait faire tomber la bougie, l'éteignant ainsi comme par erreur. Dans l'obscurité qui en résulterait, ils allaient faire semblant de manger, pendant qu'Abou Hourayra allait être le seul à vraiment manger. Et c'est ce qu'ils firent. Abou Hourayra mangea jusqu'à satiété, puis repartit sans se rendre compte de ce qui s'était réellement passé.

Le jour suivant, ils se rendirent à la mosquée pour la prière du matin. À la fin de la prière, le Messager se tourna vers eux et demanda : « Qu'avez-vous fait hier soir qui ait causé la révélation d'un verset faisant vos louanges : *[ils les] préfèrent à eux-mêmes, même s'il y a pénurie chez eux* (59 : 9) ? »[280]

---

[279] Mouslim, *Hudud*, 22-23.
[280] Boukhari, *Tafsir*, 59 : 6 ; Mouslim, *Achriba*, 172.

Chapitre 7
La dimension militaire

L'islam est la religion choisie par Dieu pour le bien-être individuel et collectif de l'humanité dans ce monde et dans l'autre. Elle se fonde sur la croyance en Dieu et Son adoration, et n'admet pas qu'on Lui associe des partenaires, qu'ils soient sous la forme d'une chose créée, d'une personne ou d'un concept. La croyance et l'adoration réelles requièrent une préoccupation sincère pour tous les êtres animés et inanimés. Plus notre croyance et notre soumission à Dieu sont grandes et plus notre préoccupation pour toutes les créatures est grande. La croyance en l'unité de Dieu empêche l'humanité de jouir et d'exercer une liberté absolue dans leurs relations avec les créatures.

Islam est dérivé de la racine arabe *sa-la-ma* qui veut dire salut, paix et soumission. Dans son contexte religieux, l'islam est l'expression de la grâce de Dieu s'écoulant dans les artères de l'univers, le système divin auquel toutes les créatures (à l'exception de certains êtres humains) se sont volontairement soumises. L'univers exhibe un ordre parfait, car tout y est *musulman*, dans le sens où tout se soumet aux lois divines. Même les gens qui rejettent la croyance en Dieu ou qui adorent ce qui est autre que Dieu sont *musulmans*, du moins en ce qui concerne leur existence physique. Tandis que nous passons du stade de l'embryon au stade du cadavre, toutes les cellules du corps et tous nos membres suivent le cours qui leur est prescrit par la loi de Dieu.

Le principe fondamental islamique de l'unité divine implique que l'humanité doit forcément être en harmonie avec le monde qui l'entoure. Le vaste univers *musulman* expose une cohérence et une harmonie dont notre monde fait partie. Bien que notre monde soit sujet à des lois qui lui sont propres et aussi plus généralement aux « lois de la nature », il est également en harmonie avec d'autres lois qui gouvernent les phénomènes dans le reste de l'univers. Contrairement aux autres créatures qui suivent le « chemin de la nature », les êtres humains sont doués du libre arbitre. Nous jouissons de ce précieux don qu'est la liberté et avons l'obligation d'harmoniser notre vie avec la nature. Cette harmonie est aussi le chemin de notre exaltation et de notre progrès, le chemin sur lequel Dieu créa la nature humaine :

> Consacre-toi à la religion, en monothéiste sincère ! C'est Dieu qui a voulu que cette croyance fût inhérente à la nature de l'homme. Et l'ordre établi par Dieu ne saurait être modifié. Telle est la religion de la rectitude, mais la plupart des hommes n'en savent rien. (30 : 30)

Pour harmoniser nos vies avec la nature, nous devons tout d'abord assurer notre intégrité personnelle. Pour ce faire, nous devons soumettre nos énergies (désirs, pensées, actions, etc.) à notre libre arbitre afin de les garder dans les limites établies par Dieu. Si nous ne reconnaissons pas ces limites, peut-être usurperons-nous la propriété d'autrui, rechercherons-nous les relations sexuelles illicites et commettrons-nous bien d'autres péchés. Si nous ne reconnaissons pas ces limites, peut-être utiliserons-nous par exemple notre intelligence pour tromper autrui. Nos pouvoirs doivent rester sous contrôle, notre force intellectuelle doit être employée avec sagesse, et nos désirs et notre colère doivent être restreints par la modération et une conduite licite. De plus, rappelons que nous sommes des êtres sociaux ; si nous ne nous restreignons pas comme Dieu l'exige, la malfaisance, l'injustice, l'exploitation, le chaos et les soulèvements frapperont la société.

Dieu désapprouve la malfaisance et le désordre. Au contraire, Sa Volonté est le règne de la paix et de la justice. Par conséquent, ceux qui croient en Dieu et n'adorent que Lui en toute sincérité sont obligés de travailler pour la justice en ce monde. L'islam appelle cette responsabilité le djihad.

1. Le jihad

Le terme jihad, au sens littéral, signifie faire de son mieux et exercer tous les efforts possibles afin d'accomplir quelque chose. Ce n'est pas l'équivalent de la guerre, qui se dit *qital* en arabe. Le jihad a un sens beaucoup plus large et inclut toutes sortes d'efforts pour la cause de Dieu. Un *moujahid* est celui qui est sincèrement dévoué à sa cause, qui emploie toutes les ressources physiques, intellectuelles et spirituelles pour la servir, qui affronte tout pouvoir qui entrave son chemin et qui, quand cela est nécessaire, meurt pour cette cause. Le jihad au service de Dieu est notre lutte pour gagner l'agrément de Dieu, pour établir la suprématie de Sa religion et pour faire prévaloir Sa parole.

Un principe en relation avec ce sujet, celui d'enjoindre le bien et d'interdire le mal (*amr bi'l-maruf wa nahyi ani'l-munkar*), cherche à transmettre le message de l'islam et à établir une communauté islamique modèle. Le Coran présente la communauté islamique comme une communauté modèle qui est chargée d'informer l'humanité de l'islam et de la façon dont le Prophète l'a vécu : *Et aussi Nous avons fait de vous une communauté de justes pour que vous soyez témoins aux gens, comme le Messager sera témoin à vous* (2 : 143).

a. Le grand jihad et le petit jihad

Il y a deux aspects du jihad. L'un consiste à se battre pour surmonter les désirs charnels et les penchants au mal – c'est le grand jihad. L'autre consiste à encourager les autres à réaliser le même objectif – c'est le petit jihad.

Tandis que l'armée musulmane rentrait à Médine après avoir vaincu l'ennemi, le Messager de Dieu leur dit : « Nous retournons du petit jihad au grand jihad. » Quand les Compagnons demandèrent ce qu'était le grand jihad, il leur expliqua qu'il s'agissait de lutter contre l'âme charnelle.[281]

L'objectif de ces deux jihads est que le croyant soit purifié de ses péchés et atteigne la vraie humanité. Les prophètes furent envoyés dans ce but. Dieu dit dans le Coran :

Ainsi, Nous avons envoyé parmi vous un messager de chez vous qui vous récite Nos versets, vous purifie, vous enseigne le Livre et la Sagesse et vous enseigne ce que vous ne saviez pas. (2 : 151)

Les êtres humains sont en un sens comme des minerais bruts que les prophètes doivent traiter, purifier et raffiner en descellant leurs cœurs et leurs oreilles, et en levant le voile de leurs yeux. Éclairés par le message des prophètes, les gens peuvent comprendre le sens des lois de la nature, qui sont des signes de l'unité et de l'existence de Dieu, et peuvent saisir la réalité subtile qui se cache derrière les choses et les événements. C'est seulement grâce à la guidance des prophètes que nous pouvons atteindre le haut statut que Dieu attend de nous.

---

[281] Ajluni, *Kachf al-Khafa*, 1 : 424.

En plus des signes, les prophètes enseignaient aussi le Livre et la Sagesse à leurs peuples. Comme le Coran était la dernière Révélation faite au dernier Prophète. Dans ce verset le terme « Livre » se réfère au Coran, et le terme « Sagesse » correspond aux façons de comprendre et de pratiquer le livre, autrement dit la Sunna. Nous devons donc suivre le Coran et la Sunna du Prophète si nous désirons être bien guidés.

Le Prophète nous enseigne aussi ce que nous ne savons pas, et ainsi l'humanité continuera à apprendre de lui jusqu'au Jour du Jugement. C'est de lui que nous apprenons à nous purifier du péché. C'est en suivant son chemin que beaucoup de grands saints ont pu obtenir cette distinction. Parmi eux, Ali dit que sa croyance est si ferme que même si le voile de l'Invisible se levait, sa certitude n'augmenterait pas.[282] Il est rapporté que Abdou'l-Qadir al-Jilani pouvait voir les mystères du septième ciel. Ceux-ci et beaucoup d'autres tels que Foudhayl bin Iyadh, Ibrahim bin Adham et Bichr al-Khafî auraient bien pu être dotés de la qualité de Prophète, si Dieu n'avait pas déjà scellé la Prophétie.

Les sombres nuages de l'ignorance ont été dissipés de notre horizon intellectuel par la guidance du Prophète Mohammed, et beaucoup d'autres progrès seront faits dans les sciences et les technologies grâce à la lumière qu'il a apportée de Dieu.

Le jihad est le legs des prophètes, et la Prophétie est la mission qui consiste à élever les hommes à la faveur de Dieu en les purifiant. Jihad est le nom donné à cette mission prophétique, qui a le même sens que se porter témoin de la vérité. De même que les juges écoutent les témoins pour régler une affaire, de même ceux qui ont accompli le jihad ont porté témoignage de l'existence et de l'unité de Dieu en luttant sur Son chemin. Le Coran dit : *Dieu atteste, et aussi les anges et les doués de science, qu'il n'y a point de divinité à part Lui, le Mainteneur de la justice. Point de divinité à part Lui, le Puissant, le Sage !* (3 : 18) Ceux qui ont fait le jihad attesteront aussi la même vérité dans la Cour Céleste, où l'affaire des incroyants sera réglée.

Ceux qui attestent l'existence et l'unité de Dieu et transmettent cette vérité vont aux quatre coins du monde. Tel fut le devoir des prophètes, comme le dit le Coran, et ce doit être aussi notre devoir :

---

[282] Imam Rabbani, Ahmad Faruq as-Sarhandi, *Maktubat*, 1 : 157.

(...) en tant que messagers, annonciateurs et avertisseurs, afin qu'après la venue des messagers il n'y eût pour les gens point d'argument devant Dieu. Dieu est Puissant et Sage. Mais Dieu témoigne de ce qu'Il a fait descendre vers toi, Il l'a fait descendre en toute connaissance. Et les anges en témoignent. Et Dieu suffit comme témoin. (4 : 165 - 66)

Dieu a envoyé un prophète à tous les peuples afin que chacun puisse avoir une idée de la Prophétie. Terme employé pour décrire la fonction de la Prophétie, le jihad est profondément gravé dans le cœur de chaque croyant afin qu'il éprouve pleinement sa responsabilité de transmettre la vérité dans le but de guider les autres vers le droit chemin.

Le petit jihad, qui est souvent compris comme le fait de se battre pour la cause de Dieu, ne se réfère pas uniquement au combat militaire. Le terme a un sens très large qui inclut toute action faite pour l'amour de Dieu. Que ce soit en parlant ou en gardant le silence, en souriant ou en se renfrognant, en se joignant à une assemblée ou en la quittant, toute action entreprise par des individus ou par des communautés pour améliorer le sort de l'humanité entre dans la définition du jihad.

Tandis que le petit jihad dépend de la mobilisation de tous les équipements matériels et est accompli dans le monde extérieur, le grand jihad signifie le combat d'une personne contre son âme charnelle. Ces deux formes de jihad ne peuvent pas être séparées.

Le Messager de Dieu nous a appris à accomplir les deux formes de jihad. Il a établi les principes de la prédication de la vérité, qui sont valables jusqu'au Jour du Jugement. Quand nous analysons sa façon d'agir, nous voyons qu'il était très méthodique ; ce qui est une preuve de plus de sa Prophétie et un merveilleux exemple de la poursuite de la voie de Dieu par son comportement.

Grâce au jihad, les croyants gardèrent une foi vigoureuse et active. De même qu'un arbre conserve ses feuilles aussi longtemps qu'il porte des fruits, ainsi les croyants préservent-ils leur vigueur aussi longtemps qu'ils accomplissent le jihad. Chaque fois que vous rencontrez un pessimiste plongé dans le désespoir, vous réalisez très vite qu'il a abandonné le jihad. De telles personnes ont perdu l'espoir et ont sombré dans le pessimisme parce qu'elles ont cessé de prêcher la vérité. Quiconque fait le jihad sans relâche ne perd pas son enthousiasme et essaie toujours d'élargir le champ de ses activités. Chaque bonne action résulte en une nouvelle bonne action, de façon à ce que les croyants ne deviennent jamais privés d'un bien : *Et quant à ceux qui luttent pour Notre cause, Nous les guiderons certes sur Nos sentiers, Dieu est en vérité avec les bienfaisants* (29 : 69).

Il existe autant de voies qui mènent au droit chemin que de souffles respirés parmi la création. Quiconque fait des efforts pour Sa cause est guidé, par Dieu, à l'un de ces chemins et est sauvé de l'égarement. Quiconque est guidé par Dieu vers Son droit chemin mène une vie équilibrée. Ceux-la n'excèdent jamais les limites ni dans leurs activités et besoins humains, ni dans leurs actes d'adoration et autres pratiques religieuses. Un tel équilibre est le signe d'une vraie guidance.

Tous les sacrifices faits en combattant les incroyants tyranniques, si grands soient-ils, font néanmoins partie du petit jihad qui consiste en l'effort de s'acquitter de ses obligations religieuses aussi parfaitement que possible. Le grand jihad est bien plus difficile à accomplir puisqu'il exige de nous que nous luttions contre nos propres pulsions destructrices telles que l'arrogance, l'esprit de vengeance, la jalousie, l'égoïsme, la vanité et les désirs charnels.

Bien que celui qui abandonne le petit jihad s'expose à la détérioration spirituelle, il aura toutefois la possibilité de se ressaisir. Tout dans l'univers loue et glorifie Dieu avec chaque souffle et est, par suite, un signe de l'existence et de l'unité de Dieu. Une personne peut être guidée vers le droit chemin grâce à l'un de ces signes. C'est pour cette raison que l'on dit qu'il y a autant de voies conduisant au droit chemin de Dieu qu'il y a de souffles émis par toutes Ses créatures. Une personne rentrant du petit jihad est vulnérable aux faiblesses de ce monde. La fierté, l'amour du confort et de l'aisance peuvent la captiver. Ainsi, le Prophète nous avertit à travers ses Compagnons en disant, en rentrant à Médine après une victoire : « Nous rentrons du petit jihad au grand jihad.»

Les Compagnons étaient sans peur sur les champs de bataille, et étaient aussi sincères et humbles que des derviches dans l'adoration de Dieu. Ces guerriers victorieux passaient la plupart de leurs nuits à prier Dieu. Un jour, quand la nuit tomba durant une bataille, deux d'entre eux montèrent la garde à tour de rôle. L'un se reposait tandis que l'autre priait. Découvrant cette situation, l'ennemi lança une pluie de flèches sur lui. Il fut touché et saigna profusément, mais n'abandonna pas sa prière. Quand il termina ses dévotions, il réveilla son ami qui, ahuri, lui demanda pourquoi il n'avait pas arrêté plus tôt. Il répondit : « J'étais en train de réciter la sourate Al-Kahf et je ne souhaitais pas interrompre le plaisir intense que je ressentais dans ma prière. »[283]

Pendant la prière, les Compagnons s'élevaient à un état d'extase comme s'ils entraient en transe, et ils récitaient le Coran comme s'il leur était directement révélé. Ainsi, ils ne ressentaient pas la douleur causée par les flèches qui pénétraient leurs corps. Le jihad, le petit comme le grand, se manifestait totalement en eux.

Le Prophète combinait ces deux aspects du jihad de la façon la plus parfaite en sa propre personne. Il montrait un courage extraordinaire sur le champ de bataille. Ali, l'un des plus vaillants combattants de l'islam, avoue que les Compagnons s'abritaient derrière le Prophète dans les moments les plus critiques du combat.

b. Les étapes du jihad et ses principaux objectifs.

La première révélation au Messager fut l'ordre : *Lis !* Cet ordre, venant à un moment où il n'y avait concrètement rien à lire dans l'immédiat, impliquait que les croyants devraient utiliser leurs facultés intellectuelles et spirituelles pour discerner les actes de Dieu dans l'univers et Ses lois liées à sa création et à son fonctionnement. À travers un tel discernement, les croyants cherchent à purifier leurs êtres et leurs âmes de toutes les superstitions et ignorances et à acquérir le vrai savoir grâce à l'observation et à la contemplation.

Nous ne sommes pas composés uniquement d'esprits. Dieu nous a dotés de nombreuses facultés, dont chacune a besoin d'être satisfaite. Alors tout en nourrissant nos esprits avec les signes divins dans l'univers, nous cherchons à nettoyer nos cœurs du péché. Étant conscients du contrôle divin, nous menons une vie équilibrée et cherchons continuellement le pardon de Dieu. De cette manière, nous parvenons enfin à triompher de notre désir pour les choses interdites et, à travers la prière, implorons Dieu de nous permettre de faire des bonnes actions.

« *Lis* » signifie donc l'action. Pour Mohammed, dont l'âme était absolument pure et exempte de toute superstition, cela voulait dire qu'il était temps pour lui de commencer sa mission de Messager de Dieu. Il allait réciter la Révélation en public et enseigner aux gens les signes de Dieu. En faisant cela, il allait purifier leurs esprits des superstitions héritées

[283] Ibn Hanbal, *Mousnad*, 3 : 344 ; 359.

de l'Ère de l'ignorance, et purifier leurs cœurs du péché. Il allait les éclairer, intellectuellement et spirituellement, en les instruisant grâce au Livre Révélé de Dieu (le Coran) et à Son Livre Créé (l'univers) :

> Ainsi, Nous avons envoyé parmi vous un messager de chez vous qui vous récite Nos versets, vous purifie, vous enseigne le Livre et la Sagesse et vous enseigne ce que vous ne saviez pas. (2 : 151)

Après qu'il eut reçu cette première révélation, le Messager rentra chez lui dans une grande émotion. Il dormait enveloppé dans un manteau, préoccupé par la souffrance de sa nation et de sa lourde responsabilité, quand Dieu lui ordonna :

> Ô toi, l'enveloppé [dans tes vêtements] ! Lève-toi [pour prier], toute la nuit, excepté une petite partie ; Sa moitié, ou un peu moins ; ou un peu plus. Et récite le Coran, lentement et clairement. Nous allons te révéler des paroles lourdes (très importantes). (73 : 1 - 5)

La courte période entre la première révélation et la propagation de l'islam, marquée par des versets comme celui-là, était une étape préliminaire pour le Messager. Il devait se préparer à transmettre le Coran en veillant de longues nuits et en récitant le Coran lentement et clairement.[284]

En plus de transmettre le Message, le jihad, comme nous l'avons dit plus haut, entraîne la lutte du croyant avec son moi charnel afin de construire un authentique caractère spirituel qui déborde de foi et qui brûle d'amour. Ces deux dimensions du jihad continuent jusqu'à ce que le croyant meure (la sphère individuelle) et jusqu'au Jour Dernier (la sphère collective). Par conséquent, peu après que ce verset fut révélé, le Messager reçut la révélation suivante :

> Ô toi (Mohammed) ! Le revêtu d'un manteau ! Lève-toi et avertis. Et de ton Seigneur, célèbre la grandeur. Et tes vêtements, purifie-les. Et de tout péché, écarte-toi. Et ne rappelle pas le bienfait en l'estimant grand-chose. Et pour ton Seigneur, endure. (74 : 1 - 7)

Ces révélations ordonnaient au Prophète de se mettre à prêcher l'islam. Il commença avec les membres de sa famille et ses plus proches parents puis, après que le verset *Et avertis les gens (de ta tribu) qui te*

---

[284] Comme chacun sait, les veillées de prières pendant la nuit offrent des instants où l'effet est plus fort et la récitation plus pénétrante.

sont les plus proches (26 : 214) fut révélé, il étendit cet appel à toute sa tribu. Sa prédication qui s'ensuivit fut accueillie avec dérision, menaces, torture, tentatives de corruption pour qu'il arrête et boycott.

À La Mecque, le Messager n'eut jamais recours aux représailles et ne les autorisa pas non plus à son groupe. L'islam ne vint pas pour semer le désordre ou pour provoquer des dissensions, mais plutôt, comme le dit Amir ibn Rabi[285], pour tirer les gens des ténèbres à la lumière de la foi, pour les libérer de l'asservissement à tout autre que Dieu afin qu'ils puissent servir le Seul Vrai Dieu, et pour les élever des abîmes de la terre aux hauteurs célestes.

Comme l'islam signifie littéralement « paix, salut et soumission », il est évidemment venu pour établir la paix – tout d'abord dans notre monde intérieur afin que nous soyons en paix avec Dieu et avec notre environnement naturel, puis à travers le monde et l'univers. La paix et l'ordre sont fondamentaux en islam, religion qui cherche à créer une atmosphère de paix aux niveaux personnel et collectif. Elle s'abstient tant que possible de recourir à la force, n'approuve jamais l'injustice et interdit l'effusion de sang :

> Quiconque aura tué un être humain sans que celui-ci ait commis un homicide ou semé le désordre sur terre sera censé avoir tué l'humanité entière. Celui qui aura sauvé la vie d'un seul homme sera tenu pour le sauveur du genre humain. (5 : 32)

Apparu pour éradiquer l'injustice et la corruption, et pour « unifier » le terrestre avec le céleste dans la paix et l'harmonie, l'islam appelle les gens avec la sagesse et la bonne exhortation. L'islam ne recourt à la force que si les défenseurs de la corruption, qui prend racine dans l'injustice, l'oppression, l'intérêt personnel, l'exploitation et l'usurpation des droits d'autrui, cherchent à empêcher sa prédication pacifique et à l'éliminer. Par suite, la force n'est autorisée que dans les cas suivants :

- Si les incroyants, les polythéistes, ou ceux qui causent la corruption et le chaos résistent activement à la prédication de l'islam et empêchent les autres d'écouter son message. Comme l'islam est une religion divine qui cherche à assurer le bien-être et le bonheur des autres dans les deux mondes, elle a le droit de se faire

---

[285] L'envoyé musulman au commandant perse pendant la guerre de Qadissiya. Elle eut lieu en 637, pendant le califat de Omar.

connaître. Si cela n'est pas permis, en théorie, ses opposants doivent faire face à trois alternatives : accepter l'islam, permettre sa prédication pacifique, ou admettre son règne. S'ils rejettent l'une de ces alternatives, l'usage de la force devient autorisé.

Toutefois, il convient de mentionner un point important. Pour pouvoir utiliser la force, il doit obligatoirement y avoir un État islamique. Cela ne fut permis qu'après que le Prophète émigra à Médine et qu'il établit un État indépendant, vu les traitements injustes que les musulmans subissaient. Les versets révélés pour donner une telle permission expliquent la vision que l'islam a de la guerre juste :

> Autorisation est donnée à ceux qui sont attaqués (de se défendre) - parce que vraiment ils sont lésés ; et Dieu est certes capable de les secourir - ceux qui ont été expulsés de leurs demeures, - contre toute justice, simplement parce qu'ils disaient : « Dieu est notre Seigneur ». - Si Dieu ne repoussait pas les gens les uns par les autres, les ermitages seraient démolis, ainsi que les églises, les synagogues et les mosquées où le nom de Dieu est beaucoup invoqué. Dieu soutient, certes, ceux qui soutiennent (Sa Religion). Dieu est assurément Fort et Puissant. Ceux qui, si Nous leur donnons la puissance sur terre, accomplissent la salat [prière rituelle], acquittent la zakat, ordonnent le convenable et interdisent le blâmable. Cependant, l'issue finale de toute chose appartient à Dieu. (22 : 39 - 41)

Il est clair à partir de ces versets et de l'histoire que l'islam n'emploie la force que pour se défendre et pour établir la liberté de croyance. Sous le règne musulman, chrétiens, juifs, zoroastriens, hindous et adeptes d'autres religions ont pu pratiquer librement leur religion. Même beaucoup d'historiens et d'écrivains occidentaux admettent unanimement que les chrétiens et les juifs ont vécu la période la plus heureuse et prospère de leur histoire sous le règne musulman.

- Étant la vraie religion révélée par Dieu, l'islam n'approuve jamais l'injustice. Comme le déclare ce verset : Et Nous avons certes écrit dans les Psaumes, après l'avoir mentionné (dans le Livre céleste), que la terre sera héritée par Mes bons serviteurs (21 : 105), les bons serviteurs de Dieu doivent soumettre la terre à Son règne, qui se fonde sur la justice absolue et sur l'adoration du Dieu Unique. Ils sont aussi obligés de lutter jusqu'à ce que la persécution, ainsi que toute adoration et obéissance aux fausses déités et aux tyrans soit supprimée. Ainsi les musulmans doivent-ils se battre pour les faibles et les opprimés :

> Et qu'avez vous à ne pas combattre dans le sentier de Dieu, et pour la cause des faibles : hommes, femmes et enfants qui disent : « Seigneur ! Fais-nous sortir de cette cité dont les gens sont injustes, et assigne-nous de Ta part un allié, et assigne-nous de Ta part un secoureur ». (4 : 75)

c. Quelques règles

Comme les croyants ne peuvent pas transgresser les limites imposées par Dieu, ils doivent observer Ses règles concernant le combat. Certaines sont déduites directement du Coran et de la Sunna :

- Les croyants sont ceux de qui *Dieu a acheté (...) leurs personnes et leurs biens en échange du Paradis* (9 : 111). Ils se consacrent uniquement à Sa cause et ne recherchent que Son agrément. Par conséquent, quiconque se bat pour d'autres causes (comme la gloire, la richesse, les considérations idéologiques ou raciales) se voit exclu de l'agrément de Dieu.
- Combattez dans le sentier de Dieu ceux qui vous combattent, et ne transgressez pas. Certes, Dieu n'aime pas les transgresseurs (2 : 190). Il est dit aux croyants de ne pas combattre les partis neutres et de ne pas adopter de méthodes sans scrupules, les carnages et les pillages, qui caractérisent les guerres menées par les non-musulmans. Parmi les excès auxquels il est fait allusion, nous trouvons : combattre les femmes et les enfants, les vieillards et les blessés, mutiler les cadavres des ennemis, détruire les champs et le bétail, et commettre d'autres atrocités et injustices. La force ne doit être utilisée que lorsque cela s'avère inévitable, et seulement quand cela est absolument nécessaire.
- Quand le combat ne peut être évité, le Coran dit aux croyants de ne pas s'esquiver. Au contraire, ils doivent se préparer, aussi bien

moralement que spirituellement, et prendre les précautions nécessaires. Celles-ci sont :
–   Tâcher d'atteindre cet état spirituel où 20 musulmans sont
    capables de vaincre 200 ennemis :

> Ô Prophète, incite les croyants au combat. S'il se trouve
> parmi vous 20 endurants, ils vaincront 200 ; et s'il s'en
> trouve 100, ils vaincront 1000 mécréants, car ce sont vrai-
> ment des gens qui ne comprennent pas. (8 : 65)

> Ceux qui étaient convaincus qu'ils auront à rencontrer Dieu
> dirent : « Combien de fois une troupe peu nombreuse a, par
> la grâce de Dieu, vaincu une troupe très nombreuse ! Et
> Dieu est avec les endurants ». (2 : 249)

Pour atteindre un tel rang, les musulmans doivent avoir une
foi et une confiance en Dieu inébranlables, et s'abstenir tant que
possible de tous péchés. La croyance et la piété ou la droiture
sont deux armes incassables, deux sources intarissables de pouvoir. *Ne vous laissez pas battre, ne vous affligez pas alors que vous
êtes les supérieurs, si vous êtes de vrais croyants* (3 : 139), *Et la
fin (heureuse) sera aux pieux* (7 : 128).
–   En plus de la force morale, les croyants doivent se munir de
    l'armement le plus moderne. Puisque la force est vitale pour
    l'obtention du résultat souhaité, les croyants ne peuvent pas
    se permettre de l'ignorer. Loin de là, ils se doivent d'être en
    avance sur les incroyants en sciences et en technologie afin
    que ces derniers ne puissent pas utiliser leur supériorité au
    profit de leurs propres intérêts égoïstes. L'islam stipulant que
    « le droit prime la force », les croyants doivent être capables
    d'empêcher que les incroyants et les tyrans ne montrent que
    « la force prime le droit » :

> Et préparez [pour lutter] contre eux tout ce que vous pou-
> vez comme force et comme cavalerie équipée, afin d'ef-
> frayer l'ennemi de Dieu et le vôtre, et d'autres encore que
> vous ne connaissez pas en dehors de ceux-ci mais que
> Dieu connaît. Et tout ce que vous dépensez dans le sentier
> de Dieu vous sera remboursé pleinement et vous ne serez
> point lésés. (8 : 60)

Un État islamique doit être assez puissant pour dissuader les attaques des incroyants et des oppresseurs, ainsi que leurs plans pour assujettir les plus faibles. Il doit être capable d'assurer la paix et la justice, et d'empêcher toute autre puissance de causer des troubles et la corruption. Cela sera possible quand les musulmans s'équiperont d'une foi forte et d'une grande piété, et aussi des connaissances scientifiques et de la technologie moderne. Ils doivent combiner la science et la technologie à la foi et la moralité, puis employer cette force pour le bien de l'humanité.

La croyance en Dieu appelle à servir les gens. Plus la foi est grande et plus le porteur de cette foi se sent concerné par le bien-être des créatures. Quand les musulmans atteindront ce rang, *jamais Dieu ne donnera une voie aux mécréants contre les croyants* (4 : 141). Autrement, la prédiction du Prophète se réalisera : « (Les forces de l'incroyance) s'uniront pour lancer une attaque commune contre vous. Ils vous arracheront le pain de la bouche et pilleront vos tables. »[286]

–   Quand le combat s'avère nécessaire, les musulmans doivent répondre à l'appel car :

Ô vous qui croyez ! Qu'avez-vous ? Lorsque l'on vous a dit : « élancez-vous dans le sentier de Dieu » ; vous vous êtes appesantis sur la terre. La vie présente vous agrée-t-elle plus que l'au-delà ? - Or, la jouissance de la vie présente ne sera que peu de chose, comparée à l'au-delà ! Si vous ne vous lancez pas au combat, Il vous châtiera d'un châtiment douloureux et vous remplacera par un autre peuple. Vous ne Lui nuirez en rien. Et Dieu est Omnipotent. (9 : 38-39)

Dieu aime ceux qui combattent dans Son chemin en rangs serrés pareils à un édifice renforcé. (61 : 4)

Ô vous qui avez cru ! Vous indiquerai-je un commerce qui vous sauvera d'un châtiment douloureux ? Vous croyez en Dieu et en Son messager et vous combattez avec vos biens et vos personnes au service de Dieu, et cela vous est bien meilleur, si vous saviez ! Il vous pardonnera vos péchés et vous fera entrer dans des Jardins sous lesquels coulent les

---

[286] Abou Dawoud, *Malahim*, 5 ; Ibn Hanbal, 5 : 278.

ruisseaux, et dans des demeures agréables dans les jardins d'Eden ? Voilà l'énorme succès et il vous accordera d'autres choses encore que vous aimez bien : un secours [venant] de Dieu et une victoire prochaine. Et annonce la bonne nouvelle aux croyants. (61 : 10 - 13)

– Une communauté bien structurée fonctionnant comme un corps, elle a besoin d'une « tête » (un chef) douée d'« intelligence ». Par conséquent, l'obéissance au chef est vitale pour la prospérité de la communauté. Alors que le Messager était élevé en Arabie, le peuple ressemblait aux grains éparpillés d'un chapelet brisé et n'avait pas conscience du besoin d'obéissance et des avantages de la vie collective. Le Messager leur inculqua le sentiment d'obéissance à Dieu, à Son Messager et à leurs supérieurs, et utilisa l'islam comme une corde solide pour les unifier :

Ô les croyants ! Obéissez à Dieu, et obéissez au Messager et à ceux d'entre vous qui détiennent le commandement. Puis, si vous vous disputez en quoi que ce soit, renvoyez cela à Dieu et au Messager, si vous croyez en Dieu et au Jour dernier. Ce sera bien mieux et de meilleure interprétation (et aboutissement). (4 : 59)

Ô vous qui croyez ! Lorsque vous rencontrez une troupe (ennemie), soyez fermes, et invoquez beaucoup Dieu afin de réussir. Et obéissez à Dieu et à Son messager ; et ne vous disputez pas, sinon vous fléchirez et perdrez votre force. Et soyez endurants, car Dieu est avec les endurants. (8 : 45 - 46)

Le sentiment d'obéissance qu'avaient les Compagnons rendit possible beaucoup de choses qui étaient auparavant impossibles. Par exemple, quand le Messager désigna un jeune homme de 18 ans, fils d'un esclave noir affranchi, comme commandant d'une armée comptant beaucoup de personnes plus âgées parmi lesquelles Abou Bakr, Omar et Othman, aucun Compagnon ne fit d'objection.[287] Dans un autre cas, lors d'une expédition militaire, le

---

[287] Boukhari, *Ahkam, 33* ; Mouslim, *Fadha'il as-Sahaba*, 63-64 ; Ibn Hicham, a*s-Sira*, 6:12.

commandant ordonna à ses soldats de se jeter au feu. Même si cet ordre n'était pas conforme aux principes islamiques, certains essayèrent d'obéir. Cependant, d'autres les empêchèrent de se suicider et les persuadèrent de demander au Messager s'ils devaient obéir à de tels ordres non-islamiques.[288] Bien qu'il soit illégitime d'obéir à des ordres poussant au péché, l'obéissance à la loi est d'une importance capitale pour la survie d'une communauté, surtout si elle veut gagner une guerre.

– Les croyants doivent persévérer et n'ont pas le droit de fuir le champ de bataille :

> Ô vous qui croyez quand vous rencontrez (l'armée) des mécréants en marche, ne leur tournez point le dos. Quiconque, ce jour-là, leur tourne le dos, - à moins que ce soit par tactique de combat, ou pour rallier un autre groupe, - celui-là encourt la colère de Dieu et son refuge sera l'Enfer. Et quelle mauvaise destination ! (8 : 15 - 16)

Déserter le champ de bataille est l'un des sept péchés capitaux, car cela provoque le désordre dans les rangs et démoralise les autres. Leur croyance en Dieu ne peut pas être ferme car leurs actions montrent qu'ils préfèrent cette vie à l'au-delà. Les croyants peuvent quitter le champ de bataille seulement dans le but de manœuvrer, comme une tactique, ou de rejoindre une autre troupe. Dans la bataille de Yarmouk (636), 20 000 vaillants musulmans combattirent et vainquirent 200 000 Byzantins.[289] Qabbas ibn Achyam, l'un de ces héros, ne se rendit compte qu'il avait perdu une jambe que quelques heures après quand il dut descendre de son cheval. Plus tard, son petit-fils se présenta au calife Omar ibn Abd al-Aziz en ces termes : « Ô Calife, je suis le petit-fils de celui qui a perdu sa jambe à midi mais ne s'en aperçut qu'en fin d'après-midi. » Pendant la bataille de Muta (629), l'armée musulmane consistait en 3000 soldats tandis que les forces byzantines comptaient environ 100 000 hommes. Les musulmans menèrent un combat héroïque et les deux armées battirent en retraite en même temps. Malgré cela, les musulmans cru-

---

[288] Mouslim, *Imara*, 39 ; Boukhari, *Ahkam*, 4.
[289] Cette bataille eut lieu pendant le califat de Abou Bakr.

rent qu'ils avaient fui le champ de bataille et eurent donc honte de faire ainsi face au Messager. Cependant, il les accueillit et les consola : « Vous n'avez pas déserté ; vous vous êtes retirés pour me rejoindre. Vous allez reprendre des forces et les combattre à nouveau. »[290] Tout se passa comme il l'avait dit. En effet, juste avant sa mort, l'armée musulmane fit une incursion dans le sud de la Syrie, et deux ans plus tard, porta un coup fatal aux Byzantins à Yarmouk.

2. Les expéditions militaires

Avec l'arrivée du Messager à Médine, la lutte entre l'islam et l'incroyance entra dans une nouvelle phase. À La Mecque, le Prophète s'était presque exclusivement consacré à la propagation des principes fondamentaux de l'islam et à la formation morale et spirituelle de ses Compagnons. Or, après l'hégire (622), de nouveaux musulmans appartenant à différentes tribus et venant de diverses régions se rassemblèrent petit à petit à Médine. Même si les musulmans ne possédaient qu'un petit morceau de terrain, les Quraychites décidèrent de s'allier avec autant de tribus possibles pour pouvoir les exterminer.

Dans ces circonstances, le succès – ou plutôt la survie – de la petite communauté musulmane dépendait de plusieurs facteurs qui sont, dans l'ordre d'importance :

- Transmettre efficacement l'islam aux autres.
- Démontrer les faussetés des incroyants de façon si convaincante que personne ne puisse douter de la véracité de l'islam.
- Faire face à l'exil, à l'opposition et à l'hostilité grandissantes, aux difficultés économiques, à la faim, à l'insécurité et au danger avec patience et force d'âme.
- Regagner leurs richesses et leurs biens usurpés par les Mecquois après leur émigration.
- Résister, avec courage et à force d'armes, à tout assaut lancé pour frustrer leur mouvement. Pendant la résistance, ne tenir aucun compte de la supériorité numérique ou matérielle de l'ennemi.

---

[290] Abou Dawoud, *Jihad*, 96 ; Tirmidhi, *Jihad*, 36 ; Ibn Hanbal, 2 : 70, 86.

En plus des menaces venant de La Mecque et de ses alliés, la jeune communauté devait lutter contre les trois tribus juives de Médine qui contrôlait la vie économique de la ville. En dépit du fait qu'ils attendaient eux aussi l'avènement d'un Prophète, ils s'opposèrent au Messager parce qu'il n'était pas juif. L'une des premières choses que le Prophète fit à Médine fut de signer un pacte avec les juifs.[291] Malgré cela, les juifs continuèrent à porter de mauvaises intentions à l'égard du Messager et à comploter contre lui et l'islam. Par exemple, le talentueux poète juif Kab ibn Achraf composait des poèmes où il faisait la satire du Prophète et fomentait l'hostilité à son encontre.

À Médine, un autre élément hostile commença à voir le jour : l'hypocrisie. Les hypocrites peuvent être divisés en quatre grandes catégories :

- Ceux qui n'avaient pas la foi en l'islam mais qui entrèrent dans la communauté musulmane afin de semer la discorde parmi ses rangs.
- Ceux qui avaient compris les réalités politiques et qui cherchaient donc quelque avantage en feignant de s'être convertis. Ce faisant, ils gardaient toutefois contact avec les forces anti-islamiques dans l'espoir de profiter de leurs liens avec les deux camps et ainsi de ne jamais être en difficulté.
- Ceux qui ne s'étaient pas encore décidés, mais qui semblaient être convertis parce que leur entourage l'était.
- Ceux qui acceptaient l'islam comme la vraie religion mais qui trouvaient cela trop difficile d'abandonner leur ancien mode de vie, leurs superstitions et leurs coutumes, et avait du mal à accomplir l'autodiscipline requise par l'islam.

Dans des circonstances aussi difficiles, le Messager de Dieu décida d'envoyer des expéditions militaires au cœur du désert. Il avait plusieurs objectifs en tête, parmi lesquels les suivants :

- Les incroyants essayaient d'*éteindre de leurs bouches la Lumière de Dieu, alors que Dieu parachèvera Sa lumière en dépit de l'aversion des mécréants* (61 : 8). Le Messager voulait prouver que les incroyants ne pouvaient pas exterminer l'islam et que l'islam ne saurait être ignoré.

---

[291] Des historiens modernes comme Muhammad Hamidullah tendent à le considérer comme la première constitution dans l'histoire islamique.

- La Mecque jouissait d'une position centrale en Arabie. Étant la plus grande puissance de la péninsule, toutes les autres tribus se sentaient en quelque sorte liées à elle. En envoyant des expéditions militaires dans les régions avoisinantes, le Messager souhaitait exhiber la force de l'islam et briser la domination des Quraychites. Tout au long de l'histoire, le concept selon lequel « la force prime le droit » a souvent été la norme, car « le droit » était généralement trop faible pour pouvoir régner. En Arabie, les Quraychites ayant la force et la richesse, les tribus voisines leur obéissaient. L'islam vint pour faire prévaloir le droit. Par conséquent, le Messager se devait de briser l'emprise des Mecquois.

- Sa mission ne se restreignait pas à une période et une nation déterminées, car il avait été envoyé comme une miséricorde pour tous les mondes. Ainsi fut-il chargé de transmettre l'islam aussi loin que possible. Pour réussir, il devait savoir ce qui se passait dans la péninsule. Ces expéditions servaient de patrouilles qui lui fournissaient les informations dont il avait besoin pour paver le chemin de la prédication de l'islam.

- L'un des moyens les plus efficaces pour écraser vos ennemis est de les entraîner dans des actions non préméditées et prématurées, car cela vous permet de garder l'initiative. Le Messager était certainement informé des contacts qu'avaient les Quraychites avec Abdoullah ibn Ubayy ibn Salul, le leader des hypocrites de Médine. Aussi restait-il vigilant quant aux éventuelles attaques contre Médine. Suite à l'entrée d'une force militaire Quraychite dans les alentours de Médine et son retour à La Mecque avec un butin, le Messager envoya des expéditions militaires afin de pousser les Quraychites à agir avant de penser. Ainsi pourrait-il contrecarrer leurs plans.

- Les Quraychites vivaient du commerce grâce aux marchés internationaux en Syrie et au Yémen, et devaient donc sécuriser leurs routes marchandes. Mais depuis que les musulmans étaient à Médine, ces routes pouvaient être menacées. Tout en renforçant sa position, le Prophète envoyait aussi des expéditions militaires pour paralyser les espoirs et les plans des Quraychites pour le battre.

- Les commandements de l'islam cherchent à garantir la sécurité de la vie et de la propriété, la chasteté et la croyance, ainsi que la santé physique, mentale et spirituelle. Étant donné cela, le meurtre et le vol, le brigandage et le pillage, l'usurpation et l'intérêt (l'usure), les jeux de hasard, l'alcool, les relations sexuelles illicites, l'anarchie et la propagation de l'athéisme sont interdits.

Le mot arabe pour la croyance, *iman*, signifie la sécurité. Ainsi un croyant ne trompe jamais, et tout le monde est « à l'abris de sa langue et de sa main ». Les croyants ne mentent pas, ne rompent pas leurs promesses et ne trahissent pas ceux qui leur ont confié un dépôt. Ils ne gagnent pas leurs vies par le biais du vol, de l'usurpation et des transactions basées sur l'intérêt. De plus, ils s'évertuent à ne faire de mal à personne, car ils sont convaincus que ceux qui tuent ne serait-ce qu'un seul être humain sont considérés comme s'ils avaient tué toute l'humanité.

Lorsqu'il reçut la révélation et qu'il se chargea de la transmettre en tant que Messager, il n'y avait pas de sécurité de la vie et de la propriété en Arabie, ni de chasteté, de santé et de croyance. L'une de ses tâches était donc d'établir la sécurité absolue dans tous les aspects de la vie. Un jour il dit à Adiyy ibn Hatim : « Le jour viendra où une femme voyagera dans son palanquin de Hira jusqu'à La Mecque et ne craindra rien d'autres que Dieu. »[292] En envoyant des expéditions militaires, le Messager cherchait à établir la sécurité et à montrer à tous que seul l'islam leur apporterait la sécurité.

Les expéditions

La première expédition militaire post-hégire, conduite par Hamza, fut envoyée vers Sif al-Bahr. Elle arriva juste au moment où une caravane marchande Quraychite rentrait de Damas. Les Quraychites avaient usurpé toutes les possessions des Émigrés et les avaient vendues à Damas. Le Messager utilisa cette situation pour étaler la puissance musulmane et menacer directement le bien-être économique des Quraychites. Aucun affrontement n'éclata lors de cette première confrontation, mais les tri-

---

[292] Boukhari, *Manaqib*, 25.

bus du désert qui étaient témoins de l'incident devinrent enclines à reconnaître l'existence d'une autre source de pouvoir dans la péninsule.

Cette expédition fut suivie d'une autre commandée par Ubayda ibn Harith. Avec le même objectif en tête, Ubayda alla aussi loin que Rabigh, une vallée sur le chemin de La Mecque. Les 60 cavaliers musulmans rencontrèrent les forces Quraychites qui comptaient 200 hommes armés. Un échange de flèches eut lieu, puis, craignant la défaite, les forces mecquoises finirent par battre en retraite vers La Mecque.[293]

Désormais, les expéditions militaires, dont certaines étaient menées par le Messager, se succédèrent. Dans deux des expéditions qu'il commanda, le Messager alla respectivement à Abwa et Buwat, avec l'intention de menacer les caravanes marchandes des Quraychites et d'intimider ceux-ci.[294] À Abwa, il conclut un traité avec la tribu des Banu Damra : aucun des deux camps ne combattrait l'autre, et Banu Damra n'aiderait pas les ennemis des musulmans.

Peu avant la bataille de Badr (624), le Messager envoya une expédition d'environ 10 hommes, commandée par Abdoullah ibn Jahch, à Nakhla, lieu situé à quelques kilomètres de La Mecque sur le chemin de Ta'if. Il leur demanda de suivre les mouvements des Quraychites et de rassembler des informations concernant leurs plans. Alors qu'ils étaient à Nakhla, une caravane marchande quraychite venant de Ta'if s'arrêta là-bas. Quelque chose d'imprévu survint et les musulmans durent tuer un Mecquois et capturer les autres (sauf un) ainsi que leurs biens. Ceux-ci furent emmenés à Médine.

Cet événement arriva aux environs de la fin du mois de Rajab et du début du mois de Cha'ban. Par conséquent, on ne savait pas trop si le caractère sacré de Rajab, l'un des quatre mois sacrés, avait oui ou non été violé. Les Quraychites, les juifs qui s'étaient secrètement alliés à eux, et les hypocrites profitèrent de cet incident et utilisèrent autant que se peut cette possible violation dans leur campagne de propagande anti-islamique. Ils prétendaient que les musulmans avaient versé le sang pendant un mois sacré, c'est-à-dire à un moment où cela est strictement interdit.

Comme l'incident était survenu sans son accord, le Messager de Dieu expliqua à ceux qui y avaient pris part qu'il ne leur avait pas demandé de

---

[293] Ibn Hicham, *Sira*, 2 : 241 ; Ibn Sad, *Tabaqat*, 2 : 7.
[294] Ibn Hicham, 2 : 241, 248.

se battre. D'autres musulmans leurs firent aussi des reproches. Cependant, une révélation les consola en raison de la pureté de leurs intentions, leur donnant l'espoir de la miséricorde divine :

> Ils t'interrogent sur le fait de faire la guerre pendant les mois sacrés. – Dis : « Y combattre est un péché grave, mais plus grave encore auprès de Dieu est de faire obstacle au sentier de Dieu, d'être impie envers Celui-ci et la Mosquée sacrée, et d'expulser de là ses habitants. La sédition est pire que le combat. » Or, ils ne cesseront de vous combattre jusqu'à, s'ils le peuvent, vous détourner de votre religion. Et ceux parmi vous qui adjureront leur religion et mourront infidèles, vaines seront pour eux leurs actions dans la vie immédiate et la vie future. Voilà les gens du Feu : ils y demeureront éternellement. Certes, ceux qui ont cru, émigré et lutté dans le sentier de Dieu, ceux-là espèrent la miséricorde de Dieu. Et Dieu est Pardonneur et Miséricordieux. (2 : 217 - 18)[295]

Les versets répondaient aux objections des forces anti-musulmanes. En bref, le combat pendant les mois sacrés est une mauvaise action. Cependant, ceux qui avaient soumis les croyants à des persécutions ineffables et continues pendant treize années, et ce seulement parce qu'ils croyaient au Dieu Unique, n'avaient aucune justification ni aucun droit d'élever une telle objection. Non seulement ils avaient chassé les musulmans de leurs maisons, mais aussi les avaient-ils bannis de la Mosquée sacrée, une punition qui n'avait jamais été infligée dans (environ) 2000 ans d'histoire connue de la Kaaba. Après tout cela, qui étaient-ils pour se permettre ainsi d'élever un tollé général à propos d'un petit incident, d'autant plus qu'il était arrivé sans l'approbation du Prophète ?!

3. Une évaluation générale

Environ vingt expéditions militaires précédèrent la bataille de Badr. Grâce à ces activités, le Messager prit le contrôle du désert et porta un coup au moral des mecquois. De surcroît, la plupart des tribus du désert commencèrent à reconnaître la puissance de l'islam et se rapprochèrent des musulmans en vue de quelque accord. Une seule expédition se termina par des musulmans tuant ou blessant des soldats ennemis. L'islam garantissant

---

[295] Ibn Hicham, 2 : 252.

la sécurité, ils ne pillaient pas les caravanes ni n'usurpaient les biens des Bédouins.

L'Envoyé de Dieu forma un réseau d'agents secrets afin de l'informer de tout ce qui se passait dans le désert et à La Mecque. Ce système était si sophistiqué que la majorité de ses Compagnons à Médine ne savaient probablement pas, par exemple, que son oncle Abbas était resté à La Mecque en tant qu'agent secret. Quand le Messager partait pour une campagne militaire, personne ne connaissait sa véritable intention ni la destination qu'il avait en tête.[296] Il employait des messagers pour communiquer avec ses soldats qui se battaient au front, et les nouvelles lui parvenaient grâce à une série de relais. Grâce à ce système, il recevait toujours des informations récentes.

Seuls les Émigrés participaient à ces expéditions. Tout d'abord, les Quraychites étaient en guerre avec les Émigrés et ne voulaient pas qu'ils prennent refuge à Médine. Qui plus est, c'était les Émigrés qui avaient été forcés de quitter la ville et d'y abandonner tous leurs biens. Comme les Ansar avaient juré allégeance au Prophète, ils devaient en déduire qu'ils devraient aussi combattre dans le sentier de Dieu.

Le génie militaire du Messager se montrait dans son choix des commandants militaires. Son oncle Hamza conduisit la première expédition militaire. En plus de son courage et de sa force, Hamza était doté d'un jugement sain, de bonnes opinions et d'une grande habileté administrative. Jusqu'à ce que sa communauté adopte ses idées et ses opinions, le Messager choisissait de les former par le biais de ses proches. Depuis que la dimension militaire de sa mission apparut pour la première fois à Médine, le Messager mit les membres de sa propre famille à la ligne de front jusqu'à ce que tout le monde y soit habitué. Notons toutefois que ces commandants étaient d'éminents généraux d'une grande qualité qui étaient hautement qualifiés pour le poste. En plus de cela, ils étaient entièrement dévoués à l'islam.

Hamza tomba martyr à Ouhoud sans craindre de lutter face à plus de vingt soldats. Ubayda ibn Harith, le cousin du Prophète, finit par mourir des suites des blessures qu'il reçut à Badr. Avant de mourir, il deman-

---

[296] Ibn Hicham, 4 : 39 – 42 ; Ibn Kathir, *Al-Bidaya*, 4 : 332 - 335.

da au Messager : « Ô Envoyé de Dieu, je ne suis pas mort en me battant au front. Suis-je quand même considéré martyr ? »[297]

L'expédition de Nakhla fut commandée par Abdoullah ibn Jahch, le fils de la tante paternelle du Prophète. Durant la seconde partie de la bataille d'Ouhoud, il combattit avec héroïsme. Il rencontra Sad ibn Abi Waqqas et lui dit :

> « Viens et prie, et je dirai 'amin' à ta prière. Puis je prierai et tu diras 'amin' à la mienne. Ô Dieu, fais-moi rencontrer l'un des soldats enne-mis les plus forts et laisse-moi le vaincre, pria Sad. Amin, répliqua Ibn Jahch qui se mit à son tour à prier. Ô Dieu, fais-moi rencontrer l'un des soldats ennemis les plus forts. Après que je l'aurai griève-ment blessé, laisse-le me tuer, et me couper mes oreilles, mon nez et mes lèvres afin que je vienne à Ta Présence en saignant profusé-ment. Tu me demanderas : Abdoullah, où sont tes oreilles, ton nez et tes lèvres ?' et je répondrai : 'Ô Dieu, j'avais honte de me présen-ter à Toi avec les parties de mon corps avec lesquels j'avais péché, c'est pourquoi je les ai sacrifiés en me battant dans la voie de Ton Bien-Aimé.' »

Quand la bataille prit fin, Abdoullah ibn Jahch fut trouvé étendu à terre, éventré, amputé de ses oreilles, de son nez et de ses lèvres.[298]

Finalement, en envoyant une série d'expéditions militaires, le Messager provoqua les Quraychites dans une action non préméditée. Sous prétex-te de récupérer leur caravane marchande, 1000 soldats mecquois parti-rent pour Badr, à quelque 145 kilomètres de Médine.

4. Les batailles

À mesure que les forces musulmanes se renforçaient à Médine, les Quraychites s'inquiétaient de plus en plus de l'éventuelle menace que cela impliquait sur leur route marchande vers la Syrie. Dans une lettre adres-sée à Abdoullah ibn Ubayy ibn Salul[299], les Quraychites menacèrent de tuer tous les hommes de Médine et d'asservir leurs femmes à moins qu'ils

---

[297] Hakim. *Mustadrak*, 3 : 188 ; Ibn Kathir, 3 : 334.
[298] Ibn Hajar, *Al-Isaba*, 1 : 286 - 287.
[299] Il était sur le point de devenir roi de Médine quand l'Emigration commença. Voyant que beaucoup de gens avaient accepté le Prophète comme le nouveau leader de Médine, il finit par se convertir à l'islam. Néanmoins, la perte du statut de roi conti-

n'expulsent le Messager. Le Prophète mit fin à cela juste au bon moment, et Ibn Ubayy ne poursuivit pas l'affaire. Puis, quand Sad ibn Mouadh se rendit à La Mecque pour accomplir le petit pèlerinage (*umra*), il fut arrêté à l'entrée de la Kaaba et empêché d'effectuer les tournées rituelles. Les Mecquois continuaient à envoyer des troupes de soldats.

a. La bataille de Badr

En raison de tels incidents, les musulmans devaient étendre leur contrôle sur la route marchande syrienne pour forcer les Quraychites et d'autres tribus hostiles à revoir leurs positions. Il était aussi temps pour le Prophète de montrer aux forces déployées contre lui que la prédication de l'islam ne saurait être arrêtée ni éradiquée du cœur de ses adhérents, et que le polythéisme et l'incroyance capituleront devant l'islam.

Au début de 624, une grande caravane Quraychite partie de Syrie en route pour La Mecque, et escortée par une quarantaine de gardes de sécurité, arriva à un endroit à portée des musulmans. Elle contenait des marchandises qui avaient été achetées avec les biens des Émigrés. Naturellement, Abou Soufyan, le chef de la caravane, craignait une tentative musulmane de récupération des biens spoliés. Il envoya donc un messager à La Mecque pour demander de l'aide et des renforts.

Cela provoqua un tollé à travers toute La Mecque. Les notables Quraychites décidèrent de se battre contre le Prophète. Environ 1000 combattants quittèrent La Mecque en grande pompe afin d'écraser la puissance montante musulmane. Ils voulaient aussi, comme d'habitude, terroriser les tribus voisines pour assurer la sécurité de l'acheminement de leur caravane marchande.

Le Messager, continuellement informé des développements qui pouvaient affecter sa mission, réalisa que si une démarche effective n'était pas menée dans l'immédiat, la prédication de l'islam pourrait souffrir un coup fatal. Si les Quraychites avaient pris l'initiative et lancé une attaque contre Médine, la petite communauté musulmane de la ville aurait pu périr. Même s'ils se contentaient d'escorter leur caravane jusqu'à La Mecque avec leurs forces armées, le prestige politique et militaire des musulmans

---

nua à le ronger de l'intérieur et l'entraîna à devenir un leader hypocrite et une source d'irritation constante pour la communauté musulmane.

aurait été sapé. Et si cela arrivait, leurs vies, leurs biens et leur sécurité seraient en danger.

Décidant d'utiliser les ressources qu'il avait à sa disposition, le Prophète quitta Médine. Il aurait probablement préféré une bataille décisive contre les Quraychites, mais les musulmans voulaient capturer la caravane et récupérer leurs biens. Le Prophète rassembla donc les gens et leur dit que la caravane marchande Quraychite était dans le nord et que l'armée d'invasion était dans le sud et se dirigeait vers Médine. Il les informa aussi que Dieu avait promis qu'ils pourraient s'emparer de l'un des deux.[300] C'était à eux qu'il revenait de choisir laquelle des cibles ils devraient attaquer.

Conscient des intentions du Prophète, un Émigrant nommé Miqdad ibn Amr répondit :

> « Ô Messager de Dieu, agis comme Dieu te l'a ordonné. Nous ne dirons pas, comme les Enfants d'Israël ont dit à Moïse : 'Va, toi et ton Maître, et combattez. Nous resterons assis ici.' Nous disons plutôt : 'Va, toi et ton Maître, et combattez. Nous nous battrons à tes côtés où que tu ailles, même aussi loin que Bark al-Ghimad.' »[301]

Jusqu'à la bataille de Badr, le Messager n'avait pas demandé d'aide militaire aux Ansar. C'était la première fois qu'ils allaient prouver leur engagement pour l'islam. Sans s'adresser directement à eux, le Messager suggéra à nouveau les deux alternatives à son audience. Comprenant ce que le Messager était en train de faire, un Ansar appelé Sad ibn Mouadh, le leader de la tribu des Aws, se leva et dit :

> Ô Messager de Dieu, je crois que ta question s'adresse aux Ansar. Nous croyons en toi, affirmons que tu es le Messager de Dieu, et attestons la véracité de tes enseignements. Nous t'avons juré allégeance, juré que nous te suivrions et t'obéirions. Ô Messager de Dieu, fais comme tu le veux ! Par Celui qui t'a envoyé avec la vérité, si tu devais nous emmener à la mer et y plonger, aucun de nous ne res-

---

[300] *(Rappelez-vous), quand Dieu vous promettait qu'une des deux bandes serait à vous. Vous désiriez vous emparer de celle qui était sans armes, alors que Dieu voulait par Ses paroles faire triompher la vérité et anéantir les mécréants jusqu'au dernier, afin qu'Il fasse triompher la vérité et anéantir le faux, en dépit de la répulsion qu'en avaient les criminels.* (8 : 7 - 8)

[301] Ibn Sad, 3 : 162.

terait derrière. Alors prends-nous à tes côtés dans les champs de bataille avec la bénédiction de Dieu.[302]

La décision de combattre fut prise. Tel était aussi le décret divin, comme susmentionné.

L'armée mecquoise était composée de 1000 combattants, qui comprenaient 600 soldats en cottes de mailles et 200 cavaliers, et étaient accompagnés de chanteurs et de danseurs. La danse et la consommation d'alcool étaient de mise lors de chaque halte. Les soldats arrogants vantaient leur puissance militaire, leur supériorité en nombre et leur invincibilité à tous les villages et les tribus qu'ils rencontraient en chemin.[303] Pire encore, ils ne se battaient non pas pour une noble cause, mais au contraire pour vaincre les forces de la foi, de la vérité, de la justice et de la bonne moralité.

L'armée musulmane comptait 313 combattants : 86 Émigrés et 227 Ansar. Seuls un ou deux musulmans étaient à cheval car ils avaient peu de moyens. Comme il n'y avait que 70 chameaux, trois ou quatre personnes montaient à tour de rôle sur un chameau. Le Messager attendait son tour avec deux autres musulmans. Quand ils lui demandèrent de toujours monter le chameau sans leur accorder leurs tours, le Messager répondit : « Vous n'êtes pas plus forts que moi. Et quant à la récompense, j'en ai besoin tout autant que vous. »[304]

Les soldats musulmans étaient entièrement dévoués et prêts à mourir pour l'islam. Pour accomplir ce qu'Il avait décrété, Dieu fit que le Messager vit en rêve que les troupes mecquoises étaient peu nombreuses, tout comme Il fit paraître le nombre des musulmans plus petit qu'il ne l'était aux yeux des Mecquois (8 : 44).

Étant les premiers à atteindre le champ de bataille, ils se positionnèrent autour des puits. Ils profitèrent aussi des pluies abondantes de la nuit précédente pour stocker de grandes quantités d'eau. La pluie avait rendu le sable compact dans la haute partie de la vallée sur laquelle ils avaient installé leurs tentes. Cela leur permettait de marcher d'un pas ferme sur la terre compacte et de se déplacer plus facilement. Or dans la partie basse de la vallée, là où l'armée Quraychite s'était postée, le sol

---

[302] Mouslim, *Kitab al-Jihad wa's-Sayr*, 30 ; Waqidi, *Maghazi*, 1 : 48 - 49.

[303] Tabari, *Tarikh al-Umam wa'l-Muluk*, 2 : 430.

[304] Ibn Hanbal, 1 : 411, 418.

était marécageux. En plus de ces faveurs divines, Dieu enveloppa les musulmans de somnolence et leur donna un sentiment de paix et de sécurité (8 : 11).

Les deux armées se firent face à Badr. Les Mecquois surpassaient les musulmans en nombre par trois contre un, et étaient beaucoup mieux équipés. Toutefois, les musulmans se battaient pour une cause ô combien plus sublime: établir la religion de Dieu, basée sur la croyance, la bonne moralité et la justice. Profondément convaincus de la vérité de l'islam et désireux de mourir pour cela, ils étaient prêts pour le combat.

À partir de leur camp, l'armée musulmane pouvait voir tout le champ de bataille. Elle était divisée en trois parties : le centre et les deux flancs. La force centrale se composait des grandes personnalités de parmi les Émigrés et les Ansar qui étaient les plus dévoués au Messager. Mousab ibn Oumayr, un membre de l'une des familles les plus riches de La Mecque qui avait embrassé l'islam dans sa jeunesse, portait la bannière du Messager. Il était si beau que lorsqu'il sortait vêtu de soie, avant sa conversion, les jeunes filles mecquoises l'admiraient de leurs fenêtres. Mais une fois devenu musulman, il suivit le Messager de tout son cœur. Il sacrifia tout ce qu'il avait sur le sentier de Dieu et tomba martyr à Ouhoud, bataille durant laquelle il portait aussi la bannière du Prophète. Quand il perdit son bras droit, il prit la bannière dans sa main gauche ; quand il perdit son bras gauche, il ne lui restait plus qu'une « tête » pour protéger le Messager, devant lequel il finit par mourir en martyr.[305]

Les flancs étaient commandés par Ali et Sad ibn Mouadh. Ali était connu pour son grand courage et sa sincère dévotion au Messager. Il n'avait que 9 ou 10 ans quand il dit au Prophète : « Moi, je t'aiderai », après que le Messager avait rassemblé ses proches parents au tout début de sa mission pour qu'ils se convertissent et le soutiennent.[306] La nuit de l'Émigration du Prophète, Ali avait dormi dans le lit du Prophète afin qu'il puisse quitter La Mecque en toute sécurité.[307] Au moment où les hommes qui avaient encerclé sa maison avaient découvert cette ruse, le Messager était déjà parvenu à la cave de Thawr. Ali était totalement dévoué à la cause de Dieu.

---

[305] Ibn Sad, 3 : 120.
[306] Ibn Hanbal, 1 : 159.
[307] Ibn Hicham, 2 : 127.

Le Messager prit toutes les précautions nécessaires et fit les meilleurs préparatifs possibles. Il mobilisa ses ressources et choisit les meilleurs et les plus qualifiés de ses hommes en tant que commandants. Il posta son armée sur la haute partie de la vallée. Puis il installa sa tente là où il pouvait voir l'ensemble du champ de bataille et d'où il pouvait directement transmettre ses ordres. Et pour remplir la condition requise finale, il pria avec une sincérité et une humilité des plus profondes :

> « Ô Dieu, voici les Quraychites qui, dans leur vanité, cherchent à réfuter et à calomnier Ton Messager. Ô Dieu, soutiens-nous avec l'aide que Tu m'as promise. Ô Dieu, si ce petit groupe de musulmans venait à périr, il ne resterait plus personne sur terre pour T'adorer. »[308]

Après cette prière, sur ordre de l'ange Gabriel, il lança une poignée de sable en direction de l'ennemi et il ne resta aucun païen qui n'ait reçu de sable dans les yeux, les narines et la bouche.[309]

Badr fut une grande épreuve pour les musulmans. Ils allaient soit gagner soit tomber martyrs, car ils avaient reçu l'ordre de ne pas fuir. Ils avaient le droit de battre en retraite méthodiquement sous la pression insoutenable des ennemis, comme une tactique de combat pour chercher des renforts ou pour se rallier à un autre groupe des arrières (8 : 16), mais pas à cause de lâcheté ou de défaitisme. Une telle fuite non stratégique révèlerait qu'ils préféraient leurs vies à l'islam – un péché capital.

La bataille commence

Sur la ligne de front des Quraychites se trouvaient Utba ibn Rabia, son frère Chayba et son fils Walid. Ils défièrent les musulmans pour un combat singulier. Trois jeunes Ansar se présentèrent. « Nous ne nous battrons pas, nous voulons nous battre avec nos cousins ! », cria Utba avec arrogance. En fait, le Messager s'était attendu à une telle réaction. Il ordonna à Ali, Hamza et Ubayda ibn Harith de s'avancer pour le combat singulier. Hamza se battit et tua Utba, et Ali tua Walid en deux coups. Ubayda, qui était âgé, combattit Chayba et fut blessé à la jambe. Hamza et Ali le sauvèrent, tuèrent Chayba et portèrent Ubayda au loin.[310]

[308] *Ibid.*, 1 : 621.
[309] *Ibid.*, 1 : 668 ; Ibn Hanbal, 1 : 368.
[310] Ibn Hicham, 2 : 277.

Les Quraychites furent démoralisés par un tel commencement. La foi, la sincérité et la bravoure des musulmans leur valurent l'aide divine. Les Quraychites, qui s'étaient réjoui de leur supériorité en nombre et en armement, furent soumis à une défaite écrasante par des musulmans sous-équipés. 70 Quraychites furent tués. Awf et Muawwidh, deux jeunes frères Ansar, se joignirent à Abdoullah ibn Massoud pour tuer Abou Jahl, que le Messager appelait le « Pharaon de la Communauté Musulmane ».[311] Presque tous les leaders Quraychites furent tués : Abou Jahl, Walid ibn Mughira, Utba ibn Rabia, As ibn Saïd, Oumayya ibn Khalaf et Nawfal ibn Khuwaylid. Avant la bataille, le Messager avait prédit et indiqué les lieux où ils allaient mourir, en disant : « Utba sera tué ici ; Abou Jahl là, Umayya ibn Khalaf là » et ainsi de suite.[312]

70 Quraychites furent capturés. Dieu autorisa les musulmans à demander une rançon pour leur libération, et certains furent donc libérés. Quant à ceux qui savaient lire et écrire, il leur suffisait d'enseigner leurs connaissances aux musulmans illettrés pour être libérés. Cette politique avait plusieurs avantages : les captifs qui s'attendaient à être exécutés acceptèrent volontiers de payer une rançon ; le bas niveau d'alphabétisme de Médine put être relevé, rendant ainsi les nouveaux musulmans alphabètes plus efficaces et plus utiles ; les captifs lettrés eurent ainsi la possibilité de connaître l'islam de près et d'être en contact avec des musulmans, ce qui allait rapprocher plus de gens à l'islam ; et les familles et les proches des captifs étaient si heureux de revoir les membres de leurs familles qu'ils croyaient morts qu'ils devinrent beaucoup plus réceptifs à l'islam.

Cette victoire décisive fit de l'islam une force qu'il fallait désormais prendre en compte à travers toute l'Arabie, et beaucoup de cœurs endurcis devinrent enclins à accepter l'islam.

b. La bataille d'Ouhoud

La victoire de Badr alerta les forces hostiles de la péninsule. Les musulmans tombèrent dans une situation délicate et durent endurer la colère de la plupart des communautés voisines.

[311] *Ibid.*, 2 : 280 – 287 ; Ibn Kathir, 3 : 350.
[312] Abou Dawoud, 2 : 53 ; Mouslim, 5 : 170.

Les tribus juives de Médine n'avaient guère envie d'honorer leurs accords conclus avec le Messager après l'hégire. Pendant la bataille de Badr, ils soutinrent les polythéistes. Ensuite, ils encouragèrent ouvertement les Quraychites et les autres tribus arabes à s'unir contre les musulmans. Ils collaborèrent également avec les hypocrites qui formaient apparemment une partie intégrante du corps politique musulman.

Pour faire avorter l'expansion de l'islam, ils se mirent à attiser les flammes des anciennes animosités entre les Aws et les Khazraj, les deux tribus des musulmans médinois. Kab ibn Achraf, le chef des Banu Nadhir, alla à La Mecque et récita d'émouvantes élégies pour les Mecquois tués à Badr afin de provoquer les Quraychites vers de nouvelles hostilités. Il calomnia aussi les musulmans et fit la satire du Messager dans ses poèmes.

La violation des tribus juives des obligations de leur Traité dépassa toutes les limites du raisonnable. Quelques mois après Badr, une femme musulmane fut traitée indécemment par quelques juifs de Banu Qaynuqa, la tribu juive la plus anti-musulmane. Durant la querelle qui s'ensuivit, un musulman tomba martyr et un juif fut tué. Quand le Messager leur reprocha leur conduite honteuse et leur rappela les obligations du traité, les juifs le menacèrent : « Détrompe-toi de ta confrontation avec un peuple qui ne connaît rien à la guerre. Tu as eu de la chance. Par Dieu, si nous te combattons, tu sauras que nous, nous sommes des hommes de guerre. »

Finalement, le Messager attaqua les Banu Qaynuqa, les vainquit et les bannit de la banlieue de Médine. De plus, sur ordre du Messager, Mohammed ibn Maslama tua Kab ibn Achraf et mit ainsi un terme à ses intrigues séditieuses.[313]

Les raisons de la bataille

Les Quraychites souffraient encore de l'humiliation de la défaite de la bataille de Badr. Leurs femmes pleuraient les guerriers morts presque tous les jours et encourageaient les survivants à les venger. En outre, les efforts des juifs pour raviver leurs sentiments de vengeance agissaient comme de l'huile sur du feu. Pas plus d'un an plus tard, les Quraychites attaquèrent Médine avec une armée de 3000 soldats comprenant entre autres 700 hommes en cuirasse et 200 cavaliers.

---

[313] Boukhari, Maghazi, 15, 16 ; Mouslim, *Jihad*, 119 ; Ibn Hicham, *Sira*, 3 : 121.

Informé par la marche des Mecquois sur Médine, le Messager consulta ses Compagnons pour décider de la manière de faire face à cette menace.[314] Il avait rêvé qu'il était en cuirasse avec son épée ébréchée, et qu'on abattait des vaches. Il interpréta cela par le fait qu'ils devraient se défendre à l'intérieur des frontières de Médine et qu'un membre influant de parmi ses parents, avec quelques Compagnons, tomberaient martyrs.[315] Il savait aussi que l'armée mecquoise venait se battre sur terrain ouvert. Ainsi, si les musulmans se défendaient à l'intérieur de Médine, l'armée mecquoise ne pourrait pas monter un long siège. Il souligna une fois de plus que les musulmans représentaient la paix et la sécurité, et qu'ils ne devaient recourir à la force que pour éliminer un obstacle à la prédication de l'islam ou pour se défendre eux-mêmes, ou protéger leur foi et leur pays.

Cependant, plusieurs jeunes aspiraient au martyre. Peinés de ne pas s'être battus à Badr, ils voulaient maintenant combattre l'ennemi en dehors de Médine. À la fin, le Messager céda à la demande de la majorité. Quand ces jeunes se repentirent, suite aux avertissements de leurs aînés

---

[314] Un système de gouvernement consultatif est un article indispensable de la constitution islamique. Ceux qui sont érudits, pieux, qui ont un bon jugement et des connaissances d'experts en certains domaines, et qui jouissent de la confiance des gens, doivent être consultés. En retour, ceux-ci doivent exprimer leurs opinions, selon les principes de leur conscience, avec précision et intégrité. Ce système consultatif est si important que Dieu loue la première communauté musulmane exemplaire comme un groupe qui règle ses affaires en se consultant les uns les autres (42 : 38).

Cette importance devient plus explicite quand on considère le leadership du Prophète. Il ne parlait jamais en fonction de ses caprices ni de son propre chef, mais ne faisait que communiquer ce que Dieu révélait (53 : 3 - 4). Ainsi, il préférait l'opinion de la majorité à la sienne. Mais comme il devait exécuter leur décision en toute soumission et confiance en Dieu, il ne pouvait plus ensuite changer sa décision pour plusieurs raisons. Tout d'abord, cela pousserait certains à faire pression sur les autres pour faire accepter leurs opinions; deuxièmement, les leaders qui changent d'avis selon des sentiments et des caprices individuels peuvent perdre leur autorité et leur crédit; troisièmement, toute éventuelle hésitation engendre la crainte, l'anxiété, et la confusion chez les gens; quatrièmement, si le Messager avait changé d'avis et avait défendu les musulmans de l'intérieur de Médine, une défaite aurait poussé ses opposants à le critiquer lui et les grands Compagnons.

Dans toutes ses paroles et ses actions, le Messager était un exemple à suivre. Toutes les réflexions susmentionnées se réfèrent à son comportement d'avant Ouhoud et à ses paroles : « Il ne sied pas à un Prophète de retirer sa cotte de mailles après qu'il l'a mise ».

[315] Ibn Hicham, 3 : 664 / 667.

concernant leur insistance, et que ces aînés en informèrent le Messager, celui-ci répondit : « Il ne sied pas à un Prophète de retirer sa cotte de mailles après l'avoir mise. »[316]

Ayant décidé de suivre la majorité, le Messager et 1000 guerriers quittèrent Médine pour Ouhoud, un mont situé à seulement quelques kilomètres de la banlieue ouest de la ville. La principale caractéristique de ce mont est qu'une vaste plaine s'étendait devant lui. Or, quand ils furent arrivés à mi-chemin, Abdoullah ibn Ubayy ibn Salul rebroussa chemin avec ses 300 hommes.[317] Cet événement, survenant juste avant le début de la bataille, provoqua une perplexité et une confusion telles que les tribus de Banu Salama et de Banu Haritha voulurent aussi suivre son exemple. Finalement, on réussit à les persuader de rester.

Le Messager avança avec les 700 musulmans restants. Il les aligna au pied du Mont Ouhoud de façon à ce que le mont fût derrière eux et l'armée Quraychite en face d'eux. L'ennemi ne pouvait lancer une attaque surprise que par un col de la montagne. Le Messager y posta donc 50 archers sous le commandement de Abdoullah ibn Jubayr. Il lui dit de ne laisser personne s'approcher ni s'éloigner de cet endroit, en ajoutant : « Quand bien même vous verriez des oiseaux s'envoler avec notre chair, ne bougez pas de cet endroit. »[318]

Mousab ibn Oumayr était celui qui portait la bannière, Zoubayr ibn Awwam commandait la cavalerie et Hamza l'infanterie. L'armée était prête pour le combat. Pour encourager ses Compagnons, le Prophète apporta une épée et demanda : « Aimeriez-vous avoir cette épée en en payant le prix ? » Abou Dujana demanda : « Qu'est-ce que son prix ? » Le Prophète répondit : « C'est se battre avec jusqu'à ce qu'elle se casse ». Abou Dujana la prit et combattit.[319]

Sad ibn Abi Waqqas et Abdoullah ibn Jahch prièrent Dieu afin qu'Il les confronte aux soldats ennemis les plus forts. Hamza, l'oncle du Prophète surnommé « le Lion de Dieu », portait une plume d'autruche sur sa poitrine. Les versets révélés pour décrire les personnes pieuses entourant les prophètes précédents font aussi référence à eux :

---

[316] Boukhari, *Itisam*, 28 ; Ibn Hicham, *Sira*, 3 : 68.

[317] Ibn Hicham, 3 : 68.

[318] Boukhari, *Jihad*, 164 ; Abou Dawoud, *Jihad*, 6 ; Ibn Kathir, *Al-Bidaya*, 4 : 25.

[319] Mouslim, *Fadha'il as-Sahaba*, 128 ; Ibn Hanbal, 3 : 123 ; Ibn Kathir, *Al-Bidaya*, 4 : 15.

Combien de disciples ont combattu en compagnie de prophètes, ceux-ci ne fléchirent pas à cause de ce qui les atteignit dans le sentier de Dieu. Ils ne faiblirent pas et ils ne cédèrent point. Et Dieu aime les endurants. Et ils n'eurent que cette parole : « Seigneur, pardonne-nous nos péchés ainsi que nos excès dans nos comportements, affermis nos pas et donne-nous la victoire sur les gens mécréants ». Dieu, donc, leur donna la récompense d'ici-bas, ainsi que la belle récompense de l'au-delà. Et Dieu aime les gens bienfaisants. (3 : 146-48)

Dans un premier temps, les musulmans triomphèrent de l'ennemi si facilement qu'Abou Dujana, avec l'épée que le Prophète lui avait donnée, parvint à s'introduire au centre de l'armée Quraychite. Là il rencontra une personne qui encourageait les païens à combattre. Il était sur le point de la tuer quand il découvrit que c'était une femme (Hind, l'épouse d'Abou Soufyan, le commandant Quraychite). Alors il écarta d'elle son épée et l'épargna.[320] Ali tua Talha ibn Abi Talha, le porte-étendard ennemi. Tous ceux qui portèrent la bannière ennemie furent tués par Ali, Asim ibn Thabit ou Zoubayr ibn Awwam. Suite à cela, des héros musulmans prêts à se sacrifier tels que Hamza, Ali, Abou Dujana, Zoubayr et Miqdad ibn Amr se jetèrent sur l'ennemi et les mirent en déroute.

Quand l'ennemi commença à s'enfuir, les musulmans se mirent à ramasser le butin. Les archers du col de la montagne qui virent cela se dirent : « Dieu a vaincu l'ennemi et nos frères s'emparent du butin. Rejoignons-les. » Abdoullah ibn Jubayr leur rappela l'ordre du Prophète mais ils rétorquèrent : « Il nous a ordonné cela sans connaître l'issue de la bataille. » La majorité quittèrent leurs postes et se mirent en quête du butin. Khalid ibn Walid, qui n'avait pas encore accepté l'islam et qui était alors le commandant de la cavalerie ennemie, saisit cette opportunité pour mener ses hommes autour du Mont Ouhoud et attaquer l'arrière des musulmans à travers le col. Les effectifs réduits de Abdoullah ibn Jubayr ne suffirent pas à les repousser.

Les soldats ennemis qui s'enfuyaient revinrent à l'assaut et attaquèrent par devant. Désormais, la bataille tournait à l'avantage de l'ennemi. Ces deux attaques surprises par des forces supérieures entraînèrent une grande confusion parmi les musulmans. L'ennemi voulait attraper le Messager vivant ou bien le tuer, et l'attaquèrent donc de tous côtés avec

---

[320] Haythami, *Majma az-Zawa'id*, 6 : 109.

leurs épées, leurs lances, leurs flèches et leurs pierres. Ceux qui le défendaient se battirent héroïquement.

Hind, ayant perdu son père et ses frères à Badr, poussa Wahchi, un esclave noir, à tuer Hamza. Face au revers, Hamza se battait comme un lion féroce. Il avait tué presque 30 ennemis quand la lance de Wahchi le transperça juste au-dessus de la cuisse. Hind s'avança et lui ordonna d'éventrer Hamza ; après quoi elle mutila son corps et mâcha son foie.[321]

Ibn Kamia martyrisa Mousab ibn Oumayr, le porte-étendard musulman qui se battait devant lui. Mousab ressemblait dans sa stature et son teint au Messager, ce qui amena Ibn Kamia à annoncer qu'il avait tué le Messager. Pendant ce temps, le Messager avait été blessé par une épée et par des pierres. Tombant dans un fossé et saignant profusément, il ouvrit ses mains et pria : « Ô Dieu, pardonne mon peuple, car ils ne savent pas (la vérité). »[322]

La rumeur concernant le martyre du Prophète poussa plusieurs Compagnons à perdre courage. En plus de ceux comme Ali, Abou Dujana, Sahl ibn Hunayf, Talha ibn Ubaydullah, Anas ibn Nadhr et Abdoullah ibn Jahch, qui se battaient en étant prêts au martyre, des femmes musulmanes entendirent la rumeur et accoururent sur le champ de bataille. Sumayra, de la tribu des Banu Dinar, avait beau avoir perdu son mari, son père et son frère, elle ne s'enquérissait que du Messager. Quand elle le vit, elle dit : « Tous les malheurs sont insignifiants pour moi, tant que tu es en vie, ô Messager ! »[323]

Oumm Umara se battit devant le Messager si héroïquement qu'il lui demanda : « Qui d'autre peut endurer tout ce que tu endures ? » Cette femme exemplaire saisit cette opportunité pour lui demander de prier pour elle : « Ô Messager de Dieu, prie Dieu pour que je sois en ta compagnie au Paradis ! » Ainsi fit le Messager, et elle répondit : « Tout ce qui pourra m'arriver à partir de maintenant n'a aucune importance. »[324]

Anas ibn Nadhr entendit que le Messager était tombé martyr. Il se battit si vaillamment qu'il reçut plus de 80 coups.[325] Ils trouvèrent Sad ibn Rabi mourant avec 70 blessures sur le corps. Ses derniers mots furent :

[321] Ibn Sad, *Tabaqat*, 3 : 12 ; Waqidi, *Maghazi*, 221.
[322] Qadi Iyad, *Chifa*, 1 : 78 – 9 ; Hindi, *Kanz al-Ummal*, 4 : 93.
[323] Ibn Hicham, 3 : 99.
[324] Ibn Sad, *Tabaqat*, 8 : 413 - 15.
[325] Ibn Hanbal, 3 : 201; Bayhaqi, *Sunan*, 9 : 44.

« Transmettez mon salut au Messager. Je sens le parfum du Paradis au delà du mont Ouhoud. »[326] Aux côtés d'Abou Dujana et de Sahl ibn Hunayf se trouvait aussi Ali qui se tenait devant le Messager et le défendait. Par trois fois, le Messager montra des ennemis qui s'avançaient vers eux et à chaque fois, Ali les attaqua et les mit en déroute.[327]

En dépit de la résistance indescriptible des guerriers musulmans autour du Messager, la défaite semblait inévitable jusqu'à ce que Kab ibn Malik, voyant le Messager, s'écria : « Ô musulmans ! Bonnes nouvelles pour vous ! Voici le Messager, ici ! » Les Compagnons éparpillés de tous côtés avancèrent vers lui, lui vinrent en aide et le menèrent vers un lieu sûr de la montagne.

Les raisons du revers à Ouhoud

Avant d'expliquer les raisons de l'échec, il faut souligner qu'après les prophètes, les Compagnons sont supérieurs en vertu à tous les autres hommes. Ils sont honorés par le fait d'être les camarades et les disciples du Prophète Mohammed, le meilleur de la création, celui pour l'amour duquel l'univers a été créé et qui fut envoyé comme une miséricorde pour tous les mondes. Par conséquent, selon la règle qui dit que « plus grande est la bénédiction, plus lourde est la responsabilité », ils se devaient d'être les plus obéissants envers Dieu et Son Messager.

Nous lisons, par exemple, Ô femmes du Prophète ! Celle d'entre vous qui commettra une turpitude prouvée, le châtiment lui sera doublé par deux fois ! Et ceci est facile pour Dieu. Et celle d'entre vous qui est entièrement soumise à Dieu et à Son messager et qui fait le bien, Nous lui accorderons deux fois sa récompense, et Nous avons préparé pour elle une généreuse attribution. Ô femmes du Prophète ! Vous n'êtes comparables à aucune autre femme (33 : 30, 32). Dans le même esprit, même le plus petit péché commis par un Compagnon mériterait un châtiment sévère. Les Compagnons font tous partie de ceux qui ont « la foi la plus forte et qui sont les plus proches de Dieu » ; leur conduite est un exemple à suivre par les générations suivantes. Ils doivent donc être purs dans leur croyance et leurs intentions, sincères dans l'adoration et la dévotion, droits dans

---

[326] Ibn Kathir, *Al-Bidaya*, 4 : 35 - 6.
[327] Tabari, *Tarikh*, 3 : 17 ; Ibn Athir, *Al-Kamil*, 2 : 74 ; Ibn Hicham, *Sira*, 3 : 100.

leur comportement, et extrêmement prudent de façon à ne commettre ni péché ni désobéissance.

Dieu éleva la communauté de Mohammed pour en faire la meilleure communauté qu'on ait fait surgir pour les hommes (et qui) ordonne le convenable, interdit le blâmable et croit en Dieu Seul (3 : 110) et la désigna comme une communauté de justes pour que vous soyez témoins aux gens, comme le Messager sera témoin à vous (2 : 143). Durant les premières années de l'ère médinoise, ceux qui accompagnaient le Prophète étaient les vrais compagnons et des hypocrites. Par conséquent, Dieu voulut distinguer Ses vrais témoins de toute l'humanité et voir qui d'entre eux luttaient vraiment sur Son Chemin et restaient endurants (3 : 141-42). La bataille d'Ouhoud fut donc un test décisif pour passer au tamis les musulmans et ainsi distinguer les sincères et les endurants des hypocrites et des indécis, et par là même rendre la communauté islamique plus stable et plus redoutable.

Après ces quelques notes préliminaires, nous pouvons résumer comme suit les raisons du revers subi par les musulmans :

- Le Messager, commandant en chef, était d'avis qu'il valait mieux rester à Médine. Les Compagnons plus jeunes, enthousiastes et inexpérimentés, le poussèrent à livrer bataille en dehors de la ville. Cela était une grave erreur, même si ce devait être pour l'amour du martyre sur le sentier de Dieu, puisque le Messager était enclin à appliquer une différente stratégie de combat et savait d'avance que l'armée Quraychite venait se battre sur terrain ouvert.

- Les archers postés pour défendre l'armée quittèrent leurs positions. Ils interprétèrent mal l'ordre donné par le Messager de rester à leurs places coûte que coûte, et ils allèrent ramasser le butin.

- 300 hypocrites, c'est-à-dire un tiers de l'armée, désertèrent à mi-chemin et retournèrent à Médine. Cela sapa le moral des tribus de Banu Salama et de Banu Haritha qui furent difficilement persuadées de rester. En outre, un petit groupe d'hypocrites démoralisa les musulmans pendant la bataille.

- Plusieurs Compagnons devinrent impatients. Ils agirent, à certains égards, en contradiction avec les préceptes de la piété et furent attirés par la richesse matérielle.

- Certains croyants pensaient que tant que le Messager était avec eux et qu'ils jouissaient du soutien et de l'aide de Dieu, les incroyants ne pourraient jamais les battre. Certes, tout cela était vrai, mais le revers leur enseigna que mériter l'aide de Dieu requiert, en plus de la foi et de la dévotion, la délibération, la stratégie et l'endurance. Ils s'aperçurent aussi que le monde était un lieu d'examen et d'épreuves :

> Avant vous, certes, beaucoup d'événements se sont passés. Or, parcourez la terre, et voyez ce qu'il est advenu de ceux qui traitaient (les prophètes) de menteurs. Voilà un exposé pour les gens, un guide, et une exhortation pour les pieux. Ne vous laissez pas abattre, ne vous affligez pas alors que vous êtes les supérieurs, si vous êtes de vrais croyants. Si une blessure vous atteint, pareille blessure atteint aussi l'ennemi. Ainsi faisons-Nous alterner les jours (bons et mauvais) parmi les gens, afin que Dieu reconnaisse ceux qui ont cru, et qu'Il choisisse parmi vous des témoins - et Dieu n'aime pas les injustes. Et afin que Dieu purifie ceux qui ont cru, et anéantisse les mécréants. (3 : 137 - 41)

- Ceux qui n'avaient pas pris part à la bataille de Badr priaient sincèrement Dieu pour obtenir le martyre. Ils étaient entièrement dévoués à l'islam et aspiraient à la rencontre de Dieu. Certains, comme Abdoullah ibn Jahch, Anas ibn Nadhr, Sad ibn Rabi, Amr ibn Jamuh et Abou Sad Haysama, goûtèrent au plaisir du martyre ; pour d'autres, cet instant fut repoussé. Le Coran évoque leurs louanges comme suit :

> Il est, parmi les croyants, des hommes qui ont été sincères dans leur engagement envers Dieu. Certains d'entre eux ont atteint leur fin, et d'autres attendent encore ; et ils n'ont varié aucunement (dans leur engagement). (33 : 23)

- Tout succès est accordé par Dieu, qui fait ce qu'Il veut et ne peut être contesté. La croyance en l'unité divine signifie que les croyants doivent toujours attribuer leurs réussites à Dieu et ne jamais s'approprier un quelconque bien. Si jamais la victoire décisive à Badr donna une certaine fierté à quelques musulmans et ils attribuèrent la victoire à leur propre prudence, sagesse ou à des causes matérielles, cela aurait été l'une des raisons de leur échec.

- Parmi l'armée Quraychite se trouvaient quelques éminents soldats et commandants (comme Khalid ibn Walid, Ikrima ibn Abi Jahl, Amr ibn al-As et Ibn Hicham) qui étaient destinés par Dieu à devenir plus tard de grands serviteurs de l'islam. Ils étaient les plus estimés et les plus respectés parmi leur peuple. Par égard pour leur futur service, Dieu n'a peut-être pas souhaité briser complètement leurs sentiments d'honneur. Ainsi, comme l'exprime Bediuzzaman Saïd Nursi, les Compagnons du futur vainquirent les Compagnons du présent.[328]

- Les versets suivants expliquent les raisons de ce revers et son contrecoup, et les leçons à en retirer :

> Comptez-vous entrer au Paradis sans que Dieu ne distingue parmi vous ceux qui luttent et qui sont endurants ? (3 : 142)

> Mohammed n'est qu'un messager – des messagers avant lui sont passés – S'il mourait, donc, ou s'il était tué, retourneriez-vous sur vos talons ? Quiconque retourne sur ses talons ne nuira en rien à Dieu; et Dieu récompensera bientôt les reconnaissants. Personne ne peut mourir que par la permission de Dieu, et au moment prédéterminé. Quiconque veut la récompense d'ici-bas, Nous lui en donnons. Quiconque veut la récompense de l'au-delà, Nous lui en donnons et Nous récompenserons bientôt les reconnaissants. (3 : 144 - 45)

> Et certes, Dieu a tenu Sa promesse envers vous, quand par Sa permission vous les tuiez sans relâche, jusqu'au moment où vous avez fléchi, où vous vous êtes disputés à propos de l'ordre donné, et vous avez désobéi après qu'Il vous eut montré (la victoire) que vous aimez! Il en était parmi vous qui désiraient la vie d'ici bas et il en était parmi vous qui désiraient l'au-delà. Puis Il vous a fait reculer devant eux, afin de vous éprouver. Et certes Il vous a pardonné. Et Dieu est Détenteur de la grâce envers les croyants. (Rappelez-vous) quand vous fuyiez sans vous retourner vers personne, cependant que, derrière vous, le Messager vous appelait. Alors Il vous infligea angoisse sur angoisse, afin que vous n'ayez pas de chagrin pour ce qui vous a échappé ni

---

[328] Saïd Nursi, *Lemalar*, 7. Lema.

pour les revers que vous avez subis. Et Dieu est Parfaitement Connaisseur de ce que vous faites. (3 : 152 - 153)

Ceux d'entre vous qui ont tourné le dos, le jour où les deux armées se rencontrèrent, c'est seulement le Diable qui les a fait broncher, à cause d'une partie de leurs (mauvaises) actions. Mais, certes, Dieu leur a pardonné. Car vraiment Dieu est Pardonneur et Indulgent ! (3 : 155)

Ô les croyants ! Ne soyez pas comme ces mécréants qui dirent à propos de leurs frères partis en voyage ou pour combattre : « S'ils étaient restés avec nous, ils ne seraient pas morts, et ils n'auraient pas été tués. » Dieu en fit un sujet de regret dans leurs cœurs. C'est Dieu qui donne la vie et la mort. Et Dieu observe bien ce que vous faites. Et si vous êtes tués dans le sentier de Dieu ou si vous mourez, un pardon de la part de Dieu et une miséricorde valent mieux que ce qu'ils amassent. Que vous mouriez ou que vous soyez tués, c'est vers Dieu que vous serez rassemblés. (3 : 156 - 58)

Si Dieu vous donne Son secours, nul ne peut vous vaincre. S'Il vous abandonne, qui donc après Lui vous donnera secours ? C'est en Dieu que les croyants doivent mettre leur confiance. (3 : 160)

Quoi ! Quand un malheur vous atteint - mais vous en avez jadis infligé le double - vous dites « D'où vient cela ? » Réponds-leur : « Il vient de vous-mêmes ». Certes Dieu est Omnipotent. Et tout ce que vous avez subi, le jour où les deux troupes se rencontrèrent, c'est par permission de Dieu, et afin qu'Il distingue les croyants. Et qu'Il distingue les hypocrites. On avait dit à ceux-ci : « Venez combattre dans le sentier de Dieu, ou repoussez [l'ennemi] », ils dirent : « Volontiers, si nous savions combattre ». Ils étaient, ce jour-là, plus près de la mécréance que de la foi. Ils disaient de leurs bouches ce qui n'était pas dans leurs cœurs. Et Dieu sait fort bien ce qu'ils cachaient. (3 : 165 - 67)

Ne pense pas que ceux qui ont été tués dans le sentier de Dieu soient morts. Au contraire, ils sont vivants, auprès de leur Seigneur, bien pourvus et heureux des faveurs que Dieu leur a accordées, et ravis que ceux qui sont restés derrière eux et ne les ont pas encore rejoints, ne connaîtront aucune crainte et ne seront point affligés. Ils sont ravis d'un bienfait de Dieu et d'une faveur, et du fait que Dieu ne laisse pas perdre la récompense des croyants. (3 : 169 - 71)

Dieu ne saurait laisser les croyants dans l'état où vous êtes sans distinguer le mauvais du bon. Et Dieu ne saurait non plus vous dévoiler l'Inconnaissable. Mais Dieu choisit par Ses messagers qui Il veut. Croyez donc en Dieu et en Ses messagers. Et si vous avez la foi et la piété, vous aurez alors une récompense énorme. (3 : 179)

La dernière étape de la bataille d'Ouhoud et la campagne de Hamra al-Asad

Après la confusion initiale, ses Compagnons vinrent en aide au Prophète qui était blessé et qui s'était évanoui. Beaucoup de Compagnons étaient aussi blessés. Ils se retirèrent en un lieu sûr de la montagne. L'armée Quraychite se mit à quitter le champ de bataille, pensant s'être vengée de Badr. Voyant qu'ils ne pouvaient pas écraser la résistance musulmane, ils montèrent leurs chameaux et leurs chevaux, et se dirigèrent vers La Mecque.

Le Messager craignait qu'ils puissent revenir et lancer une attaque sur Médine. C'est pourquoi le deuxième jour de la bataille d'Ouhoud, il ordonna à ceux qui avaient combattu la veille de se rassembler et de se mettre à la poursuite des incroyants. Certains parmi les Banu Abd al-Qays, qui avaient été engagés par Abou Soufyan, essayèrent de décourager cette ligne d'action en disant : « *Les gens se sont rassemblés contre vous, craignez-les.* » Mais cela ne fit qu'accroître la foi des croyants, qui rétorquèrent : « *Dieu nous suffit ; Il est notre meilleur garant* ». (3 : 173)[329]

La plupart des musulmans étaient gravement blessés ; certains ne pouvaient pas tenir debout et devaient être portés par leurs amis.[330] À un moment aussi critique que celui-là, ils rassemblèrent leurs forces et se préparèrent à sacrifier leurs vies sur ordre du Messager. Ils l'accompagnèrent à Hamra al-Asad, à environ 13 kilomètres de Médine. Les polythéistes mecquois avaient fait halte et parlaient d'une seconde attaque sur

---

[329]   Ibn Hicham, 3 : 120-1 ; Ibn Kathir, *Al-Bidaya*, 4 : 43.

[330]   Ibn Hicham, 3 : 101.

Médine. Cependant, quand ils aperçurent les croyants qu'ils croyaient avoir vaincus venir vers eux, ils ne purent pas rassembler assez de courage et préférèrent continuer leur route vers La Mecque.

La prudence et le génie militaire du Messager tournèrent une défaite en une victoire. L'ennemi n'avait pas assez de cran pour confronter à nouveau la résolution des musulmans en marchant sur Médine, et se retirèrent donc à La Mecque. Dieu révéla les versets suivants pour louer les héros musulmans :

> Ceux qui, quoique atteints de blessure, répondirent à l'appel de Dieu et du Messager, il y aura une énorme récompense pour ceux d'entre eux qui ont agi en bien et pratiqué la piété. Certes ceux auxquels l'on disait : « Les gens se sont rassemblés contre vous ; craignez-les » - cela accrut leur foi - et ils dirent : « Dieu nous suffit ; Il est notre meilleur garant ». Ils revinrent donc comblés des bienfaits du Seigneur et de Sa grâce. Nul mal ne les toucha et ils suivirent ce qui satisfait Dieu. Et Dieu est Détenteur d'une grâce immense. (3 : 172 - 74)

Vers la bataille de la Tranchée

La tribu juive de Banu Nadhir était à l'origine l'allié juré des musulmans de Médine. Toutefois, ses membres complotaient secrètement avec les polythéistes mecquois et les hypocrites médinois. Ils tentèrent même de tuer le Prophète pendant qu'il leur rendait visite, enfreignant ainsi les lois de l'hospitalité et les accords du traité. Le Messager leur demanda de quitter leur position stratégique, à environ 5 kilomètres au sud de Médine, et ils acceptèrent. Mais quand Abdoullah ibn Ubayy, le chef des hypocrites, leur promit son soutien en cas de guerre, les Banu Nadhir élevèrent des objections.

L'armée musulmane les assiégea donc dans leurs forteresses. Voyant que ni les polythéistes mecquois ni les hypocrites médinois ne se souciaient assez d'eux pour leur venir en aide, les Banu Nadhir quittèrent la ville. Ils furent consternés et expulsés, mais leurs vies furent épargnées. On leur accorda 10 jours pour partir avec leurs familles et tout ce qu'ils pouvaient emmener avec eux. La majorité rejoignit leurs coreligionnaires en Syrie et d'autres à Khaybar.

En rentrant du mont Ouhoud, Abou Soufyan avait défié les musulmans pour une revanche à Badr l'année suivante.[331] Mais quand l'heure désignée sonna, il perdit tout courage. Pour sauver la face, il envoya Nuaym ibn Massoud (alors encore incroyant) à Médine pour propager la rumeur que les Quraychites faisaient de terribles préparatifs de guerre et rassemblaient une gigantesque armée invincible. Cependant, quand le Prophète parvint à Badr avec une armée de 1500 combattants, il n'y avait aucun ennemi pour l'affronter. Ils restèrent là-bas pendant huit jours, attendant la réalisation de la menace de guerre. Comme aucun signe de l'armée Quraychite n'apparaissait, ils rentrèrent à Médine. Cette campagne fut appelée *Badr as-Sughra* (La Petite Badr).

En 627, le Messager fut informé que les tribus du désert Anmar et Thalaba avaient décidé d'attaquer Médine. Il alla à Dhat ar-Riqa avec 400 combattants et, entendant que les tribus ennemies avaient fui, rentra à Médine.[332] Après cela, il marcha sur la tribu païenne des Banu Mustaliq, qui avaient fait des préparatifs pour combattre les musulmans. Il les attaqua et les vainquit avec 700 guerriers.[333] Sur le chemin du retour vers Médine, les hypocrites essayèrent, en vain, de provoquer la discorde entre les Émigrés et les Ansar. Des versets furent révélés pour mettre au grand jour tous leurs secrets et dévoiler combien leur monde intérieur était souillé. (63 : 1 - 11)

c. La bataille de la Tranchée

En 627, un groupe de juifs expulsés de Banu Nadhir, comprenant Sallam ibn Abi al-Huqayq, Huyayy ibn Akhtab et certains membres des Banu Wa'il, allèrent à La Mecque. Ils rencontrèrent les Quraychites et les poussèrent à poursuivre les hostilités et leur promirent aide et soutien. Ces juifs se rendirent auprès des tribus Ghatafan et Qays Aylan et, leur promettant de les aider, les encouragèrent à se battre contre le Messager.[334] Ces intrigues aboutirent à une grande confédération anti-musulmane composée de polythéistes mecquois, de tribus du désert de l'Arabie centrale, de juifs (à la fois ceux qui avaient été expulsés de Médine et ceux qui y

---

[331] Ibn Hicham, 3 : 94 ; Ibn Sad, 2 : 59.
[332] Ibn Hicham, 3 : 213.
[333] Ibn Kathir, 4 : 178 - 79.
[334] Ibn Hicham, 3 : 225 – 26 ; Waqidi, 441-43.

résidaient encore) et les hypocrites. Ces deux derniers formaient une cinquième colonne à Médine.

Quand le Messager fut informé par ses agents secrets de ce rassemblement de confédérés anti-musulmans, il consulta ses Compagnons. Ils
consentirent tous à rester à Médine et à se battre de là. Salman al-Farisi
suggéra de creuser une tranchée autour de la ville. Il leur fallut six jours
de travail acharné pour accomplir cette tâche. Le Messager divisa les musulmans en groupes de dix et leur dit de rivaliser entre eux. C'était un travail très pénible et difficile, il n'y avait guère de temps, et la faim sévis-
sait. Néanmoins, tous les Compagnons avaient le cœur à l'ouvrage. Afin
de ne pas ressentir la faim, chacun d'entre eux s'attachait une pierre sur
le ventre et récitait, tout en creusant :

> C'est nous qui avons prêté le serment d'allégeance à Mohammed ;
> Pour observer le combat tant que nous vivrons.
> Par Dieu, si Dieu ne nous l'avait pas permis,
> nous n'aurions (connu) ni guidance,
> Ni aumône ni prière.
> Fais donc descendre sur nous la sérénité
> Et affermis nos pas lors de la rencontre de [l'ennemi] ![335]

Le Messager, qui creusait à leurs côtés avec deux pierres attachées
autour de son ventre, leur répondit par ce distique :

> Ô Dieu, il n'y a de vraie vie que celle de l'au-delà,
> Alors pardonne aux Secoureurs et aux Émigrés .[336]

Lorsqu'ils creusaient la tranchée, les Compagnons déterrèrent un énorme rocher qu'ils n'arrivaient pas à fracasser. Ils firent appel au Messager
qui se mit à le frapper avec sa pioche. Dans la lumière produite par les
étincelles qui en résultaient, il prédit : « On m'a donné les clés de la Perse ;
ma communauté la conquerra. » Il frappa le rocher une seconde fois et,
dans la lumière produite par les étincelles, il annonça : « Dieu est le plus
Grand. On m'a donné les clés de Byzance ; ma communauté la conquerra. »[337]

---

[335] Boukhari, *Manaqib al-Ansar*, 9 ; *Maghazi*, 29 ; Mouslim, *Jihad*, 123 - 25.
[336] Boukhari, *Manaqib*, 9 ; Mouslim, *Jihad*, 127.
[337] Ibn Hicham, 3 : 230 ; Ibn Kathir, *Al-Bidaya*, 4 : 116.

Médine sous la menace

Les alliés avancèrent contre Médine dans l'espoir d'anéantir les musulmans sur un champ de bataille ouvert. Toutefois, ils reçurent le premier coup quand ils firent face à cette nouvelle stratégie. Comptant environ 20 000 hommes, ils campèrent près de la tranchée. Les Médinois avaient à peine 3000 soldats. De plus, la cinquième colonne formée par les juifs de Banu Quraydha et les hypocrites avait déjà contacté l'ennemi. Comme il est dit dans le Coran (33 : 12 - 20), quand les hypocrites avaient aperçu l'ennemi pour la première fois, ils avaient déjà adopté une humeur défaitiste. Non contents d'être les seuls déloyaux, ils essayaient d'infecter les autres, et présentaient de piètres excuses pour se retirer. Si l'ennemi parvenait à entrer dans la ville, ils les trahiraient sans hésitation.

Le Messager montra une fois de plus sa sagacité et son génie militaire : il garda les soldats à l'intérieur de la ville et les positionna de façon à ce qu'ils puissent protéger leurs foyers contre d'éventuelles attaques des Banu Quraydha. L'instant le plus critique arriva quand les Banu Quraydha envoyèrent un homme à Médine pour s'enquérir de la condition des femmes musulmanes. Or ils perdirent tout espoir quand cet homme fut tué par Safiyya, la tante du Prophète.[338]

Tandis que la guerre continuait avec des échanges de flèches et de pierres, le Messager s'engagea dans des tentatives diplomatiques pour diviser les alliés. Il contacta les leaders de Ghatafan et, leur offrant la paix, les incita à retirer leurs hommes. Nuaym ibn Massoud, un leader du camp des alliés qui était venu à Médine avant la bataille pour semer la discorde, inclinait déjà vers l'islam. Pendant la bataille, il embrassa secrètement l'islam et suivit l'ordre du Messager de provoquer les Banu Quraydha contre leurs alliés. Nuaym attisa leur méfiance envers les Quraychites en affirmant que ces derniers allaient les abandonner et qu'ils devraient donc refuser de les aider tant que les Quraychites ne leur fournissaient pas d'otages. Puis il alla dire aux Quraychites que les Banu Quraydha n'avaient pas l'intention de tenir leurs promesses et qu'ils essaieraient de gagner du temps en demandant des otages Quraychites pour partager leur sort en cas de défaite. Ce stratagème fut un exploit et la dissension se répandit parmi les rangs des alliés.[339]

---

[338] Ibn Hicham, 3 : 239.
[339] Ibid., 3 : 240 - 42.

Le Messager avait ordonné que la partie de la tranchée soutenue par la montagne Sal derrière la ville soit plus étroite qu'ailleurs, car il s'attendait à ce que les cavaliers Quraychites en tête essaient de la traverser. C'est ce qui arriva: quelques célèbres guerriers Quraychites voulurent traverser pour mener des combats singuliers avec les combattants musulmans. Parmi eux se trouvaient Amr ibn Abd Wudd, Ikrima ibn Abi Jahl, Hubayra ibn Abi Wahb, Dirar ibn al-Khattab et Nawfal ibn Abdoullah ibn al-Mughira.

Se vantant de sa force et de ses talents de combat, Amr descendit de son cheval et fit face à Ali, qui avait reçu l'ordre du Messager de le combattre. Amr s'avança avec son épée dégainée. Il brandit rapidement son épée contre Ali, mais elle fut stoppée par le bouclier de Ali. Celui-ci le frappa avec tant de force que cela fit lever la poussière autour d'eux. Puis on clama *Allahou akbar !* (Dieu est Grand !) : Ali avait tué son adversaire.[340] Il tua aussi Dirar, Hubayra et Nawfal.[341] Aucun autre cavalier ou général Quraychite ne put traverser cet endroit-là.

Le siège dura 27 jours. Les musulmans souffraient beaucoup de la faim, du froid, des incessantes pluies de flèches et de pierres, des tentatives et des assauts concentrés pour traverser la tranchée, et des trahisons et des intrigues à l'intérieur de Médine. Le Coran décrit ainsi la situation :

> Quand ils vous vinrent d'en haut et d'en bas [de toutes parts], et que les regards étaient troublés, et les cœurs remontaient aux gorges, et vous faisiez sur Dieu toutes sortes de suppositions... Les croyants furent alors éprouvés et secoués d'une dure secousse. Et quand les hypocrites et ceux qui ont la maladie [le doute] au cœur disaient : « Dieu et Son messager ne nous ont promis que tromperie ». De même, un groupe d'entre eux dit : « Gens de Yathrib [Médine] ! Ne demeurez pas ici. Retournez [chez vous] ». Un groupe d'entre eux demandait au Prophète la permission de partir en disant : « Nos demeures sont sans protection », alors qu'elle ne l'étaient pas : ils ne voulaient que s'enfuir. (33 : 10 - 13)

Après presque quatre semaines durant lesquelles l'ennemi fut démoralisé par son échec et où les musulmans prouvèrent leur loyauté et leur

---

[340] Ibid., 3 : 235 - 36.
[341] Ibn Kathir, 4 : 123.

endurance, il y eut soudain une rafale de vent glacial venant de l'est. Les tentes de l'ennemi furent arrachées, leurs feux s'éteignaient, le sable et la pluie battaient leurs visages. Terrifiés par le malheur qui les avait frappés, et déjà décimés par la discorde, ils abandonnèrent aussitôt. Hudhayfa al-Yamani, envoyé par le Messager pour espionner les mouvements des ennemis, entendit Abou Soufyan crier : « Allons-nous-en ! Rentrons chez nous ! »[342]

Les musulmans furent victorieux grâce à l'aide de Dieu, car des forces cachées (les anges) les aidaient :

> Ô vous qui croyez ! Rappelez-vous le bienfait de Dieu sur vous, quand des troupes vous sont venues et que Nous avons envoyé contre elles un vent et des troupes que vous n'avez pas vues. Dieu demeure Clairvoyant sur ce que vous faites. (33 : 9)

La bataille de la Tranchée fut la dernière tentative Quraychite de détruire l'islam et les musulmans. Suite à leur retrait dans la défaite et l'humiliation, le Messager déclara : « À partir de maintenant, c'est nous qui marcherons sur eux, et ils ne seront plus capables de faire de raids sur nous. »[343]

Après que les alliés avaient été mis en déroute et étaient rentrés chez eux, le Messager se concentra sur les Banu Quraydha qui avaient violé leur accord avec lui et s'étaient alliés avec les Quraychites. Aussi avaient-ils donné refuge aux leaders des Banu Nadhir, tels que Huyay ibn Akhtab, qui avait été expulsé de Médine et qui continuait à conspirer contre les musulmans.

À peine le Messager était-il rentré de la bataille que l'archange Gabriel apparut et dit : « Je n'ai pas retiré ma cotte de mailles et je pars vers les Banu Quraydha. »[344] Le Messager ordonna à ses Compagnons de marcher sur cette tribu juive, et fit installer sa tente en face de leurs forteresses. Il leur aurait pardonné s'ils le lui avaient demandé, mais ils préféraient résister. Le Messager les assiégea pendant 25 jours. Enfin, ils demandèrent les termes de leur reddition, acceptant de se soumettre au jugement de Sad ibn Mouadh, qui décréta la sentence selon la Torah. Ce fut la fin

---

[342] Ibn Hicham, 3 : 243.
[343] Boukhari, *Maghazi*, 29 ; Ibn Hanbal, 4 : 262.
[344] Boukhari, *Maghazi*, 30.

des conspirations des Banu Quraydha, ainsi que de la présence juive à Médine.[345]

Sad ibn Mouadh, un leader des Ansar, avait été blessé durant la bataille de la Tranchée. Il pria : « Ô Dieu, si je suis capable de me battre une fois de plus aux côtés du Messager, fais-moi vivre. Sinon, je suis prêt à mourir ». Il tomba martyr peu après que les conspirations juives prirent fin.[346]

Vers la conquête de La Mecque

Comme nous l'expliquerons plus tard en détail, le traité de Houdaybiya fut une victoire manifeste qui ouvrit la porte à d'autres victoires plus grandes encore. La menace mecquoise n'existant plus, le Messager envoya des représentants dans les pays voisins pour les inviter à l'islam. Il entreprit aussi de résoudre les autres problèmes auxquels il faisait face en Arabie.

La plupart des juifs de Banu Nadhir s'étaient réinstallé à Khaybar. Coopérant avec eux, les juifs de Khaybar continuèrent à se liguer à maintes reprises contre l'islam, selon les périodes, soit avec les Quraychites soit avec les Banu Ghatafan. Les Banu Nadhir avaient contribué à former l'alliance de 20 000 combattants anti-musulmans, vaincue durant la bataille de la Tranchée. Cherchant à mettre un terme à cette présence juive continuellement hostile afin de pouvoir assurer la future sécurité de l'Arabie et la libre prédication de l'islam, les musulmans décidèrent d'agir.

La punition des Banu Quraydha incita les juifs de Khaybar à s'allier avec les Banu Ghatafan pour attaquer Médine.[347] Ils faisaient des préparatifs à cette fin quand, après le traité de Houdaybiya, le Messager marcha sur Khaybar. Il fit comme s'il voulait attaquer les Banu Ghatafan, et les força à se réfugier derrière leurs remparts sans oser aider les juifs de Khaybar. Puis il se tourna subitement vers Khaybar. Les fermiers du village, qui avaient quitté très tôt leurs maisons avec leurs outils de travail, aperçurent l'armée musulmane s'approcher de la ville et se mirent à courir pour prendre refuge dans leurs redoutables citadelles.

Le Messager assiégea Khaybar pendant trois semaines. Vers la fin du siège, il rassembla ses soldats et leur dit : « Demain, je donnerai la bannière à celui qui aime Dieu et le Messager et qui est aimé de Dieu et de

---

[345] Ibn Hicham, 3 : 249 - 51.
[346] Ibn Hicham, 3 : 238, 262 ; Ibn Sad, 3 : 423 - 24; Tabari, *Tarikh*, 3 : 49.
[347] Ibn Hicham, 3 : 226 ; Diyarbakri, *Khamis*, 1 : 540.

Son Messager. Dieu nous permettra de conquérir Khaybar grâce à lui. »[348] Le jour suivant, presque tout le monde espérait recevoir l'étendard. Cependant, le Messager demanda à voir Ali. Quand on lui dit qu'il avait mal aux yeux, le Messager le fit chercher, appliqua sa salive sur les yeux douloureux de Ali et lui remit l'étendard.[349] Ali alla à la forteresse et, après un combat acharné, Khaybar fut conquise. Safiyya faisait partie des captifs. C'était une noble femme et la fille de Huyay ibn Akhtab, le chef des Banu Nadhir. En l'épousant, le Messager établissait un lien avec le peuple conquis.

d. La bataille de Muta

Dans l'atmosphère pacifique apportée par le traité de Houdaybiya, le Messager envoya des lettres aux rois des contrées voisines pour les inviter au sein de l'islam. Le roi Churahbil de Busra, un arabe chrétien, tua l'envoyé (Harith ibn Umayr). Ce fut une violation impardonnable de l'usage international et du prestige de l'islam qui ne pouvait rester sans réponse. Le Messager forma donc une armée de 3000 hommes, avec Zayd ibn Haritha comme commandant, et dit : « Si quelque chose arrive à Zayd, Jafar ibn Abi Talib assumera le commandement. Si Jafar tombe martyr, Abdoullah ibn Rawaha assumera le commandement. Si jamais quelque chose arrive à Abdoullah, choisissez l'un d'entre vous comme commandant. »

Quand l'armée musulmane atteignit Muta, elle fit face à une armée byzantine de 100 000 hommes. Assurément, cela promettait d'être une bataille féroce. Chaque musulman allait devoir se battre contre à peu près 33 ennemis. Pendant ce temps, le Messager était à la mosquée, parlant du combat à ceux qui l'entouraient. Zayd prit l'étendard. Il se jeta dans les rangs ennemis et fut martyrisé. L'étendard passa à Jafar ibn Abi Talib. Il s'éleva également au Paradis. Abdoullah ibn Rawaha prit l'étendard et goûta aussi au martyre. Désormais, l'étendard était entre les mains de l'une des « épées de Dieu »[350], à savoir Khalid ibn Walid, qui allait, à partir de ce moment-là, être appelé « l'épée de Dieu ».[351]

---

[348] Boukhari, *Maghazi*, 38 ; Mouslim, Fadha'il as-Sahaba, 32.
[349] Boukhari,,*Maghazi*, 38 ; Mouslim, 4 : 1872.
[350] Boukhari, *Maghazi*, 44.
[351] Ibn Hanbal, 5 : 299 ; Tabari, 3 : 110.

Durant la nuit, Khalid positionna les troupes de l'arrière au premier rang, et changea les ailes, plaçant celle qui était à droite à gauche et vice versa. Le lendemain matin, voyant de nouvelles troupes devant elle, l'armée byzantine fut démoralisée. Quand la nuit tomba, les camps furent levés et les deux forces battirent en retraite. L'armée musulmane rentra à Médine avec seulement douze pertes. Bien que ce fût une victoire pour les musulmans, ils avaient quand même honte de rencontrer le Messager car ils battirent retraite. Or il les accueillit et les consola : « Vous n'avez pas fui. Vous vous êtes retirés pour me rejoindre et plus tard, vous repartirez contre eux. »

e. La conquête de La Mecque et ses suites

En 627, le Messager eut un rêve ou une vision où lui et ses Compagnons entraient dans la Mosquée sacrée de La Mecque en toute sécurité, avec leurs têtes rasées ou avec les cheveux raccourcis, et sans aucune crainte. Comme nous l'expliquerons plus tard, ils avaient été auparavant empêchés d'entrer à La Mecque et conclurent donc un traité avec les Quraychites à Houdaybiya. Au début, les musulmans n'étaient guère satisfaits des clauses du traité, mais les versets révélés après le traité l'appelèrent une « victoire manifeste ».

Les deux années suivant cet événement prouvèrent la vérité de ces mots. Des figures de proue telles que Khalid ibn Walid et Amr ibn al-As devinrent musulmanes, et l'islam se répandit à travers toute l'Arabie. Les conspirations juives prirent fin, et l'islam traversa d'autres contrées grâce aux lettres envoyées aux rois des pays voisins. À la fin de cette période, les Banu Bakr (un allié Quraychite) attaquèrent les Banu Khuzaa (l'allié des musulmans) et tuèrent l'un d'entre eux. La trêve qui existait entre les musulmans et les Quraychites était ainsi terminée. N'étant plus capables de résister aux musulmans, Abou Soufyan vint à Médine dans l'espoir de renouveler la trêve. Mais le Messager refusa de le rencontrer.[352]

Le Messager commença les préparatifs de guerre. Comme d'habitude, il gardait le secret des opérations et personne, y compris ses épouses et ses plus proches amis, ne connaissait la destination de la campagne militaire. Quand Abou Bakr demanda à sa fille Aïcha (l'une des épouses du Prophète) où il avait l'intention de combattre, elle lui répondit qu'elle ne

[352] Ibn Hicham, 4 : 31.

savait pas.[353] Pourtant, un Émigrant nommé Hatib ibn Abi Baltaa devina son intention et envoya une lettre aux Quraychites en les informant des préparatifs du Messager. Celui-ci, apprenant cela par la Révélation, ordonna à Ali et Zoubayr de prendre la lettre de la femme à qui Hatib l'avait confiée. C'est ce qu'ils firent avec succès.[354]

Le Messager quitta Médine avec 10 000 hommes. Deux années avant, ils comptaient 1 600 hommes quand sa tentative de petit pèlerinage (*umra*) résulta en le traité de Houdaybiya. L'atmosphère de paix qui s'ensuivit entraîna beaucoup de gens à reconsidérer, voire accepter l'islam.

Les Compagnons ignoraient la destination de la campagne jusqu'à ce qu'ils reçurent l'ordre de se diriger vers La Mecque. Quand ils approchèrent de la ville sainte, le Messager ordonna à chaque soldat d'allumer un feu, car les Mecquois avaient pour coutume d'allumer un feu pour chaque tente quand ils voyageaient dans le désert.[355] Par suite, ils estimèrent que l'armée musulmane devait compter à peu près 30 000 hommes. Étant assez réalistes pour comprendre qu'ils n'avaient pas les moyens de résister à une telle force, ils se rendirent. Abou Soufyan, qui avait été invité par le Messager pour voir l'armée musulmane, conseilla aussi cela.

Le Messager ne voulait pas d'effusion de sang. Divisant son armée en six colonnes, chacune entra à La Mecque par un chemin différent. Il ordonna aux commandants d'éviter de verser le sang à moins qu'ils ne soient attaqués. Pour réaliser cet objectif et conquérir La Mecque pacifiquement, il annonça : « Ceux qui se réfugient à la Kaaba sont en sécurité, ceux qui se réfugient chez Abou Soufyan sont en sécurité, et ceux qui restent chez eux sont en sécurité. »[356]

Étant un Prophète d'une miséricorde absolue qui vint pour assurer le bonheur de l'humanité dans ce monde et dans l'autre, le Messager entra à La Mecque, courbé sur le dos de sa mule, bien qu'il fût un conquérant victorieux. Il ne montra aucune fierté et ne nourrissait aucun désir de vengeance ou de représailles. Il avança vers La Mecque en toute modestie et dans une gratitude absolue envers Dieu, qui l'avait rendu victorieux dans sa mission sacrée. S'arrêtant à la Kaaba, il demanda à ses ennemis : « À quel traitement vous attendez-vous de ma part ? » Ils répondi-

---

[353] Ibid., 4 : 39.

[354] Ibid., 4 : 41.

[355] Ibn Kathir, *Al-Bidaya*, 4 : 330 ; Ibn Hicham, 6 : 41 - 45.

[356] Ibn Kathir, 4 : 331 - 32.

rent : « Tu es un homme noble, fils d'un homme noble. » Le Messager déclara : « En ce jour, aucun reproche ne vous sera fait. Dieu vous pardonnera ;
Il est le plus Miséricordieux des Miséricordieux. Vous pouvez partir, vous
êtes libres. »[357]

Cet événement marqua la fin du polythéisme à La Mecque. En détrui-
sant les idoles de la Kaaba, il récitait : *Et dis : « La Vérité (l'islam) est venue
et l'Erreur a disparu. Car l'Erreur est destinée à disparaître »* (17:81).[358] La
quasi-totalité des Mecquois était désormais devenue des Compagnons.

f. La bataille de Hounayn

Les tribus arabes attendaient de voir qui allait gagner avant d'accepter
ou non l'islam, disant : « Si Mohammed l'emporte sur son peuple, il est donc
bien Prophète. » En conséquence, après la victoire des musulmans, ils
commencèrent à embrasser l'islam en foules. Cela choqua les polythéistes qui organisèrent un grand rassemblement près de Ta'if pour coor-
donner leurs plans d'attaque.

Les Hawazin et les Thaqif, connus pour leur courage et leur talent
au tir à l'arc, prirent la tête des opérations et préparèrent une grande expédition contre La Mecque. Informé de leurs mouvements par Abdoullah
ibn Hadrad, qu'il avait envoyé vers eux, le Messager quitta La Mecque
avec 12 000 musulmans qui se réjouissaient des 2000 nouveaux convertis. Pour protéger La Mecque et consolider la foi des nouveaux musulmans en cicatrisant leurs sentiments blessés, le Messager décida de ne
pas se battre à l'intérieur de La Mecque.

Le combat fut engagé à Hounayn, une vallée entre La Mecque et Ta'if.
Les nouveaux musulmans avaient plus d'enthousiasme que de sagesse,
ils étaient plus portés par la joie que par la foi et la confiance en la noblesse de leur cause. L'ennemi avait l'avantage de connaître parfaitement le
terrain. Il tendit une embuscade dans laquelle l'avant-garde des musulmans tomba, ou y fut volontairement poussé par le Messager qui avait
peut-être planifié de faire approcher l'ennemi en faisant semblant de battre en retraite. Cependant, la retraite fut confuse et eut lieu sous une
pluie de flèches ennemies.

[357] Ibn Sad, 2 : 142 ; Ibn Hicham, 4 : 55 ; Tabari, 3 : 120 ; Baladhuri, *Futuh al-Buldan*,
1 : 47.
[358] Boukhari, 5 : 93 ; Mouslim, 3 : 1408 ; Ibn Hisham, 4 : 59 ; Ibn Sad, 2 : 136.

Le Prophète, aussi calme que d'habitude dans sa foi et sa sagesse, même à cette heure de danger, continua de s'avancer sur sa mule. Son oncle Abbas était à sa droite, et son cousin Fadhl à sa gauche. Tandis qu'Abou Soufyan ibn al-Harith essayait de l'arrêter, le Messager s'écria : « Maintenant, la guerre a été déclarée. Je suis le Prophète, pas de mensonge là-dessus ! Je suis le descendant de Abdou'l-Mouttalib. »[359]

Le Prophète demanda à Abbas d'appeler : « Ô Compagnons qui firent le serment d'allégeance sous l'acacia ! »[360] Une même réponse s'éleva de toutes parts : « *Labbayk !* » (À vos ordres !), et ils se rallièrent au Prophète. L'ennemi, désormais au centre de l'armée musulmane, était encerclé de tous les côtés. La bravoure, la sagesse et la résolution du Messager changèrent ce qui aurait pu être une défaite en une victoire éclatante. Ce fut grâce à l'aide de Dieu que les musulmans l'emportèrent. Ils achevèrent leur victoire par une vive poursuite de l'ennemi, capturant leurs camps, leurs troupeaux et leurs familles qu'ils avaient fièrement amenés avec eux car ils s'attendaient à une victoire facile.

L'ennemi mis en déroute se réfugia à Ta'if. La victoire des musulmans persuada les tribus du désert d'accepter l'islam, et peu après cela, les tribus rebelles et Ta'if se rendirent aussi à l'islam.

g. L'expédition de Tabouk

L'issue de l'affrontement entre les musulmans et les Byzantins à Muta stupéfia l'Arabie et le Moyen-Orient, car les Byzantins n'avaient pas gagné, bien qu'ils dépassaient en nombre les musulmans par 33 contre 1. Finalement, des milliers de membres des tribus arabes semi-indépendantes vivant en Syrie et aux alentours se convertirent à l'islam. Pour se venger de Muta et pour prévenir la progression de l'islam, Héraclius (l'Empereur byzantin) donna l'ordre de faire des préparatifs militaires pour envahir l'Arabie.

Le Messager, toujours au courant des développements liés à sa mission, défia aussitôt les byzantins sur un champ de bataille. Tout signe de faiblesse de la part des musulmans aurait pu raviver les forces vacillantes du polythéisme et de l'hostilité arabes, qui avaient reçu un coup fatal à Hounayn. Un tel développement pourrait aussi encourager les hypocri-

[359] Boukhari, *Jihad*, 52 ; Mouslim, *Jihad*, 78.
[360] Ibn Kathir, 4 : 373.

tes dans et autour de Médine à causer de sérieux torts à l'islam de l'intérieur. Ils étaient déjà en contact avec le prince chrétien ghassanide et avec l'Empereur de Byzance, et avaient construit une mosquée – que le Coran appelle la Mosquée de *Dhirar* (dissension) (9 : 107) – près de Médine qui servait de base pour leurs opérations.

Réalisant la gravité de la situation, le Messager lança un appel aux musulmans pour qu'ils se préparent à la guerre et, contrairement à ses habitudes, déclara que les Byzantins étaient leurs cibles.

C'était le milieu de l'été. La chaleur torride était à son apogée, la saison des récoltes était arrivée, et il n'y avait pas assez de ressources matérielles. Qui plus est, l'ennemi en question était l'une des deux superpuissances régionales. Malgré cela, les Compagnons répondirent avec ferveur à son appel et commencèrent leurs préparatifs de guerre, tous contribuaient bien plus que ce que leurs moyens financiers ne permettaient. D'énormes sommes d'argent furent données par de riches Compagnons tels que Othman et Abdou'r-Rahman ibn Awf.[361] Ceux qui ne pouvaient pas être inclus dans l'armée musulmane, en raison du manque de montures et d'autres provisions nécessaires, pleuraient si amèrement et regrettaient leur exclusion si pitoyablement que le Messager en fut touché. Dieu les loua dans le Coran (9 : 92). Cette occasion, en réalité, servait à distinguer les croyants des hypocrites.

En 631, le Messager et 30 000 soldats quittèrent Médine et marchèrent sur Tabouk, tout près de ce qui était alors le territoire byzantin en Syrie. L'Empereur de Byzance, qui avait commencé à rassembler une armée gigantesque, abandonna ses plans et retira son armée, car le Messager arriva en avance de ce qu'il escomptait, et bien avant que le rassemblement des troupes byzantines ne soit achevé.[362]

Le Messager resta à Tabouk pendant vingt jours. Plusieurs États tampons qui étaient sous l'hégémonie byzantine acceptèrent de payer la capitation (*djizya*) et de vivre sous son autorité. Aussi de nombreuses tribus chrétiennes embrassèrent-elles l'islam.[363] Cette victoire sans effusion de sang permit aux musulmans de consolider leur position avant de prolon-

---

[361] Boukhari, *Tafsir*, 9 ; Mouslim, *Tawba*, 53 ; Ibn Hicham, 4 : 161 ; Tabari, *Tarikh*, 3 : 143.
[362] Ibn Sad, 2 : 165 – 68 ; Tabari, *Tarikh*, 3 : 100 - 11.
[363] Ibn Kathir, *Al-Bidaya*, 5 : 9.

ger leur conflit avec les byzantins, et détruisit le pouvoir des incroyants et des hypocrites d'Arabie.

5. Une évaluation générale de ses exploits militaires

Un point significatif concernant le Messager est qu'il fut le plus éminent commandant de toute l'histoire humaine. Pour comprendre cette dimension de sa mission sacrée, analysons les points suivants :

- Aucun autre Prophète ne porta sa mission à une victoire décisive dans tous les aspects de la vie. Moïse, qui est celui qui ressemble le plus au Messager, mourut quand son peuple était toujours dans le désert et incapable de conquérir la Palestine après plusieurs décennies de prédication. La mission de Jésus cherchait principalement à insuffler un réveil spirituel et moral aux juifs, qui se noyaient dans le matérialisme. Après son ascension aux cieux, ses disciples transmirent son message à Rome, en dépit d'une sévère persécution. Malheureusement, le prix à payer fut une dégénérescence du credo original de Jésus.

  Quand le Prophète Mohammed décéda, il laissa derrière lui une Arabie musulmane et des Compagnons dévoués et prêts à communiquer l'islam à toute la terre. Il parvint à cette fin avec une poignée d'hommes prêts à tout sacrifice et qui auparavant n'avaient pas entendu parler de croyance ou d'Écriture sainte, et qui n'avaient connu aucune vie sociale civilisée, pas de politique mondiale, ni de moralité ou d'autodiscipline. Il transforma des tribus du désert engagées dans des guerres civiles et des vendettas sans fin, et les dota de la croyance, la sincérité, le savoir, la bonne moralité, l'amour de l'humanité, la compassion et l'action. Ils se consacraient à la cause divine et il en résultait une armée de lumière. Rabi ibn Amir, l'envoyé musulman au commandant perse pendant la guerre de Qadissiya, affirmait que la religion que le Messager avait apportée de Dieu et prêchait :

  ... « élève les gens des sombres fosses de la vie de ce monde au royaume sublime et illimité de l'esprit ; de l'humiliation d'adorer de fausses déités fabriquées par l'homme à l'honneur et à la dignité de l'adoration du Dieu Unique, le seul Créateur et Pourvoyeur de l'univers ; et les libère de l'oppression et de la dépression causées par les fausses religions et les systèmes humains, au climat radieux et pacifique de l'islam. »

- Le Messager de Dieu n'aspira jamais à un royaume terrestre ; il fut envoyé pour guider l'humanité vers le salut dans les deux mondes. Son but était de faire revivre les gens, pas de les tuer. Pour réussir cela, il lui a pourtant fallu arranger des expéditions militaires et parfois commander des armées. Il envoya environ 80 expéditions de ce genre et en commanda 28. Le combat se concrétisa dans presque la moitié de ces campagnes, et seulement environ 1000 personnes moururent : près de 250 musulmans furent martyrs et 750 non musulmans furent tués. Il établit l'islam, apporta une sécurité absolue en Arabie pour la première fois, et ouvrit la voie à la paix globale au prix de mille vies. Cela est, comme beaucoup d'autres de ses exploits, sans pareil dans toute l'histoire du monde.

- Le Messager fut le premier à promulguer une loi internationale. Bien que le concept fût connu avant l'islam, la loi internationale était très limitée. Par exemple, il n'y avait pas de loi reconnue concernant les prisonniers de guerre. Le Messager établit une série de règles pour apporter une « discipline » au combat. Ce qui suit est un ordre donné par lui et par tous ses vrais successeurs aux armées prêtes à partir, un ordre obéi à la lettre par les musulmans dans leurs guerres en tant que musulmans :

> Gardez toujours la crainte de Dieu à l'esprit. Rappelez-vous que vous ne pouvez rien faire sans Sa grâce. N'oubliez pas que l'islam est une mission de paix et d'amour. Ne détruisez pas les arbres fruitiers ou les champs fertiles sur vos chemins. Soyez justes, et respectez les sentiments des vaincus. Respectez toutes les personnes religieuses qui vivent en ermitage ou dans des couvents, et épargnez leurs édifices. Ne tuez pas de civils, et ne violez pas la chasteté des femmes et l'honneur des conquis. Ne faites pas de mal aux personnes âgées et aux enfants, et n'acceptez pas de présents de la part de la population civile. Ne logez pas vos soldats ou vos officiers dans les maisons des civils.[364]

---

[364] Andrew Miller, *Church History*, 285.

- Les précautions préliminaires du Messager de Dieu ne laissaient rien au hasard. Il agissait toujours avec beaucoup d'attention, de perspicacité et de prévoyance, et n'avait donc jamais à essuyer de revers. Il n'eut aucune part dans le revers subi à Ouhoud. Aussi était-il extraordinairement doué pour obtenir des informations de l'ennemi sans avoir recours à la force ou à la torture. Par exemple, certains soldats musulmans qui avaient capturé une personne du camp ennemi essayèrent de lui soutirer des renseignements par la force. Le Messager de Dieu ordonna sa libération et lui demanda combien de chameaux son armée abattait par jour. En estimant le nombre de personnes que pouvait nourrir un chameau, il essaya d'en déduire le nombre de soldats ennemis.[365]

- Le Messager mit en place un service de renseignements secrets pour lui fournir toutes les informations nécessaires concernant l'ennemi. Par contre, aucune information concernant ses propres mouvements n'était divulguée. Avant de se mettre en route pour la conquête de La Mecque, Khatib ibn Abi Baltaa envoya secrètement une lettre par le biais d'une femme à ses proches à La Mecque pour les mettre au courant des préparatifs des musulmans. Cependant, le Prophète fut informé de cela et envoya Ali et Zoubayr pour l'intercepter – et c'est ce qu'ils firent.

  D'ailleurs, le Messager gardait le secret de ses préparatifs militaires et de sa cible. En général, il allait d'abord dans une certaine direction, et se tournait plus tard vers la véritable destination. Ses tactiques se caractérisaient par la vitesse, l'attaque surprise et la flexibilité. Dans la plupart de ses campagnes, il surprenait l'ennemi avant qu'il ne fût fin prêt, et triomphait assez facilement. Par exemple, lors de la bataille de Khaybar, les juifs n'apprirent son approche que lorsque leurs fermiers abandonnaient leurs champs après l'avoir vu tôt dans la matinée. Ils avaient tout juste le temps de se réfugier dans leurs citadelles. Quand il marcha sur La Mecque, son plan de progression était si parfait que les polythéistes mecquois se rendirent sans conditions.

- Dans sa position de Prophète avec une religion universelle de Dieu, il l'enseignait de façon si efficace que ses Compagnons

---

[365] Ibn Hicham, 2 : 269.

étaient toujours prêts à se sacrifier. Ceci est un facteur primordial pour ses victoires. Ses Compagnons plaçaient toute leur confiance en lui. Par conséquent, il inspirait la crainte chez l'ennemi, comme il le dit lui-même : « Dieu m'aide (en inspirant la crainte dans le cœur de mes ennemis) à une distance d'un mois de marche. »[366]

Il employait des moyens psychologiques pour saper le moral de ses ennemis. Des poètes comme Hassan ibn Thabit et Abdoullah ibn Rawaha écrivaient ou récitaient des versets pour démoraliser l'ennemi. Tandis qu'ils accomplissaient le petit pèlerinage un an après le traité de Houdaybiya, il ordonna à ses Compagnons de courir autour de la Kaaba pour exhiber leur force aux Mecquois qui regardaient du haut des collines voisines. En courant, Abdoullah ibn Rawaha récitait :

> Je commence avec le Nom de Dieu,
> En dehors de qui il n'y a pas d'autre dieu,
> Et Mohammed est le Messager de Dieu.
> Ô incroyants, et fils d'incroyants,
> Écartez-vous de ce chemin.

Content de sa récitation, le Prophète commenta : « Pour les Quraychites, ses paroles sont plus pénétrantes que des flèches. »[367]

- Le Messager présenta de nouvelles stratégies et détruisit l'unité des tribus ennemies alliées. Pendant la bataille de la Tranchée, la tribu juive des Banu Quraydha viola son traité avec les musulmans à un moment critique et se joignit au siège Quraychite. Laissé entre deux camps hostiles, il offrit la paix aux Banu Ghatafan, alliés de Qurayche. Cela les dissuada de poursuivre la guerre. Il engendra aussi le désaccord et la méfiance mutuelle entre les Quraychites et les Banu Quraydha. Durant la campagne de Khaybar, il fit semblant de marcher sur les Banu Ghatafan, alliés des juifs de Khaybar. Ainsi cette tribu resta-t-elle inactive et n'aida pas les juifs.

- Le Messager faisait toujours ce qu'il avait à faire, sans la moindre hésitation, à chaque étape de sa vie. Il ne perdit jamais espoir

---

[366] Boukhari, *Tayammum*, 1 ; *Salat*, 56.
[367] Nasa'i, *Sunan*, 5 : 212 ; Ibn Hicham, 4 : 13 ; Ibn Sad, 2 : 121.

durant une bataille et ne s'en retira jamais. Il restait ferme pendant les moments les plus critiques à Ouhoud et à Hounayn. Il appela ses Compagnons dispersés : « Ne vous dispersez pas ! Je suis le Prophète, pas de mensonge là-dessus ! Je suis le descendant de Abdou'l-Mouttalib. » Le Messager marcha sur les Banu Quraydha qui violèrent leur accord avec les musulmans plusieurs fois aussitôt après la bataille de la Tranchée, sans même s'arrêter pour retirer sa cotte de mailles, et contre l'armée Quraychite le lendemain du revers d'Ouhoud. De tels incidents sont très révélateurs de la résolution et de l'invincibilité du Prophète.

- Dans presque toutes les campagnes, le Messager prit l'initiative de l'attaque et dirigea les batailles. Il fit cela même dans les batailles décidées d'avance (comme Ouhoud et la Tranchée). Son utilisation des stratégies surprises et des tactiques efficaces vainquirent l'ennemi. Il employait aussi le temps et toute opportunité de la façon la plus judicieuse.

- Le Messager changeait souvent ses tactiques de combat. Par exemple, pendant la bataille de Badr, il lança une attaque générale après avoir démoralisé l'ennemi lors du combat singulier. Durant la première étape d'Ouhoud, il rendit la cavalerie ennemie inactive grâce aux archers qu'il avait placés dans le col Aynayn de la montagne. Employant d'éminents guerriers comme Hamza, Ali, Abou Dujana et Zoubayr, il remporta la victoire dans la première étape. Quant à la bataille de la Tranchée, il fit face à l'ennemi avec une longue et profonde tranchée creusée autour de Médine. En se défendant de l'intérieur de la ville, il força l'ennemi à battre en retraite après un siège de quatre semaines.

- Le Messager n'était jamais à court de logistique et de renforts nécessaires, et gardait toujours ses lignes de communication ouvertes. Il éleva, en plus d'extraordinaires hommes d'État comme Abou Bakr, Omar et des savants dotés d'une profonde spiritualité, de grands soldats et d'invincibles commandants. Son éducation offrait trois éléments fondamentaux :
  - L'exercice physique continu. Il poussait ses Compagnons à s'entraîner au tir à l'arc, à la lutte, à la natation et à l'équitation. Il organisait parfois des compétitions et des courses aux-

quelles il lui arrivait de participer lui-même. Il insistait sur la nécessité de préserver sa santé et sa force.

- La bonne moralité et le savoir-vivre.
- La dévotion à Dieu avec une foi, une soumission et une confiance inébranlables, et une parfaite obéissance à Dieu et aux autres autorités.

L'armée musulmane apporta la paix et la sécurité aux terres qu'elle avait conquises. Chaque soldat était parfaitement dévoué à l'islam. Le seul critère qu'ils utilisaient pour juger entre les gens était la foi en Dieu. Ils ne sympathisaient avec ceux qui s'opposaient à Dieu et à Son Messager, quand bien même il s'agissait de leurs parents, de leurs enfants, de leurs frères et sœurs ou des gens de leur tribu (58 : 22). En conséquence, les membres d'une même famille devaient parfois s'affronter sur le champ de bataille.

La foi et la soumission rendaient les soldats musulmans si puissants et si vaillants que ni la supériorité en nombre de l'ennemi ni la crainte de la mort ne pouvait les empêcher de transmettre le Message divin. Un jour, un prêtre chrétien dit à Abdoullah ibn Hudhafa as-Sahmi, capturé par les byzantins, que sa vie serait épargnée s'il se convertissait au christianisme. On lui accorda trois minutes de réflexion. Abdoullah répondit : « Je vous remercie de m'avoir accordé trois minutes pour vous parler de l'islam. »

Chapitre 8
Un leader universel

1. Nomination de personnes compétentes

L e Messager désignait des musulmans prometteurs et compétents dans les fonctions pour lesquelles ils étaient les plus doués. Il ne ressentait aucun besoin de changer une quelconque nomination, car la personne nommée prouvait, à travers sa droiture et sa compétence, qu'il ou elle avait été le bon choix.

La période mecquoise de l'islam resta gravée dans la mémoire commune des musulmans comme le souvenir douloureux de persécutions et de tortures insupportables. Les mauvais traitements n'étaient pas seulement infligés aux musulmans pauvres et sans protection (comme Ammar, Bilal et Suhayb), mais également aux musulmans qui étaient de puissants membres de l'élite Quraychite (comme Abou Bakr et Omar).[368] Pour protéger ses fidèles, le Messager permit à ceux qui étaient pauvres et sans protection d'émigrer en Abyssinie. Mais il garda les puissants (Ali, Zoubayr, Abou Bakr, Omar et Sad ibn Abi Waqqas) à La Mecque, car l'islam avait besoin de leur soutien pour se propager et s'implanter à La Mecque. Ces puissants musulmans occupèrent plus tard les plus hautes positions administratives de l'État musulman.

Abou Dharr était un Bédouin pauvre, droit et d'une franchise brusque, qui ne cachait jamais sa foi ni ses sentiments. Quand il entendit Mohammed déclarer sa Prophétie, il vint à La Mecque et se convertit. Le Messager prêchait l'islam en secret dans les tout débuts de sa Prophétie. Abou Dharr était très pieux et austère. Cependant, parce que l'administration publique requiert des talents particuliers, le Messager n'accepta pas sa requête pour un poste administratif, disant : « Tu ne peux pas gérer

---

[368] Ibn Kathir, *Al-Bidaya*, 3 : 40-1, 102-3 ; Ibn Hicham, *Sira*, 1 : 234.

les affaires des gens. Ne te présente pas pour de tels postes, car nous n'assignons pas ces postes à ceux qui les demandent. »[369]

Le Messager refusa la requête d'Abou Dharr, mais il suggéra les califats d'Abou Bakr, Omar et Othman. Tenant les mains d'Abou Bakr et de Omar, il dit : « J'ai quatre vizirs, deux dans les cieux et deux sur terre. Ceux des cieux sont Gabriel et Michael ; quant à ceux sur terre, ils sont Abou Bakr et Omar. »[370] Concernant le califat de Othman, il déclara : « Ce sera une épreuve pour lui. »[371]

2. Il connaissait bien son peuple

Le Messager connaissait son peuple mieux qu'ils ne se connaissaient eux-mêmes. Tout comme Abou Dharr, Amr ibn Abatha était un Bédouin. Il se rendit à La Mecque et, rencontrant le Messager, lui demanda brusquement : « Qu'es-tu ? » Le Messager répondit très doucement : « Un Prophète de Dieu. » Une telle douceur poussa Amr à s'agenouiller et à déclarer : « À partir de maintenant, je te suivrai, ô Messager ! » Le Messager ne voulait pas que Amr restât à La Mecque, car il aurait été incapable d'endurer les supplices qu'on infligeait alors aux croyants. Il lui dit donc : « Rentre chez ta tribu et prêche-leur l'islam. Quand tu entendras que je suis victorieux, tu reviendras pour nous rejoindre. »

Bien des années plus tard, Amr vint à la mosquée de Médine et demanda : « Me reconnais-tu, ô Messager ? » Le Messager, qui avait une mémoire extraordinairement forte et vive (autre dimension de sa Prophétie) répondit promptement : « N'es-tu pas celui qui vint à moi à La Mecque ? Je t'avais renvoyé vers ta tribu et dit de nous rejoindre quand tu entendrais que j'étais victorieux. »[372]

J'ai mentionné le cas de Julaybib plus tôt.[373] Après cette leçon de morale, Julaybib devint un jeune homme honnête et chaste. Sur la deman-

---

[369] Mouslim, *Imara*, 16-17.

[370] Muttaqi al-Hindi, *Kanz al-Ummal*, 11 : 563 ; 13 : 15.

[371] Boukhari, *Fadha'il al-Ashab*, 5 : 7 ; Mouslim, *Fadha'il as-Sahaba*, 29.

[372] Mouslim, *Musafirin*, 294 ; Ibn Hanbal, *Mousnad*, 4 : 112.

[373] Son histoire est comme suit : un jour, Julaybib demanda au Messager la permission de forniquer, puisqu'il n'arrivait pas à se réfréner. Ceux qui étaient présents réagirent de diverses façons. Certains se moquèrent de lui, d'autres lui tirèrent sa robe, et d'autres encore se préparèrent à le frapper. Or le Prophète compatissant s'approcha de lui et se mit à lui parler : "Laisserais-tu quelqu'un faire cela à

de du Messager, une noble famille lui donna sa fille en mariage. Peu après, Julaybib prit part à une bataille et, après avoir tué sept soldats ennemis, tomba martyr. Quand son corps fut apporté au Messager, il mit sa tête sur les genoux de Julaybib et dit : « Ô Dieu, celui-ci est de moi et je suis de lui. »[374] Il avait découvert la vertu essentielle de Julaybib et prévu son futur service pour l'islam.

La conquête de Khaybar permit au Messager de démontrer son talent unique à reconnaître le potentiel, les qualités et les défauts de chaque croyant. Quand le siège fut prolongé, il déclara : « Demain, je donnerai l'étendard à un être qui aime Dieu et Son Messager et qui est aimé d'eux. »[375] Ceci était un grand honneur, et tous les Compagnons espéraient sincèrement l'obtenir. Il le remit à Ali, malgré son jeune âge, en raison de ses grands talents militaires et de ses qualités de chef. Il prit l'étendard et conquit la redoutable forteresse de Khaybar.

Tous ceux à qui le Messager avait donné un poste l'avaient accompli avec succès. Par exemple, il décrivait Khalid ibn Walid comme étant « une épée de Dieu »[376] ; Khalid ne fut jamais battu. En plus de grands soldats et d'invincibles commandants tels que Qaqaa, Hamza et Sad, le Messager nomma Usama ibn Zayd comme commandant d'une grande armée comprenant des leaders musulmans comme Abou Bakr, Omar, Othman, Talha et Sad ibn Abi Waqqas. Usama était un jeune d'environ 17 ans, fils de Zayd, l'esclave affranchi du Messager. Son père avait commandé l'armée musulmane à Muta contre les Byzantins et y était tombé martyr.

Le Messager avait 25 ans quand il se maria avec Khadija bint Khuwaylid, une veuve de quinze ans son aînée. Il n'épousa aucune autre

---

ta mère?" à quoi le jeune homme répondit: "Que ma mère et mon père soient sacrifiés pour toi! (une expression qu'utilise les Compagnons pour monter que le Prophète leur est plus cher que leur propres parents) ô Messager, je ne consentirais pas à cela". Le Prophète dit: "Naturellement, personne n'accepterait que sa mère fasse partie d'un acte aussi honteux". Puis il continua à poser à Julaybib la même question, substituant *fille, épouse, sœur*, et *tante* à *mère*. À chaque fois, Julaybib répondait qu'il ne consentirait pas à tel acte. À la fin de la conversation, Julaybib avait perdu tout désir de forniquer. Le Messenger conclua cette "opération spirituelle" en plaçant sa main sur la poitrine de Julaybib et pria: "Ô Dieu, pardonne-le, purifie son coeur et préserve sa chasteté".

[374] Mouslim, *Fadha'il as-Sahaba*, 131.
[375] Boukhari, *Fadha'il al-Ashab*, 9 ; Mouslim, *Fadha'il as-Sahaba*, 34.
[376] Boukhari, *Fadha'il al-Ashab*, 25.

femme jusqu'à sa mort qui survint durant la dixième année de sa Prophétie. Tous ses mariages suivants, après l'âge de 53 ans, étaient directement liés à sa mission. L'une des raisons importantes pour cela était que chaque femme avait un caractère et un tempérament différents, et pouvait donc communiquer à d'autres femmes musulmanes toutes les règles islamiques concernant les femmes. Chacune servait de guide et d'enseignante pour le genre féminin. Même de grands personnages dans les générations suivantes tels que Masruq, Tawus ibn Kaysan et Ata ibn Rabah profitèrent beaucoup de leur savoir. La science du hadith en particulier doit beaucoup à Aïcha, qui rapporta plus de 5000 hadiths du Messager et fut un grand juriste.

Les événements ultérieurs prouvèrent combien sages et pertinents furent les choix du Messager dans tous les domaines.

3. Sa sagesse

Les leaders gagnent l'amour et la confiance de leurs peuples et sont suivis d'eux dans la mesure de leur capacité à résoudre leurs problèmes. Ceux-ci peuvent être d'ordre personnel ou public, ou liés à la vie privée d'un individu, ou aux affaires sociales, économiques et politiques de la communauté.

Certains leaders ont recours à la force et à la terreur, ou aux sanctions et aux peines (comme l'exil, l'emprisonnement, la perte de la citoyenneté), à la torture, ou à l'espionnage dans les affaires privées pour résoudre les problèmes. Mais de telles pratiques n'ont que des avantages à court terme. De plus, ils créent un cercle vicieux dans lequel plus les gens s'efforcent de régler ces problèmes par de tels moyens, plus ils s'empêtrent dans ces problèmes.

Le Messager résolvait tous les problèmes avec tant de facilité et d'habileté que personne ne le défia. Bien que son peuple fût par nature querelleur, ignorant, sauvage et rebelle, il leur apporta un Message qui était si grave que *Si Nous avions fait descendre ce Coran sur une montagne, tu l'aurais vue s'humilier et se fendre par crainte de Dieu* (59 : 21). Il les transforma en une communauté harmonieuse de paix, de bonheur, de savoir et de bonne moralité. Réfléchissez longuement sur les utopies imaginées en Occident, comme *La République* (Platon), *Utopie* (Thomas Moore) et *Civitas Solis* (T. Campanella), et vous verrez que, en essence, ils rêvaient de Médine à l'époque du Prophète Mohammed. L'humanité n'a plus jamais été témoin d'une société pareille.

Dans le chapitre 4 de ce livre, nous avons décrit comment il avait empêché une guerre tribale imminente entre les Quraychites tandis qu'ils réparaient la Kaaba[377], et comment il prévint un éventuel désastre après la bataille de Hounayn.[378] En outre, il résolut très adroitement un conflit qui était sur le point d'éclater entre les Émigrés et les Secoureurs, quand il rentrait du combat contre les Banu Mustaliq. Quand un affrontement interne s'annonçait tandis qu'ils faisaient halte au bord d'un puits, le Messager donna l'ordre de se remettre en route sur-le-champ.

4. Unifier différentes communautés

L'émigration à Médine marque un tournant pour le Prophète Mohammed et pour l'islam. La foi, l'émigration et la sainte lutte sont trois piliers d'une même vérité sacrée – trois jets d'une fontaine de laquelle s'écoule l'eau de la vie pour les soldats de la vérité. Après en avoir bu, ils transmettent leur message sans se lasser et, quand l'opposition ne peut être surmontée, partent pour une nouvelle terre sans se soucier de leurs foyers, de leurs biens ou de leurs familles. L'hégire du Prophète est si significative et sacrée que les gens vertueux qui l'entouraient furent loués par Dieu qui les nomma les Émigrés. D'ailleurs, ils portent toujours ce nom. Ceux qui leur offrirent un chaleureux accueil sont appelés les Secoureurs. Cet événement marque le début du calendrier islamique.

Si importante soit-elle, l'émigration n'en reste pas moins une entreprise très difficile. Quand les musulmans s'installèrent à Médine après

---

[377] Chaque clan revendiquait l'honneur de remettre la Pierre Noire sacrée à sa place. Prié de résoudre ce problème par la tribu, le futur Prophète de l'islam étendit son manteau par terre et, y posant la Pierre Noire sacrée, invita les chefs des quatre grands clans qui étaient chargés de réparer la Kaaba à tenir chacun l'un des coins du manteau. Quand ils élevèrent la Pierre Noire jusqu'à l'endroit où elle devait être insérée, il la prit et la remit fermement à sa place.

[378] Certains Ansar n'étaient pas contents de la division du butin par le Prophète après la bataille, qui eut lieu peu après que La Mecque fut conquise. Le Prophète avait donné de grandes parts aux nouveaux musulmans mecquois pour affermir leur foi. Pour éviter une division communautaire, il appela les Ansar à se rassembler et leur rappela ce qu'il leur avait apporté, comment ils l'avaient reçu, et qu'ils seraient toujours à leurs côtés. Quand il leur demanda s'ils voulaient toujours le butin, ils répondirent en chœur que tout ce qu'ils voulaient était qu'il reste avec eux.

des années de persécution, ils étaient démunis. De plus, certains étaient extrêmement pauvres, et d'autres, qui jusque là gagnaient leurs vies par le commerce, n'avaient pas de capital. Les musulmans de Médine étaient majoritairement des fermiers, et le secteur du commerce était entre les mains des juifs.

Un autre problème sérieux était que juste avant l'arrivée du Prophète, les Médinois avaient choisi Abdoullah ibn Ubayy ibn Salul comme leur chef. Ce plan avait naturellement été abandonné, ce qui fit de lui un ennemi acharné du Messager. Les polythéistes mecquois voulaient toujours vaincre le Prophète et coopérèrent donc avec lui pour arriver à cette fin. Il leur dit : « Ne vous inquiétez pas s'il répand l'islam ici. Le principal danger est qu'il puisse s'allier avec les chrétiens et les juifs contre le polythéisme. Ceci est la vraie menace. »

Après s'être installé à Médine, le Messager aida son peuple à construire une mosquée. L'importance de la mosquée pour la vie collective de la communauté musulmane est indiscutable. Ils s'y rencontrent cinq fois par jour et, en la Présence de Dieu, leur Maître, Créateur et Pourvoyeur, augmentent leur foi et leur soumission à Lui, au Prophète et à l'islam, et renforcent leur solidarité. Surtout durant les premiers siècles de l'islam, les mosquées servaient de lieux d'adoration et de centres d'éducation. La Mosquée du Prophète à Médine était, au temps du Prophète lui-même et de ses successeurs politiques immédiats, également le centre du gouvernement.

Peu après s'être installé à Médine, le Messager établit la fraternité entre les musulmans, et tout particulièrement entre les Émigrés et les Secoureurs. Ils devinrent très liés les uns aux autres. Par exemple, Sad ibn Rabi accueillit chez lui son « frère » Émigrant Abdou'r-Rahman ibn Awf et lui dit : « Frère, tu as tout laissé à La Mecque. Alors cette maison, avec tout ce qu'elle contient, est désormais à nous deux. » Abdou'r-Rahman répondit en larmes : « Dieu te bénisses mon frère ! S'il te plaît, montre-moi le grand marché de la ville afin que je puisse me trouver du travail. »[379]

Cette fraternité était si profonde, si sincère et si forte que les Secoureurs partageaient tout avec les Émigrés. Cela dura pendant quelque temps. Quand les Émigrés s'habituèrent à leur nouvel environnement, ils demandèrent au Messager :

---

[379] Boukhari, *Manaqib al-Ansar*, 3 ; Ibn Kathir, 3 : 279.

Ô Messager de Dieu ! Nous n'avons émigré ici que par amour de Dieu. Mais nos frères Secoureurs sont si bons envers nous que nous craignons de consumer en ce bas monde la récompense de nos bonnes œuvres que nous espérons obtenir dans l'autre monde. Aussi nous sentons-nous endettés envers eux. S'il te plaît, demande-leur de nous laisser gagner notre vie.

Sur ce, le Messager envoya chercher les Secoureurs et leur fit part de la situation. Les Secoureurs furent unanimes dans leur objection, trouvant l'idée d'être séparés de leurs frères insupportable. Pour épargner les sentiments d'obligeance des Émigrés, les Secoureurs acceptèrent que les Émigrés travaillent dans leurs champs et leurs jardins en échange de quelque salaire jusqu'à ce qu'ils puissent construire leurs propres maisons.[380]

La deuxième étape de la résolution des problèmes immédiats fut pour le Messager de signer un pacte avec la communauté juive de Médine. Ce document, que certains savants décrivent comme la première constitution de Médine, conféra les musulmans et les juifs comme deux communautés séparées et indépendantes.[381] Comme c'était le Messager qui avait pris l'initiative de faire ce pacte et que c'était lui qui servait d'arbitre dans toutes les disputes, Médine entra sous le contrôle des musulmans.

Pour garantir la sécurité des musulmans dans cette cité-État, le Messager ordonna la création d'un nouveau marché. Jusque-là, la vie économique de Médine avait été contrôlée par la communauté juive. Après cela, la domination économique des juifs commença à décliner, car ils ne pouvaient plus monopoliser le commerce de Médine.

Tandis que la communauté musulmane s'établissait et se consolidait, elle fut forcée de répondre à des attaques internes et externes. Après leur victoire à Badr, les musulmans se battirent encore contre les Mecquois au pied du Mont Ouhoud. Leur victoire aisée durant la première partie de la bataille fut suivie, malheureusement, par un revers quand les archers passèrent outre aux instructions du Prophète. 70 musulmans furent martyrs et le Messager fut blessé.

L'armée musulmane prit refuge dans la montagne et se prépara pour une contre-attaque. Manquant de courage pour affronter une seconde

---

[380] Boukhari, *Hiba*, 35 ; Mouslim, *Jihad*, 70.
[381] Ibn Hicham, 2 : 147.

attaque, les forces mecquoises partirent. Néanmoins, ils changèrent d'avis à mi-chemin et décidèrent de marcher sur Médine. Informé de cela, le Messager mobilisa ses troupes. Un seul ordre de lui suffisait, même s'ils étaient pour la plupart malades ou blessés. Chacun de ses appels était un souffle de vie pour leurs âmes, un souffle qui pouvait régénérer de vieux os en poussière. Busiri dit :

> *Si sa valeur et sa grandeur*
> *Devaient être démontrées par des miracles,*
> *Les os qui décomposés et devenus poussière*
> *Seraient régénérés par l'appel de son nom.*

L'armée à demi-écrasée se mit en route pour affronter l'ennemi. Presque tout le monde était blessé mais personne ne voulait rester derrière. Décrivant la situation, un Compagnon dit : « Certains Compagnons n'arrivaient pas à marcher. Ils disaient : 'Nous voulons être présents sur le front où le Messager nous a ordonnés d'aller. Même si nous ne pourrons pas nous battre, nous nous tiendrons debout avec des lances dans nos mains.' Ils étaient portés sur le dos ou les épaules des autres. » Voyant l'armée musulmane s'approcher d'eux, Abou Soufyan ordonna à ses troupes de rentrer à La Mecque.

Louant ces héros de l'islam, le Coran dit :

> Ceux qui, quoiqu'atteints de blessure, répondirent à l'appel de Dieu et du Messager, il y aura une énorme récompense pour ceux d'entre eux qui ont agi en bien et pratiqué la piété. Certes ceux auxquels l'on disait : « Les gens se sont rassemblés contre vous ; craignez-les » - cela accrut leur foi - et ils dirent : « Dieu nous suffit ; Il est notre meilleur Garant ». (3 : 172 - 173)[382]

5. La consultation

La sagesse du Messager se montrait quand il consultait ses Compagnons. Cette pratique est si importante en islam qu'il n'arrivait jamais à une décision, surtout dans les affaires publiques, sans y avoir recours. Parfois, il organisait même des consultations concernant ses affaires personnelles. Pour ne citer que quelques exemples :

---

[382] Boukhari, *Maghazi*, 25 ; Ibn Sad, 2 : 42 - 49; Ibn Hicham, 3 : 99 - 111, 128.

- Aïcha accompagna le Prophète durant la campagne des Banu Mustaliq. Lors d'une halte, elle perdit son collier et se mit à sa recherche. Quand elle revint, elle s'aperçut que l'armée était repartie sans elle, les conducteurs de chameaux croyant qu'elle était toujours dans son palanquin. Safwan, chargé de ramasser ce qui était laissé ou perdu derrière les caravanes, la trouva et la ramena à l'armée. Dans le scandale qui s'ensuivit, sa fidélité fut remise en doute, principalement par les hypocrites.

Le Messager savait qu'elle était innocente. Cependant, comme les hypocrites utilisaient cet incident pour le calomnier, il consulta certains Compagnons comme Omar et Ali. Omar disait que Aïcha était sans nul doute chaste et pure, et qu'elle avait été calomniée. Quand on lui demanda comment il savait cela, il répondit :

> « Ô Messager de Dieu, un jour où tu étais en train de prier, tu t'arrêtas et expliquas que l'archange Gabriel était venu t'informer qu'il y avait une impureté sur tes chaussons. Alors s'il y avait une quelconque impureté chez Aïcha, Dieu t'en aurait sûrement informé. »[383]

Le Messager, qui dit un jour : « Quiconque demande conseil, ne le regrettera pas à la fin »[384], consultait toujours ceux qui pouvaient lui donner une opinion bien informée sur un sujet en particulier.

- Il consulta ses Compagnons avant Badr, le premier grand affrontement militaire post-hégire, pour décider s'ils devaient oui ou non se battre contre l'armée mecquoise qui s'approchait. Les forces musulmanes étaient au nombre de 305 ou 313, tandis que les Mecquois étaient environ 1000. Un porte-parole pour les Émigrés et un autre pour les Secoureurs se levèrent et proclamèrent leur empressement à le suivre partout où il les guiderait.[385] Pendant toute sa vie, tous les Compagnons promettaient sans cesse de le suivre à chaque pas qu'il faisait, et de mettre en œuvre tous ses ordres. Malgré cela, le Messager les consultait à propos

---

[383] Halabi, *Insan al-Uyun*, 2 : 613.
[384] Haythami, *Majm' az-Zawa'id*, 2 : 280.
[385] Ibn Sad, *Tabaqat*, 3 : 162 ; Mouslim, *Jihad*, 83 ; Ibn Hicham, 2 : 266-67.

de presque toutes les affaires de la communauté en général afin que cette pratique devienne comme une seconde nature pour eux.

- Pendant la bataille de Badr, l'armée musulmane était positionnée quelque part sur le champ de bataille. Hubab ibn Mundhir, qui n'était pas un Compagnon de premier plan, se leva et dit :

> Ô Messager, si Dieu ne t'a pas ordonné de prendre cette position, plaçons-nous autour des puits et bouchons tous les puits sauf un pour que l'ennemi soit privé d'eau. Installons ta tente à côté du seul puits ouvert (duquel nous prendrons de l'eau), et nous t'encerclerons.

Le Messager adopta son idée.[386]

- En 627, les Quraychites s'allièrent avec certaines tribus du désert et avec la tribu juive des Banu Nadhir qui s'installa à Khaybar après son expulsion de Médine. Averti de leurs plans, le Prophète fit appel aux idées de chacun pour trouver le meilleur moyen de se défendre contre l'offensive ennemie. Salman al-Farisi suggéra de creuser une tranchée autour de Médine, stratagème jusque là inconnu des Arabes. Le Messager ordonna d'appliquer cette idée. Et cette guerre fut pour toujours mentionnée comme la bataille de la Tranchée.[387]

- Les musulmans trouvaient le Traité de Houdaybiya difficile à accepter et étaient peu disposés à obéir à l'ordre du Prophète d'immoler leurs animaux sacrificiels sans faire le pèlerinage. (L'une des conditions du traité était qu'ils ne pouvaient pas entrer à La Mecque cette année-là.) Le Messager consulta son épouse Oumm Salama. Elle répondit : « Ô Messager, ne répète pas ton ordre de crainte qu'ils ne te désobéissent et ne périssent. Sacrifie tes propres animaux et retire tes vêtements de pèlerin (*ihram*). Quand ils comprendront que l'ordre est catégorique, ils t'obéiront sans hésiter. » Le Messager fit comme elle le lui avait suggéré.[388]

---

[386] Ibn Hicham, 2 : 272.
[387] Ibid., 3 : 235 ; Ibn Sad, 2 : 66.
[388] Boukhari, Churut, 15.

6. Une victoire éclatante : le Traité de Houdaybiya

Le Messager était un homme d'action. Il n'hésitait jamais lorsqu'il devait mettre en action ses plans ou ses décisions, car toute hésitation de sa part pourrait confondre ou démoraliser ses fidèles. Le Messager agissait toujours après consultation et délibération. Mais une fois qu'il avait décidé ou planifié quelque chose, il le mettait à l'œuvre immédiatement, sans jamais revenir sur sa décision et sans avoir de raison de la regretter. Avant d'agir, il prenait les mesures de précaution nécessaires, considérait les probabilités et les différentes alternatives et consultait les experts disponibles. La conséquente irrévocabilité de ses décisions était une raison importante de ses victoires et du fait que ses Compagnons le suivaient corps et âme.

Un événement digne d'être plus longuement expliqué est le Traité de Houdaybiya. Le Messager avait dit à ses Compagnons qu'il avait rêvé qu'ils entreraient bientôt dans la Mosquée Sacrée de La Mecque en toute sécurité, avec leurs têtes rasées ou leurs cheveux raccourcis. Ses Compagnons, surtout les Émigrés, étaient ravis. Cette année-là, le Prophète se mit en route pour La Mecque avec 1400 hommes sans armes et en tenues de pèlerins.

Informés de cet événement, les Quraychites s'armèrent eux-mêmes ainsi que les tribus voisines pour ne pas laisser les musulmans entrer à La Mecque. Ils envoyèrent quelque 200 soldats, menés par Khalid ibn Walid et Ikrima ibn Abou Jahl, aussi loin que Qura al-Ghamim. Voyant les musulmans approcher, ils rentrèrent à La Mecque pour répandre la nouvelle. Quand les musulmans parvinrent à Houdaybiya, à environ 20 kilomètres de La Mecque, le Messager leur demanda de faire halte. Sachant qu'il y avait une pénurie d'eau, il lança une flèche au fonds du seul puits de Houdaybiya. L'eau commença à jaillir et à remplir le puits. Chacun en buvait, accomplissait ses ablutions et remplissait leurs gourdes.[389]

Comme les Mecquois refusaient de laisser entrer les musulmans à La Mecque, le Messager envoya Budayl ibn Warqa, un membre de la tribu Khuzaa (l'allié des musulmans), annoncer que les musulmans étaient venus pour le pèlerinage et n'étaient donc pas armés. Les Quraychites, en réponse, envoyèrent Urwa ibn Massoud al-Thaqafi. En parlant au Messager, Urwa tenta de saisir sa barbe, un signe de moquerie. Mughira

[389] Mouslim, Hadith No.1834 ; Boukhari, 4 : 256.

ibn Chuba frappa la main de Urwa, disant qu'il la lui amputerait s'il osait recommencer, car sa main était impure.

Mughira était le cousin de Urwa, et avait accepté l'islam environ deux mois auparavant. En fait, il n'y avait que quelques mois de cela que Urwa avait payé le prix du sang pour un crime commis par Mughira. Comme l'islam avait transformé Mughira ! L'engagement des Compagnons pour leur cause et leur dévotion au Messager choquèrent Urwa qui rentra chez les Quraychites et dit : « J'ai rendu visite à Crésus, César et le Négus. Mais aucun de leurs sujets ne sont aussi dévoués à leurs dirigeants que ses Compagnons ne le sont envers Mohammed. Je vous conseille de ne pas lutter contre lui. »[390]

Les Quraychites ne tinrent pas compte de son conseil et ne firent pas bon accueil à Kharach ibn Umayya, que le Messager avait envoyé après Urwa. Kharach fut suivi de Othman ibn Affan, qui avait de puissants parents parmi les Quraychites. Bien que Othman fût venu pour négocier, les Mecquois l'emprisonnèrent. Comme il n'était toujours pas rentré au moment où on l'attendait, des rumeurs circulèrent selon lesquelles il aurait été tué. C'est alors que le Prophète, assis sous un arbre, fit promettre à ses Compagnons sous serment qu'ils resteraient unis et se battraient jusqu'à la mort. Il représentait l'absent Othman par procuration dans ce serment.[391] Seul Jadd ibn Qays, qui était caché derrière un chameau, ne prêta pas serment.

La révélation qui descendit à cette occasion dit :

> Dieu a très certainement agréé les croyants quand ils t'ont prêté le serment d'allégeance sous l'arbre. Il a su ce qu'il y avait dans leurs cœurs, et a fait descendre sur eux la quiétude, et Il les a récompensés par une victoire proche. (48 : 18)

Dans ce moment de tension, un nuage de poussière apparut au loin. Il s'avéra une délégation mecquoise menée par Suhayl ibn Amr. Quand le Messager de Dieu apprit cela, il prit son nom (signifiant facilité) comme un bon présage et dit à ses Compagnons : « Une détente s'est produite. » Finalement, les Quraychites acceptèrent une trêve et le Traité de Houdaybiya fut conclu.

---

[390] Ibn Hanbal, 4 : 324 ; Tabari, 3 : 75.
[391] Ibn Hicham, 3 : 330.

Selon ce traité, le Prophète et ses fidèles pourraient faire le pèleri-nage seulement l'année suivante, et à ce moment-là les Mecquois éva-cueraient la ville pendant trois jours. Le traité promettait une trêve de dix ans, stipulait aussi que les gens ou les tribus pourraient rejoindre ou s'allier avec qui ils voulaient, et que les sujets Quraychites ou les person-nes qui étaient à leur charge qui s'étaient enfuis à Médine devraient être restitués. Cette dernière condition n'était pas réciproque et fut donc opposée par le camp musulman. Elle choquait des gens comme Omar qui questionnait le Messager à ce propos. Elle était pourtant d'une moindre importance. Les musulmans renvoyés à La Mecque n'allaient certaine-ment pas renoncer à l'islam ; au contraire, ils allaient être des agents secrets au sein de La Mecque.

Juste avant que le traité ne fût signé, Abou Jandal, le fils de Suhayl, arriva enchaîné et demanda à se joindre aux musulmans. Or il fallait que le Messager le restituât à son père en larmes. Cependant, il lui souffla à l'oreille : « Dieu te sauvera bientôt, toi et ceux qui sont comme toi. »[392]

Peu après que le traité fut signé, Utba ibn Asid (aussi connu sous le nom d'Abou Bassir) s'enfuit pour Médine. Les Quraychites envoyèrent deux hommes pour exiger sa restitution. Sur le chemin du retour vers La Mecque, Abou Bassir s'échappa, tua un homme et en blessa un autre. Le Messager, citant les termes du traité, ne lui permettait pas de rester à Médine. Il s'installa donc à Iyss, un endroit sur la route qui va de La Mecque à la Syrie. Les musulmans tenus à La Mecque se joignirent peu à peu à Abou Bassir. À mesure que ce village grandissait, les Mecquois commençaient à y voir une menace potentielle pour leur route marchan-de. Cela les força à demander au Messager d'annuler la clause concernée du traité et d'admettre les Mecquois qui fuyaient vers Médine.[393]

Le Coran appela le Traité de Houdaybiya « une victoire éclatante » : *En vérité Nous t'avons accordé une victoire éclatante.* (48 : 1) Cela s'avéra vrai pour plusieurs raisons, parmi lesquelles :

- En signant ce traité après des années de conflit, les Quraychites admettaient que les musulmans étaient leurs égaux. En fait, ils avaient abandonné leur lutte mais sans oser l'admettre. Voyant les Mecquois agir avec le Prophète comme avec un égal et un

[392] Ibn Hicham, 3 : 321-33 ; Ibn Kathir, 4 : 188-93.
[393] Ibn Hicham, 3 : 337-38.

dirigeant, une foule grandissante de nouveaux convertis affluè-
rent de toute l'Arabie vers Médine.

- Beaucoup de Quraychites allaient profiter de la paix conséquente
  au traité en pouvant enfin réfléchir sur ce qui se passait. Des
  Quraychites bien en vue comme Khalid ibn Walid, Amr ibn al-As
  et Othman ibn Talha, tous célèbres pour leurs talents militaires
  et politiques, acceptèrent l'islam. Othman était la personne à qui
  étaient confiées les clés de la Kaaba, et après la conquête de La
  Mecque, le Messager l'honora de la même fonction.
- Les Quraychites avaient l'habitude de regarder la Kaaba comme
  leur bien exclusif, et faisaient payer une certaine somme aux
  visiteurs. En n'assujettissant pas à cette condition les musulmans venus pour leur pèlerinage reporté, les Quraychites mirent
  involontairement fin à leur monopole. Les tribus bédouines réa-
  lisaient enfin que les Quraychites n'avaient pas le droit de reven-
  diquer la propriété exclusive de la Kaaba.
- À cette époque, il y avait des femmes et des hommes musulmans
  qui vivaient à La Mecque. Tout le monde à Médine ne savait pas
  qui ils étaient. Certains servaient d'espions au Messager. Si un
  combat avait eu lieu à La Mecque, la victorieuse armée musulmane aurait pu tuer certains d'entre eux. Cela aurait causé une grande angoisse personnelle, ainsi que le martyre ou l'identification
  des espions du Prophète. Le traité empêcha un tel désastre.
  Le Coran signale ce fait :

> C'est Lui qui, dans la vallée de La Mecque, a écarté leurs
> mains de vous, de même qu'Il a écarté vos mains d'eux,
> après vous avoir accordé la victoire sur eux. Et Dieu voit
> parfaitement ce que vous œuvrez. Ce sont eux qui ont
> mécru et qui vous ont obstrué le chemin de la Mosquée
> Sacrée [et ont empêché] que les offrandes entravées par-
> vinssent à leur lieu d'immolation. S'il n'y avait pas eu des
> hommes croyants et des femmes croyantes (parmi les
> Mecquois) que vous ne connaissiez pas et que vous auriez
> pu piétiner sans le savoir, vous rendant ainsi coupables d'une
> action répréhensible... [Tout cela s'est fait] pour que Dieu
> fasse entrer qui Il veut dans Sa miséricorde. Et s'ils [les
> croyants] s'étaient signalés, Nous aurions certes châtié d'un

châtiment douloureux ceux qui avaient mécru parmi [les Mecquois]. (48 : 24-25)

- Le Prophète fit le petit pèlerinage l'année suivante. L'attestation : « Il n'y a de dieu que Dieu, et Mohammed est le Messager de Dieu » résonna à travers toute La Mecque. Les Quraychites, campés sur la colline d'Abou Qubays, entendirent cet augure du triomphe prochain de l'islam. En fait, c'était la réalisation par Dieu de la vision qu'Il avait montrée à Son Messager :

> Dieu a été véridique en la vision par laquelle Il annonça à Son messager en toute vérité : vous entrerez dans la Mosquée Sacrée si Dieu veut, en toute sécurité, ayant rasé vos têtes ou coupé vos cheveux, sans aucune crainte. Il savait donc ce que vous ne saviez pas. Il a placé en deçà de cela (la trêve de Houdaybiya) une victoire proche. (48 : 27)

- Le traité permit au Messager de s'occuper des autres. Dans les expéditions de l'après traité, les musulmans conquirent les redoutables citadelles juives de Khaybar, leur disant soit de se convertir soit d'accepter l'autorité musulmane en payant un tribut pour leur protection (*djizya*). Leurs voisins, ainsi que d'autres tribus arabes, étaient impressionnés par la puissance grandissante de l'État islamique.

Les musulmans observèrent fidèlement les termes du traité ; or une tribu alliée aux Mecquois n'en fit pas autant. Les Banu Bakr attaquèrent les Banu Khuzaa, qui étaient alliés au Prophète. Ainsi, en décembre 629, le Messager se lança avec une armée de 10 000 hommes contre La Mecque, et la captura en ne rencontrant presque aucune résistance au premier jour de l'an. La Kaaba fut purifiée des idoles et, durant les quelques jours suivants, les Mecquois acceptèrent l'islam. Cela devait arriver car :

> C'est Lui qui a envoyé Son Prophète pour indiquer la bonne direction et instaurer la religion de la Vérité qu'Il fera prévaloir sur toute autre religion. Et Dieu suffit amplement pour en témoigner. Muhammad est le Prophète de Dieu. Autant ses Compagnons sont durs envers les infidèles, autant ils sont pleins de compassion entre eux. On les voit s'incliner et se

prosterner, aspirant à obtenir la grâce et l'assentiment du Seigneur. On les reconnaît à l'empreinte laissée sur leurs fronts par leurs prosternations dans la prière. Telle est l'image qu'on donne d'eux dans la Thora, alors que dans l'Évangile ils sont comparés à une semence qui germe, se gonfle de sève et grandit pour se dresser sur sa tige, faisant l'admiration des laboureurs et soulevant le courroux des infidèles. Dieu promet à ceux d'entre eux qui croient et effectuent des œuvres salutaires rémission et immense salaire ! (48 : 28 - 29)

7. Mettre fin au racisme

Le racisme est l'un des problèmes les plus graves de notre époque. Tout le monde a déjà entendu parler de la manière dont les africains noirs ont été transportés à travers l'océan Atlantique dans des navires spécialement conçus, où ils étaient traités comme du bétail. Ils furent réduits à l'état d'esclaves, forcés de changer leurs noms, leur religion et leur langue. Ils n'avaient pas même le droit d'espérer un jour gagner la vraie liberté et étaient privés de tous leurs droits humains. L'attitude de l'Occident envers les non-Occidentaux resta la même jusqu'à une date récente. En conséquence, la condition politique et sociale des Africains, même dans le cas de leurs descendants qui vivaient en Occident parmi les Américains non noirs ou les Européens en tant que concitoyens égaux en théorie, restèrent des citoyens de deuxième ordre, si ce n'est moins.

Pendant la jeunesse de Mohammed, un tel racisme était très répandu à La Mecque sous l'apparence du tribalisme. Les Quraychites se considéraient (eux-mêmes en particulier) et les Arabes (en général) comme supérieurs aux autres peuples. Le Messager vint avec un Message divin et proclama : « Aucun Arabe n'est supérieur à un non-Arabe, et aucun Blanc n'est supérieur à un Noir »[394] ; *Le plus noble d'entre vous, auprès de Dieu, est le plus pieux* (49 : 13), et : « Même si un Abyssinien noir musulman devait gouverner les musulmans, il devrait être obéi ».[395]

Le Messager éradiqua si bien la discrimination et le racisme fondé sur la couleur que, par exemple, Omar dit un jour de Bilal, qui était un esclave noir affranchi : « Bilal est notre maître, et il a été émancipé par

---

[394] Ibn Hanbal, 5 : 441.
[395] Mouslim, *Imara*, 37.

notre maître Abou Bakr. »[396] Zayd ibn Haritha, un esclave affranchi par le Messager, fut son fils adoptif jusqu'à ce que la Révélation n'interdise une telle adoption. Le Prophète le maria à Zaynab bint Jahch, l'une des plus nobles femmes musulmanes et arabes. De plus, il nomma Zayd commandant de l'armée musulmane envoyée contre l'Empire de Byzance, bien qu'elle comprît d'importants Compagnons tels que Abou Bakr, Omar, Jafar ibn Abou Talib (le cousin du Messager) et Khalid ibn Walid (le général invincible de l'époque).[397] Il désigna le fils de Zayd, Usama, pour commander l'armée qu'il forma juste avant sa mort. Cette armée comprenait de grands Compagnons comme Abou Bakr, Omar, Khalid, Abou Ubayda, Talha et Zoubayr. Cela établissait dans le cœur et l'esprit des musulmans que la supériorité ne venait pas d'une haute naissance, de la couleur ou de la classe sociale, mais de la piété et de la dévotion à Dieu. Durant son califat, Omar donna à Usama un plus grand salaire qu'à son propre fils Abdoullah. Quand son fils lui demanda pourquoi, Omar répondit : « J'agis ainsi parce que je sais que le Messager aimait son père plus qu'il ne m'aimait, et qu'il aimait Usama plus que toi. »[398]

8. Le dernier mot

Le Prophète Mohammed avait toutes les qualités de chef nécessaires pour réussir dans tous les aspects de la vie. Mais, ce qui est plus important encore est qu'il était capable de conduire sa communauté au succès dans tous les domaines. Il est la source de laquelle jaillirent tous les développements futurs liés au commandement, à l'habileté politique, à la religion, au développement spirituel, et à beaucoup d'autres choses dans le monde musulman.

En général, les leaders doivent avoir les qualités suivantes :
- *Le réalisme* : Leurs messages et leurs demandes ne doivent pas contredire la réalité. Ils doivent comprendre les conditions de leur époque telles qu'elles sont réellement, et être conscients de tous les avantages et les inconvénients.
- *Une croyance absolue en leur message* : Leur conviction ne doit jamais faiblir, et ils ne doivent jamais renoncer à leur mission.

---

[396] Ibn Hajar, *Al-Isaba*, 1 : 165.
[397] Mouslim, Fadha'il as-Sahaba, 63.
[398] Ibn Sad, *Tabaqat*, 4 : 70 ; Ibn Hajar, 1 : 564.

- *Le courage* : Même s'ils sont laissés seuls, ils doivent trouver le courage de persévérer. Quand certains de ses poursuivants parvinrent à la caverne où ils se cachaient, Abou Bakr craignait que quelque mal n'arrivât au Messager. Or le Prophète se contenta de dire : *Ne t'afflige pas, car Dieu est avec nous.* (9 : 40)
- *Une volonté forte et une grande résolution :* Ils ne doivent jamais tomber, même un seul instant, dans le désespoir.
- *Une conscience de la responsabilité personnelle* : Ils doivent diriger tous leurs efforts dans le but d'assumer leur responsabilité. En aucun cas ne doivent-ils être séduits par les charmes de ce monde et les attraits de cette vie.
- *La clairvoyance et l'attachement au but* : Les leaders doivent être capables de discerner et de planifier les développements potentiels. Ils doivent savoir comment évaluer le passé, le présent et le futur pour parvenir à une nouvelle synthèse. Les indécis ne font que semer la confusion dans la communauté.
- *La connaissance personnelle des fidèles :* Les leaders doivent être pleinement conscients des dispositions, des capacités, du caractère, des défauts, des ambitions et des points faibles de leurs fidèles. S'ils n'ont pas cette connaissance, comment pourront-ils désigner les personnes adéquates aux postes qui leur conviennent le mieux ?
- *Une force de caractère et des vertus louables :* Les leaders doivent être déterminés mais flexibles quand ils exécutent leurs décisions, et savoir quand il convient d'être intransigeant et implacable, ou doux et compatissant. Ils doivent savoir quand il leur faut être sérieux et dignes, ou modestes, et toujours droits, honnêtes, dignes de confiance et justes.
- *Aucune ambition de ce monde ni abus de pouvoir :* Les leaders doivent vivre comme les membres les plus pauvres de leur communauté. Ils ne doivent jamais faire de discriminations entre leurs sujets ; au contraire, ils doivent tout faire pour les aimer, les préférer à eux-mêmes, et agir de façon à ce que leur peuple les aime sincèrement. Ils doivent être fidèles à leur communauté, et assurer la loyauté et la dévotion de leur communauté en retour.

Le Messager possédait toutes ces qualités, et beaucoup d'autres encore. Pour ne citer que quelques exemples, il ne pensa jamais à abandonner sa mission même lorsqu'il était confronté aux plus grandes hostilités et aux plus alléchantes propositions. Au lieu de cela, il leur disait : « Dites : 'Il n'y a d'autre divinité que Dieu', et prospérez dans les deux mondes. »[399] Quand ses Compagnons se plaignaient des conditions très difficiles et de la persécution à La Mecque, il répondit :

Vous êtes trop pressés. Le jour viendra où une femme voyagera de Hira [une ville au sud de l'Irak] jusqu'à La Mecque sur son chameau (en sécurité) et fera les tournées rituelles autour de la Kaaba, et les trésors de l'Empereur Sassanide seront capturés par ma communauté.[400]

Un jour, les leaders mecquois vinrent à lui et dirent : « Si tu nous reçois en un jour où d'autres – surtout ces pauvres-là – ne sont pas présents, il se peut que nous parlions avec toi d'accepter ta religion. » Ils méprisaient les musulmans pauvres comme Bilal, Ammar et Khabbab, et désiraient obtenir un traitement de faveur. Le Messager rejeta de telles propositions sans la moindre hésitation. Les versets révélés s'adressaient à lui comme suit :

Et ne repousse pas ceux qui, matin et soir, implorent leur Seigneur, cherchant Sa Face (*Wajh*). (6 : 52).

Fais preuve de patience [en restant] avec ceux qui invoquent leur Seigneur matin et soir, désirant Sa Face. (18 : 28)

---

399 Mouslim, *Iman*, 355.
400 Boukhari, *Manaqib*, 25.

Chapitre 9
Autres dimensions de sa prophétie

1. Ses prières et ses supplications

Le Messager priait toujours Dieu avant d'entreprendre une quelconque action. Les Livres de Tradition (*hadith*) ne rapportent aucun cas dans lequel il n'aurait pas prié. Comme mentionné plus tôt, la prière est un mystère de la servitude à Dieu, et le Messager est le meilleur dans la servitude. Cela est clair dans toutes les répétitions de l'attestation de foi : « J'atteste qu'il n'y a de dieu que Dieu et que Mohammed est Son serviteur et Son Messager. » Remarquez qu'il est appelé *serviteur* avant *Messager*. Ainsi, pour tout ce qu'il avait l'intention de faire, il se référait à Dieu par la prière.

Dieu est le Créateur de nous-mêmes et de tout ce que nous faisons. Bien que nous devions prendre toutes les précautions nécessaires et avoir recours aux causes pour pouvoir accomplir des choses en ce monde matériel, où le principe de cause à effet occupe une place particulière, nous ne devons jamais oublier que l'existence de toute chose dépend exclusivement de Dieu. Par conséquent, nous devons allier l'action à la prière. Ceci est aussi requis par notre croyance en l'unité divine.

La connaissance de Dieu par le Messager ne saurait être égalée. Il était donc le premier dans l'amour de Dieu, et aussi paradoxalement, dans la crainte de Lui. Il était parfaitement conscient que tout dépendait de Dieu pour son existence et sa subsistance. Quoi que Dieu veuille, arrive : *Quand Il veut une chose, Son commandement consiste à dire : « Sois ! » et elle est aussitôt* (36 : 82). Les choses existent, et l'univers fonctionne selon les lois établies par Dieu et se conforme aux conditions nécessaires. Parfaitement conscient de cela, le Messager faisait ce qu'il avait à faire, et après avoir allié l'action à la prière, il laissait le résultat à Dieu en s'en remettant à Lui dans une confiance absolue.

Ses supplications nous ont été transmises. Quand nous les lisons, nous constatons qu'elles ont un sens profond et qu'elles s'accordent exactement aux circonstances. Elles reflètent une grande croyance, une sincérité profonde, une parfaite soumission et une confiance absolue. Voici quelques exemples :

- Quand vous allez vous coucher, faites vos ablutions (*woudou*) comme vous les faites avant vos prières quotidiennes et priez :

  Ô Dieu, par l'amour et crainte de Toi, je me soumets à Toi, je m'en remets à Toi pour mes affaires, et je me réfugie auprès de Toi. Il n'y a pas de refuge ou de source de sécurité de Ta Colère en dehors de Toi. Je crois au Livre que Tu as fait descendre et au Prophète que tu as élevé.[401]

- Sans péchés, une âme est comme un miroir lumineux ou une page blanche. Les péchés souillent l'âme et ne peuvent être effacés que par le repentir et la demande de Son pardon. Le Prophète avait l'habitude de faire la prière suivante, même s'il était exempt de tout péché : « Ô Dieu, mets entre les erreurs et moi une distance aussi grande que celle que Tu as mise entre l'Est et l'Ouest. Ô Dieu, purifie-moi de mes erreurs comme on nettoie une saleté d'un vêtement blanc. »[402] Des volumes entiers pourraient être écrits sur les comparaisons et les mots pleins de sens utilisés ici.

En plus de ces supplications en des occasions spécifiques, le Prophète nous laissa aussi des supplications générales de diverses longueurs, dont voici quelques-unes :

- Ô Dieu, je T'implore pour tout bien, y compris ce qui est à portée de main et ce qui est reporté, ce que je sais déjà et ce que je ne sais pas. Je prends refuge en Toi contre tout mal, y compris ce qui est à portée de main et ce qui est reporté, ce que je sais déjà et ce que je ne sais pas.[403]

---

[401] Boukhari, *Daawat*, 6 ; Mouslim, *Dhikr*, 56.

[402] Boukhari, *Adhan*, 89 ; Mouslim, *Masajid*, 147.

[403] Ibn Hanbal, *Mousnad*, 6 : 147.

- Ô Dieu, rien ne peut empêcher ce que Tu accordes, et rien ne peut être accordé si Tu l'empêches. Aucun riche ne peut nous faire de bien, puisque la richesse T'appartient.[404]

- Ô Dieu, je n'ai rien dit, rien juré, rien promis ni fait, que Tu n'aies préalablement voulu. Tout ce que Tu as voulu est, et tout ce que Tu n'as pas voulu n'est pas. Il n'y a de force et de pouvoir qu'en Toi, et Tu es certes Tout-Puissant sur toute chose.[405]

- Ô Dieu, quelque prière que j'ai faite, fais qu'elle atteigne quiconque pour qui Tu as pitié, et quelque malédiction que j'ai faite, fais qu'elle atteigne quiconque Tu as maudit. Certes Tu es mon Gardien dans ce monde et dans l'autre. Fais-moi mourir en musulman, et inclus-moi parmi les justes.[406]

- Ô Dieu, je Te demande le contentement en cas de malheur, une vie paisible après la mort, le plaisir d'observer Ta Face, et le désir de Te rencontrer. Je me réfugie en Toi pour ne pas commettre de torts à autrui et ne pas être moi-même maltraité, pour ne pas montrer de l'animosité et ne pas être moi-même victime d'animosité, et pour ne pas m'égarer et commettre des péchés impardonnables. Si Tu me laisses à moi-même, Tu me laisses dans la faiblesse, le besoin, le péché et l'erreur. Je ne dépends que de Ta Miséricorde, alors pardonne-moi tous mes péchés, car seul Toi peux le faire. Accepte mon repentir, car Tu es le Très Clément, le Tout Miséricordieux.[407]

- Ô Dieu, Tu mérites le plus d'être mentionné, et personne d'autre que Toi ne mérite d'être adoré. Tu aides mieux que quiconque dont on pourrait demander de l'aide, Tu es plus affectueux que tous les dirigeants, plus généreux que quiconque dont on pourrait demander quelque chose, et plus généreux que quiconque donne. Tu es le Monarque sans partenaires, et l'Unique et le Seul sans pareil. Tout est périssable sauf Toi.

  L'on ne T'obéit que par Ta permission, et l'on ne Te désobéit que Tu n'en aies connaissance. Quand quelqu'un T'obéit, Tu le

---

[404] Boukhari, *Adhan*, 155 ; Mouslim, *Salat*, 205 ; Abou Dawoud, *Salat*, 139.
[405] Ibn Hanbal, *Mousnad*, 5 : 191.
[406] Nasa'i, *Sahw*, 62 ; Ibn Hanbal, 5 : 191.
[407] Ibn Hanbal, 5 : 191.

récompenses ; quand quelqu'un Te désobéit, Tu le pardonnes. Tu es témoin de toute chose, étant plus proche que tout autre témoin ; et Tu protèges tout, étant plus proche que tout autre protecteur. Tu as décrété les actes de tous les gens et déterminé l'heure de leur mort. Tu sais ce qui est dans tous les esprits, et tous les secrets Te sont manifestes.

Le licite est ce que Tu as rendu licite ; l'illicite est ce que Tu as rendu illicite. La religion est ce que Tu as établi ; le commandement ce que Tu as décrété. La création est Ta création, et les serviteurs sont Tes serviteurs. Tu es Dieu, le Tout-Clément, le Tout-Miséricordieux. Je Te demande, pour l'amour de la lumière de Ta Face, par Laquelle les cieux et la terre sont illuminés, par égard pour tous les droits qui T'appartiennent et par égard pour ceux qui font appel à Toi, de me pardonner des péchés que j'ai commis, et de me protéger, par Ton Pouvoir, de l'Enfer.[408]

- Ô Dieu, je cherche refuge en Toi contre tout savoir qui n'apporte aucun bienfait, contre un cœur insoumis qui ne Te craindrait pas, contre une âme (*nafs*) toujours insatisfaite, et contre une prière qui ne saurait être exaucée.[409]

- Ô Dieu, j'implore de Toi la persévérance dans mes affaires, la résolution dans la guidée, la gratitude pour Tes grâces et un service acceptable pour Toi, et une langue véridique et un cœur sain. Je me réfugie en Toi contre le mal de ce que Tu sais. Je Te demande le bien que Tu sais, et le pardon pour ce que Tu sais déjà. Certes, Tu es le Connaisseur de l'Invisible.[410]

- Ô Dieu, je Te demande de me permettre de faire le bien, de m'abstenir du vice, d'aimer les pauvres, et de me pardonner et d'être miséricordieux envers moi. Quand Tu voudras l'égarement et la dissension d'un peuple et le désordre dans la vie publique, fais-moi mourir avant que je ne puisse faire partie de ce désordre. Je T'implore pour Ton amour et pour l'amour de qui Tu aimes, et l'amour des actes qui me rapprocheront de Ton amour.[411]

[408] Haythami, *Majma az-Zawa'id*, 10 : 117.
[409] Mouslim, *Dhikr*, 73 ; Abou Dawoud, *Witr*, 32.
[410] Tirmidhi, *Daawat*, 23 ; *Nasa'i, Sahw*, 61.
[411] Tirmidhi, *Tafsir al-Coran*, 39 ; Imam Malik, *Muwatta, Coran*, 73.

- Ô Dieu, j'implore de Toi le bien au début et à la fin, dans sa forme la plus complète avec son début et son résultat, ses formes secrètes et manifestes, et le plus haut rang au Paradis.[412]
- Ô Dieu, aide-moi à me souvenir de Toi et à T'invoquer, à Te remercier et à T'adorer de la meilleure manière.[413]
- Ô Dieu, j'implore Ta guidée, la crainte de Toi, la chasteté et l'indépendance de tout autre.[414]
- Ô Dieu, conduis toutes nos affaires vers une bonne fin, protège-nous de la disgrâce et de l'ignominie dans ce monde, et des tourments de l'au-delà.[415]
- Ô Dieu, nous T'implorons tout le bien que Ton Prophète Mohammed T'a demandé, et cherchons refuge en Toi contre tout le mal contre lequel Ton Prophète Mohammed a cherché refuge en Toi.[416]

La prière occupa une place fondamentale dans la vie du Prophète. Toutes les supplications citées, avec beaucoup d'autres encore, sont devenues des clefs entre les mains de grands saints tels que Abou Hassan al-Chadhili, Ahmad al-Badawi, Ahmad al-Rifa'i et Abdou'l-Qadir al-Jilani, qui les utilisèrent pour que la porte de la Miséricorde Divine leur soit ouverte.

2. Le prophète de la miséricorde divine

Le commencement de l'existence fut un acte de miséricorde et de compassion sans lequel l'univers serait plongé dans le chaos. Toute chose vient à l'existence grâce à la compassion, et c'est par la compassion même que tout continue à exister.

Les sages musulmans disent que l'univers est le souffle du Tout-Miséricordieux. En d'autres termes, l'univers fut créé pour manifester le nom divin du Tout-Miséricordieux. Sa subsistance dépend du même nom. Ce nom se manifeste d'abord comme le Tout-Pourvoyeur, afin que chaque créature vivante puisse recevoir la sustentation dont elle a besoin pour survivre.

---

412 Hakim, *Mustadrak*, 1 : 520.
413 Ibid., 1 : 499.
414 Ibn Maja, *Dua*, 2 ; Mouslim, *Dhikr*, 72 ; Tirmidhi, *Daawat*, 73.
415 Ibn Hanbal, 4 : 181 ; Hakim, 3 : 591.
416 Tirmidhi, *Daawat*, 89.

La vie est la bénédiction la plus grande et la plus manifeste de Dieu Tout-Puissant, et la véritable et éternelle vie est celle de l'au-delà. Comme nous pouvons mériter cette vie en plaisant à Dieu, Il nous a envoyé des prophètes et des Écritures révélées de par Sa compassion pour toute l'humanité. C'est pour cette raison qu'en mentionnant Ses faveurs envers l'humanité dans la sourate *Ar-Rahman* (Le Tout-Miséricordieux), Il commence ainsi : *Ar-Rahman. Il a enseigné le Coran. Il a créé l'homme. Il lui a appris à s'exprimer clairement* (55 : 1 - 4).

Tous les aspects de cette vie sont une préparation pour l'autre vie, et chaque créature est engagée dans une action tendant vers cette fin. L'injonction est évidente dans chaque effort, et la compassion réside dans chaque réussite. Certains événements 'naturels' ou convulsions sociales peuvent d'abord sembler désagréables, mais nous ne devons pas les considérer comme incompatibles avec la compassion. Ils sont comme les nuages gris ou les éclairs et le tonnerre qui, quoique effrayants, apportent néanmoins les bonnes nouvelles de la pluie. Ainsi l'univers entier loue-t-il le Tout-Miséricordieux.

Les sages musulmans considèrent l'univers comme un « livre révélé » provenant de l'attribut de la Volonté Divine et du Pouvoir Divin. Écrire un livre que les gens ne comprendraient pas aurait été vain. Par conséquent, Il créa Mohammed pour qu'il explique aux gens ce que l'univers signifie réellement, et pour qu'il transmette Ses commandements dans le Coran afin que nous puissions savoir ce qui nous incombe. Ce n'est qu'en suivant ces commandements que nous pouvons atteindre un bonheur éternel. Le Coran est la Révélation Divine la plus complète et aussi la dernière ; l'islam est la dernière religion divine, parachevée et universelle ; et le Prophète Mohammed est la personnification de la Compassion Divine, un être envoyé par Dieu comme une miséricorde pour tous les mondes.

Le Prophète Mohammed est tel une source d'eau pure dans le cœur du désert, une source de lumière dans les ténèbres épaisses. Quiconque a recours à cette source peut prendre autant d'eau qu'il en a besoin pour assouvir sa soif, pour se purifier de tout péché, et pour devenir illuminé par la lumière de la foi. La miséricorde était comme une clef magique entre ses mains, car avec elle ouvrait des cœurs qui étaient si endurcis et rouillés que personne ne croyait qu'ils auraient pu s'ouvrir. Mais il fit plus que cela : il alluma un flambeau de foi en eux.

Le Messager prêchait l'islam, la religion de la miséricorde universelle. Pourtant, certains humanistes autoproclamés prétendent que l'islam est « une religion de l'épée ». Cela est tout à fait faux. Ils font beaucoup de bruit quand leurs animaux sont tués ou quand l'un des leurs est blessé, mais restent silencieux quand les musulmans se font massacrer. Leur monde est construit sur l'intérêt personnel. Remarquons aussi que l'abus de compassion peut être tout aussi dangereux – voire plus dangereux – que le manque total de compassion. Amputer un membre gangreneux est un acte de compassion pour l'ensemble du corps. De même, l'oxygène et l'hydrogène, quand ils sont mélangés dans des proportions adéquates, forment de l'eau, une substance des plus vitales. Or si les proportions changent, chacun des éléments reprendra son identité originale de combustible.

Similairement, il est très important de répartir la compassion et d'identifier ceux qui la méritent, car « la compassion envers un loup aiguise son appétit, et non content de ce qu'il reçoit, il en demande encore. » La compassion envers les malfaiteurs les rend plus agressifs et les encourage à œuvrer contre les autres. En fait, la vraie compassion requiert que de telles personnes soient empêchées de faire le mal. Quand le Messager dit à ses Compagnons d'aider les gens quand ils étaient oppresseurs ou opprimés, ils lui demandèrent d'éclaircir ce paradoxe apparent. Il répondit : « Vous aidez les injustes en les empêchant de commettre une injustice. » Ainsi, la compassion nécessite que ceux qui causent des troubles soient privés de leurs moyens d'agir de la sorte ou empêchés d'être injustes. Sinon, ils finiront par prendre le contrôle et agir à leur guise.

La compassion du Messager embrassait toutes les créatures. Dans son rôle de commandant invincible et d'homme d'État talentueux, il savait que laisser le contrôle des autres entre les mains de gens assoiffés de sang serait la forme de tyrannie la plus terrible que l'on puisse imaginer. Ainsi, par compassion, il exigeait que les agneaux puissent vivre en sécurité contre les attaques des loups. Il désirait, bien sûr, que tout le monde fût guidé. En fait, telle était sa plus grande préoccupation : *Tu vas peut-être te consumer de chagrin parce qu'ils se détournent de toi et ne croient pas en ce discours !* (18 : 6)

Mais devait-il agir face à ceux qui persistaient dans l'incroyance et le combattaient pour le détruire, lui et son Message ? Il devait se battre contre de telles personnes, car la compassion universelle englobe toutes les créatures. C'est pourquoi, quand il fut gravement blessé à Ouhoud, il leva les mains et pria : « Ô Dieu, pardonne à mon peuple, car ils ne savent pas. »[417]

Les Mecquois, son propre peuple, lui infligèrent tant de souffrances qu'il finit par émigrer à Médine. Même après cela, les cinq années suivantes furent loin d'être pacifiques. Toutefois, quand il conquit La Mecque sans effusion de sang durant la vingt-et-unième année de sa Prophétie, il demanda aux incroyants mecquois : « À quel traitement vous attendez-vous de ma part ? » Ils répondirent unanimement : « Tu es un noble, fils d'un noble. » Il leur révéla ensuite sa décision : « Vous pouvez partir, car en ce jour aucun reproche ne vous sera fait. Puisse Dieu vous pardonner. Il est le plus Miséricordieux des miséricordieux. »[418]

Le Sultan Mehmet Le Conquérant avait dit la même chose aux Byzantins vaincus après la conquête d'Istanbul 825 ans plus tard. Telle est la compassion universelle de l'islam.

Le Messager montrait le plus haut degré de compassion envers les croyants :

> Certes, un Messager pris parmi vous, est venu à vous, auquel pèsent lourd les difficultés que vous subissez, qui est plein de sollicitude pour vous, qui est compatissant et miséricordieux envers les croyants. (9 : 128)

Il abaissait sur les croyants une aile de tendresse par sa miséricorde (15 : 88), et était le protecteur des croyants, plus proche d'eux qu'ils ne l'étaient d'eux-mêmes (33 : 6). Un jour, il demanda à ceux qui étaient présents à l'enterrement d'un de ses Compagnons si le défunt avait laissé une quelconque dette. Apprenant qu'il était endetté, le Prophète récita le verset susmentionné et annonça : « Chaque croyant qui meurt sera hérité par ses proches quels qu'ils soient. Quant à celui qui [meurt] en laissant des dettes ou des personnes à charge, qu'on vienne me trouver, je m'en chargerai. »[419]

Sa compassion incluait même les hypocrites et les incroyants. Il savait qui étaient les hypocrites, mais ne les identifia jamais, car cela les aurait privés des droits d'entière citoyenneté qu'ils avaient gagnés grâce à leur prétendue profession de foi et pratique.

---

[417] Boukhari, *Anbiya*, 54 ; Mouslim, *Jihad*, 104.
[418] Ibn Hicham, *Sira*, 4 : 55 ; Ibn Kathir, *Al-Bidaya*, 4 : 344.
[419] Mouslim, *Fara'iz*, 14 ; Boukhari, *Istiqraz*, 11.

Dieu n'envoya pas de destruction collective sur les incroyants, bien qu'Il ait éradiqué beaucoup d'autres peuples similaires dans le passé : *Dieu n'est point tel qu'Il les châtie, alors que tu es parmi eux. Et Dieu n'est point tel qu'Il les châtie alors qu'ils demandent pardon* (8 : 33). Ce verset fait référence à tous les incroyants de tous les temps. Dieu ne châtiera pas les gens tout d'un bloc tant que ceux qui suivent le Messager seront vivants. En outre, Il a laissé la porte du repentir ouverte jusqu'au Jour Dernier. N'importe qui peut accepter l'islam ou implorer le pardon de Dieu, quelque pécheur qu'il puisse se considérer.

En fait l'inimitié des musulmans est dirigée contre l'incroyance et non pas les individus eux mêmes. C'est pour cette raison que lorsqu'Omar vit un jour un prêtre de 80 ans, il s'assit et pleura en sanglotant. Quand on lui demanda pourquoi il pleurait, il répondit : « Dieu lui a accordé une vie si longue, or il n'a pas pu trouver la vraie voie ». Omar était un disciple du Messager, qui disait :

Je n'ai pas été envoyé pour maudire les gens, mais comme une miséricorde.[420]

J'ai cinq noms. Je suis Mohammed, et Ahmad (le loué), et Muqaffi (le dernier Prophète) ; je suis Hachir (le Prophète final dans la présence duquel les morts seront ressuscités) ; le Prophète du Repentir (le Prophète pour qui la porte du repentir restera toujours ouverte), et le Prophète de la Miséricorde.[421]

L'archange Gabriel profitait aussi de la miséricorde du Coran. Un jour le Prophète demanda à Gabriel s'il recevait une quelconque part de la miséricorde que contient le Coran. Gabriel répondit que oui et expliqua : « Je n'étais pas sûr de mon sort. Cependant, quand le verset : *obéi, et digne de confiance* (81 : 21) fut révélé, je me sentis rassuré à ce propos. »[422]

Alors que la complice de Ma'iz subissait son châtiment (à sa propre demande) pour faute de fornication, quelqu'un la blâma, sur quoi le Prophète le réprouva et dit : « Par Dieu, cette femme s'est tellement repentie pour son péché que si sa repentance était partagée entre tous les habitants de Médine, elle suffirait à les couvrir aussi de pardon. »[423]

---

[420] Mouslim, *Birr*, 87.
[421] Ibn Hanbal, 4 : 395 ; Mouslim, *Fadha'il*, 126.
[422] Qadi Iyad, *Ach-Chifa*, 1 : 17.
[423] Mouslim, *Hudud*, 17-23.

Le Messager était tout particulièrement compatissant envers les enfants. Chaque fois qu'il voyait un enfant pleurer, il s'asseyait à côté de lui et partageait ses sentiments. Il ressentait la peine d'une mère pour son enfant plus que la mère elle-même. Un jour, il dit : « [Il m'arrive de] me mettre debout pour prolonger la prière, mais, en entendant les sanglots d'un bébé, j'accélère de crainte de faire de la peine à la mère. »[424]

Il prenait les enfants dans ses bras et les embrassait. Une fois, alors qu'il était en train de serrer dans ses bras ses petits-fils Hassan et Houssayn, al-Aqra ibn Habis lui dit : « J'ai dix enfants et je n'en ai jamais embrassé un seul. » Le Messager répondit : « Dieu n'a pas de pitié de celui qui n'a pas pitié des autres. »[425] Selon un autre hadith, il aurait dit ou ajouté : « Que puis-je pour toi si Dieu t'a retiré tout sentiment de compassion ? »[426]

Il dit : « Ayez pitié de ceux qui sont sur terre afin que ceux qui sont dans les cieux aient pitié de vous. »[427] Quand Sad ibn Ubada tomba malade, le Messager le visita chez lui et, voyant son fidèle Compagnon dans un état pitoyable, il commença à pleurer. Il dit : « Dieu ne punit pas à cause des larmes ou de la peine, mais Il punit à cause de ceci », et il montra sa langue.[428] Quand Othman ibn Madh'un rendit l'âme, il versa des larmes. Pendant l'enterrement, une femme remarqua : « Othman s'envola comme un oiseau au Paradis. » Même dans cet état de deuil, le Prophète ne perdit pas son sang-froid et corrigea la femme : « Comment peux-tu savoir cela ? Même moi je l'ignore alors que je suis Prophète. »[429]

Un membre de la tribu Muqarrin frappa un jour sa servante. Celle-ci en informa le Messager, qui envoya chercher le maître. Il lui dit : « Tu l'as frappée sans aucune raison valable. Libère-la. »[430] Émanciper cette esclave valait mieux pour le maître que de voir son fils châtié dans l'au-delà à cause de son acte. Le Messager protégea et aida toujours les veuves, les orphelins, les pauvres et les invalides, bien avant d'annoncer sa Prophétie. Quand il était rentré du Mont Hira chez lui dans un état très agité suite à

---

[424] Boukhari, *Adhan*, 65 ; Mouslim, *Salat*, 192.

[425] Boukhari, *Adab*, 18.

[426] Boukhari, *Adab*, 18 ; Mouslim, *Fadha'il*, 64 ; Ibn Maja, *Adab*, 3.

[427] Tirmidhi, *Birr*, 16.

[428] Boukhari, *Jana'iz*, 44 ; Mouslim, *Jana'iz*, 12.

[429] Boukhari, *Jana'iz*, 3.

[430] Mouslim, Ayman, 31, 33 ; Ibn Hanbal, 3 : 447.

la première révélation, son épouse Khadija lui avait dit : « J'espère que tu seras le Prophète de cette Oumma, car tu dis toujours la vérité, prends garde au dépôt, soutiens tes proches, aides les pauvres et les faibles, et nourris tes invités. »[431]

Sa compassion comprenait aussi les animaux. À ce sujet, il dit : « Une prostituée fut pardonnée parce qu'elle avait donné à boire à un chien mourant de soif. Une autre femme fut jetée en Enfer parce qu'elle avait laissé un chat mourir de faim. »[432] En rentrant d'une campagne militaire, quelques Compagnons retirèrent de jeunes oiseaux de leur nid pour les caresser. La mère-oiseau rentra et, ne retrouvant pas ses petits, se mit à voler aux alentours en poussant des cris perçants. Quand on lui rapporta cela, le Messager fut très affligé et ordonna que les oiseaux soient remis à leur place.[433]

Un jour il raconta à ses Compagnons que Dieu reprocha à un Prophète de jadis d'avoir mis le feu à un nid de fourmis.[434] Quand il était à Mina, certains de ses Compagnons attaquèrent un serpent afin de le tuer. Toutefois, il parvint à s'échapper. Voyant cela de loin, le Messager remarqua : « Il fut sauvé de votre mal, tout comme vous avez été sauvés de son mal. »[435] Ibn Abbas rapporta que quand le Messager vit un homme en train d'aiguiser son couteau devant la bête à abattre, il le réprimanda ainsi : « Veux-tu la tuer de nombreuses fois ? »[436]

Abdoullah ibn Jafar rapporte :

Le Messager se rendit dans un jardin à Médine avec quelques Compagnons. Un chameau très décharné était dans un coin. Voyant le Messager, il se mit à pleurer. Le Messager alla près de lui, et après être resté là pendant un moment, avertit sévèrement le propriétaire de le nourrir correctement.[437]

Son amour et sa compassion pour les créatures différaient de ceux des humanistes auto-proclamés d'aujourd'hui, car il était sincère et équi-

---

[431] Ibn Sad, *Tabaqat*, 1 : 195.
[432] Boukhari, Anbiya, 54 ; *Musaqat*, 9 ; Mouslim, *Salam*, 153 ; Ibn Hanbal, 2 : 507.
[433] Abou Dawoud, *Adab*, 164 ; *Jihad*, 112 ; Ibn Hanbal, 1 : 404.
[434] Boukhari, *Jihad*, 153 ; Mouslim, *Salam*, 147.
[435] Nasa'i, *Hajj*, 114 ; Ibn Hanbal, 1 : 385.
[436] Hakim, *Mustadraq*, 4 : 231, 233.
[437] Suyuti, *Al-Khasa'is al-Kubra*, 2 : 95 ; Haythami, *Majma*, 9 : 9.

libré à cet égard – un Prophète élevé par Dieu, le Créateur et Pourvoyeur de toutes choses, pour éclairer l'humanité et montrer le bonheur des humains et des djinns, et l'harmonie de l'existence. C'est ainsi qu'il vivait pour les autres et était une miséricorde pour tous les mondes, une manifestation de la Compassion.

3. Sa douceur et sa grande patience

La douceur est une autre dimension de son caractère. Il était un miroir éclatant dans lequel Dieu faisait réfléchir Sa miséricorde. La douceur est une réflexion de la compassion. Dieu fit Son Messager doux et bon, lui permettant par là même de gagner de nombreux convertis à l'islam et de surmonter beaucoup d'obstacles.

Après la victoire de Badr, la bataille d'Ouhoud fut une épreuve difficile pour la jeune communauté musulmane. Bien que le Messager eût voulu se battre dans la banlieue de Médine, la plupart des musulmans désiraient combattre sur un champ de bataille ouvert. Quand les deux armées s'affrontèrent au pied du Mont Ouhoud, le Messager positionna 50 archers dans la passe de Aynayn et leur ordonna de ne pas bouger sans son autorisation, même s'ils voyaient que les musulmans avaient remporté une victoire décisive.

L'armée musulmane, n'ayant pourtant qu'un tiers du nombre d'hommes et d'équipement de l'ennemi, triompha presque des polythéistes mecquois durant la première étape. Voyant fuir l'ennemi, ces archers oublièrent le commandement du Prophète et quittèrent leurs postes. Khalid ibn Walid, le chef de la cavalerie ennemie, vit cela et, contournant la montagne, attaqua les musulmans par derrière. Les soldats ennemis qui fuyaient revinrent à l'assaut et prirent les musulmans entre deux feux. Ils commencèrent à perdre, plus de 70 tombèrent martyrs, et le Messager fut blessé.

Il aurait pu faire des reproches à ceux qui l'avaient poussé à suivre leurs désirs ainsi qu'aux archers qui avaient abandonné leurs postes, mais il ne le fit pas. Au contraire, il se montra indulgent et longanime :

C'est par quelque miséricorde de la part de Dieu que tu (Mohammed) as été si doux envers eux ! Mais si tu étais rude, au cœur dur, ils se seraient enfuis de ton entourage. Pardonne-leur donc, et implore pour eux le pardon (de Dieu). Et consulte-les à propos des affaires ;

puis une fois que tu t'es décidé, confie-toi donc à Dieu ; Dieu aime, en vérité, ceux qui Lui font confiance. (3 : 159)

Ce verset dévoile deux conditions préalables pour le statut de chef : la douceur et la clémence envers ceux qui font des erreurs tout en ayant de bonnes intentions, et l'importance de la consultation dans l'administration publique.

Cette douceur et cette clémence étaient une réflexion des noms divins le Très-Doux, le Tout-Clément et le Tout-Pardonneur. Dieu ne cesse de pourvoir aux gens ce dont ils ont besoin malgré leur rébellion ou leur incroyance. Tandis que la plupart des gens Lui désobéissent en se laissant aller à l'incroyance, en Lui associant implicitement ou explicitement des partenaires, ou en désobéissant à Ses commandements, le soleil continue à leur envoyer sa lumière et sa chaleur, les nuages remplis de pluie leur viennent en aide, et la terre ne s'arrête pas de les nourrir avec ses plantes et ses fruits. La clémence et le pardon de Dieu se reflètent à travers la compassion, la douceur et l'indulgence du Messager.

Comme Abraham, dont il disait qu'il lui ressemblait, le Messager était doux, longanime, très implorant et repentant (11 : 75), aimable envers les croyants et plein de pitié et de compassion pour eux (9 : 128). Abraham n'était jamais en colère contre les gens, même quand ils le tourmentaient beaucoup. Il souhaitait le bien de tous, même de ses ennemis, et implorait Dieu et versait des larmes en Sa présence. Comme c'était un homme de paix et de salut, Dieu rendit le feu dans lequel il fut jeté une fraîcheur salutaire (21 : 69).

Comme lui, le Messager n'était jamais en colère contre qui que ce soit en raison de ce qu'ils faisaient contre lui. Quand son épouse Aïcha fut calomniée, il ne pensa pas à punir les calomniateurs même après qu'elle avait été lavée de tout soupçon par le Coran. Les Bédouins manquaient souvent de politesse envers lui, mais il ne se renfrognait même pas contre eux. Quoique extrêmement sensible, il se montrait toujours patient et tolérant envers à la fois les amis et les ennemis.

Par exemple, tandis qu'il distribuait le butin de guerre après la bataille de Hounayn, Dhu al-Khuwaysira objecta : « Sois juste, ô Mohammed ! » Ceci représentait une insulte impardonnable, car le Prophète avait justement été envoyé pour établir la justice. Ne pouvant supporter une telle offense, Omar demanda la permission de tuer « cet hypocrite » sur-le-champ. Mais le Messager répondit seulement : « Qui d'autre se montrera juste si je ne suis pas juste moi-même ? Si je ne me montre pas juste, alors je suis perdu et réduit à néant. »[438] Selon une autre signification possible de cette expression, il aurait dit : « Si je ne suis pas juste, alors, en me suivant, vous autres êtes perdus et réduits à néant. »[439] De surcroît, il sous-entendit que cet homme allait plus tard prendre part à un mouvement séditieux. Cela s'avéra durant le califat d'Ali : Dhu al-Khuwaysira fut trouvé mort parmi les Kharijites après la bataille de Nahrawan.

Anas ibn Malik rapporta qu'une juive offrit une brebis rôtie au Messager après la conquête de Khaybar. Juste avant qu'il ne mangeât son premier morceau, il s'arrêta et dit aux autres de ne pas en manger : « Cette brebis me dit qu'elle a été empoisonnée. » Toutefois, un Compagnon nommé Bichr mourut tout de suite après sa première bouchée (prise avant que le Messager n'avait parlé). Le Messager envoya chercher la femme et lui demanda pourquoi elle avait empoisonné la viande. Elle répondit : « Si tu es vraiment un Prophète, le poison ne t'affectera pas. Si tu ne l'es pas, alors je voulais sauver mon peuple de ton mal. » Le Messager lui pardonna son complot.[440] Toutefois, selon certaines narrations, les proches de Bichr exigèrent qu'elle fût punie, et elle le fut donc.

Un jour alors que le Prophète rentrait chez lui après avoir discuté avec ses Compagnons à la mosquée, un bédouin le tira par le col et lui dit rudement : « Ô Mohammed ! Donne-moi ce qui me revient ! Charge mes deux chameaux ! Car tu ne les chargeras ni avec ta propre richesse ni avec celle de ton père ! » Sans nullement se montrer offensé, il dit aux autres : « Donnez-lui ce qu'il veut. »[441]

Zayd ibn Sanan rapporte :

> Avant que je ne fusse devenu musulman, le Messager m'emprunta de l'argent. J'allai chez lui pour récupérer ma somme avant la date convenue et je l'insultai : « Ô vous enfants de Abdou'l-Mouttalib, vous n'aimez guère payer vos dettes ! » Omar s'énerva beaucoup et cria : « Ô ennemi de Dieu ! N'eût été pour le traité qu'il y a entre nous et la communauté juive, je t'aurais tranché la tête ! Parle poliment avec le Messager ! » Cependant, le Messager me sourit et, se

[438] Mouslim, *Zakat*, 142, 148 ; Boukhari, *Adab*, 95 ; *Manaqib*, 25.
[439] Boukhari, *Adab*, 95 ; Mouslim, *Zakat*, 142.
[440] Boukhari, *Hiba*, 28 ; Abou Dawoud, *Diyat*, 6.
[441] Abou Dawoud, *Adab*, 1 ; Nasa'i, *Qasama*, 24.

tournant vers Omar, dit : « Paie-le, et ajoutes-y 20 gallons parce que tu l'as effrayé. »

Omar rapporta ainsi le reste de l'incident :

Nous y sommes allés ensemble. Sur le chemin, Zayd dit tout à coup : « Omar, tu étais en colère contre moi. Or je trouve en lui tous les traits caractéristiques du Dernier Prophète tels qu'on les lit dans la Torah, l'Ancien Testament. Il contient ce verset : « Sa douceur surpasse sa colère. La gravité de l'effronterie envers lui ne fait qu'augmenter sa douceur et sa patience. C'est pour tester sa patience que je l'ai ainsi délibérément provoqué. Je suis désormais convaincu qu'il est le Prophète dont l'avènement a été annoncé dans la Torah. Ainsi, je crois et j'atteste qu'il est le Dernier Prophète. »[442]

Cette douceur et cette patience à toutes épreuves étaient le dernier signe de la Prophétie de Mohammed que recherchait Zayd ibn Sanan, un savant juif, qui embrassa aussitôt l'islam.

Le Messager était extrêmement méticuleux dans sa pratique de l'islam. Personne ne pourrait l'égaler dans ses prières surérogatoires. Quoique exempt de tout péché, il passait plus de la moitié de la nuit à prier et à pleurer, et jeûnait parfois deux ou trois jours d'affilée. À chaque moment, il faisait un pas de plus vers la « station louable » (al-maqam al-mahmoud) que Dieu lui a promise. Il était très tolérant envers les autres. Ne souhaitant pas accabler sa communauté, il ne faisait pas ses prières surérogatoires à la mosquée. Quand les gens se plaignirent un jour que l'imam rallongeait la prière, le Prophète monta en chaire et dit : « Ô gens ! Vous poussez les gens à redouter la prière. Quand vous dirigez une prière, ne la prolongez pas, car il y a parmi vous des malades, des personnes âgées ou des gens pressés. »[443] Un jour, sa congrégation se plaignit de Mouadh ibn Jabal, disant qu'il prolongeait la prière de la nuit. L'amour que le Prophète avait pour Mouadh ne l'empêcha pas de demander trois fois s'il était un fauteur de troubles.[444]

La douceur et la patience du Messager conquit les cœurs et préserva l'unité des musulmans. Comme il est dit dans le Coran, s'il avait été sévère au cœur dur, les gens l'auraient abandonné. Mais ceux qui le voyaient

442 Suyuti, *Al-Khasa'is*, 1 : 26 ; Ibn Hajar, *Al-Isaba*, 1 : 566.

443 Boukhari, *Ilim*, 28 ; *Adhan*, 61.

444 Mouslim, *Salat*, 179 ; Nasa'i, Iftitah, 71 ; Boukhari, *Adab*, 74.

et l'écoutaient étaient tellement envahis de manifestations divines qu'ils devenaient des saints. Par exemple, Khalid ibn Walid était le général Quraychite qui avait provoqué le revers subi par les musulmans à Ouhoud. Toutefois, lorsqu'il ne fut pas inclus dans l'armée qui se mit en route le lendemain de sa conversion, il fut si affligé qu'il en pleura.

Tout comme Khalid, Ikrima et Amr ibn al-As faisaient partie de ceux qui firent beaucoup de mal au Messager et aux musulmans. Après leurs conversions, chacun devint une épée de l'islam brandie contre les incroyants. Ibn Hicham, le frère d'Abou Jahl, se convertit à l'islam peu avant le décès du Messager. Il était un musulman si sincère que juste avant qu'il fût martyrisé à Yarmouk, il ne but pas l'eau que lui offrait Hudhayfa al-Adawi. Au lieu de cela, il demanda à ce qu'elle fut donnée à un musulman blessé près de lui qui gémissait pour avoir de l'eau. Il mourut, préférant son frère musulman à lui-même.[445]

De telles personnes atteignirent de hauts rangs dans l'atmosphère radieuse du Messager. Ils devinrent ses Compagnons, respectés et considérés comme étant les êtres les plus vertueux après les Prophètes par tous les musulmans depuis les premiers temps de l'islam. Expliquant cette grandeur, Saïd Nursi, le grand rénovateur musulman du XXe siècle, dit :

> Je me demandais pourquoi de grands saints comme Mouhyi'd-Din ibn al-Arabi ne pouvaient pas atteindre le rang des Compagnons. Un jour, Dieu m'a permis d'accomplir dans ma prière une prosternation telle que je n'ai jamais pu la refaire ainsi. J'en ai conclu qu'il était impossible d'atteindre le rang des Compagnons, car toutes leurs prosternations étaient semblables dans le sens et le mérite.[446]

Le Messager éleva les Compagnons. L'on peut voir leur grandeur dans le fait que, malgré leur petit nombre, ils réussirent à transmettre l'islam jusque dans les coins les plus reculés d'Asie et d'Afrique en l'espace de quelques décennies. Dans ces régions, l'islam s'implanta si profondément que malgré les efforts concertés des superpuissances locales pour exterminer l'islam, il continue à gagner du terrain et représente l'unique alternative réaliste pour le salut de l'homme. Les Compagnons, qui étaient dans un état misérable avant l'islam, furent métamorphosés en

---

[445] Hakim, *Mustadrak*, 3 : 242.
[446] Said Nursi, *Sözler* (Istanbul : 1986), 459.

guides et en enseignants d'une grande part de l'humanité jusqu'au Jour Dernier, en l'avant-garde de la civilisation la plus grandiose de l'histoire.

De plus, le Messager était très mesuré. Sa compassion universelle ne l'empêcha pas d'appliquer la justice divine, et sa douceur et sa patience l'empêchèrent de violer une quelconque règle islamique ou de s'humilier. Par exemple, pendant une campagne militaire, Usama ibn Zayd jeta un soldat ennemi au sol. Alors qu'il était sur le point de le tuer, l'homme déclara sa croyance en l'islam. Jugeant cela comme émanant de la peur d'une mort imminente, Usama le tua. Informé de l'incident, le Messager admonesta sévèrement Usama : « As-tu fendu et ouvert son cœur pour voir (si ce que tu soupçonnais était vrai) ? » Il répéta cela tant de fois que Usama dit plus tard : « J'aurais aimé ne pas encore être devenu musulman le jour où j'ai été si durement réprimandé. »[447]

De même, un jour Abou Dharr fut si énervé contre Bilal qu'il l'insulta : « Fils de femme noire ! » Bilal se rendit auprès du Messager et raconta l'incident en larmes. Le Messager fit des reproches à Abou Dharr : « Portes-tu toujours la marque de la jahiliyya ? » Rempli par le repentir, Abou Dharr s'allongea sur le sol et dit : « Je ne relèverai pas ma tête (signifiant qu'il ne se lèverait pas) tant que Bilal ne l'aura pas foulée au pied. » Bilal le pardonna et ils se réconcilièrent.[448] Telles étaient la fraternité et l'humanité que l'islam avait créées entre des gens qui étaient auparavant barbares.

4. Sa générosité

Le Messager est le miroir le plus brillant dans lequel les noms et les attributs de Dieu sont reflétés au plus haut degré. En tant que parfaite manifestation de ces noms et attributs, l'incarnation du Coran et de l'islam, il est la preuve la plus grande, la plus évidente et la plus complète de l'existence et de l'unité de Dieu, et de la vérité de l'islam et du Coran. Ceux qui le voyaient se rappelaient automatiquement Dieu. Chacune de ses vertus et de ses actions reflétait un nom ou attribut de Dieu, et est une preuve de sa Prophétie. Comme sa douceur et sa grande patience, sa générosité est une autre dimension de sa personnalité excellente et sans pareille, une réflexion et preuve de sa Prophétie.

---

[447] Mouslim, *Iman*, 158; Ibn Maja, *Fitan*, 1.
[448] Boukhari, *Iman*, 22.

Le peuple arabe était réputé pour sa générosité même avant l'avènement de l'islam. Quand nous regardons la poésie de ces temps pré-islamiques, nous voyons que les Arabes étaient fiers de leur générosité. Toutefois, leur générosité n'était pas faite pour l'amour de Dieu ni pour un motif altruiste ; au contraire, c'était une raison d'orgueil et de fierté. Mais la générosité du Messager était purement pour Dieu. Il ne la mentionnait jamais et n'aimait pas qu'on la mentionnât. Quand un poète le louait pour sa générosité, il attribuait tout le bien qu'il avait ou faisait à Dieu. Il ne s'attribuait jamais ses vertus et ses bonnes actions.

Le Messager aimait distribuer tout ce qu'il avait. Il travaillait dans le commerce jusqu'à ce qu'il devînt Prophète, et possédait une richesse considérable. Ensuite, lui et sa riche épouse Khadija dépensaient tout dans le sentier de Dieu. Quand Khadija rendit l'âme, il n'avait pas assez d'argent pour payer son linceul. Le Messager avait dû emprunter de l'argent pour enterrer son épouse, la toute première personne à embrasser l'islam et sa première fidèle.[449]

Si le Messager l'avait voulu, il aurait pu être l'homme le plus riche de La Mecque. Mais il rejetait de telles offres sans aucune hésitation. Bien que Dieu eût rendu obligatoire qu'un cinquième du butin de guerre revienne à la libre disposition du Messager, il ne le dépensa jamais pour lui-même ni pour sa famille. Lui et sa famille menaient une vie austère et survivaient avec les provisions les plus maigres qui fussent, car il préférait toujours les autres à lui-même. Par exemple, sa part du butin de Hounayn était de 40 000 moutons, 24 000 chameaux et 16 tonnes d'argent.

Safwan ibn Umayya, de qui le Messager avait emprunté des armes, contemplaient le butin avec envie et ahurissement. Conscient de cela, le Messager lui donna autant de chameaux qu'il en voulait. Epoustouflé par tant de générosité, Safwan courut vers son peuple pour leur annoncer : « Ô mon peuple ! Acceptez l'islam sans hésiter, car Mohammed donne d'une telle façon que seul celui qui n'a nulle crainte de la pauvreté et qui se fie entièrement à Dieu peut donner ! » Une telle générosité avait suffi à guider à la vérité Safwan et son peuple, qui avaient été parmi les ennemis les plus acharnés de l'islam jusqu'à la veille de ce jour-là.[450]

---

[449] Ibn Kathir, *Al-Bidaya*, 3 : 158-9.
[450] Ibn Hicham, 4 : 135 ; Ibn Hajar, *Al-Isaba*, 2 : 187 ; Mouslim, *Fadha'il*, 57.

Le Messager se considérait comme de passage sur cette terre. Un jour il dit : « Quel lien ai-je avec ce monde ? Je suis tel un passant qui se repose à l'ombre d'un arbre, puis continue sa route. »[451] Selon lui, le monde est comme un arbre sous l'ombre duquel s'attardent les hommes. Nul ne pouvant vivre pour toujours, chacun doit préparer ici la seconde partie de son voyage, qui se terminera soit au Paradis soit en Enfer.

Le Messager a été envoyé pour guider les gens à la vérité, et dépensa donc sa vie et ses biens dans cette voie. Un jour, Omar le vit allongé sur une natte rugueuse et se mit à pleurer. Quand le Messager lui demanda pourquoi il pleurait, Omar répondit : « Ô Messager de Dieu, tandis que les rois dorment dans des lits moelleux de plumes, toi tu t'allonges sur une natte rugueuse. Tu es le Messager de Dieu, et en tant que tel tu mérites plus que quiconque une vie agréable. » Il répondit à cela : « Ne consens-tu pas que nous aurons la vie future et qu'ils ont ce bas monde ? »[452]

L'islam n'approuve pas la vie monastique. Il est venu pour assurer la justice et le bien-être humain, mais avertit contre d'indulgence excessive. Ainsi de nombreux musulmans ont-ils choisi la vie ascétique. Même si des individus musulmans devinrent plus riches après le décès du Messager, d'autres comme Abou Bakr, Omar et Ali préférèrent une vie austère. C'était en partie parce qu'ils ressentaient le besoin de vivre comme le plus pauvre de leurs concitoyens, et en partie parce qu'ils suivaient strictement l'exemple du Prophète. Pendant son califat, on offrit à Abou Bakr un verre d'eau froide pour qu'il rompît son jeûne pendant le Ramadan. Il porta le verre à ses lèvres et se mit soudain à pleurer. Quand on lui demanda pourquoi, il répondit : « Un jour, le Messager but un tel verre d'eau froide qu'on lui avait offert et il pleura. Il dit que Dieu dit : 'Ce Jour-là, tu seras questionné sur toutes les grâces.' L'on nous interrogera au sujet de cette eau. Je me suis souvenu de cela et j'ai pleuré. »[453]

Au début de son califat, Abou Bakr gagnait sa vie en trayant les brebis d'une femme. Quelques temps plus tard, on lui attribua un petit salaire. Alors qu'il était sur son lit de mort, il donna une cruche à ceux qui l'entouraient et leur demanda de la remettre au nouveau calife après sa mort. Omar lui succéda et, quand il cassa la cruche, quelques pièces de monnaie en tombèrent, ainsi que la lettre suivante : « J'ai vécu selon le

---

[451] Boukhari, *Riqaq*, 3.
[452] Boukhari, *Tafsir*, 2 ; Mouslim, *Talaq*, 31.
[453] Mouslim, *Achriba*, 140 ; Abou Nuaym, *Hilya*, 1 : 30.

niveau de vie du plus pauvre habitant de Médine, et j'ai mis dans cette cruche le montant qui est resté de mon salaire. Par conséquent, ces pièces appartiennent au trésor public et doivent y être retournées. » Ayant lu la lettre, Omar se mit à pleurer et dit : « Ô Abou Bakr, tu as laissé à tes successeurs un fardeau insoutenable. »[454]

Le Messager était, selon les termes d'Anas, « l'homme le plus généreux et le plus charmant. »[455] Jabir ibn Samura rapporte :

> Un jour alors que nous étions assis à la mosquée, la pleine brillait au-dessus de nous. Le Messager entra. Je regardai d'abord à la lune, puis à son visage. Je jure par Dieu que son visage était plus radieux que la lune.[456]

Le Messager ne refusait jamais rien aux gens, et, comme Farazdak le fit remarquer, il ne prononçait « non » que lorsqu'il récitait la profession de foi « Il n'y a de dieu que Dieu ». Un jour, un Bédouin vint demander quelque chose au Messager, lequel accéda à sa demande. Le Bédouin continua à demander et le Messager continua à donner jusqu'à ce qu'il n'eût plus rien. Quand le Bédouin demanda à nouveau quelque chose, le Messager lui promit qu'il le lui donnerait quand il l'aurait. En colère face à une telle impertinence, Omar dit au Messager : « On t'a demandé et tu as donné. On t'a redemandé et tu as redonné, jusqu'à ce qu'on te demande une fois de plus et là tu as promis ! » Omar voulait dire que le Messager ne devrait pas rendre les choses aussi difficiles pour lui-même. Le Messager n'approuva pas les paroles d'Omar. Abdoullah ibn Hudhafa al-Sahmi se leva et dit : « Ô Messager, donne sans craindre que le Maître du trône d'Honneur ne t'appauvrisse ! » Content de cette parole, le Messager déclara : « C'est ce que l'on m'a ordonné de faire ! »[457]

Il ne refusait jamais une requête, car c'était lui qui avait dit : « Les généreux sont près de Dieu, du Paradis, et des gens, mais loin du Feu. Les avares sont loin de Dieu, du Paradis, et des gens, mais près du Feu »[458], et : « Ô gens ! Certes Dieu a choisi pour vous l'islam comme votre religion. Améliorez votre pratique de l'islam à travers la générosité et les

---

[454] Tabari, *Tarikh*, 4 : 252.
[455] Mouslim, *Fadha'il*, 48.
[456] Suyuti, *Al-Khasa'is*, 1 : 123 ; Hindi, *Kanz al-Ummal*, 7 : 168.
[457] Ibn Kathir, 6 : 63.
[458] Tirmidhi, *Birr*, 40.

bonnes manières. »[459] Sa miséricorde s'élevait sous forme de rosée dans le ciel, puis pleuvait comme une générosité de sorte que les cœurs endurcis deviendraient assez fertiles pour laisser pousser « de bons arbres dont les racines seraient solides et les branches seraient dans les cieux, et qui donneraient des fruits à chaque saison, par la permission de leur Maître. »

5. Sa modestie

Dans la société, chaque personne a une fenêtre (un statut) à travers laquelle elle regarde pour voir les autres et pour être vu. Si la fenêtre est construite plus haut que leur taille réelle, les gens s'arment alors de vanité et de prétention pour paraître plus grands qu'ils ne le sont. Si la fenêtre est installée plus bas de leur taille, ils doivent alors s'incliner avec humilité pour pouvoir regarder au-dehors, voir et être vu. L'humilité est la mesure de notre grandeur, tout comme la vanité est la mesure de notre bassesse.[460]

Le Messager était d'une taille, d'une envergure si grande qu'on pouvait dire qu'elle touchait le « plafond des cieux ». Par conséquent, il n'avait nul besoin d'être vu. Quiconque voyage dans le royaume des vertus le voit devant tous les êtres créés, y compris les anges. Selon les paroles de Saïd Nursi, le Messager est le noble aide de camp de Dieu. Il s'abaissa à rester quelque temps dans le monde afin que les gens pussent trouver la voie de Dieu. Étant le plus grand parmi les êtres humains, il est aussi le plus grand dans la modestie. Ainsi va l'adage populaire : « Plus grand est l'homme, plus modeste il est ».

Il ne se considérait jamais supérieur aux autres. Seuls son visage radieux et l'attrait de sa personne le distinguaient de ses Compagnons. Il vivait et s'habillait comme les plus pauvres, et s'asseyait et mangeait avec eux, tout comme il le faisait d'ailleurs avec les esclaves et les serviteurs. Un jour une femme le vit ainsi manger et fit la remarque suivante : « Il mange comme un esclave. » Le Messager répliqua : « Se pourrait-il qu'il y ait meilleur esclave que moi ? Je suis un esclave de Dieu. »[461]

Un jour alors qu'il servait ses amis, un Bédouin entra et s'écria : « Qui est le maître de ce peuple ? » Le Messager donna cette réponse qui enchâsse un principe important de la direction et de l'administration publique

---

[459] Hindi, 6 : 571.
[460] Said Nursi, *Letters*, 2 : 315.
[461] Haythami, *Majma*, 9 : 21.

islamiques : « Le maître du peuple est celui qui le sert. » Ali dit que parmi le peuple, le Messager était l'un d'eux. Quand lui et Abou Bakr parvinrent à Qouba lors de leur émigration à Médine, quelques Médinois qui n'avaient jamais vu le Prophète essayèrent de baiser les mains d'Abou Bakr. Le seul signe distinctif apparent entre ces deux hommes était qu'Abou Bakr semblait plus âgé que le Messager.[462]

Pendant que les musulmans construisaient leur mosquée à Médine, le Prophète transportait deux torchis ; tous les autres n'en portaient qu'un.[463] Quand ils creusaient la tranchée autour de Médine, les Compagnons s'attachaient une pierre sur le ventre afin de réprimer leur faim ; le Messager en attachait deux.[464] Quand un homme le voyant pour la première fois se mit à trembler de crainte, parce qu'il trouvait l'apparence du Prophète très impressionnante, le Messager le calma : « N'aie crainte, mon frère. Je suis un homme comme toi, dont la mère mangeait du pain sec. »[465] Une autre fois, une femme aliénée le tira par le bras et dit : « Viens avec moi et fais mon ménage. » Il accéda à sa demande.[466] Aïcha rapporta que le Messager raccommodait ses vêtements, réparait ses sandales et aidait ses épouses à accomplir les tâches ménagères.[467]

Bien que sa modestie l'élevât aux plus hauts rangs, il se considérait comme un serviteur ordinaire de Dieu : « Aucun d'entre vous n'entrera au Paradis grâce à ses œuvres. – Pas même toi ? ô Messager de Dieu ! demandèrent les présents. – Pas même moi ; sauf si Dieu m'accorde pardon et miséricorde. »[468]

Ses Compagnons lui demandaient toujours conseil ou permission avant d'entreprendre une quelconque action. Un jour Omar lui demanda s'il pouvait aller faire le petit pèlerinage. Le Messager le lui permit et lui demanda même de l'inclure dans ses supplications. Omar se réjouit tellement qu'il dit plus tard : « Si l'on m'avait offert tous les trésors du monde ce jour-là, je n'aurais pas ressenti le même bonheur. »[469]

---

[462] Ibn Hicham, 2 : 137.
[463] Boukhari, 1 : 111 ; Mouslim, 2 : 65 ; Semhudi, *Wafa*, 1 : 237 ; Ibn Sad, 1 : 240.
[464] Tirmidhi, *Zuhd*, 39.
[465] Ibn Maja, *Atima*, 30 ; Haythami, 9 : 20.
[466] Qadhi Iyad, *Ach-Chifa*, 1 : 131, 133.
[467] Tirmidhi, *Chama'il*, 78; Ibn Hanbal, 6 : 256.
[468] Boukhari, *Riqaq*, 18.
[469] Ibn Maja, *Manasik*, 5 ; Tirmidhi, *Daawat*, 109 ; Abou Dawoud, *Witr*, 23.

L'humilité était l'une des plus grandes qualités du Prophète. Son humilité et sa servitude à Dieu augmentaient à mesure qu'il atteignait un rang plus haut chaque jour. Sa servitude vient avant sa qualité de Messager, comme on le voit dans la déclaration de foi : « J'atteste qu'il n'y a de dieu que Dieu et que Mohammed est Son serviteur et Son Messager ». Il préférait être un Prophète-esclave plutôt qu'un Prophète-roi.

Alors qu'il était assis avec l'archange Gabriel, le Messager mentionna qu'il n'avait pas mangé depuis plusieurs jours. À peine avait-il dit cela qu'un autre ange apparut et demanda : « Ô Messager de Dieu, Dieu te salut et te demande si tu désires être un Prophète-esclave ou un Prophète-roi. » Gabriel lui conseilla d'être humble envers son Maître. Comme l'humilité était un trait fondamental de son caractère, le Messager répondit : « Je souhaite être un Prophète-esclave. »[470] Dieu loue sa servitude et le mentionne en tant que serviteur dans plusieurs versets :

Et quand le serviteur de Dieu s'est mis debout pour L'invoquer, ils (les djinns) faillirent se ruer en masse sur lui. (72 : 19)

Si vous avez un doute sur ce que Nous avons révélé à Notre Serviteur, tâchez donc de produire une sourate semblable et appelez vos témoins, (les idoles) que vous adorez en dehors de Dieu, si vous êtes véridiques. (2 : 23)

Après le décès de Khadija et d'Abou Talib, le Messager devint convaincu qu'il ne pouvait plus espérer de victoire ni de sécurité à La Mecque. Alors avant que l'état des choses ne devînt plus critique, il se chercha une nouvelle base à Ta'if. Comme les habitants de cette ville étaient très hostiles, il sentit qu'il n'y trouverait aucun soutien ni protection. Mais alors Dieu manifesta Sa Miséricorde et l'honora de son Ascension à Sa Présence. Tout en relatant cet événement, Dieu le mentionne comme Son serviteur pour montrer qu'il mérite l'Ascension par sa servitude :

Gloire et Pureté à Celui qui de nuit, fit voyager Son serviteur, de la Mosquée Al-Haram à la Mosquée Al-Aqsa dont Nous avons béni l'alentours, afin de lui faire voir certaines de Nos merveilles. C'est Lui, vraiment, qui est l'Audient, le Clairvoyant. (17 : 1)

---

[470] Ibn Hanbal, 2 : 231; Haythami, 9 : 18.

L'humilité est l'aspect le plus important de la servitude du Messager. Il déclara : « Dieu exalte l'humble et rabaisse l'arrogant. »[471] Ali décrivit ainsi le Messager :

> Il était la personne la plus généreuse quand il donnait, et la plus douce et la plus avancée dans la patience et la persévérance. Il était le plus véridique dans sa parole, le plus aimable et le plus sympathique des compagnons, et le plus noble d'entre eux dans sa famille. Quiconque le voit pour la première fois est frappé d'une crainte révérencielle, et quiconque le connaît de près lui est profondément attaché. Quiconque tente de le décrire dit : « Je n'ai jamais vu un être semblable à lui. »[472]

6. Le génie créé par le Messager

Il est difficile pour nous de comprendre parfaitement le Prophète Mohammed. Parce que nous avons tendance à compartimenter l'univers, la vie, et même l'humanité elle-même, nous n'avons pas de vision unitaire. Or le Prophète Mohammed réunissait en sa personne à la fois l'intelligence d'un philosophe, la bravoure d'un commandant, le génie d'un homme de science, la prudence d'un sage, la perspicacité d'un homme d'État, le talent administratif, la profondeur spirituelle d'un maître soufi et le savoir d'un grand savant.

Les philosophes produisent des élèves, pas des adeptes ; les leaders sociaux et révolutionnaires font des patriotes, pas des gens complets ; les maîtres soufis font des « seigneurs de soumission », pas des intellectuels ou des combattants actifs. Or chez le Prophète Mohammed nous trouvons les caractéristiques d'un philosophe, d'un leader révolutionnaire, d'un guerrier, d'un homme d'État et d'un maître soufi. La sienne est une école de la pensée, de l'intelligence, de la révolution, de la soumission et de la discipline, de la bonté, de la beauté, de l'extase et de l'action.

Le Prophète Mohammed transforma des Arabes du désert brutaux, ignorants, sauvages et obstinés en une communauté d'adeptes sincèrement dévoués à une cause sublime, une société de douceur et de compassion, une assemblée de sainteté, et une légion d'intellectuels et de savants. Nous ne pouvons voir nulle part ailleurs une telle ferveur et un

---

[471] Hindi, *Kanz al-Ummal*, 3 : 113 ; Haythami, 10 : 325.
[472] Tirmidhi, Hadith No. 3880.

tel zèle alliés à la douceur, la gentillesse, la sincérité et la compassion. Cette caractéristique est propre à la communauté musulmane et a été manifeste depuis ses premiers jours.

7. Le « jardin » de Mohammed

L'islam – l'école du Prophète Mohammed – a été un jardin riche de toutes sortes de fleurs. Semblable à une fontaine d'eau, Dieu en a fait jaillir des êtres majestueux tels qu'Abou Bakr, Omar, Othman, Ali, Omar ibn Abdou'l-Aziz, Mahdi al-Abbasi, Harun ar-Rachid, Alp Arslan, Mehmed le Conquérant, Yavuz Salim et Sulayman Le Magnifique. Ils étaient non seulement des hommes d'État du plus haut calibre et des commandants invincibles, mais aussi des hommes d'une profonde spiritualité, d'un grand savoir, dotés de talents d'orateur et de littérature.

L'atmosphère pure et bénie du Messager produisit d'invincibles généraux. Parmi la première génération l'on peut voir des génies militaires tels que Khalid, Sad ibn Abi Waqqas, Abou Ubayda, Churahbil ibn Hassana et Ala al-Khadhrami. Ils furent succédés par de brillants généraux comme Tariq ibn Ziyad et Uqba ibn Nafi, qui tous deux alliaient le génie militaire à la tendresse humaine et la conviction et la dévotion religieuses.

Quand Uqba, le conquérant de l'Afrique du Nord, atteignit l'océan Atlantique, à plus de 3000 kilomètres de l'Arabie, il s'exclama : « Et maintenant, Dieu ! N'eût été cette mer qui s'étend devant moi, j'aurais transmis Ton nom, la source de lumière, jusqu'aux coins les plus reculés de la planète ! » Difficile d'imaginer Alexandre le « Grand » avoir de telles pensées quand il se lança vers la conquête de la Perse. Mais en tant que conquérants, les deux hommes accomplirent des exploits comparables.

L'idéalisme de Uqba et sa « capacité » eu égard à la Volonté Divine allaient être transmutés en une action irrésistible dans ce monde. L'empire d'Alexandre s'effondra après sa mort ; les terres que Uqba avaient conquises maintiennent à ce jour l'islam comme leur principale vision du monde, leur credo et leur style de vie, et cela quatorze siècles plus tard, en dépit des tentatives faites pour changer cette réalité.

Tariq ibn Ziyad fut un victorieux commandant, pas seulement quand il vainquit une armée de 90 000 Espagnols avec une poignée d'hommes vaillants et prêts à tout sacrifice, mais aussi quand il se tint debout devant le trésor du roi et se dit : « Prends garde Tariq ! Pas plus tard qu'hier tu

n'étais encore qu'un esclave. Aujourd'hui, tu es un commandant victorieux. Et demain tu seras sous la terre. »

Yavuz Selim, un Sultan ottoman qui considérait que le monde était
trop étroit pour deux dirigeants, fut réellement victorieux quand il cou-
ronna quelques rois et en détrôna d'autres, et aussi quand il entra en
silence à Istanbul à l'heure du coucher, après avoir conquis la Syrie et
l'Égypte, afin d'éviter l'accueil enthousiaste du peuple. Il fut aussi victorieux quand il ordonna que la robe tachée de boue par le cheval de son
maître-enseignant fût placée sur son cercueil en raison de son caractère
sacré – elle avait été tachée de boue par le cheval d'un savant.

Durant les conquêtes rapides qui suivirent le décès du Prophète, beau-
coup de captifs étaient distribués parmi les familles musulmanes. Ces
esclaves émancipés devinrent finalement de grands savants religieux :
Hassan al-Basri (Basra) ; Ata ibn Rabah, Mujahid, Saïd ibn Jubayr, et
Sulayman ibn Yassar (La Mecque) ; Zayd ibn Aslam, Mohammed ibn al-
Munkadir, et Nafi ibn Abi Nujayh (Médine) ; Alqama ibn Qays an-Nakha'i,
Aswad ibn Yazid, Hammad, et Abou Hanifa Numan ibn Thabit (Koufa) ;
Tawus and ibn Munabbih (Yémen) ; Ata ibn Abdoullah al-Khorasani
(Khorasan) ; et Maqhul (Damas). Ils s'épanouirent tous comme des fleurs
parfumées dans le jardin de Mohammed. Ils établirent le code légal isla-
mique et élevèrent des milliers de juristes, qui écrivirent et compilèrent
des recueils que l'on estime toujours comme des références légales.

L'un de ces juristes, l'Imam Abou Hanifa, fonda l'école juridique
Hanéfite, qui compte aujourd'hui des centaines de millions d'adeptes. Il
forma de grands savants tels que l'Imam Abou Youssouf, l'Imam Zufar, et
l'Imam Mohammed, Hassan ach-Chaybani, qui fut le maître-enseignant
d'Imam Mohammed Idris ach-Chafi. Les notes d'Abou Hanifa dictées à
l'Imam ach-Chaybani furent expliquées des siècles plus tard par l'Imam
Sarakhsi (« le soleil des imams ») dans *Al-Mabsut*, un ouvrage en trente
volumes.

L'Imam Chafi, qui établit les principes de méthodologie de la loi islamique, est considéré comme un rénovateur des sciences religieuses.
Pourtant, quand ses élèves dirent à l'Imam Sarakhsi que l'Imam Chafi
avait mémorisé 300 fascicules de Traditions Prophétiques (hadiths), ce
dernier répondit modestement : « Il avait la zakat (un quarantième) des
hadiths que j'ai mémorisés ». L'Imam Chafi, Abou Hanifa, l'Imam Malik,

ou encore Ahmad ibn Hanbal, et beaucoup d'autres, furent formés dans l'école du Prophète Mohammed.

Aussi y a-t-il des exégètes coraniques tels que Ibn Jarir at-Tabari, Fakhr ad-Din ar-Razi, Ibn Kathir, Imam Suyuti, Allama Hamdi Yazir et Sayyid Qutb. En outre, il y a eu de célèbres rapporteurs de hadiths comme les imams Boukhari, Mouslim, Tirmidhi, Abou Dawoud, Ibn Maja, Nasa'i, Ibn Hanbal, Bayhaqi, Darimi, Daraqutni, Sayf ad-Din al-Iraqi, Ibn Hajar al-Asqalani et beaucoup d'autres. Tous sont des étoiles toujours scintillantes dans le ciel lumineux des sciences islamiques. Tous reçurent leur lumière du Prophète Mohammed.

Selon l'islam, Dieu créa l'être humain sous la meilleure forme, comme étant le théâtre le plus universel et le plus complet des noms et des attributs divins. Mais les gens, à cause de leur insouciance, peuvent tomber aux niveaux les plus bas. Le soufisme, dimension intérieure de l'islam, conduit les gens à la perfection ou leur permet de réacquérir leur état angélique originel. L'islam a engendré d'innombrables saints. Comme il n'a jamais séparé notre quête ou gnose métaphysique de l'étude de la nature, beaucoup de soufis pratiquants furent aussi des hommes de science. De grands saints comme Abdou'l-Qadir al-Jilani, Cheikh Naqchband, Maruf al-Karkhi, Hassan Chazili, Ahmad Badawi, Cheikh al-Harrani, Jafar al-Sadiq, Junayd al-Baghdadi, Bayazid al-Bistami, Mouhyi'd-Din al-Arabi, et Mawlana Jalal ad-Din ar-Roumi ont illuminé la voie de la vérité et appris à beaucoup d'autres personnes à purifier leur ego.

Étant des incarnations de la sincérité, de l'amour divin et des intentions pures, les maîtres soufis devinrent la force motrice de la source de pouvoir derrière les conquêtes islamiques et la conséquente islamisation de ces terres. Des figures comme l'Imam Ghazzali, l'Imam Rabbani et Bediuzzaman Saïd Nursi sont des rénovateurs du plus haut degré, et alliaient en eux-mêmes la lumière des sages, la connaissance des savants religieux et la spiritualité des grands saints.

L'islam est la voie du juste milieu. Sa hiérarchie détaillée des connaissances est intégrée par le principe de l'unité divine. Il y a des sciences juridiques, sociales, théologiques et métaphysiques qui dérivent leurs principes du Coran. Avec le temps, les musulmans développèrent des sciences philosophiques, naturelles et mathématiques complexes, chacune ayant sa source dans l'un des beaux noms de Dieu (*Asma-u'l-Husna*). Par exemple, la médecine dépend du nom le Tout-Guérisseur ; la géométrie et l'ingénierie reposent sur les noms le Tout-Juste et le Tout-Déterminant, et le Tout-Formateur et le Tout-Harmonisant ; la philosophie reflète le nom le Tout-Sage.

Chaque niveau de connaissance voit la nature sous un éclairage particulier. Les juristes et les théologiens la voient comme le cadre de l'action humaine ; les philosophes et les scientifiques la voient comme un domaine à analyser et à comprendre ; et les métaphysiciens la considèrent comme l'objet de contemplation et le miroir reflétant les réalités suprasensibles. L'Auteur de la nature a inscrit Sa sagesse sur chaque feuille et chaque pierre, sur chaque atome et chaque particule, et a créé le monde de la nature d'une telle manière que chaque phénomène est un signe chantant la gloire de Son unicité.

L'islam a maintenu une connexion intime entre les études islamiques et scientifiques. Ainsi, l'éducation traditionnelle des hommes de science musulmans, surtout durant les premiers siècles, comprenait la plupart des sciences contemporaines. Plus tard dans leurs vies, l'intérêt et le talent de chacun d'eux allaient en faire un expert spécialisé dans une ou plusieurs sciences.

Les universités, les bibliothèques, les observatoires et les autres institutions scientifiques jouèrent un rôle majeur dans la continuation de la vitalité de la science islamique. Ces lieux, ainsi que les étudiants qui faisaient des centaines de milliers de kilomètres pour étudier auprès de savants reconnus, assurèrent que le recueil intégral des connaissances fût gardé intact et transmis d'un endroit à l'autre et d'une génération à l'autre. Ce savoir ne resta pas statique ; loin de là, il continua à s'élargir et à s'enrichir. Aujourd'hui, il y a des centaines de milliers de manuscrits islamiques (principalement en arabe) dans les bibliothèques du monde entier, dont un grand nombre traite de sujets scientifiques.[473]

Par exemple, Abou Youssouf Yaqub al-Kindi (le Philosophe des Arabes) écrivit, entre autres, sur la philosophie, la minéralogie, la métal-

---

[473] George Sarton, dans sa monumentale *Introduction to the History of Science*, divisa son ouvrage en chapitres chronologiques, intitulant chaque chapitre par le scientifique le plus éminent de cette période. Du milieu du IIe siècle ah (VIIIe siècle de l'ère chrétienne) au milieu du Ve siècle ah (XIe siècle de l'ère chrétienne), chaque tranche de 50 ans porte le nom d'un scientifique musulman. Ainsi nous avons « L'époque de al-Khawarizmi », « L'époque de al-Biruni », etc. Ces chapitres contiennent aussi les noms de beaucoup d'autres hommes de science musulmans importans et leurs oeuvres.

lurgie, la géologie, la physique et la médecine, et était un physicien accompli. Ibn al-Haytham était un grand mathématicien musulman et, sans aucun doute, le plus grand physicien. Nous connaissons les noms de plus de cent de ses ouvrages. Quelque dix-neuf d'entre eux, traitant des mathématiques, de l'astronomie et de la physique, ont été étudiés par des savants contemporains. Son travail influença profondément les savants des siècles suivants, à la fois dans le monde musulman et en Occident, où il était connu sous le nom d'Alhazen. L'un de ses livres sur l'optique fut traduit en latin en 1270.

Abou ar-Rayhan al-Biruni était l'un des plus grands savants de l'islam médiéval, et certainement le plus original et le plus profond. Il était également versé dans les mathématiques, l'astronomie, les sciences naturelles et physiques, et se distingua aussi en tant que géographe et historien, chronologiste et linguiste, et en tant qu'observateur impartial des coutumes et des credos. On se souvient encore aujourd'hui des figures telles que al-Khawarizmi (mathématiques), Ibn Chati (astronomie), al-Khazini (physiques), Jabir ibn Hayyan (médecine). L'Andalousie (l'Espagne musulmane) était le principal centre à partir duquel l'Occident acquit le savoir et l'illumination des siècles.

L'islam fonda une civilisation des plus brillantes. Cela ne devrait pas être considéré surprenant, car le Coran commence avec l'injonction : *Lis, au nom de ton Seigneur qui a tout crée* (96 : 1). Le Coran enjoignit aux gens de lire alors qu'il n'y avait pas grand chose à lire et que la majorité de la population était illettrée. Ce que nous comprenons de ce qui semble d'abord être paradoxal est que l'humanité doit « lire » l'univers comme le « Livre de la Création ».

Son équivalent est le Coran, un livre de lettres et de mots. Il nous faut observer l'univers, percevoir sa signification et son contenu, et à travers ces activités gagner une plus profonde perception de la beauté et de la splendeur du système du Créateur et de l'infinitude de Sa puissance. Ainsi sommes nous obligés de nous approfondir dans l'étude des multiples sens de l'univers, découvrir les lois de la nature, et établir un monde dans lequel la science et la foi se complémentent. Tout cela nous permettra d'atteindre le vrai bonheur dans les deux mondes.

Obéissant aux injonctions coraniques et à l'exemple du Prophète, les musulmans étudièrent le Livre de la révélation divine (le Coran) et le Livre de la Création (l'univers), et finirent par ériger une grande civilisation. Des savants de toute l'Europe profitèrent des centres d'éducation supérieure situés à Damas, à Boukhara, à Bagdad, au Caire, à Fez, à Qairwan, à Zeituna, à Cordoue, en Sicile, à Ispahan, à Delhi et dans d'autres grandes villes islamiques. Les historiens comparent le monde musulman de la période médiévale – obscure pour l'Europe, mais dorée et toute de lumières pour les musulmans – à une ruche. Les rues étaient pleines d'étudiants, d'hommes de science et de savants voyageant d'un centre d'éducation à un autre.

Pendant les cinq premiers siècles de son existence, le royaume de l'islam vécut une grande ère de progrès et de civilisation. Parsemé de splendides villes, de gracieuses mosquées et d'universités, l'Orient musulman offrait un contraste marquant avec l'Occident chrétien qui se noyait dans les ténèbres de l'obscurantisme. Même après les terribles invasions mongoles et les croisades du XIIIe siècle et d'après, il resta énergique et bien en avance par rapport à l'Occident.

Bien que l'islam régnât sur les deux tiers du monde civilisé connu pendant au moins onze siècles, la paresse et la négligence de ce qui se passait au-delà de ses frontières entraînèrent sa décadence. Toutefois, il faut souligner clairement que ce déclin concerne seulement la civilisation islamique – pas l'islam. La supériorité et les victoires militaires, qui continuèrent au XVIIIe siècle, encouragèrent les musulmans à se reposer sur leurs lauriers et à négliger de faire des recherches scientifiques plus poussées. Ils se laissèrent aller à vivre leurs propres vies, et récitaient le Coran sans étudier ses significations plus profondes. Pendant ce temps, l'Europe faisait de grands progrès dans des sciences qu'ils avaient empruntées aux musulmans.

Ce que nous appelons « sciences » sont en réalité les diverses langues du Livre Divin de la Création (un autre aspect de l'islam). Ceux qui ignorent ce livre sont voués à l'échec dans ce monde. Quand les musulmans commencèrent à ne plus y prêter attention, ce n'était plus qu'une question de temps avant qu'ils ne fussent dominés par quelque force extérieure. Dans notre cas, la force extérieure était l'Europe. Les attaques incessantes des puissances européennes et le colonialisme contribuèrent beaucoup à ce résultat.

Chaque civilisation a ses propres caractéristiques qui la distinguent des autres. La civilisation moderne actuelle, bien qu'ayant fait de grandes contributions au développement de l'humanité dans les domaines des sciences et de la technologie, principalement matérialiste, est très loin de satisfaire les besoins perpétuels de l'humanité. C'est à cause de cela que selon beaucoup de sociologues comme Oswald Spengler, elle ne saurait durer longtemps. Spengler a prédit son déclin du fait que cette civilisation va à l'encontre de la nature et des valeurs humaines. Le monde éclairé du futur sera construit sur la base solide de l'alliance des sciences avec la foi, la spiritualité et la moralité, et il attachera aussi l'importance due aux valeurs et aux droits humains fondamentaux. L'islam fera la plus grande contribution à ce monde-là.

8. Hommage au Prophète

L'historien français Lamartine rend hommage au Prophète de l'islam de la manière suivante :

Quel homme fut plus grand que Mohammed ?

« Jamais homme ne se proposa volontairement ou involontairement un but plus sublime, puisque ce but était surhumain : saper les superstitions interposées entre la créature et le Créateur, rendre Dieu à l'homme et l'homme à Dieu, restaurer l'idée rationnelle et sainte de la Divinité dans ce chaos de dieux matériels et défigurés de l'idolâtrie.

Jamais homme n'entreprit, avec de si faibles moyens, une œuvre si démesurée aux forces humaines, puisqu'il n'a eu, dans la conception et dans l'exécution d'un si grand dessein, d'autre instrument que lui-même et d'autres auxiliaires qu'une poignée de barbares dans un coin du désert.

Enfin, jamais homme n'accomplit en moins de temps une si immense et si durable révolution dans le monde puisque, moins de deux siècles après sa prédication, l'islamisme prêché et armé régnait sur toute l'Arabie, conquérait à l'unité de Dieu la Perse, le Khorasan, la Transoxiane, l'Inde Occidentale, la Syrie, l'Égypte, l'Éthiopie, tout le continent connu de l'Afrique septentrionale, plusieurs des îles de la Méditerranée, l'Espagne et une partie de la Gaule.

Si la grandeur du dessein, la petitesse des moyens, et l'immensité des résultats sont les trois mesures du génie de l'homme, qui osera comparer humainement un grand homme de l'histoire moderne à

Mahomet [à lire Mohammed] ? Les plus fameux n'ont remué que des armes, des lois, des empires, ils n'ont fondé (quand ils ont fondé quelque chose) que des puissances matérielles, écroulées souvent avant eux. Celui-là a remué des âmes, des législations, des empires, des peuples, des dynasties, des millions d'hommes sur un tiers du globe habité, mais il a remué de plus des autels, des dieux, des religions, des idées, des croyances, des âmes, il a fondé sur un livre dont chaque lettre est devenue loi, une nationalité spirituelle qui englobe des peuples de toute langue et de toute race et il a inspiré, pour caractère indélébile de cette nationalité, la haine des faux dieux, et la passion du Dieu un et immatériel.

Ce patriotisme, vengeur des profanations du ciel, fut la vertu des enfants de Mahomet ; la conquête du tiers de la terre à son dogme [à lire le dogme du Seigneur] fut son miracle, ou plutôt ce ne fut pas le miracle d'un homme, ce fut celui de la raison. L'idée de l'unité de Dieu, proclamée dans la lassitude des théogonies fabuleuses, avait en elle-même une telle vertu, qui en faisant explosion sur ses lèvres elle incendia tous les vieux temples des idoles et alluma de ses lueurs un tiers du monde.

Mais sa vie, son recueillement, ses blasphèmes héroïques contre les superstitions de son pays, son audace à affronter les fureurs des idolâtres, sa constance à les supporter treize ans à La Mecque, son acceptation du rôle de scandale public et presque de victime parmi ses compatriotes, sa fuite enfin, sa prédication incessante, ses guerres inégales, sa confiance dans les succès, sa sécurité surhumaine dans les revers, sa patience dans la victoire, son ambition toute d'idée, nullement d'empire, sa prière sans fin, son triomphe après le tombeau attestent plus qu'une imposture, une conviction. Ce fut cette conviction qui lui donna la puissance de restaurer un dogme. Ce dogme était double, l'unicité de Dieu et l'immatérialité de Dieu ; l'un disant ce que Dieu est, l'autre disant ce qu'il n'est pas : l'un renversant avec le sabre des dieux mensongers, l'autre inaugurant avec la parole une idée !

Philosophe, orateur, apôtre, législateur, guerrier, conquérant d'idées, restaurateur des dogmes rationnels d'un culte sans images, fondateur de vingt empires terrestres et d'un empire spirituel, voilà Mahomet. À toutes les échelles où l'on mesure la grandeur humaine, quel homme fut plus grand ? » (Histoire de la Turquie, Paris, 1854)

Chapitre 10

La sunna et sa place dans la législation islamique

La science du hadith consiste à analyser la vie du Prophète Mohammed, particulièrement ses paroles et ses actes, ainsi que les actes d'autrui qu'il approuva. Dans cette section, nous ne traiterons que de ses paroles et de ses actes. Ces paroles et leurs significations sont uniquement les siennes, car elles ne furent pas incluses dans le Coran, la Révélation Récitée dont les mots et le sens appartiennent exclusivement à Dieu. Ses paroles comprennent celles dont nous sommes obligés de suivre la règle et l'autorité en tant que lois, ainsi que ses affaires personnelles, qui sont une source de récompense et de bénédiction spirituelles si elles sont appliquées.

La science de la loi islamique (*fiqh*) ne s'intéresse pas aux affaires personnelles du Prophète. Les juristes (*fuqaha*) considèrent que si ces affaires ont trait aux actes volontaires et planifiés, alors ils doivent être traités dans le cadre de la loi appropriée. Toutefois, s'il y a des sujets concernant les goûts personnels du Prophète, qui ne constituent pas une base pour une législation, ceux-ci ne concernent pas les juristes. Selon les savants versés dans l'étude du Hadith [traditionnistes] (*muhaddithun*), tout ce qui se rapporte au Messager est inclus dans le sens de *hadith* (Tradition) et le concerne.

La Sunna est le registre de tous les actes, paroles et approbations du Messager, et est la seconde source scripturaire de la vie et de la législation islamique (le Coran étant la première). Tous les savants des sciences religieuses, et aussi parfois ceux des sciences naturelles, l'utilisent pour établir les principes de leurs disciplines et pour résoudre des problèmes. Le Coran et les Traditions Prophétiques (hadiths) authentiques enjoignent aux musulmans de suivre la Sunna.

Le Coran et la Sunna sont inséparables. La Sunna clarifie les versets non explicites du Coran en expliquant longuement ce qui n'y est mentionné que brièvement, elle spécifie ce qui est inconditionnel, permet des généralisations à partir de ce qui est spécifiquement stipulé, et des particularisations à partir de ce qui est généralement stipulé.

Par exemple, les façons de prier, de jeûner, de donner l'aumône et de faire le pèlerinage furent établies et exposées dans la Sunna. La législation ou les principes selon lesquels, par exemple, personne ne peut hériter du Prophète, les meurtriers ne peuvent pas hériter de leurs victimes, la viande des ânes domestiques et des animaux sauvages ne peut pas être mangée, et un homme ne peut pas épouser les sœurs de son épouse si celle-ci est toujours vivante, furent aussi exposés dans la Sunna. La Sunna se rapporte donc à tous les aspects de l'islam, et les musulmans doivent organiser leurs vies en fonction d'elle. C'est pour cette raison qu'elle a été étudiée et transmise à chaque génération avec presque la même rigueur que le Coran.

Le Messager ordonna à ses Compagnons de lui obéir en tous points. Il parlait distinctement afin qu'ils pussent comprendre et mémoriser ses paroles, et il les encourageait à transmettre chacune de ses paroles aux générations futures. Il les incitait même parfois à écrire ses paroles car : « Quoi que je dise, c'est vrai. » Les Compagnons étaient très attentifs à tous ses faits et gestes, et ses moindres paroles, et se montraient très désireux de façonner leurs vies en fonction de la sienne, jusque dans les plus petits détails. Ils regardaient considéraient tous ses actes et ses paroles comme un dépôt divin qui leur était confié et auquel ils devaient adhérer et se conformer autant que possible. Voyant ses paroles comme des dons de Dieu, ils les assimilaient, les préservaient et les transmettaient à la perfection.

La véracité étant la pierre angulaire du caractère islamique, les Compagnons ne mentaient jamais. De même qu'ils ne déformaient ni n'altéraient le Coran, de même ils faisaient de leur mieux pour préserver les hadiths et les confier aux générations futures soit en les mémorisant soit en les mettant à l'écrit. Parmi les compilations de hadiths faites à l'époque des Compagnons, trois sont très célèbres : *As-Sahifatu as-Sadiqa* de Abdoullah ibn Amr ibn al-As, *As-Sahifatu as-Sahiha* de Hammam ibn Munabbih, et *Al-Majmu* de Zayd ibn Ali ibn Houssayn.

Les Compagnons étaient extrêmement consciencieux lorsqu'ils rapportaient des hadiths. Par exemple, Aïcha et Abdoullah ibn Omar les rapportaient mot pour mot, sans changer une seule lettre. Ibn Massoud et Abou ad-Darda tremblaient comme s'ils avaient de la fièvre quand on leur demandait de rapporter un hadith.

Le calife Omar ibn Abdou'l-Aziz (qui régna de 717 à 720) ordonna que les compilations individuelles de hadiths préservées et communiquées oralement fussent mises par écrit. D'illustres figures comme Saïd ibn al-Musayyib, Chabi, Alqama, Soufyan ath-Thawri et Zuhri furent des pionniers dans cette tâche sacrée. Ils furent succédés par les plus grands spécialistes, qui se concentraient entièrement à l'exactitude de la transmission des hadiths, ainsi qu'à l'étude de leurs sens, leurs formulations, et les critiques rigoureuses de leurs rapporteurs.

Grâce à ces traditionnistes (rapporteurs de traditions prophétiques), nous possédons la seconde source de l'islam dans sa pureté originale. C'est uniquement en étudiant la vie du Prophète, puis en conformant notre vie à la sienne que nous pouvons gagner l'agrément de Dieu et voyager sur le chemin qui mène au Paradis. Les plus grands saints reçoivent leur lumière de ce « soleil » de guidance, le Prophète Mohammed, et la diffusent à ceux qui sont dans les ténèbres afin de les aider à retrouver leur chemin.

1. La sunna et son rôle

Sunna signifie littéralement « une conduite et un bon ou mauvais chemin à suivre ». Tel est le sens utilisé dans le hadith suivant :

> Ceux qui établissent un bon chemin (ou une bonne coutume) en islam reçoivent la récompense de ceux qui le suivent, sans que cela ne diminue en rien leurs récompenses. Ceux qui établissent un mauvais chemin en islam reçoivent le fardeau des péchés de ceux qui le suivent, sans que cela ne diminue en rien leurs fardeaux.[474]

Ce terme a différentes connotations terminologiques selon chaque groupe de traditionnistes (*Mouhaddithoun*), de méthodologistes (*Oussoul*) et de juristes (*Fuqaha*). Les traditionnistes le considèrent comme englobant tout ce qui est lié aux commandements religieux rapportés par le Messager et catégorisés, selon l'école juridique Hanéfite (les adeptes d'Abou

---

[474] Mouslim, *Zakat*, 69 ; Ibn Maja, *Muqaddima*, 203.

Hanifa), en obligations, nécessités, pratiques du Prophète ou encouragées par lui comme étant recommandées et désirables.

Quant aux méthodologistes, ils estiment que la Sunna est chaque parole, acte et approbation du Messager selon ce qu'en ont rapporté les Compagnons. Les juristes, eux, qui voient en elle l'opposé de l'innovation en religion, considèrent la Sunna comme synonyme de *hadith*. Ils l'emploient pour les paroles, actes et approbations du Prophète, tous fournissant une base pour la législation et la catégorisation des actes des gens.

Dérivé du mot *haddatha* (informer), *hadith* signifie littéralement « une nouvelle ou une information ». Avec le temps, il a pris le sens de chaque parole, acte et approbation attribués au Messager. Ibn Hajar dit : « Selon la Charia, le hadith est tout ce qui est lié au Messager. »

Un autre sens littéral de *hadith* est quelque chose qui arrive dans le temps. C'est pourquoi certains savants subtils écrivent que le hadith est ce qui n'est pas divin, éternel, ou sans commencement dans le temps. Cette ligne subtile distingue le hadith du Coran, comme ce dernier est divin, éternel et sans commencement dans le temps. Le Messager faisait une distinction claire entre ses paroles et le Coran : « Il s'agit de deux choses seulement, rien d'autre : la Parole et la guidée. La meilleure parole est la parole de Dieu, et la meilleure voie est celle de Mohammed. »[475]

2. Les catégories de la sunna

La Sunna se divise en trois catégories : verbale, pratique, et celle basée sur l'approbation.

a. La Sunna verbale

Il s'agit des paroles du Messager, qui fournissent une base pour de nombreux commandements religieux. Citons quelques exemples :

- « Aucuns legs à l'héritier. »[476] En d'autres termes, les gens ne peuvent rien léguer de leur richesse à leurs héritiers, puisqu'ils vont naturellement hériter du gros de la propriété. Un bien peut être légué par testament aux pauvres ou à quelque institution sociale.

---

[475] Ibn Maja, *Muqaddima*, 7.
[476] Ibn Maja, *Wasaya*, 6 ; Tirmidhi, *Wasaya*, 5.

- « Ne faites pas de mal (aux autres), et ne répondez pas au mal par le mal. »[477] Ce qui veut dire : n'adoptez pas de comportement négatif ou nuisible envers les autres, et ne vous vengez pas d'eux en leur rendant le mal qu'ils vous ont fait.

- « Un dixième sera donné (des récoltes des champs) arrosé par la pluie ou les rivières et les sources ; mais un vingtième (des récoltes des champs) arrosé par les gens (par l'irrigation ou l'arrosage). »[478] Le Coran enjoint la charité, mais n'entre pas dans les détails expliquant comment la faire correctement. Toutes les régulations de ce genre furent établies par la Sunna.

- « Une mer, c'est ce dont l'eau est pure et dont les animaux morts peuvent être mangés. »[479] Il donna cette réponse quand quelqu'un lui demanda si l'on pouvait faire ses ablutions avec l'eau de mer. Ceci fournit une base pour beaucoup d'autres décisions juridiques.

b. La Sunna pratique

Le plus souvent, le Coran ne dicte que des règles et des principes généraux. Par exemple, il enjoint la prière et le pèlerinage, mais ne décrit pas en détail comment ils doivent être accomplis. Le Messager, enseigné par Dieu par le biais de l'inspiration ou de Gabriel, apporta ces informations à travers ses actions. Sa vie fut un long et unique exemple à suivre par tous les musulmans. Par exemple, il dirigeait les prières quotidiennes devant ses Compagnons cinq fois par jour et leur ordonnait de prier comme il priait.[480]

c. La Sunna fondée sur l'approbation

Le Messager corrigeait souvent les erreurs de ses Compagnons en montant en chaire et en demandant : « Pourquoi cette personne a-t-elle agi ainsi...? »[481] Quand il voyait quelque chose d'agréable en eux, il donnait

---

[477] Ibn Hanbal, *Mousnad*, 1 : 313.

[478] Tirmidhi, *Zakat*, 14 ; Boukhari, *Zakat*, 55.

[479] Abou Dawoud, *Tahara*, 41 ; Tirmidhi, *Tahara*, 52 ; Nasa'i, *Tahara*, 47. En général, le Coran interdit de manger des animaux qui n'ont pas été abattus selon le rituel islamique. Cependant, la Sunna restreint cette règle générale (commandement) en autorisant la consommation des animaux de mer qui meurent dans l'eau.

[480] Boukhari, *Adhan*, 18 ; Ibn Hanbal, 5 : 53.

[481] Boukhari, *Salat*, 70 ; Mouslim, *Nikah*, 5.

son approbation soit de façon explicite soit en gardant le silence. Par exemple :

- Deux Compagnons voyageant dans le désert ne pouvaient pas trouver d'eau pour faire leurs ablutions avant de prier et utilisèrent donc du sable (*tayammum*). Plus tard, quand ils trouvèrent de l'eau avant que le temps de la prière ne fût passé, l'un d'eux fit ses ablutions avec l'eau et refit sa prière, ce que ne fit pas l'autre. Quand plus tard ils interrogèrent le Messager à ce sujet, celui-ci dit à celui qui n'avait pas refait sa prière : « Tu as agis en accord avec la Sunna. » Puis il se tourna vers l'autre et dit : « Pour toi, il y a une double récompense. »[482]

- Le Messager ordonna une marche militaire sur les Banu Quraydha immédiatement après la bataille de la Tranchée. Il dit : « Hâtez-vous ! Nous ferons la prière de l'après-midi là-bas. » Certains Compagnons, comprenant qu'ils devaient se dépêcher pour pouvoir prier là-bas se mirent en route sans tarder. D'autres comprirent qu'ils ne devaient se presser que pour arriver sur le territoire des Banu Quraydha, et qu'ils pouvaient prier avant de partir. Le Messager approuva les deux interprétations.[483]

3. La Sunna dans le Coran

La Sunna est la source principale de notre vie religieuse. Elle est promue et encouragée dans le Coran : C'est Lui qui a envoyé à des gens sans Livre (les Arabes illettrés) un Messager des leurs qui leur récite Ses versets, les purifie et leur enseigne le Livre et la Sagesse (62 : 2). Selon la plupart des exégètes coraniques et des traditionnistes, la Sagesse signifie la Sunna. Le Coran, étant une exposition miraculeuse, ne contient rien de superflu ou d'extrême. Comme Sagesse vient après Livre, ce doit être quelque chose de différent. Le Livre est le Coran, et la Sagesse est la Sunna qui nous montre comment appliquer le Coran dans notre vie quotidienne.

Le Coran ordonne une obéissance absolue aux Messagers, car ils ont été envoyés pour guider les gens à la vérité dans toutes les sphères de leurs vies. Notre loyauté est à Dieu, qui a envoyé Son Messager et nous a dit de lui obéir : *Nous n'avons envoyé de Messager que pour qu'il soit obéi,*

---

[482] Darimi, *Tahara*, 65 ; Abou Dawoud, *Tahara*, 126.
[483] Darimi, *Maghazi*, 30 ; *Khawf*, 5.

par la permission de Dieu (4 : 64), et : *Ô vous qui croyez ! Obéissez à Dieu et à Son Messager et ne vous détournez pas de lui* (8 : 20).

L'obéissance à Dieu implique une obéissance inconditionnelle à ce qui a été révélé dans le Coran. L'obéissance au Messager signifie de suivre son mode de vie de près et autant que possible en obéissant à ce qui est ordonné ou prohibé dans le Coran et par le Messager. La Sunna est un récit très détaillé et complet de sa vie. Il dit à sa communauté : « Faites attention ! J'ai reçu le Livre et son semblable avec. »[484] Comme il est dit dans le Coran que les musulmans ne doivent pas se détourner du Messager (8 : 20). Par conséquent, désobéir, déprécier ou critiquer la Sunna revient à l'hérésie ou à l'apostasie. Beaucoup d'autres versets soulignent la nécessité de suivre la Sunna, ainsi : *Ô les croyants ! Obéissez à Dieu, et obéissez au Messager et à ceux d'entre vous qui détiennent le commandement* (4 : 59). Ce verset insiste sur l'obéissance à Dieu et à Son Messager. La répétition de *obéissez* à la forme impérative indique que le Messager est autorisé à commander ou à interdire, et que les musulmans doivent se plier à ce qu'il dit. D'ailleurs, là où l'obéissance aux autorités musulmanes est ordonnée, il va sans dire que le Prophète a un droit ô combien plus grand d'être obéi.

Un autre verset énonce : *Et obéissez à Dieu et à Son messager ; et ne vous disputez pas, sinon vous fléchirez et perdrez votre force. Et soyez endurants, car Dieu est avec les endurants* (8 : 46). La force et l'unité des musulmans résident dans leur soumission à Dieu et à Son Messager. Le Messager a établi la Sunna en vivant le Coran, ce qui veut dire que c'est la seule voie que sa communauté puisse suivre. Partant de là, nous pouvons dire que la Sunna est plus détaillée que le Coran, et est indispensable pour mener une vie droite, en termes islamiques.

Les musulmans ne peuvent obéir à Dieu et montrer leur amour pour Lui qu'en obéissant au Messager ou en suivant sa Sunna : *Si vous aimez vraiment Dieu, suivez-moi, alors Dieu vous aimera* (3 : 31) ; *En effet, vous avez dans le Messager de Dieu un excellent modèle [à suivre], pour quiconque espère en Dieu et au Jour dernier et invoque Dieu fréquemment* (33 : 21) ; et beaucoup d'autres versets. Ceux qui prétendent aimer Dieu ou que Dieu les aime, malgré leur non-adhérence à la Sunna, se trompent sérieusement et s'égarent.

---

[484] Abou Dawoud, *Sunna*, 5.

Les musulmans doivent s'accrocher à la Sunna s'ils veulent rester sur le droit chemin et éviter la perdition. Par exemple, un jour, une femme dit à Abdoullah ibn Massoud : « J'ai entendu dire que tu appelais la malédiction de Dieu sur les femmes qui se font tatouer le corps, s'épilent le visage, écartent leurs dents de devant pour paraître plus belles, et changent la création de Dieu. »[485] Ibn Massoud répondit : « Tout ceci se trouve dans le Coran. » La femme objecta : « Je jure par Dieu que j'ai lu le Coran entier sans jamais y trouver rien qui se rapporte à ce sujet. » Ibn Massoud lui dit : « Notre Prophète appela la malédiction de Dieu sur les femmes qui portent une perruque, qui rattachent à leurs cheveux ceux d'autrui, et qui se font tatouer. N'as-tu pas lu : *Prenez ce que le Messager vous donne ; et ce qu'il vous interdit, abstenez-vous en* (59 : 7) ? »[486]

Le Coran déclare aussi :

Non ! Par ton Seigneur ! Ils ne seront pas croyants aussi longtemps qu'ils ne t'auront demandé de juger de leurs disputes. (4 : 65)

4. La Sunna dans les hadiths

La voie du Prophète est la voie de Dieu. La Sunna étant la voie du Prophète, ceux qui la rejettent sont, en essence, en train de rejeter (et de désobéir à) Dieu. Comme l'affirme le Prophète : « Quiconque m'obéit, obéit à Dieu ; quiconque me désobéit, désobéit à Dieu. »[487] Une telle désobéissance est rétribuée avec l'Enfer : « Ma nation entrera au Paradis, sauf ceux qui s'y refusent. » Quand on lui demanda qui s'y refuserait, le Prophète répondit : « Quiconque m'obéit entrera au Paradis ; Quiconque me désobéit s'y refuse. »[488]

La Sunna relie tous les musulmans du passé, du présent et du futur. Elle permet aussi aux musulmans de maintenir leur unité, puisqu'elle forme une culture et un système uniques. À ce propos, le Messager déclara : « Ceux

---

[485] Cela recouvre des opérations de chirurgie esthétique comme le fait de se faire changer la forme du nez ou des lèvres, de se faire faire des implants mammaires, ou de changer d'une façon ou d'une autre d'autres caractéristiques physiques par une opération de chirurgie esthétique afin de paraître plus beau ou belle. De telles opérations ne sont autorisées que lorsqu'elles sont médicalement nécessaires, comme c'est le cas pour les brûlures sévères ou les difformités.

[486] Mouslim, *Libas*, 120.

[487] Boukhari, *Ahkam*, 1 ; Ibn Maja, *Muqaddima*, 1.

[488] Boukhari, *Itisam*, 2 ; Ibn Hanbal, 2 : 361.

qui survivront après moi seront témoins de beaucoup de débats et de désaccords. Par conséquent, suivez ma voie et la voie de mes successeurs bien-guidés et bien-guidants. Attachez-vous fermement à cette voie – cramponnez-vous à elle avec vos dents. »[489]

Suivre la Sunna, aux niveaux individuel et collectif, devient vital quand l'islam est attaqué et que les musulmans perdent de leur suprématie. Le Messager déclara qu'« à une époque où la communauté musulmane rompra avec l'islam et donc se désintègrera, celui qui s'agrippera fermement à la Sunna obtiendra la récompense de cent martyrs. »[490] Étant donné cela, il faut demander à ceux qui la critiquent, tout comme le Coran le fait avec les incroyants : *Où allez-vous donc ?* (81 : 26)

5. Le rôle de la Sunna

La Sunna a deux fonctions principales. Premièrement, elle enjoint et prohibe, met en place tous les principes concernant l'établissement des obligations et des nécessités religieuses, et détermine ce qui est licite ou illicite. Deuxièmement, elle interprète le Coran.

Durant chaque prière quotidienne prescrite, nous récitons : *Guide-nous dans le droit chemin, le chemin de ceux que Tu as comblés de faveurs, non pas de ceux qui ont encouru Ta colère, ni des égarés* (1 : 6 - 7). Ces versets mentionnent, sans pourtant les spécifier, deux groupes de personnes. Selon le Prophète, ceux qui ont encouru la colère de Dieu sont les juifs qui ont dévié du droit chemin, et les égarés sont les chrétiens qui ont dévié du droit chemin.[491]

Les juifs tuèrent des prophètes et causèrent des troubles dans beaucoup d'endroits. Bien qu'ils eussent par le passé suivi le chemin de Dieu et guidé d'autres vers la bonne direction (à l'époque de Moïse, de David et de Salomon), avec le temps, beaucoup d'entre eux s'égarèrent et encoururent la colère divine et l'ignominie publique. Ceux qui suivent cette voie sont aussi parmi *ceux qui ont encouru Ta colère*. De tels juifs sont aussi sévèrement condamnés dans la Bible. En fait, la Bible est beaucoup plus dure envers eux que le Coran. Dans de nombreux versets, le Coran fait

---

[489] Abou Dawoud, *Sunna*, 5 ; Tirmidhi, *Ilm*, 16 ; Ibn Maja, *Muqaddima*, 6.
[490] Abou Nuaym, *Hilya*, 8 : 200 ; Daylami, *Mousnad al-Firdaws*, 4 : 198.
[491] Tirmidhi, *Tafsir*, 2 ; Tabari, *Tafsir*, 1 : 61, 64.

des reproches remplis de douceur et de compassion à de tels juifs et chrétiens.

Au début, les chrétiens obéissaient à Jésus et suivaient sa voie en dépit des terribles persécutions. Ils résistèrent héroïquement à toutes les formes d'hypocrisie et à l'oppression romaine. Mais avec le temps, beaucoup entrèrent sous l'influence des diverses religions et philosophies du Moyen-Orient ainsi que du paganisme romain. Au temps où le christianisme était devenu la religion officielle de l'Empire Romain, il s'était déjà divisé en une multitude de sectes et avait plus de 300 évangiles en circulation. Bien que beaucoup restèrent dévoués au credo original de Jésus, beaucoup d'autres contaminèrent ces purs enseignements par des éléments empruntés. Ainsi le Coran les décrit-il comme *les égarés*.

En faisant une telle interprétation, le Prophète expliquait comment des personnes qui avaient été bénies par une guidée divine pouvaient néanmoins s'égarer et finir par mériter le courroux de Dieu. Ainsi, il avertit les musulmans de ne pas imiter de tels juifs et chrétiens.

Voici seulement quelques exemples montrant comment la Sunna interprète le Coran :

- Quand le verset *Ceux qui ont cru et n'ont point troublé la pureté de leur foi par quelque injustice, ceux-là ont la sécurité ; et ce sont eux les bien-guidés* (6 : 82) fut révélé, les Compagnons, bien conscients de ce que voulait dire injustice, demandèrent anxieusement au Messager : « Y en a-t-il un parmi nous qui ait commis une injustice ? » « Cela n'est pas [le sens du verset] », expliqua le Messager de Dieu, c'est comme Luqman qui avait dit à son fils : Ô mon fils, ne donne pas d'associé à Dieu, car l'association à [Dieu] est vraiment une injustice énorme » (31 : 13).[492]

- Aïcha et Ibn Massoud sont d'avis que la prière médiane dans : *Soyez assidus aux prières et surtout à la prière médiane* (2 : 238) est la prière de l'après-midi (*asr*). Un jour, Aïcha demanda à sa servante d'écrire une copie du Coran pour elle et lui rappela : « Appelle-moi quand tu en seras au verset *Soyez assidus aux prières et surtout à la prière médiane.* » Quand arriva ce verset, Aïcha dicta à sa servante : « Soyez assidus aux prières et surtout à la prière médiane, la prière de l'après-midi », puis ajouta : « C'est ce

---

[492] Boukhari, *Tafsir*, 31 : 1.

que j'ai entendu du Messager. »[493] Bien qu'il y ait aussi d'autres interprétations, Aïcha et Ibn Massoud étaient certains qu'il s'agissait de la prière de l'après-midi.

En plus d'éclaircir les ambiguïtés du Coran, la Sunna donne les détails des sujets qui ne sont abordés que brièvement dans le Coran. Par exemple, le coran enjoint aux musulmans de prier correctement, mais n'explique pas comment ils doivent prier. Bien que certains grands exégètes déduisent les heures de prière à partir de versets comme celui-ci : *Et accomplis la prière aux deux extrémités du jour et à certaines heures de la nuit ; certes les bonnes œuvres dissipent les mauvaises* (11 : 114), les temps exacts des prières furent établis par le Prophète comme suit :

En deux occasions, l'archange Gabriel me dirigea dans les cinq prières quotidiennes à la Kaaba. La première fois, il accomplit la prière de midi vers midi, au moment où l'ombre d'un objet ne dépassait pas sa base. Quand l'ombre était aussi longue que l'objet lui-même, il fit la prière de l'après-midi. Il fit celle du soir au moment où les gens rompaient leur jeûne. Il accomplit la prière de la nuit quand le crépuscule disparut, et la prière du matin quand ceux qui ont l'intention de jeûner ne peuvent plus manger ou boire. Le seconde fois, il accomplit la prière de midi quand l'ombre d'un objet était aussi longue que l'objet lui-même, et la prière de l'après-midi quand l'ombre était deux fois plus longue que l'objet. Il fit la prière du soir à la même heure à laquelle il l'avait accomplie auparavant. Il fit la prière de la nuit après qu'un tiers de la nuit était passé, et la prière du matin quand il faisait plus clair et que le soleil ne s'était pas encore levé. Puis il se tourna vers moi et dit : « Ô Mohammed, chacune des cinq prières quotidiennes doit être accomplie entre ces deux périodes de temps, tout comme le faisaient les prophètes avant toi. »[494]

Le Messager enseigna aussi à sa communauté tout ce qui se rapportait à la prière : ses conditions, tous les actes obligatoires, nécessaires et conseillés qui la valident et l'anoblissent ; et tous les actes qui l'invalident et l'annulent. Il passa en revue, aussi bien verbalement que physiquement, tout ce qu'ils devaient savoir sur l'adoration. Ce terme qui comprend beaucoup de choses ne se limite pas seulement aux prières quotidiennes, mais inclut aussi le jeûne, l'aumône, le pèlerinage, etc. De même

---

[493] Tirmidhi, *Tafsir*, 3.
[494] Abou Dawoud, *Salat*, 2 ; Tirmidhi, *Mawaqit*, 1.

qu'il dit à ses fidèles de « prier comme vous me voyez prier », ainsi il leur dit d'« apprendre les rites et le cérémonial du pèlerinage »[495] après qu'il l'avait lui-même accompli avec ses Compagnons. Si le Coran était allé jusque dans les moindres détails sur de tels sujets, il aurait été un livre bien plus épais qu'il ne l'est actuellement (mais il va sans dire que l'absence de détails est due à de plus sages raisons).

La Sunna complète aussi les lois et les commandements généraux dans le Coran. Par exemple, elle établit les principes généraux de l'héritage. Quand Fatima, la fille du Prophète, alla chez Abou Bakr, le premier calife, pour demander son héritage, Abou Bakr répondit : « J'ai entendu le Messager dire : 'La communauté des prophètes ne laisse rien en héritage. Ce que nous laissons est pour la charité. »[496] Ce hadith exclut les prophètes et leurs enfants des lois de l'héritage. De même, le Messager décréta que « le meurtrier (de son testateur) sera déshérité. »[497] En d'autres termes, si quelqu'un tue ses parents, frères ou sœurs, oncles ou tantes, il ne pourra pas en hériter.

Le Coran enjoint : *Le voleur et la voleuse, à tous deux coupez la main, en punition de ce qu'ils se sont acquis, et comme châtiment exemplaire de la part de Dieu. Dieu est Puissant et Sage* (5 : 38). Ici, il n'est pas clair si le châtiment doit être appliqué à tous les voleurs ou seulement à ceux qui volent des biens d'une certaine valeur. Aussi, dans : *Ô les croyants ! Lorsque vous vous levez pour la prière, lavez vos visages et vos mains jusqu'aux coudes (...)* (5 : 6), la main s'étend jusqu'au coude. Or le Coran ne mentionne pas spécifiquement quelle partie de la main doit être coupée, ni dans quelles circonstances ce châtiment doit être exécuté. Par exemple, pendant le califat de Omar, il y avait une période de famine et il n'appliqua pas ce châtiment.

Le Coran décrète : *Ô les croyants ! Que les uns d'entre vous ne mangent pas les biens des autres illégalement. Mais qu'il y ait du négoce (légal), entre vous, par consentement mutuel* (4 : 29). L'islam encourage le commerce comme un gagne-pain, tant qu'il est mené en accord avec la loi islamique. L'une des conditions, comme le stipule ce verset, est de le faire par consentement mutuel. Toutefois, le Messager a décrété : « Ne vendez pas vos fruits tant que leur nombre sur l'arbre n'est pas définitif [afin que le

---

[495] Nasa'i, *Manasik*, 220 ; Ibn Hanbal, 3 : 366.
[496] Boukhari, *Itisam*, 5 ; *Khums*, 1 ; Mouslim, *Jihad*, 51 ; Ibn Hanbal, 2 : 463.
[497] Tirmidhi, *Fara'idh*, 17.

montant d'aumône à donner puisse être déterminé] »[498] et : « N'allez pas rencontrer les paysans en dehors du marché pour acheter leurs biens [laissez-les vendre selon les prix du marché]. »[499]

En résumé, le Coran contient des principes généraux qui sont expliqués par le Messager, puis appliqués par lui dans la vie quotidienne. Dieu permit à Son Messager d'émettre des jugements quand cela semblait nécessaire, et ordonna aux croyants : *Prenez ce que le Messager vous donne ; et ce qu'il vous interdit, abstenez-vous en* (59 : 7).

---

[498] Boukhari, *Buyu*, 82 ; Mouslim, *Buyu*, 51.

[499] Mouslim, *Buyu*, 5 : 14 - 17.

Chapitre 11
Établir la sunna

1. Établir la Sunna

La Sunna, qui est l'une des deux sources principales de l'islam, fut mémorisée, enregistrée et soigneusement préservée de sorte qu'elle pût être transmise sans déformation ni altération. La Sunna est incluse dans la signification de : *C'est Nous qui avons fait descendre le Rappel. Certes oui, et c'est Nous qui en sommes Gardien* (15 : 9). La Sunna, cet exemple unique offert par le Messager de Dieu pour les musulmans, nous montre comment mettre nos vies en accord avec les Commandements de Dieu et comment obtenir Son agrément. Ceci étant, le Messager se tenait au croisement entre l'ignorance et la connaissance, la vérité et la fausseté, le bien et le mal, et ce monde et l'autre. Il établit, à travers ses paroles ainsi que ses actions et celles qu'ils approuvaient, la voie divine que tous les musulmans doivent suivre.

La Sunna est la fenêtre ouverte sur le Messager de Dieu, la voie sacrée conduisant aux bénédictions de l'islam. Sans elle, les musulmans ne pourraient pas appliquer l'islam dans leur vie quotidienne, ni établir de lien avec le Messager, ou recevoir ses bénédictions. Ceux qui l'ignorent courent le grave danger de dévier et de se placer en dehors de l'islam, car c'est une corde incassable garantissant l'unité musulmane et élevant ceux qui s'y agrippent au Paradis.

Il y a plusieurs raisons pour l'établissement de la Sunna, parmi lesquelles :

- Dieu ordonne aux musulmans de suivre la Sunna :

    > Prenez quoi que le Messager vous donne ; et ce qu'il vous interdit, abstenez-vous-en ; et craignez Dieu car Dieu est dur en punition. (59 : 7)

En plus de transmettre le Coran, le Messager le développait à travers la Sunna. L'expression *quoi que* recouvre tout ce qui est lié au Coran (la Révélation Récitée) et aux hadiths (la Révélation Non-récitée). Il ne disait que ce qui lui était révélé, ou inspiré, par Dieu. Le verset 59 : 7 invite les musulmans à obéir au Messager afin qu'ils puissent mériter la protection de Dieu. Conscients de cela, les Compagnons portaient une grande attention à chacun de ses mots et exécutaient scrupuleusement tous ses commandements.

- Un musulman peut obtenir l'agrément de Dieu et atteindre la vraie félicité dans les deux mondes uniquement en suivant la Sunna, car son seul but est de conduire l'humanité vers la sécurité et le bonheur éternel. Le Coran déclare :

> En effet, vous avez dans le Messager de Dieu un excellent modèle [à suivre], pour quiconque espère en Dieu et au Jour dernier et invoque Dieu fréquemment. (33 : 21)

- Le Messager encourage les musulmans à apprendre sa Sunna. Les Compagnons savaient ce qu'ils devaient faire pour éviter le châtiment éternel et recevoir la bénédiction de Dieu, et donc mémorisèrent et enregistrèrent avec zèle les paroles du Prophète. Ils l'entendirent prier ainsi :

> (Le jour où certains visages seront radieux et d'autres endeuillés), puisse Dieu rendre radieux (avec la joie et le bonheur) le visage de celui qui a entendu une parole de moi et qui, la préservant (en l'apprenant par cœur), la transmet aux autres.[500]

Selon une autre version :

> Puisse Dieu rendre radieux le visage du serviteur qui a entendu mon discours et qui, le mémorisant et le pratiquant dans son quotidien, le transmet à d'autres.[501]

- Les Compagnons savaient que le Prophète n'intercèderait pour eux que s'ils suivaient la Sunna :

---

[500] *Tirmidhi*, "'Ilm," 7.
[501] *Ibn Maja*, "Muqaddima," 18.

(...) Le Jour du Jugement, je mettrai mon front à terre et demanderai à Dieu de pardonner à ma nation... Il me sera dit : « Ô Mohammed, relève ta tête et demande ; l'on te donnera quoi que tu demandes ; ton intercession sera acceptée. »[502]

Le Messager parlait clairement et répétait parfois ses paroles afin que son audience pût les mémoriser.[503] Il leur enseignait des supplications et des récitations, qui ne se trouvaient pas dans le Coran, avec le même soin et la même insistance avec lesquels il enseignait le Coran.[504] Il incitait sans cesse ses Compagnons à propager ses paroles et à enseigner aux autres ce qu'ils savaient. S'ils ne le faisaient pas, il les avertissait : « Si l'on vous demande quelque chose que vous savez et que vous dissimulez cette connaissance, une bride de feu sera posée sur vous le Jour du Jugement. »[505] Le Coran nous fait aussi part de cet avertissement :

Ceux qui cachent ce que Dieu a fait descendre du Livre et le vende à vil prix, ceux-là ne s'emplissent le ventre que de Feu. Dieu ne leur adressera pas la parole, au Jour de la Résurrection, et ne les purifiera pas. Et il y aura pour eux un douloureux châtiment. (2 : 174)

Gardant ces paroles et ces avertissements à l'esprit, les Compagnons s'efforçaient de mémoriser le Coran et la Sunna, et d'enregistrer cette dernière. Ensuite, ils menaient leurs vies en fonction des principes et des commandements islamiques, et transmettaient aux autres ce qu'ils savaient. Ils formaient des groupes de discussion et d'étude pour raffiner leur compréhension. Le Messager les encourageait dans cette voie :

Si des gens se rassemblent dans une maison de Dieu et récitent le Livre de Dieu et l'étudient, la paix et la sérénité descendent sur eux, la Miséricorde Divine les enveloppe, les anges les couvrent de leurs ailes, et Dieu les mentionne auprès de ceux qui sont en Sa Présence (les Anges, les Prophètes et les Saints).[506]

---

[502] Mouslim, *Iman*, 322.
[503] Boukhari, *Manaqib*, 23 ; Mouslim, *Fadha'il as-Sahaba*, 160.
[504] Mouslim, *Salat*, 61 ; Abou Dawoud, *Salat*, 178.
[505] Tirmidhi, *Ilm*, 3 ; Ibn Maja, *Muqaddima*, 24.
[506] Mouslim, *Dhikr*, 38 ; Ibn Maja, *Muqaddima*, 17.

2. Autres raisons

Les Compagnons vivaient au sein d'un génie qui ne perdit jamais de sa fraîcheur. Telle un embryon dans l'utérus, la communauté musulmane grandit et s'épanouit, incluant finalement tous les domaines de la vie. Elle était constamment nourrie de la Révélation. De tels facteurs, en plus de la Sunna et de la dévotion des Compagnons au Prophète, les conduisirent à mémoriser tout ce que le Messager disait ou faisait.

Par exemple, quand Othman ibn Madhun décéda, le Messager versa autant de larmes qu'il en avait versé sur le défunt Hamza. Il l'embrassa sur le front et assista à l'enterrement. Témoin de cela, une femme dit : « Comme tu es heureux, Othman. Tu es devenu un oiseau qui s'envole au Paradis. » Le Messager se tourna vers elle et demanda : « Comment pourrais-tu savoir cela tandis que moi, Prophète, je ne le sais pas ? À moins que Dieu ne nous en informe, personne ne peut savoir si une personne est assez pure pour mériter le Paradis et s'il ira au Paradis ou en Enfer. » La femme se reprit et déclara qu'elle ne referait plus jamais une telle supposition.[507] Est-il concevable qu'elle et les Compagnons présents à l'enterrement aient pu oublier un tel événement ? Ils ne l'oublièrent pas, ni celui-ci ni les autres auxquels ils furent témoins du vivant du Prophète.

Un autre exemple : Quzman se battit héroïquement à la bataille de Hounayn où il finit par se faire tuer. Les Compagnons le considérèrent comme un martyr. Pourtant, le Prophète leur dit que Quzman était voué à l'Enfer. Plus tard, quelqu'un leur apprit que Quzman s'était suicidé à cause de ses blessures et avait dit avant de mourir : « J'ai combattu par solidarité tribale, et non pas pour l'islam. » Le Messager conclut : « Dieu renforce cette religion même par le biais d'un pervers. »[508] Comme d'autres, cet événement et son commentaire final n'auraient jamais pu être oubliés des Compagnons, ni n'auraient-ils pu manquer de le mentionner chaque fois qu'ils parlaient de Hounayn ou du martyre.

Un incident similaire eut lieu durant la conquête de Khaybar. Omar rapporte :

> Le jour où Khaybar fut conquis, des Compagnons firent une liste des martyrs. Quand ils mentionnèrent un tel comme martyr, le Messager dit : « Je l'ai vu en Enfer, portant une robe qu'il a volée du butin de

---

[507] Ibn Athir, Usd al-Ghaba, 3 : 600.
[508] Mouslim, *Iman*, 178 ; Boukhari, *Iman*, 178.

guerre avant qu'il n'ait été distribué. » Il me dit alors de me lever et d'annoncer : « Seuls les croyants (qui sont les seuls représentants ou incarnations de la foi absolue et de la loyauté) peuvent entrer au Paradis. »[509]

Chaque parole et acte du Messager raffinaient la compréhension et l'application de l'islam des Compagnons. Cela les motivait à absorber chacune de ses paroles et de ses actes. Quand ils s'installaient sur des terres nouvellement conquises, ils transmettaient leurs connaissances aux nouveaux musulmans, assurant ainsi que la Sunna serait transmise d'une génération à l'autre.

Ils se conduisaient si bien envers le Messager qu'ils gardaient le silence en sa présence et laissaient les Bédouins ou d'autres lui poser des questions. Un jour, un Bédouin appelé Dimam ibn Thalaba vint et demanda impoliment : « Lequel de vous est Mohammed ? » Ils répondirent que c'était l'homme au teint blanc, assis contre le mur.

Le Bédouin se tourna vers lui et demanda à voix haute : « Ô fils de Abdou'l-Mouttalib, je vais te poser quelques questions ! Il se peut qu'elles t'offensent, alors ne m'en veux pas. » Le Prophète lui dit de demander tout ce qu'il avait en tête. Il dit : « Dis-moi, pour l'amour de Dieu, ton Maître et le Maître de ceux avant toi, t'a-t-Il envoyé à ce peuple en tant que Prophète ? » Quand le Prophète dit que cela était vrai, Dimam demanda : « Dis-moi, pour l'amour de Dieu, est-ce Dieu qui t'aura ordonné de prier cinq fois par jour ? » Quand le Prophète dit que cela était vrai, Dimam continua à l'interroger de la même façon sur le jeûne et l'aumône. Recevant toujours la même réponse, Dimam annonça : « Je suis Dimam ibn Thalaba, de la tribu de Sad bin Bakr. Ma tribu m'a fait venir à toi comme un envoyé. Je déclare que je crois au message, quel qu'il soit, que tu as apporté de Dieu. »[510]

Comme beaucoup d'autres, cet événement non plus n'aurait jamais pu tomber dans l'oubli ; au contraire, il fut transmis aux générations suivantes jusqu'à ce qu'il fût transcrit dans les livres de traditions.

Ubayy ibn Kab était l'un des plus grands récitateurs du Coran. Un jour le Messager le convoqua et dit : « Dieu m'a ordonné de te réciter la sourate *al-Bayyina*. » Ubayy fut si ému qu'il demanda : « Dieu mentionna-t-Il

---

[509] Mouslim, *Iman*, 182.
[510] Mouslim, *Fadha'il as-Sahaba*, 161.

mon nom ? » La réponse du Messager l'émut jusqu'aux larmes.[511] C'était un si grand honneur pour la famille de Ubayy que son petit-fils allait plus tard se présenter comme « le petit-fils de l'homme à qui Dieu ordonna à Son Messager de réciter la sourate *al-Bayyina*. »

Tel était le génie dans lequel les Compagnons vivaient. Chaque jour, un nouveau « fruit du Paradis » et un nouveau « présent » de Dieu leur étaient offerts, et chaque jour leur apportait de nouvelles situations. Jadis ignorant la foi, l'Écriture Sainte et la Prophétie, ces Arabes du désert, dotés d'une excellente mémoire et d'un don pour la poésie, furent élevés par le Messager pour éduquer les futures générations musulmanes. Dieu les choisit comme les Compagnons de Son Messager, et voulut que ce fût eux qui transmettent Son Message à travers le monde.

Après le décès du Prophète, ils conquirent au nom de l'islam toutes les terres de l'Espagne à la Chine, du Caucase à l'Inde, à une vitesse sans précédent. Transmettant le Coran et la Sunna partout où ils allaient, beaucoup de peuples conquis embrassèrent l'islam en famille. Les musulmans instruisaient à ces nouveaux convertis le Coran et la Sunna, préparant ainsi le terrain pour tous les grands savants et scientifiques musulmans à venir.

Les Compagnons considéraient la mémorisation et la transmission du Coran et de la Sunna comme un acte d'adoration, car ils avaient entendu le Messager dire : « Quiconque vient dans ma mosquée doit venir soit pour apprendre le bien soit pour l'enseigner. De telles personnes ont le même rang que ceux qui se battent au service de Dieu. »[512]

Anas rapporte qu'ils se rencontraient souvent pour discuter de ce qu'ils avaient entendu du Messager.[513] Les femmes aussi recevaient des enseignements du Messager, qui arrangeait un jour spécifique pour elles. Ses épouses transmettaient activement aux autres femmes tout ce qu'elles apprenaient du Messager. Leur influence fut considérable, car à travers elles, le Prophète établissait des liens de famille avec les peuples de Khaybar (par le biais de son mariage avec Safiyya), de Banu Amir ibn Sasaa (par Maymuna), les Banu Makhzum (par Oumm Salama), les Omeyyades (par Oumm Habiba), et les Banu Mustaliq (par Jouwayriya). Les femmes

---

[511] Boukhari, *Tafsir*, 98 : 1 - 3 ; Mouslim, *Fadha'il as-Sahaba*, 122.
[512] Ibn Maja, *Muqaddima*, 17.
[513] Mohammed Ajjaj al-Khatib, *As-Sunna Qabl at-Tadwin*, 160.

de ces tribus venaient voir leur « représentante » parmi les membres de la Famille du Prophète pour la questionner sur des sujets religieux.

Durant la dernière année de sa Prophétie, le Messager alla à La Mecque pour ce qui est connu sous le nom du Pèlerinage d'Adieu. Dans son Sermon d'Adieu à Arafat devant plus de 100 000 personnes, il résuma l'objet de sa mission et dit à son audience : « Que ceux qui sont ici présents transmettent mon discours à ceux qui sont absents ! »[514] Quelque temps plus tard, le dernier verset à être révélé enjoignait à la communauté musulmane de pratiquer l'islam et de le soutenir : *Et craignez le jour où vous serez ramenés vers Dieu. Alors chaque âme sera pleinement rétribuée de ce qu'elle aura acquis. Et ils ne seront point lésés* (2 : 281).

3. Les Compagnons et la Sunna

Les Compagnons obéissaient au Messager en tout. Ils étaient si imbus d'amour pour lui qu'ils s'évertuaient à l'imiter de toutes les façons possibles. En fait, le Coran lui-même les conduisait à agir ainsi, car il affirme que l'obéissance au Messager est directement liée à la foi :

> Non ! Par ton Seigneur ! Ils ne seront pas croyants aussi longtemps qu'ils ne t'auront demandé de juger de leurs disputes et qu'ils n'auront éprouvé nulle angoisse pour ce que tu auras décidé, et qu'ils se soumettent complètement [à ta sentence]. (4 : 65)

Voici quelques exemples montrant leur degré de soumission :
* Peu avant son décès, le Messager organisa une armée, nomma Usama à son commandement et lui dit de « n'avancer qu'aussi loin que le lieu où ton père est tombé martyr, et affermis-y notre règne. »[515] Le Messager tomba malade avant le départ de l'armée. Quand Usama le visita, le Messager pria pour lui. L'armée était sur le point de se mettre en route quand le Messager décéda. Abou Bakr, son successeur politique immédiat ainsi que le premier calife, envoya l'armée sans hésiter, malgré des soulèvements dans divers endroits de l'Arabie. Il accompagna les soldats jusqu'à la banlieue de Médine et dit : « Par Dieu, quand bien même les loups

---

[514] Boukhari, Ilm, 9 ; Ibn Hanbal, 5 : 41.
[515] Ibn Sad, *Tabaqat*, 2 : 190.

nous attaqueraient de toutes parts, je n'abaisserai pas le drapeau hissé par le Messager. »[516]

- Le décès du Messager choqua et affligea les musulmans de Médine.
Les élections qui s'ensuivirent pour choisir le calife causèrent quelque dissension parmi les Compagnons. Abou Bakr se chargea d'une
très lourde tâche, car l'armée attendait d'être envoyée, des nouvelles de soulèvements leur parvenaient, et de petits groupes
n'étaient pas contents de son élection.

    Juste à ce moment, Fatima (la fille du Prophète) s'enquit auprès
    de lui de la part qui lui revenait dans les terres de Fadak. Abou
    Bakr ne voulait pas l'offenser, mais était aussi déterminé à res-
    ter fidèle à la Sunna. Il disait : « Par Dieu, je ne changerai rien de
    ce que le Messager de Dieu faisait de son vivant. »[517] Il avait enten-
    du quelque chose du Messager que Fatima ne savait pas : « Nous,
    la communauté des prophètes, ne laissons rien en héritage. Tout
    ce que nous laissons est pour la charité. »[518]

- Après la conquête de La Mecque, des gens de toute l'Arabie embrassèrent l'islam. Bien sûr, beaucoup n'étaient pas aussi dévoués à
l'islam que l'étaient les Compagnons. Certains apostasièrent et,
suivant Musaylima le Menteur, se révoltèrent contre Médine.
D'autres montraient des signes de révolte en refusant de payer
la zakat (aumône prescrite). Abou Bakr combattit ces gens jusqu'à
ce que la paix et la sécurité fussent à nouveau rétablies en Arabie.

- Omar était connu comme « celui qui se soumet à la vérité ».
Ignorant le décret du Prophète, il avança son propre jugement
concernant le montant d'argent à donner en compensation pour
quelqu'un à qui l'on avait coupé un doigt. Un Compagnon s'opposa à lui : « Ô Commandant des Fidèles ! J'ai entendu le Messager
dire : 'Le prix du sang pour les deux mains ensemble est le même
que pour celui d'une vie. Ce montant est partagé également pour
tous les doigts, à savoir dix chameaux pour chacun'. »[519] Omar
retira immédiatement sa décision et se dit : « Ô fils de Khattab !
Oses-tu juger, par ton propre raisonnement, une affaire déjà décré-
tée par le Messager ? »

---

[516] Suyuti, *Tarikh al-Khulafa*, 74.
[517] Boukhari, *Fara'idh*, 3.
[518] Boukhari, Khums, 1 ; Mouslim, *Jihad*, 52.
[519] Ibn Hanbal, 4 : 403 ; Hindi, *Kanz al-Ummal*, 15 : 118.

- Abou Mousa al-Achari rendit visite à Omar à son lieu de travail. Il frappa trois fois à sa porte puis partit, car personne ne répondait. Après que Abou Mousa était parti, Omar ouvrit la porte et demanda qui avait frappé. Apprenant qu'il s'agissait de Abou Mousa, Omar envoya quelqu'un le chercher et lui demanda pourquoi il était parti. Abou Mousa répondit : « Le Messager a dit : 'Quand vous visitez quelqu'un, frappez à la porte. Si l'on ne vous autorise pas à entrer après que vous avez frappé pour la troisième fois, partez'. » Omar lui demanda s'il pouvait vérifier ce hadith qu'il ignorait. Abou Mousa ramena avec lui Abou Saïd al-Khudri, qui attesta de sa véracité. Omar concéda.[520]

- Quand Omar fut poignardé alors qu'il se prosternait à la mosquée, on lui demanda s'il voulait désigner son successeur. Omar répondit : « Si je désigne, un être (Abou Bakr) qui est meilleur que moi l'a fait. Si je ne désigne pas, un être (le Messager) qui est meilleur que moi ne l'a pas fait. »[521] Omar était sûr de suivre cette dernière action. Toutefois, pour éviter tout éventuel désaccord, il laissa l'affaire à un comité consultatif qu'il forma à cette fin.

- Quand Omar vit Zayd ibn Khalid al-Juhani faire deux *rakat* de prière sunna après la prière de l'après-midi, il lui reprocha de faire ce que le Messager ne faisait pas. Zayd lui dit : « Même si tu cassais ma tête en morceaux, je n'abandonnerai jamais cette prière de deux rakat, car j'ai vu le Messager l'accomplir. »[522]

  Oumm Salama, l'une des épouses du Prophète, rapporta qu'un jour son époux n'avait pas pu faire la prière surérogatoire de deux rakat à la suite de la prière du midi parce qu'il était retenu par une délégation. Il accomplit donc cette prière après celle de l'après-midi.[523] Zayd a sûrement vu le Messager la faire à ce moment-là.

- Une fois, Ali but de l'eau alors qu'il était debout. Maysara ibn Yaqub le critiqua : « Pourquoi bois-tu debout ? » Ali répondit : « Si je fais cela, c'est parce que j'ai vu le Messager agir ainsi. Et si je bois assis, c'est parce que j'ai vu le Messager agir ainsi. »[524]

[520] Mouslim, *Adab*, 7 : 33 ; Ibn Hanbal, 3 : 19.
[521] Boukhari, *Ahkam*, 51.
[522] Ibn Hajar, *Fath al-Bari*, 3 : 83.
[523] Boukhari, *Mawaqit*, 33.
[524] Ibn Hanbal, 1 : 134.

- Au lieu de laver les pieds pendant les ablutions, les musulmans peuvent passer la main mouillée sur la surface supérieure de légères bottines d'intérieur à semelles souples (ou chaussures d'intérieur)[525]. Montrant la suprématie de la Sunna sur le raisonnement personnel, Ali dit : « Si je n'avais pas vu le Messager passer sa main mouillée sur le dessus de ses bottines d'intérieur, j'aurais jugé plus adéquat d'essuyer ainsi le dessous de telles bottines. »[526]

- Si un musulman en tue un autre par erreur, les héritiers du tueur doivent payer le prix du sang. Omar pensait qu'une épouse ne pouvait pas hériter du prix du sang de son défunt mari. Cependant, Dhahhak ibn Abi Soufyan l'informa que quand Achyam ibn Dibabi avait été tué, le Messager avait donné une partie du prix du sang à son épouse. Omar déclara : « À partir de maintenant, les femmes hériteront du prix du sang de leurs maris. »[527]

- Abou Ubayda ibn Jarrah commandaient les armées musulmanes qui se battaient en Syrie. Quand Omar allat le visiter à Amwas, la peste s'était déjà déclarée. Avant que Omar n'entrât dans la ville, Abdou'r-Rahman ibn Awf lui dit : « J'ai entendu le Messager dire : 'Si vous apprenez que la peste s'est déclarée à un endroit, n'y entrez pas. Si vous vous trouvez déjà en un tel endroit, ne le quittez pas.' »[528] Omar, si obéissant à la Sunna, rentra chez lui sans voir son fidèle ami pour la dernière fois.

4. Autres remarques sur l'importance de la Sunna

On lit dans le Coran :

> Il n'appartient pas à un croyant ou à une croyante, une fois que Dieu et Son messager ont décidé d'une chose, d'avoir encore le choix dans leur façon d'agir. Et quiconque désobéit à Dieu et à Son messager, s'est égaré certes d'un égarement évident. (33 : 36)

---

[525] Ces sortes de bottines doivent être assez solides pour pouvoir résister à environ 5 kilomètres de marche, et elles-mêmes ainsi que ce qui est porté avec (par exemple, des chaussettes ou des chaussures) doivent être propres. Elles sont généralement portées dans des chaussures.

[526] Abou Dawoud, *Tahara*, 63.

[527] Abou Dawoud, *Fara'idh*, 18 ; Tirmidhi, *Fara'idh*, 18.

[528] Boukhari, *Tib*, 30 ; Ibn Athir, *Usd al-Ghaba*, 3 : 48.

« Et prescris pour nous le bien ici-bas ainsi que dans l'au-delà. Nous voilà revenus vers Toi, repentis. » Et (Dieu) dit : « Je ferai que Mon châtiment atteigne qui Je veux. Et Ma miséricorde embrasse toute chose. Je la prescrirai à ceux qui (Me) craignent, acquittent la zakat, et ont foi en Nos signes. Ceux qui suivent le Messager, le Prophète illettré qu'ils trouvent écrit (mentionné) chez eux dans la Torah et l'Évangile. Il leur ordonne le convenable, leur défend le blâmable, leur rend licites les bonnes choses, leur interdit les mauvaises, et leur ôte le fardeau et les jougs qui étaient sur eux. Ceux qui croiront en lui, le soutiendront, lui porteront secours et suivront la lumière descendue avec lui ; ceux-là seront les gagnants. » (7 : 156 - 57)

Les traditions prophétiques déclarent également :

- La meilleure des paroles est le Livre de Dieu ; la meilleure voie à suivre est celle de Mohammed. La pire des choses est l'innovation (contre ma Sunna). Chaque innovation est une déviation.[529]
- « Tous les membres de ma communauté entreront au Paradis, sauf ceux qui s'y refusent. » Quand ils demandèrent qui étaient ces rebelles, il répondit : « Quiconque m'obéit entrera au Paradis ; quiconque me désobéit est un rebelle. »[530]
- Par rapport à ma communauté, je suis tel un homme qui a allumé un feu. Attirés par le feu, les insectes et les mites y affluent. Je vous retiens par le tissu [de vos vêtements pour vous éloigner du feu], mais obstinés, vous vous lancez vers lui.[531]
- Que je ne trouve aucun d'entre vous assis dans un fauteuil et qui, quand on leur rapporte quelque chose que j'ai ordonné ou interdit, ils rétorquent : « Nous n'en avons aucune connaissance. Ainsi, nous suivons ce que nous trouvons dans le Livre de Dieu. »[532]
- Prenez garde ! Certes, l'on m'a donné le Livre et son semblable avec.[533]
- Ceux qui me survivront seront témoins de beaucoup de controverses. Suivez ma voie et celle de mes successeurs bien-guidés (les califes) qui vous guideront à la vérité. Attachez-vous-y fer-

[529] Mouslim, *Jumua*, 43 ; Nasa'i, Idayn, 22 ; Abou Dawoud, *Sunna*, 5.
[530] Boukhari, *Itisam*, 2.
[531] Mouslim, *Fadha'il*, 17, 18 ; Boukhari, *Riqaq*, 26.
[532] Abou Dawoud, *Sunna*, 5 ; Ibn Maja, *Muqaddima*, 2 ; Tirmidhi, *Ilm*, 10.
[533] Abou Dawoud, *Sunna*, 5.

mement et cramponnez-vous à elle obstinément de toutes vos dents. Abstenez-vous des nouvelles choses inventées (dans la religion), car chacune de ces choses est une innovation, et chaque innovation est une déviation.[534]

- Je vous ai laissé deux choses précieuses grâce auxquelles, si vous vous attachez fermement à elles, vous ne vous égarerez jamais : le Coran et la Sunna (mon exemple).[535]

5. Narration des hadiths

Les Compagnons et les générations qui suivirent juste après étaient très méticuleux lors de la narration ou de la transmission de ces hadiths.[536] Ils montraient énormément de scrupules et d'attention à séparer les hadiths sûrs de ceux qui avaient été fabriqués (en vue de satisfaire des besoins personnels ou sectaires). Après les avoir mémorisés mot pour mot, ils transmettaient les hadiths sûrs aux générations suivantes.

a. L'avertissement du Messager et l'attachement des Compagnons à la Sunna

L'islam se distingue de l'incroyance par son enracinement ferme dans la véracité. Les vrais musulmans ne mentent pas. Les Compagnons et leurs successeurs prouvèrent leur attachement à l'islam à travers leur sacrifice personnel. Ils craignaient aussi Dieu, vivaient austèrement et s'abstenaient des conforts de la vie. Beaucoup de grands savants et de saints apparurent parmi eux, et leurs exemples sont toujours suivis.

À côté de cette insistance de l'islam sur la véracité, le Messager de Dieu prévenait sévèrement les gens contre le fait de mentir à son propos : « Que ceux qui mentent à mon sujet préparent leurs demeures dans le Feu ».[537] Et : « Quiconque rapporte faussement de moi est un menteur ».[538] Face de tels avertissements, les Compagnons, qui avaient sacrifié tou-

---

[534] Tirmidhi, *Ilm*, 16 ; Abou Dawoud, *Sunna*, 5, Ibn Maja, *Muqaddima*, 6.

[535] Imam Malik, *Muwatta*, *Qadar*, 3.

[536] Il s'agit des deux ou trois premiers rapporteurs cités dans la chaîne de transmission d'une tradition.

[537] Boukhari, *Ilm*, 38 ; Mouslim, *Zuhd*, 72 ; Abou Dawoud, *Ilm*, 4 ; Tirmidhi, *Fitan*, 70.

[538] Mouslim, *Muqaddima*, 1.

tes leurs vies pour la cause de l'islam, penseraient-ils même un seul instant à mentir concernant le Messager?

En se basant sur ces considérations, les Compagnons attachaient une grande attention à ne commettre aucune erreur ni aucun malentendu lorsqu'ils rapportaient des hadiths. Par exemple, Ali, le cousin du Messager et le quatrième calife après lui, disait : « Je crains tellement de rapporter un hadith du Messager que je préfèrerais déchoir des cieux que de prononcer un mensonge sur son compte. »[539]

Abdoullah ibn Massoud, qui comptait parmi les quatre ou cinq premières personnes à accepter l'islam et l'un des Compagnons les plus proches et les plus savants, était tout aussi méticuleux. Quand on lui demanda de rapporter un hadith du Messager de Dieu, il commença ainsi : « Le Messager de Dieu a dit », s'arrêta puis inclina sa tête, respira profondément et déboutonna son col pendant que ses yeux se remplissaient de larmes. Après la narration, il ajouta : « Le Messager de Dieu a dit cela, ou quelque chose comme cela, ou quelque chose plus ou moins proche de cela. »[540]

Zoubayr ibn Awwam, l'un des dix Compagnons qui avaient reçu la bonne nouvelle lui annonçant qu'il ferait partie des gens du Paradis, ne rapporta que quelques hadiths du Messager de Dieu par crainte de commettre une erreur. Quand son fils lui demanda pourquoi, il répondit : « J'ai tellement peur de dire quelque chose de contraire à ce que le Messager a réellement dit. Car il a déclaré : 'Que ceux qui mentent sciemment à mon sujet se préparent une demeure dans le Feu'».[541] Anas ibn Malik, qui servit le Messager pendant dix ans, dit : « Si je n'avais pas peur de faire des fautes, je rapporterais beaucoup plus de hadiths du Messager. »[542]

Abdou'r-Rahman ibn Abi Layla rencontra 500 Compagnons. Quand il visitait un lieu, les gens disaient : « L'homme qui a rencontré 500 Compagnons est venu dans notre ville. » Il eut une grande influence sur Abou Hanifa et l'Imam Abou Youssouf. Il rapporta : « Je connaissais personnellement 120 Compagnons. Parfois, ils se trouvaient tous dans la même mosquée. Quand on leur demandait quelque chose, chacun attendait que l'autre répondît. Si on leur demandait de transmettre un hadith, aucun n'osait le faire. À la fin, l'un d'eux plaçait sa confiance en Dieu et se met-

---

[539] Boukhari, *Istitaba*, 6 ; Abou Dawoud, *Sunna*, 28.
[540] Ibn Maja, *Muqaddima*, 3.
[541] Boukhari, *Ilm*, 38 ; Mouslim, *Zuhd*, 72.
[542] Darimi, *Muqaddima*, 25.

tait à parler. Il ajoutait toujours : 'Le Messager de Dieu a dit cela, ou quelque chose comme cela, ou quelque chose plus ou moins proche de cela.' »[543]

Zayd ibn Arqam était l'une des premières personnes à embrasser l'islam. Dans les tout débuts de l'islam, le Messager rencontrait en secret les musulmans chez lui. Zayd fut nommé directeur du trésor public pendant les califats de Omar et de Othman. Quand il vit Othman donner à ses proches des objets (qui lui appartenaient personnellement et qu'il avait déposés dans le trésor), il lui dit : « Ô Commandant des Fidèles ! Les gens risquent de nous soupçonner (à tort) et ils ne me feront plus confiance. Permets-moi de démissionner. » Quand Abdou'r-Rahman ibn Abi Layla lui demanda de lui rapporter un hadith, Zayd répondit : « Mon fils, je suis devenu vieux et ma mémoire est défaillante. Rapporter une parole du Prophète n'est pas chose aisée. »[544]

b. Narration littérale

Bien que la narration littérale soit meilleure et toujours préférable, la narration du sens est permise si le rapporteur maîtrise parfaitement l'arabe, si le mot employé convient au contexte donné, et si l'original a été oublié. Cependant, les Compagnons rapportaient toujours les hadiths littéralement malgré cette permission. Par exemple, un jour Ubayd ibn Umayr rapporta : « Un hypocrite ressemble à une brebis laissée entre deux bergeries (*rabadhayn*). » Abdoullah ibn Omar objecta : « Il n'a pas dit cela. J'ai entendu le Messager dire : 'Un hypocrite ressemble à une brebis laissée entre deux troupeaux (*ghanamayn*).' »[545] La signification est la même ; la seule différence est dans le choix des mots *rabadhayn* ou *ghanamayn*.

Cette même attention a été adoptée par les savants ou les rapporteurs de la génération succédant à celle des Compagnons : les *Tabiun* (ceux qui suivent). Par exemple, quelqu'un rapporta un hadith en présence de Soufyan ibn Uyayna : « Le Messager a interdit de laisser le jus (des raisins, des dattes, etc.) fermenter (*an yuntabadha*) dans des bols faits de potiron et revêtus de brai. » (résine de cèdre) Soufyan objecta : « J'ai entendu Zuhri rapporter : 'Le Messager a interdit de laisser le jus (des raisins, des dattes, etc.) fermenter (*an yunbadha*) dans des bols faits de potiron

[543] Dhahabi, *Siyar Alam an-Nubala*, 4 : 263.
[544] Ibn Maja, *Muqaddima*, 3.
[545] Abou Dawoud al-Tayalisi, *Mousnad*, 248.

et revêtus de brai. »[546] Il n'y a pas de différence au niveau du sens, seule la conjugaison du verbe arabe diffère. Bara ibn Azib rapporta :

> Le Messager me conseilla : « Fais tes petites ablutions (comme pour faire la prière) avant d'aller au lit. Puis couche-toi sur le côté droit et prie : 'Ô Dieu ! Par amour et crainte de Toi, je me suis soumis à Toi et je m'en remets à Toi pour mon affaire. Je me suis réfugié en Toi, par crainte de Toi et en quête de Toi. Il n'y a de refuge contre Toi qu'en Toi. Je crois en Ton Livre que Tu as fait descendre, et en Ton Prophète que Tu as envoyé.' » Pour apprendre cela par cœur tout de suite, je l'ai répété au Messager et dit à la fin : 'et en Ton Messager que Tu as envoyé'. Il me corrigea cette dernière phrase en disant : 'et en Ton Prophète que Tu as envoyé.'[547]

Les gens rêvent quand ils dorment. Les rêves véridiques constituent 1/46ème de la Prophétie, car le Messager avait des rêves véridiques pendant les 6 premiers mois de sa Prophétie qui dura 23 années. Comme ils sont liés à la Prophétie et non pas à la qualité de Messager[548], le Messager corrigea Bara. Cette attention scrupuleuse était montrée par tous les Compagnons, qui étudiant les hadiths qu'ils entendaient du Messager et en discutaient. Le Messager leur dit : « Mémorisez et étudiez les hadiths, car certains sont liés à d'autres. Par conséquent, rassemblez-vous et discutez-en. »[549]

c. Vérification

Les Compagnons s'efforçaient de vérifier le sens de chacun des hadiths. Aucun ne mentait, car leur crainte du châtiment divin était bien trop grande. Toutefois, il se peut que les rapporteurs aient parfois mal compris un hadith, manqué un point important pendant qu'ils le recevaient du Messager, ou bien qu'ils l'aient mal interprété. Sans intention de s'opposer au Messager, ils faisaient de grands efforts pour comprendre son vrai objectif et discutaient de ce qu'ils recevaient de lui.

---

[546] Khatib al-Baghdadi, *Al-Kifaya fi Ilm ar-Riwaya*, 178.
[547] Boukhari, *Daawat*, 6.
[548] Un Prophète est celui qui reçoit une révélation divine mais à qui il n'est pas accordé de Livre, et il suit donc la voie d'un Messager précédent. Un Messager est celui souvent qui reçoit un Livre ou des Feuillets et apporte une voie à suivre.
[549] Darimi, *Muqaddima*, 51.

Une fois, une femme demanda à Abou Bakr si elle pouvait hériter de ses petits-enfants. Il répondit : « Je n'ai rien vu dans le Coran qui permette cela, et je ne me souviens pas non plus que le Messager ait jamais parlé à ce sujet. » Mughira ibn Chuba se leva et dit : « Le Messager a permis à la grand-mère de recevoir 1/6ème (de l'héritage). » Abou Bakr demanda à Mughira s'il pouvait amener un témoin pour attester de cela. Quand Mohammed ibn Maslama en témoigna, Abou Bakr donna alors à la femme 1/6ème de la propriété de son petit-fils.[550]

Quand le Messager déclara : « Ceux qui seront appelés à rendre compte de leurs actions le Jour du Jugement seront damnés », Aïcha demanda : « Qu'en est-il de la déclaration divine dans le Coran : *[Il] sera soumis à un jugement facile* (84 : 8). Le Messager répondit : « Il s'agit de la présentation. Chacun rendra compte à Dieu de ses actions. Si ceux qui firent le mal nient leurs mauvaises actions, Dieu les informera de leurs actions. De telles personnes seront ruinées. »[551]

Comme on le lit dans Boukhari, Omar raconte :

J'entendis Hicham ibn Hakim prononcer quelques mots de la sourate al-Furqan différemment de la façon que le Messager m'avait enseignée. J'attendis patiemment jusqu'à ce qu'il ait terminé de prier, puis je lui demandai : « Qui t'a enseigné une telle façon de réciter ? » Quand il me dit qu'il l'avait apprise du Messager, je l'emmenai avec moi vers le Messager et lui expliquai la situation. Le Messager demanda à Hicham de réciter la sourate, ce qu'il fit. Le Messager acquiesça en disant : « Telle est la façon dont elle m'a été révélée. » Puis il me demanda de réciter, ce que je fis. Encore une fois, il acquiesça : « Ainsi fut-elle révélée. » Puis il ajouta : « Le Coran a été révélé de sept façons différentes. Récitez-le de la façon (de lire) qui vous est la plus facile. »[552]

---

[550] Tirmidhi, *Fara'idh*, 10.

[551] Boukhari, *Ilm*, 36, *Tafsir al-Inchiqâq verset 8*, 84 ; Mouslim, *Janna*, 79.

[552] Boukhari, *Khusuma*, 4 ; Mouslim, *Musafirin*, 270 ; Abou Dawoud, *Witr*, 22. Certains mots du Coran peuvent être prononcés avec une légère différence. Par exemple, dans *Sourate al-Fatiha*, le mot *Malik* peut aussi être prononcé comme *Melik* avec guère de différence de sens. Un autre exemple, le mot *heyte* dans 12 : 23 peut aussi être prononcé comme *hîte* avec aucune différence de sens. Il ne s'agit que d'une différence d'accent.

Les Compagnons étaient si dévoués à la Sunna qu'ils voyageaient parfois de longues distances pour apprendre un seul hadith. Par exemple, Abou Ayyoub al-Ansari voyagea de Médine jusqu'en Égypte pour vérifier l'exactitude de la formulation d'un hadith. Parmi ceux qui l'avaient reçu du Messager, seul Uqba ibn Amir était toujours en vie et habitait en Égypte. Abou Ayyoub arriva dans la capitale et, appelant son gouverneur Maslama ibn Mukhallad, trouva un guide pour l'emmener chez Uqba. Quand il trouva ce Compagnon dans une rue, il lui demanda de vérifier ce hadith : « Quiconque couvre (cache) le défaut d'un croyant en ce monde, Dieu couvrira ses défauts le Jour de la Résurrection. »[553] Uqba lui confirmant que sa mémoire était bonne, Abou Ayyoub demanda congé en disant : « Je ne suis venu que pour t'interroger sur ce hadith. Je ne voudrais pas rendre mon intention impure (en restant) pour une autre raison. »[554]

Comme il est relaté dans Boukhari, Jabir ibn Abdoullah voyagea pendant tout un mois juste pour recevoir un hadith directement de son rapporteur, Abdoullah ibn Unays. Trouvant Abdoullah, il dit : « On m'a fait savoir que tu rapportais un hadith que je n'ai pas entendu du Messager. Craignant que l'un de nous puisse mourir avant que je ne l'apprenne, je suis venu à toi. » Jabir apprit le hadith par cœur et rentra à Médine.[555]

De tels voyages continuèrent pendant des siècles. Saïd ibn al-Musayyib, Masruq ibn Ajda et d'autres parcoururent de très longues distances pour apprendre un seul hadith ou même pour seulement confirmer une seule lettre d'un hadith. Kathir ibn Qays rapporte qu'un tel amoureux du savoir voyagea de Médine à Damas pour apprendre un hadith de Abou ad-Darda.[556]

Les Tabiun montraient le même degré de scrupules que les Compagnons lorsqu'ils rapportaient un hadith. Comme le disait Amach, ils préfèreraient que le ciel leur tombe sur la tête plutôt que de rajouter ne serait-ce qu'une voyelle à un hadith.[557]

---

[553] Mouslim, *Birr*, 58.
[554] Khatib al-Baghdadi, *Ar-Rihla fi Talab al-Hadith*, 118 - 24.
[555] Ibn Sad, *Tabaqat*, 3 : 178 ; Boukhari, *Al-Adab al-Mufrad*, 337.
[556] Al-Baghdadi, *Ar-Rihla fi Talab al-Hadith*, 78 ; Ibn Maja, *Muqaddima*, 17.
[557] Al-Baghdadi, *Al-Kifaya fi Ilm ar-Riwaya*, 178.

Les *Ahlu'l-Sunna wa'l-Jamaa* sont d'accord sur la véracité absolue des Compagnons.[558] Cependant, après que des conflits internes éclatèrent parmi les musulmans, les Tabiun se mirent à examiner minutieusement tous les hadiths qu'ils entendaient et à s'enquérir de la véracité de leurs rapporteurs. Mohammed ibn Sirin dit : « Avant, nous ne demandions rien concernant les rapporteurs. Mais après que les conflits internes avaient éclaté, nous nous sommes mis à les questionner. »[559]

Les gens d'une intégrité douteuse et dont la foi est sans fondement inventèrent des hadiths pour promouvoir leurs idées sectaires. Les Nasiba (les Omeyyades et leurs partisans qui s'opposaient à Ali) inventèrent des hadiths en faveur d'Othman et de Muawiya, contre Ali, et les Rafidites (extrémistes chiites) imaginèrent des hadiths contre Othman et Muawiya, en faveur d'Ali. Cela poussa les savants scrupuleux en quête de vérité à entreprendre un examen détaillé et méticuleux de chaque hadith rapporté et du caractère de son rapporteur. Abou al-Alya dit :

> Nous n'étions plus satisfaits de ce qui nous étaient rapporté par un Compagnon. Nous voyageâmes pour le recevoir directement du ou des Compagnons qui l'avaient rapporté, et pour nous en quérir de cela auprès d'autres Compagnons qui le connaissaient.[560]

L'Imam Mouslim relate que Buchayr al-Adawi rapportait un hadith à Ibn Abbas. Remarquant que ce dernier n'y prêtait guère attention, Buchayr lui demanda tout étonné : « Pourquoi ne m'écoutes-tu pas ? Je suis en train de réciter un hadith. » Ibn Abbas répondit :

> Dans le passé, nos cœurs bondissaient de joie et d'émotion quand quelqu'un récitait un hadith en commençant par : « Le Messager a dit ». Nous étions tout oreilles. Mais depuis que les gens se sont mis

---

[558] Les *Ahlu's-Sunna wa'l-Jamaa* (les gens de la Sunna et de la Communauté) forment la grande majorité des musulmans qui suivent la voie du Prophète et des Compagnons. Plusieurs factions diffèrent d'eux pour certains sujets se rapportant à la croyance (comme ceux qui suivemt les idées de Moutazila et de Jabriya) ou au rôle des Compagnons dans la religion (comme les Kharijites et les Chiites), en partie à cause de tendances politiques et en partie parce qu'ils furent influencés par des philosophies anciennes.

[559] Mouslim, *Muqaddima*, 5.

[560] Ajjaj al-Khatib, *As-Sunna Qabl at-Tadwin*, 178.

à voyager d'un endroit à l'autre, nous ne recevons plus de hadith que de ceux que nous connaissons déjà.[561]

Ibn Abdou'l-Barr, le grand savant de l'Espagne musulmane (Andalousie), rapporte de Amir ibn Charahil ach-Chabi, l'un des plus grands savants de parmi les Tabiun : Rabi ibn Houssayn rapporta un hadith à Chabi :

« Ceux qui récitent dix fois : 'Il n'y a de dieu que Dieu, l'Un, et Il n'a pas d'associés. Le royaume est à Lui, et toutes les louanges sont à Lui. Il donne la vie et provoque la mort. Il est puissant sur toutes choses', peuvent obtenir autant de récompenses que ceux qui libèrent un esclave. »

Chabi demanda à Rabi qui lui avait rapporté ce hadith. Il lui répondit que c'était Abdou'r-Rahman ibn Abi Layla. Alors Chabi partit chercher Ibn Abi Layla, qui vivait dans une autre ville. Ibn Abi Layla attesta l'authenticité du hadith, ajoutant qu'il l'avait entendu de Abou Ayyoub al-Ansari.[562]

De grands savants tels que Ibn Chihab az-Zuhri, Ibn Sirin, Soufyan ath-Thawri, Amir ibn Churahbil ach-Chabi, Ibrahim ibn Yazid an-Nahka'i, Chuba, Abou Hilal, Qatada ibn Diama, Hicham ad-Dastawa'i et Mithar ibn Qudam firent de leur mieux pour déterminer lesquels des hadiths étaient authentiques et lesquels étaient inventés. Quand ils n'étaient pas sûrs de l'authenticité d'un hadith, ils se consultaient entre eux. Par exemple, Abou Hilal et Saïd ibn Abi Sadaqa demandèrent à Hicham ad-Dastawa'i la formulation exacte d'un hadith, juste pour être tout à fait sûrs. Chuba et Soufyan ath-Thawri se référèrent à Mithar pour un sujet dont ils n'avaient pas une connaissance parfaite.[563] De tels grands savants ne permettaient pas la propagation de hadiths inventés. Partout et à chaque fois qu'ils entendaient des gens connus pour leurs vues sectaires raconter un hadith, ces experts du hadith leur demandaient qui leur avait rapporté ce hadith.

Ces savants, aimant et recherchant la vérité, ne se retenaient pas pour révéler les faiblesses de leurs familles ou de leurs proches. Par exemple, Zayd ibn Unaysa avertissait les traditionnistes de ne pas accepter de hadith de son frère, peut-être à cause de sa mémoire défaillante, de son

---

[561] Mouslim, *Muqaddima*, 5.

[562] Ajjaj al-Khatib, *As-Sunna Qabl at-Tadwin*, 222.

[563] *Ibid.*, 229.

manque de scrupules ou de son sectarisme.[564] Quand on s'enquit de son père, Ali ibn al-Madini, le premier à écrire sur les Compagnons, répondit : « Demandez à d'autres ce qu'ils pensent de lui. » Quand ils insistèrent, il expliqua : « Le hadith signifie la religion. Mon père est faible sur ce point. »[565]

Waki ibn Jarra, qui fut formé à l'école de Abou Hanifa et fut l'un des maîtres de l'Imam Chafi, dit : « Je ne me souviens pas avoir jamais oublié une chose après l'avoir entendu une fois. Et je ne me souviens pas non plus avoir répété une deuxième fois une chose que je n'avais entendue qu'une seule fois. » En dépit de son excellente mémoire, l'Imam Chafi se plaignit un jour de sa mauvaise mémoire. Waki répondit : « Évite de pécher. La connaissance est une lumière de Dieu, et ne peut donc pas être donnée à des pécheurs. » Quand son père Jarra rapportait un hadith, Waki se trouvait toujours à ses côtés. Quand on lui demanda pourquoi, il répondit : « Mon père travaille dans le département des finances. Je crains qu'il n'adoucisse certains hadiths en faveur du gouvernement. Je l'accompagne pour empêcher une telle défaillance. »[566]

Pendant que les hadiths étaient mis à l'écrit, ils étaient aussi mémorisés par quelques-uns des plus grands traditionnistes de l'histoire islamique. Par exemple, Ahmad ibn Hanbal mémorisa environs un million de hadiths, y compris des hadiths authentiques, bons, faibles, et invités (certains avaient le même contenu textuel mais provenaient de différentes chaînes de transmission). Son *Mousnad* contient seulement 40000 hadiths choisis de 300000 hadiths.

Yahya ibn Ma'in mémorisa à la fois les hadiths authentiques et inventés. Quand Ibn Hanbal lui demanda pourquoi il faisait cela, il répondit : « J'informe les gens des hadiths inventés afin qu'ils puissent choisir ceux qui sont authentiques ».[567] Beaucoup de savants se lancèrent dans cette activité et apprirent des centaines de milliers de hadiths par cœur. Parmi eux, les plus célèbres sont Zuhri, Yahya ibn Saïd al-Qattan, Boukhari, Mouslim, Daraqutni, Hakim, Dhahabi, Ibn Hajar al-Asqalani et l'Imam Suyuti.

Grâce aux efforts immenses de ces traditionnistes, les hadiths authentiques pouvaient être distingués des hadiths inventés. En plus d'enregis-

[564] Mouslim, *Muqaddima*, 5.
[565] Ibn Hajar, *Tahdhib at-Tahdhib*, 5 : 176; Dhahabi, *Mizan al-Itidal*, 2 : 401.
[566] Ibn Hajar, *Tahdhib at-Tahdhib*, 6 : 84.
[567] Ajjaj al-Khatib, *As-Sunna Qabl at-Tadwin*, 229.

trer des hadiths authentiques dans des recueils et de les mémoriser, de nombreux traditionnistes écrivaient des notes sur le caractère du rapporteur afin que les gens puissent distinguer ceux qui étaient fiables, scrupuleux, profonds, méticuleux et craignant Dieu des insouciants.

Quand les gens les avertissaient que révéler ainsi les défauts des rapporteurs apporteraient la honte sur eux, ils répondaient : « Le hadith signifie la religion. Par conséquent, il faut attacher plus d'attention à cela qu'à cacher les défauts des rapporteurs. »[568] Yahya ibn Saïd al-Qattan, réputé pour sa vive crainte du péché, disait : « En Présence de Dieu, je préférerais les avoir eux comme ennemis plutôt que le Messager. »[569]

d. Assurer l'authenticité

Il y avait plusieurs façons de dire si un hadith était ou n'était pas inventé. L'une d'entre elles était d'encourager les rapporteurs à avouer. Cela n'était pas rare parmi ceux qui étaient tombé dans le sectarisme et qui, ayant été ensuite guidés à la vérité, reconnurent les hadiths qu'ils avaient inventés.

En outre, les traditionnistes étaient extrêmement sensibles au mensonge. Si l'on pouvait prouver qu'un rapporteur avait menti ne serait-ce qu'une fois, tous les hadiths venant de lui étaient rejetés. Les rapporteurs devaient être parfaitement véridiques, avoir une excellente mémoire, être très scrupuleux dans leur pratique de l'islam, et ne pas être engagés dans le sectarisme. De plus, si des rapporteurs fiables commençaient à avoir une mémoire défaillante ou quelques difficultés mentales similaires, leurs hadiths n'étaient plus acceptés. Par exemple, quand Ibn Abi Lahia, reconnu pour son austérité et sa ferveur pour Dieu, perdit le cahier duquel il rapportait des hadiths, l'Imam Boukhari décida de se limiter à ceux de ses hadiths qui étaient confirmés ou renforcés par d'autres rapporteurs fiables.

L'on dit que le style littéraire d'une personne est identique à cette personne-même. Ainsi, si vous êtes un lecteur attentif, vous pourrez identifier un auteur par son style et le distinguer des autres. Les traditionnistes se consacrèrent si bien au Hadith qu'ils pouvaient facilement distinguer les paroles du Prophète de celles de tout autre, si talentueux fût-il.

[568] Ibid, 234.
[569] Ibn Sala, *Ulumu'l-hadith*, 389.

L'autremanièreétaitdejugerleshadithsenfonctionduCoranetdes*hadiths mutawatir*. Si trois ou plus de Compagnons rapportaient un hadith du Prophète, qui était ensuite transmis par plusieurs chaînes de transmissions de rapporteurs fiables, on appelait cela *mutawatir*. Les hadiths rapportés par le Prophète par un Compagnon sont eux des *ahadi*. De tels hadiths étaient jugés authentiques après être jugés selon le Coran et les hadiths *mutawatir*.

Bien que ce ne fût pas une méthode objective, certains saints savants voyaient le défunt Messager tandis qu'ils étaient éveillés et recevaient les hadiths directement de lui. Le hadith *qudsi* : « J'étais un trésor caché. J'ai créé les gens afin qu'ils Me connaissent », ferait partie de cette catégorie.[570] Jalal ad-Din as-Suyuti aurait vu plusieurs fois le Messager en éveil (et non pas en rêve). Avant de mettre à l'écrit un hadith qu'il considérait authentique, l'Imam Boukhari faisait ses ablutions, consultait le Messager, et ne le transcrivait sur son cahier qu'après avoir reçu l'approbation du Messager.[571] Certains traditionnistes étaient contemporains des Compagnons qui avaient rapporté les hadiths du Prophète.

Les traditionnistes écrivirent des ouvrages de plusieurs volumes sur les rapporteurs, dans lesquels ils détaillaient leurs biographies : quand ils étaient nés, où ils avaient émigré et où ils avaient vécu, leurs maîtres desquels ils recevaient des hadiths et auxquels ils rapportaient des hadiths, et où et quand ils moururent.

Le premier livre de ce genre fut celui de Ali ibn al-Madini, *Kitab Marifatu's-Sahaba* (Le Livre de la Connaissance des Compagnons). Parmi les plus importants, on trouve ceux-ci : *Al-Istiab fi Marifati'l-Ashab* (Le Livre Complet de la Connaissance des Compagnons) de Ibn Abdou'l-Barr ; *Al-Isaba fi Tamyiz as-Sahaba* (Trouver la Vérité en Jugeant les Compagnons) de Ibn Hajar al-Asqalani; *Usd al-Ghaba* (Les Lions de la Forêt) de Ibn Athir ; *At-Tabaqatu'l-Kubra* (un dictionnaire biographique complet des plus grands Compagnons et des savants Tabiun) de Ibn Sad ; et *Tarikh Ibn Asakir* (L'Histoire par Ibn Asakir), *Tarikh al-Boukhari* (L'Histoire par Boukhari) et *At-Tarikh al-Kabir* (La Grande Histoire) de Yahya ibn Ma'in.

---

[570] Ajluni, *Kachf al-Khafa*, 1 : 132 ; Ali al-Qari, Al-Asrar al-Marfua, 269.
[571] Ibn Hajar, *Tahdhib at-Tahdhib*, 9 : 49.

Les plus grands traditionnistes, dont Boukhari, Mouslim, Tirmidhi, Abou Dawoud, Nasa'i, Ibn Maja et Ahmad ibn Hanbal, rassemblèrent des hadiths authentiques dans des livres volumineux. D'autres comme Maqdisi rassemblèrent des hadiths inventés. D'autres encore, qui vinrent plus tard, vérifièrent une fois de plus l'authenticité de tous les hadiths qui avaient été rassemblés.

Par exemple, Ibn al-Jawzi (mort en 654 Après l'Hégire) estima que plusieurs hadiths dans le *Mousnad* de Ibn Hanbal étaient soit inventés soit le résultat d'une chaîne de transmission faible (et ce, bien qu'il appartînt à l'école juridique de Ibn Hanbal). Plus tard, Ibn Hajar al-Asqalani fit un examen approfondi de ces mêmes hadiths et, à l'exception de treize d'entre eux, prouva leur authenticité. Jalal ad-Din as-Suyuti (m. 911/1505) les examina une fois de plus et en déduisit qu'aucun n'avait été inventé, bien que certains aient pu avoir des chaînes de transmission faibles. Il révisa aussi *Al-Mawdhuatu'l-Kubra* (Grande Collection de Hadiths inventés) de Ibn al-Jawzi et en distingua les hadiths authentiques. Pensant que le reste n'était peut-être pas non plus inventé, il écrivit *Al-Laa'li al-Masnua* (Les Perles Artificielles).

D'autres grands traditionnistes compilèrent des abrégés supplémentaires. De grands traditionnistes tels que Boukhari et Mouslim – des savants extrêmement scrupuleux – n'inclurent pas beaucoup de hadiths dans leurs collections. *Al-Mustadrak ala as-Sahihayn* (Addendum aux Deux Collections de Hadiths Authentiques) de Hakim, est un volumineux appendice à Boukhari et Mouslim. Il fut revu de près par Hafiz Dhahabi, qui était célèbre pour sa mémoire.

Des siècles plus tard, des livres furent écrits sur des maximes très répandues, de sages dictons ou proverbes considérés comme des hadiths. *Al-Maqasid al-Hasana* de Sakhawi et *Kachfu'll-Khafa* de Ajluni les examinèrent un par un et découvrirent ceux qui étaient de vrais hadiths et ceux qui ne l'étaient pas. Par exemple, comme beaucoup de hadiths et de versets coraniques encourageant les gens à apprendre, des dictons populaires comme : « Recherche le savoir du berceau jusqu'au tombeau » et « Recherche le savoir même si ce doit être en Chine » furent vérifiés par les traditionnistes qui conclurent qu'ils n'étaient pas des hadiths authentiques.

Suite à de telles études poussées, des examens minutieux et des vérifications scrupuleuses, nous sommes en mesure d'affirmer que les collections de hadiths authentiques ne contiennent plus aucun hadith inventé. Ceux qui persistent à mettre en doute les hadiths et la Sunna ne font qu'agir aux noms de préjugés religieux, politiques et idéologiques, ainsi qu'adopter une vision biaisée d'orientaliste, afin de jeter le discrédit sur cette source vitale de l'islam et sa pratique dans la vie quotidienne.

e. Quelques exemples

Voici quelques exemples de hadiths inventés :

- Abou Hanifa est peut-être le plus grand juriste musulman et continue à briller comme un soleil dans le ciel de la jurisprudence islamique. Néanmoins, la citation faussement attribuée au Prophète – « Abou Hanifa est la lampe de ma nation » – n'est pas un hadith.[572] Il a dû être inventé pour des intérêts sectaires.

- « Ayez de jeunes coqs blancs » a sûrement dû être inventé par un vendeur de jeunes coqs blancs – quoique nous aimions les jeunes coqs blancs.[573]

- « Prenez garde au mal de celui à qui vous avez fait un bienfait » est une parole illogique attribuée à tort au Prophète.[574] Vous pouvez gagner le cœur de quelqu'un en lui faisant un bien. Si jamais il était permis d'attribuer une parole au Prophète, j'aurais dit : « Faites le bien à celui dont vous craignez le mal », car il est dit que « les gens sont les esclaves du bien qu'on leur a fait ».

- Bien que la rationalité soit un principe de l'islam, l'islam ne dépend pas du rationalisme. Personne ne peut juger le Coran et le Prophète selon les préceptes de la raison personnelle. L'islam est l'ensemble des principes établis par Dieu, le Propriétaire et le Pourvoyeur de toute raison et intelligence. Par conséquent, la citation : « Discutez entre vous d'une parole qui m'est attribuée. Si elle s'accorde avec la vérité, confirmez-la et adoptez-la comme un principe religieux. Peu importe que je l'aie prononcée ou non » est une invention de toutes pièces.

---

[572] Ajluni, *Kachf al-Khafa*, 1 : 33.
[573] *Ibid.*, 1 : 36.
[574] *Ibid.*, 1 : 43.

- Une autre parole attribuée à tort au Prophète est : « Je suis né à l'époque d'un roi juste ».[575] Cela fut inventé dans le but de glorifier le roi perse Anuchirwan. Personne ne peut conférer de l'honneur au Messager, qui a lui-même apporté l'honneur à toute la création, et surtout à notre monde.

- Un autre dicton très répandu, et aussi très beau, est faussement considéré comme un hadith : « La propreté fait partie de la foi ». Le sens est vrai, mais il n'a pas été rapporté du Messager à travers une chaîne de transmission sure. Par contre, il a dit : « La pureté rituelle (ou la propreté du corps, de l'esprit et du cœur) représente la moitié de la foi, et *al-hamdou lil'Allah* (louanges à Dieu) remplit la balance (où les bonnes actions seront pesées le Jour du Jugement dernier). »[576]

- Aqiq est un endroit situé entre Médine et La Mecque. Pendant un voyage, le Messager dit à ceux qui étaient avec lui : « Installez vos tentes à Aqiq. » En arabe, le mot traduit par « installez vos tentes » est *takhayyamu*. Comme les points diacritiques n'étaient pas utilisés à l'écrit durant les premiers temps de l'islam, ce mot a été confondu avec *takhattamu* (porter une bague). De surcroît, *aqiq* est employé pour « cornaline ». Tout cela engendra un faux hadith : « Portez une bague en cornaline », avec l'ajout : « parce que cela sauve de la pauvreté ».[577]

- « Admirer un beau visage est un acte d'adoration » est encore un hadith inventé, une diffamation pure et simple contre le Messager.

- « Recherchez le savoir même en Chine » est tout aussi inventé. Il se peut que cela ait été imaginé pour encourager l'apprentissage. On trouve néanmoins dans beaucoup de hadiths authentiques du Prophète et dans le Coran ce qui poussent les musulmans à apprendre et rechercher le savoir : *Parmi Ses serviteurs, seuls les savants craignent Dieu* (35 : 28), et : *Sont-ils égaux, ceux qui savent et ceux qui ne savent pas ?* (39 : 9) De plus, le Prophète a dit : « Les anges baissent leurs ailes (par respect et humilité) devant celui qui est en quête du savoir. »[578]

---

[575] *Ibid.*, 2 : 340.

[576] Mouslim, *Tahara*, 1 ; Tirmidhi, *Daawat*, 86.

[577] Ajluni, *Kachf al-Khafa*, 1 : 299 ; Daylami, *Mousnad al-Firdaws*, 56.

[578] Abou Dawoud, *Ilm*, 1 ; Tirmidhi, *Ilm*, 19.

Maintenant, voici des exemples de hadiths authentiques qui ont été jugés à tort comme inventés :

- L'Imam Boukhari rapporte dans son *Sahih* : « Ceci est dans la Torah : 'Ô Prophète, Nous t'avons envoyé comme témoin, annonceur de bonnes nouvelles et avertisseur, ainsi qu'un refuge pour les illettrés. Tu es Mon serviteur et Mon Messager. Je t'ai appelé *Moutawakkil* (celui qui place sa confiance en Dieu). Il n'est ni dur ni rude, ni ne hurle dans les marchés. Il ne repousse pas le mal par le mal ; au contraire, il excuse et pardonne. Dieu ne prendra pas son âme jusqu'à ce qu'il guide les égarés à croire qu'il n'y a de dieu que Dieu, qu'il redresse à travers lui la religion déformée, et ainsi qu'il ouvre les yeux aveugles, les oreilles sourdes et les cœurs scellés'. »[579]

Les orientalistes et leurs partisans musulmans critiquent ce hadith parce qu'il a été rapporté par Abdoullah ibn Amr ibn al-As, qui rapportait parfois de Kab al-Ahbar. Ce qu'ils négligent de considérer est que :

- Ce hadith ne contredit pas les caractéristiques du Messager telles qu'elles sont décrites dans le Coran et les autres sources islamiques.
- Malgré leurs déformations et leurs altérations, la Torah et les Évangiles contiennent toujours des références au Messager. Le Coran indique cela dans plusieurs versets, parmi lesquels : *Ceux qui suivent le Messager, le Prophète illettré qu'ils trouvent écrit chez eux dans la Torah et l'Évangile* (7 : 157) et *: Tu les vois inclinés, prosternés, recherchant de Dieu grâce et agrément. Leurs visages sont marqués par la trace laissée par la prosternation. Telle est leur image dans la Torah. Et l'image que l'on donne d'eux dans l'Évangile est celle d'une semence qui sort sa pousse, puis se raffermit, s'épaissit, et ensuite se dresse sur sa tige, à l'émerveillement des semeurs.* (48 : 29) Houssayn Jisri, qui vécut durant la première moitié du XXe siècle, trouva 124 allusions au Messager dans la Torah et les Évangiles. *L'Évangile de Barnabé* mentionne explicitement le Prophète Mohammed.

---

[579] Boukhari, *Tafsir*, 48 : 3 ; Buyu, 50 ; Darimi, *Muqaddima*, 2.

- Kab al-Ahbar était un juif qui embrassa l'islam. Beaucoup de juifs et de chrétiens se convertirent ainsi, surtout pendant les premiers temps de l'expansion de l'islam en Afrique et en Asie. Ils vinrent avec leurs connaissances préalables, mais ceux qui parmi eux contredisaient l'islam furent soit corrigés soit rejetés. De tels Compagnons comme Abdoullah ibn Abbas, Abou Hourayra, Anas ibn Malik et Abdoullah ibn Amr ibn al-As écoutaient ce que Kab rapportait de la Torah. Il leur était impossible d'accepter quoi que ce fût de contraire à l'islam. Un Abdoullah ibn Amr, ascète s'il en est, profondément dévoué à l'islam et au Prophète, mentirait-il ou inventerait-il un hadith alors qu'il savait si bien quel châtiment il encourait pour un tel acte ?

• Pendant une famine et une sécheresse terribles, le calife Omar tint les mains de Abbas, l'oncle du Prophète, et pria : « Ô Dieu ! Quand il était en vie, notre Prophète T'adressait des prières pour la pluie, et Tu faisais tomber la pluie. Maintenant, nous prenons son oncle comme le moyen de T'adresser une prière pour la pluie, alors envoie-nous de la pluie ! »[580]

Certains, en se basant sur l'objection de Jahidh, critiquent ce hadith. Or Jahidh n'est pas un traditionniste ; loin de là, il cherchait à renier même les hadiths les plus authentiques. Son maître était Nadhdham, un matérialiste appartenant à la secte hétérodoxe des Moutazila. Jahidh critique ce hadith dans son *Al-Bayan wa't-Tabyin* comme suit :

> Dans tous les hadiths attribués à Omar concernant la prière pour la pluie, il y a des défauts qui rendent leur authenticité difficilement acceptable. Dans certaines versions, il priait sur la chaire ; dans d'autres, à l'extérieur ; dans d'autres encore, suite à une prière prescrite. De telles confusions montrent que ces hadiths ne sont pas authentiques.

La science du hadith requiert une profonde spécialisation. Jahidh n'est pas un spécialiste ; ni d'ailleurs Ibn Abi ad-Dunya, qui, bien qu'il fût un grand ascète, critiqua ce hadith dans son livre qui contient beaucoup de fautes et de hadiths inventés. L'Imam

---

[580] Boukhari, *Istisqa*, 3 ; *Fadha'il al-Ashab*, 11.

Ghazzali est l'un des quelques grands rénovateurs des sciences religieuses islamiques et l'un de nos plus grands guides religieux. Toutefois, si vous le mentionnez comme une référence dans une controverse au sujet d'un hadith, les traditionnistes se moqueront de vous. L'on ne consulte pas un médecin pour un problème de mécanique, et l'on ne va pas non plus chez un chimiste pour obtenir des informations et des conseils médicaux.

Deuxièmement, employer quelqu'un ou quelque chose comme un moyen pour atteindre Dieu, pourvu que vous compreniez que le moyen n'affecte pas le résultat, est permis : *Ô les croyants ! Craignez Dieu et cherchez le moyen de vous rapprocher de Lui* (5 : 35). Les Compagnons demandaient souvent au Prophète de prier en leurs noms. Un jour de sécheresse, ils lui demandèrent de prier pour avoir de la pluie. C'est ce qu'il fit, et il plut tellement (durant toute une semaine) qu'ils lui demandèrent de prier pour que la pluie d'arrêtât. Il pria sur la chaire, et les gens rentrèrent chez eux sous le soleil. Après cette faveur explicite de Dieu, le Messager dit : « J'atteste que Dieu est Tout-Puissant sur toutes choses, et que je suis Son serviteur et Son Messager. »[581]

Le Coran encourageait les Compagnons à demander au Messager d'implorer le pardon divin pour eux, soulignant le fait que sa prière était un moyen de paix et de tranquillité :

> Nous n'avons envoyé de Messager que pour qu'il soit obéi, par la permission de Dieu. Si, lorsqu'ils ont fait du tort à leurs propres personnes ils venaient à toi en implorant le pardon de Dieu et si le Messager demandait le pardon pour eux, ils trouveraient, certes, Dieu, Très Accueillant au repentir, Miséricordieux. (4 : 64)

Et :

> *Prie pour eux ; ta prière est une quiétude pour eux.* (9 : 103)

Un jour un aveugle se plaignit de sa cécité au Messager. Le Messager lui conseilla de faire ses ablutions, de prier deux *rakat* et de dire :

---

[581] Boukhari, *Istisqa*, 14 ; Abou Dawoud, *Istisqa*, 2 ; Ibn Maja, *Iqama*, 154.

Ô Dieu, je te demande et je me tourne vers Toi pour l'amour
de Ton Prophète Mohammed, le Prophète de miséricorde.
Ô Mohammed, je me tourne vers mon maître en ton nom
afin que mon besoin soit pourvu. Ô Dieu, accepte son intercession auprès de Toi pour moi !

L'homme fit tout cela et recouvrit la vue.[582] Pour conclure,
rien dans ces hadiths ne nuit à leur authenticité.

- Il est rapporté dans la majorité des six livres de hadiths les plus
authentiques : « Si un chien lape dans l'un de vos bols, videz son
contenu et nettoyez-le sept fois ; la première fois avec de la terre,
les six autres fois avec de l'eau. »[583]

Certains individus qui ne sont pas conscients des principes
propres au hadith et des développements médicaux doutent de
l'authenticité de ce hadith, malgré sa chaîne de transmission
authentique et le fait qu'il représente une preuve de plus de la
Prophétie de Mohammed. S'il n'avait pas été un Prophète formé
par Dieu, comment aurait-il pu savoir des faits médicaux qui ne
furent découverts que des siècles plus tard ? Nous savons
aujourd'hui que les chiens peuvent porter des microbes de certaines maladies dans leur salive et leurs excréments, et qu'ils
peuvent nuire à la santé humaine s'ils sont transmis.

De plus, personne pendant l'époque du Prophète ne s'y connaissait en désinfection et stérilisation. Le Messager, étant un Prophète
éduqué par l'Omniscient, recommande la terre pour nettoyer un
récipient léché par un chien. Aujourd'hui, nous savons que la terre
est un bon antiseptique qui contient des substances telles que la
tétracycline.

Certains interprètent *sept fois* comme voulant dire « autant
de fois qu'il est nécessaire pour nettoyer le bol ». Les juristes
Hanéfites considèrent qu'il est suffisant de le nettoyer trois fois.

- Certains critiques contemporains, y compris le Français converti
Maurice Bucaille, se hâtèrent de critiquer le hadith suivant, rapporté par Abou Hourayra : « Quand une mouche tombe dans l'un
de vos récipients, trempez-là complètement dans la nourriture

582 Ibn Maja, *Iqama*, 189 ; Tirmidhi, *Daawat*, 118.
583 Mouslim, *Tahara*, 91 ; Boukhari, *Woudou*, 33 ; Abou Dawoud, *Tahara*, 37.

avant de l'en ressortir, car il y a une maladie dans l'une de ses ailes [ou côtés], et un remède dans l'autre. »[584] Les rapporteurs de ce hadith sont irréprochables. Il fut inclus par Boukhari, Abou Dawoud, Nasa'i, Darimi et Ahmad ibn Hanbal.

Comme le hadith précédent, celui-ci contient une preuve de la Prophétie de Mohammed. À cette époque-là, personne ne savait que les mouches transportaient des germes. D'ailleurs, nous savons lorsqu'une mouche tombe dans un plat, elle essaie de garder une aile en dehors de la nourriture afin de pouvoir reprendre son envol. En conséquence, elle laisse des bactéries dans la nourriture. Mais quand on l'immerge dans la nourriture en la poussant un peu, le petit sac sur l'autre aile ou côté (le mot *janah* a les deux sens) éclate et s'ouvre pour répandre une substance anti-bactérienne qui tue les germes laissés dans la nourriture.

- Un autre hadith authentique, mais critiqué, mentionné dans tous les livres de hadiths authentiques est : « Cela ne vaut pas la peine de se mettre en chemin pour visiter [dans le but de gagner une récompense spirituelle] tout autre mosquée que celles de al-Masjid al-Haram [La Mosquée Sacrée entourant la Kaaba], la Mosquée du Prophète [à Médine], et al-Masjid al-Aqsa [juste au sud du Dôme du Roc à Jérusalem]. »[585] Ce hadith est critiqué parce qu'il a été rapporté par des Compagnons qui le reçurent de Kab al-Ahbar ou parce qu'il rend sacré la mosquée al-Aqsa. Ce prétexte est sans nul fondement, car elle n'appartient pas aux juifs. Notre Prophète se tourna vers elle quand il priait à La Mecque.

C'est aussi le symbole de la domination terrestre de l'islam. Notre Prophète fut d'abord emmené à la Mosquée al-Aqsa lors de son Ascension et y dirigea la prière devant les âmes des Prophètes précédents. Dieu en parle ainsi : *La Mosquée Al-Aqsa dont Nous avons béni l'alentour* (17 : 1). Cette terre sainte l'entourant fut d'abord prise par le Prophète Youcha (Josué) ibn Nun après le décès de Moïse. Après le Prophète Mohammed, elle fut reprise durant le calife Omar. Salah ad-Din Ayyoubi, l'un des plus grands commandants musulmans, la reprit aux Croisés. Si le

---

[584] Boukhari, *Tib*, 58 ; Abou Dawoud, *Atima*, 48 ; Ibn Maja, Tib, 31 ; Darimi, *Atima*, 12.
[585] Boukhari, *Salat*, 1 ; Mouslim, *Hajj*, 511 ; Tirmidhi, *Salat*, 126.

Messager l'inclut parmi les trois mosquées les plus sacrées et dignes d'être visitées, malgré les difficultés du voyage, c'est parce que Dieu l'a sanctifiée.

Malgré leur caractère sacré, il est néanmoins faux de supposer qu'il faille faire une prière spéciale dans ces mosquées. Comme le rapporte Ibn Abbas, une femme promit à Dieu qu'elle prierait à la Mosquée al-Aqsa si elle recouvrait la santé. Une fois guérie, avant de partir, elle appela Maymuna (l'une des épouses du Prophète) qui lui dit :

> Reste ici, surveille ta maison et prie dans la Mosquée du Prophète. J'ai entendu le Messager dire : « Une prière dans ma mosquée que voici vaut beaucoup mieux que mille prières dans toute autre, hormis la mosquée sacrée. » La prière accomplie ici est mille fois meilleure que celle qui est faite dans tout autre mosquée, sauf celle de la Kaaba ».[586]

- Le Messager déclara : « Parmi ma communauté, il y aura toujours un groupe qui soutient la vérité jusqu'à ce que le Commandement de Dieu arrive [le Jour Dernier] et qui aura le dessus. Ceux qui s'opposent à eux ne seront pas capables de leur faire de mal. »[587]

Bien qu'il ait été cité dans presque tous les livres de hadiths authentiques et qu'il ait été prouvé par la longue histoire de l'islam, ce hadith a été soumis aux critiques les plus injustifiables. L'islam a résisté à toutes les attaques. Aucun pouvoir terrestre n'a été capable de le détruire. Même après les efforts concertés de ces trois derniers siècles, l'islam est la seule alternative, plus fort et plus frais que jamais, pour le vrai bonheur humain et la prospérité dans les deux mondes.

Dieu a préservé l'islam à chaque époque par une communauté dévouée et prête au sacrifice. Cette communauté se concentra, à une époque, à Damas, et à une autre, à Bagdad ou à Istanbul ; une fois autour de Omar ibn Abdou'l-Aziz, et une autre fois autour de l'Imam Ghazzali ou de l'Imam Rabbani, ou encore d'un autre. Aussi le monde ne manquera-t-il pas de tels groupes dans le futur.

[586] Mouslim, *Hajj*, 510 ; Boukhari, *Salat*, 1; Nasa'i, *Manasik*, 124.
[587] Mouslim, *Imara*, 170 ; Boukhari, *Itisam*, 10 ; Abou Dawoud, Fitan, 1.

- Un autre hadith démenti par certains est : « Quand vous vous levez
du lit, ne mettez pas vos mains dans un bol [de nourriture ou de
boisson] avant de les avoir lavées trois fois. Vous ne savez pas
où vos mains ont été pendant que vous dormiez. »[588]

Ahmad Amin et Abou Rayya, sous l'influence de l'orientaliste
Goldziher, ont tourné ce hadith en dérision, même s'il contient des
principes d'hygiène. Les gens souffrent souvent d'allergies ou de
démangeaisons. Il se peut qu'ils aient gratté les endroits affectés
pendant qu'ils dormaient, accumulant ainsi les germes, particulièrement sous les ongles des mains. Si telles personnes mangent (dans des bols communs) sans se laver les mains, d'autres
personnes pourront être infectées.

Le Messager dépendait toujours de la Révélation, explicitement ou implicitement. Ses Compagnons, connus pour leur honnêteté, le suivaient d'aussi près qu'ils pouvaient et rapportaient
tout ce qu'ils recevaient de lui. Des traditionnistes méticuleux et
amoureux de la vérité rassemblèrent des hadiths qu'ils avaient
obtenus de rapporteurs fiables, dignes de confiance et droits.
Certains hadiths authentiques prédisent des événements et des
développements scientifiques futurs. De même qu'aucun de ceux-
là n'a pu être prouvé faux jusqu'à présent, ainsi personne n'a été
capable de falsifier aucun autre hadith.

La création détient encore des mystères, et continuera ainsi,
malgré tous les progrès scientifiques et autres de l'être humain.
Les événements psychiques ou les phénomènes surnaturels comme
la télépathie et le don de double vue, la nécromancie et autres
expériences transcendantales, donnent des indices de l'existence
de mondes et de dimensions différentes des nôtres. Comme il est
possible de trouver des références à cela dans le Coran, certains
hadiths peuvent aussi être traités à partir de ce point de vue.

- Comme il est rapporté dans les livres de hadiths authentiques,
Tamim ad-Dari, un chrétien converti, parle d'une créature velue
appelée « Jassasa » qu'il vit sur une île étrange, et d'un géant qui
vit dans une grotte et qui se présente comme étant le Dajjal

---

[588] Abou Dawoud, *Tahara*, 50 ; Boukhari, *Woudou*, 26 ; Mouslim, *Tahara*, 87-88.

(l'Antéchrist).[589] Nous ne pouvons pas nier ce hadith à cause de présomptions positivistes, de même que nous ne saurions nier que la poitrine du Prophète a été ouverte.

- Un autre hadith que nous pouvons en partie traiter à partir du même point de vue est que Dieu ait enjoint les 50 prières quotidiennes aux croyants durant l'Ascension du Prophète Mohammed. À son retour, Moïse l'avertit de la difficulté d'un tel ordre. Après les nombreux appels du Prophète, Dieu réduisit le nombre de prière à cinq.[590]

Il y a certains points délicats dans ce hadith. Dieu est Tout-Pardonneur. Il sait combien de prières par jour Ses serviteurs peuvent pratiquer, et Il attend d'eux qu'ils Le supplient pour obtenir Son pardon et pour réaliser leurs buts. La prière ou la supplication est un mystère de la servitude à Dieu et la pierre angulaire de la servitude. Quand les serviteurs perçoivent leur pauvreté, leur insuffisance et leur impuissance, ils viennent à dépendre de la richesse et de la puissance infinies et absolues de leur Maître, acquérant par là même un pouvoir sans mesure et une richesse intarissable. Les serviteurs doivent sans cesse se souvenir de cela afin qu'ils ne soient pas abandonnés à leurs âmes instigatrices du mal, leur moi charnel et leur ego orgueilleux. S'ils ne se souviennent pas de ces réalités, donc, ils deviennent sujets à une impuissance et une pauvreté incurables et irréparables.

Comme le Prophète Mohammed est le dernier Prophète, sa mission englobe tous les aspects et les dimensions de la Prophétie et confirme tous les prophètes précédents. Si nous comparons la Prophétie à un énorme arbre béni avec des branches s'étendant à travers tout l'univers, le Prophète Mohammed la représente dans sa totalité. Sa Prophétie s'enracine profondément dans la mission de tous les prophètes précédents. Il est donc naturel pour lui de profiter de ses racines.

Moïse le précéda ; ainsi, désirant pour sa nation la facilité d'exécuter ses obligations religieuses, le Prophète Mohammed suivit à juste titre son conseil. Bien qu'il fût le plus grand Prophète, il

[589] Mouslim, *Fitan*, 119; Abou Dawoud, *Malahim*, 15 ; Ibn Maja, *Fitan*, 33.
[590] Boukhari, Salat, 1 ; Nasa'i, *Salat*, 1 ; Mouslim, *Iman*, 263 ; Ibn Maja, *Iqama*, 194.

ne permit jamais à ses adeptes de considérer les autres prophètes comme inférieurs à lui.

Cette question exige de plus amples développements, tellement il y a de choses à dire dessus. Or ce sujet dépasse les limites de ce livre.

f. Le nombre de hadiths authentiques

Certains orientalistes et leurs partisans musulmans essaient de semer le doute sur l'authenticité de la Sunna sous prétexte que certains Compagnons rapportent beaucoup trop de hadiths et qu'il y a un nombre extrêmement grand de hadiths.

Tout d'abord, les hadiths ne se limitent pas aux paroles du Prophète. Au contraire, ils couvrent toute sa vie : tous ses actes, ce qu'il aimait et ce qu'il n'aimait pas, et ses approbations ou ses confirmations tacites de ce que ses Compagnons disaient ou faisaient. Il vécut 23 années parmi eux en tant que Messager de Dieu. Il leur enseigna l'islam jusque dans les moindres détails. Il dirigeait la prière cinq fois par jour, dont chaque détail était enregistré, car il leur avait dit : « Priez comme vous me voyez prier. » Il jeûnait et leur expliquait tous les détails du jeûne, tout comme pour l'aumône prescrite et le pèlerinage. Rien que les fondements de la croyance et les piliers de l'islam (la prière, le jeûne, l'aumône prescrite et le pèlerinage) fournissent à eux seuls les sujets d'innombrables livres.

Étant un système universel divin qui inclut tout ce qui est lié à la vie, l'islam a des lois et des règlements pour la vie individuelle et collective : spirituelle et matérielle, sociale et économique, politique et militaire, et tous les autres aspects auxquels nous faisons face pendant la vie quotidienne. Le Prophète a établi des principes liés à eux tous. Il prévenait sans cesse ses Compagnons contre l'égarement, et les encourageait à être des serviteurs de Dieu plus dévoués, plus sensibles et plus attentifs.

Il leur parlait des nations antérieures et prédisait des événements futurs. Abou Zayd Amr ibn Akhtab disait que parfois le Prophète montait en chaire après la prière de l'aube et s'adressait à la congrégation jusqu'à midi. Ensuite, il continuait à parler après les prières de midi et de l'après-midi, pour leur raconter ce qui s'était passé depuis le commencement du monde jusqu'alors, et ce qui allait se passer jusqu'au Jour Dernier. De tels discours contenaient des informations sur les bouleversements de l'autre monde, la mort, la résurrection et le Grand Rassemblement, l'évaluation des individus le jour du jugement en fonction de leurs actes, le Jugement Dernier, le Pont, l'Enfer et le Paradis.[591]

Le Messager commandait des armées, entendait des plaintes et participait à des procès en tant que juge, et envoyait et recevait des représentants et des délégations. Il signait des traités de paix, déclarait des guerres, et envoyait des expéditions militaires. Il établissait des règles d'hygiène et des principes de bonne conduite et de haute moralité. Ses miracles se comptent par centaines. Comme il se posa en exemple à suivre par les musulmans et en raison de l'importance vitale du Hadith en islam ainsi que de l'amour de ses Compagnons pour lui, sa vie fut enregistrée du début jusqu'à la fin.

Il honora l'univers de sa qualité de Messager, sa servitude à Dieu, et sa personnalité exaltée et sans pareille. Les Compagnons, heureux témoins de sa vie, enregistrèrent tout ce qui le concernait. Quand ils se dispersèrent dans les diverses terres conquises par l'islam, les nouveaux convertis leur demandaient de rapporter des hadiths du Messager. Ils lui étaient si dévoués que leurs mémoires restèrent extraordinairement fidèles à lui.

Une fois, pendant son califat, Omar passa devant la maison de Abbas, l'oncle du Prophète, tandis qu'il allait à la prière du vendredi. Quelques gouttes de sang tombèrent de la gouttière sur sa robe. Il devint si furieux qu'il arracha la gouttière qu'il lança à terre en se disant : « Qui donc a abattu un animal sur ce toit qui a fait que son sang tache ma robe alors que je me rendais à la mosquée (le sang sur un vêtement est considéré comme une malpropreté qui doit être nettoyé avant de prier.) ? » Il parvint à la mosquée et, après la prière, avertit l'assemblée : « Vous commettez des erreurs. Je passais devant tel mur sur mon chemin pour venir ici, quand soudain du sang coula de la gouttière sur ma robe. J'ai jeté la gouttière par terre. »

Cela bouleversa Abbas qui se leva d'un bond : « Ô Omar, qu'est-ce que tu as fait là ?! J'ai moi-même vu le Messager poser cette gouttière là-bas. » C'était maintenant le tour de Omar d'être bouleversé. Il dit à Abbas avec beaucoup d'émotion : « Par Dieu, je poserai ma tête au pied de ce mur et tu mettras ton pied sur elle pour remettre en place la gouttière. Je ne

---

[591] Mouslim, *Fitan*, 25.

relèverai ma tête que lorsque tu auras fait cela. » Telles étaient leur dévotion et leur fidélité au Messager.[592]

Le Messager implanta dans le cœur de ses fidèles un tel zèle pour l'apprentissage que la civilisation islamique, sous l'ombre bénie duquel une vaste partie de l'humanité vécut en paix pendant des siècles, fut construite sur les piliers de la croyance, du savoir, de la piété et de la fraternité. Dans les contrées où l'eau pure de l'islam s'écoulait, une multitude de fleurs s'épanouirent dans tous les champs de la science, et les parfums qu'elles diffusaient embaumèrent le monde entier.

Certaines de ces fleurs, comme Ibn Hajar al-Asqalani, lisent en une ou deux sessions la collection intégrale de hadiths authentiques compilée par l'Imam Mouslim. L'Imam Nawawi se consacra si entièrement à l'enseignement et à l'écriture qu'il ne se maria jamais – il ne voulait pas consacrer de temps à autre chose qu'au savoir. L'Imam Sarakhsi, un grand juriste Hanéfite, fut emprisonné dans un puits par un roi. Pendant ce temps, il dicta de mémoire son abrégé monumental de trente volumes, *Al-Mabsut*, à ses élèves. Quand ses élèves lui dirent que l'Imam Chafi, le fondateur de l'école juridique Chafiite et considéré par certains comme le deuxième rénovateur de l'islam, avait mémorisé 300 fascicules de hadiths, il répondit : « Il savait la zakat (un quarantième) de ce que je sais ».[593]

Les œuvres de Ibn Hajar al-Asqalani, Ibn Jarir at-Tabari, Fakhr ad-Din ar-Razi, l'Imam Suyuti, et d'autres recouvrent tant de volumes que lorsqu'on les divise par les jours de leurs vies, l'on peut déduire qu'ils écrivaient en moyenne vingt pages par jour. Nous ne pouvons étudier ou même lire durant nos vies ce que chacun d'eux a écrit durant sa vie.

Anas ibn Sirin, fils de Mohammed ibn Sirin, l'un des plus grands savants Tabiun, dit : « Quand je suis arrivé à Koufa, 4000 personnes suivaient des cours de hadiths dans les mosquées ; 400 étaient experts en jurisprudence islamique. »[594] Pour comprendre ce que cela signifiait d'être un expert en jurisprudence islamique, considérez ceci : Ahmad ibn Hanbal, dont le *Mousnad* contient 40 000 hadiths sélectionnés parmi les quelque un million qui circulaient, n'était pas considéré comme un expert en jurisprudence par Ibn Jarir at-Tabari. Aussi ne lui donna-t-on pas le même statut que Abou Hanifa, l'Imam Abou Youssouf, l'Imam Chafi, l'Imam Malik, et

---

[592] Ibn Hanbal, 1 : 210.
[593] Sarakhsi, *Muqaddima li-Usul as-Sarakhsi*, 5.
[594] Ajjaj al-Khatib, *As-Sunna qabl at-Tadwin*, 150-51.

leurs semblables. Le fait que certains ne considéraient pas une grande figure telle que lui comme un expert montre les hauteurs intellectuelles et savantes qu'un juriste devait atteindre pour pouvoir passer pour un expert.

L'atmosphère générale était très propice au développement des sciences profanes et religieuses, et surtout de la science du Hadith. Chaque musulman faisait tout pour acquérir la connaissance de l'islam et reconnaître pleinement son saint Prophète. Les gens étaient particulièrement doués pour la littérature et les langues, car la poésie était très répandue pendant l'ère pré-islamique.

Le Coran apparut, avant tout, comme un unique et incomparable miracle linguistique. Aucun expert en littérature ou en poésie ne put renier son éloquence, et presque tous abandonnèrent la poésie après leur conversion afin de se consacrer au Coran et au Hadith. L'un d'eux, la poétesse Khansa, devint si profondément dévouée à l'islam que lorsque ses quatre fils tombèrent martyrs à Qadissiya, elle loua Dieu en disant : « Ô Dieu, Tu m'as donné quatre fils, et je les ai tous sacrifiés sur Ton chemin. Milliers de louanges à Toi ».[595]

La vie était très simple dans le désert. Cela permettait aux gens de se consacrer aux sciences islamiques. Aussi avaient-ils d'excellentes mémoires. Par exemple, le Messager demanda un jour à Zayd ibn Thabit d'apprendre l'hébreu ; en l'espace de deux ou trois semaines, il était capable de lire et écrire des lettres en hébreu.[596] Ibn Chihab az-Zuhri, Qatada ibn Diama, Chabi, Ibrahim ibn Yazid an-Nakha'i, l'Imam Chafi, et beaucoup d'autres affirmaient publiquement qu'ils n'oubliaient jamais une parole après qu'ils l'avait apprise par cœur. Ils pouvaient retenir quelque chose après l'avoir lue ou entendue une seule fois.

Quand l'Imam Boukhari arriva à Bagdad, dix spécialistes en sciences islamiques testèrent ses connaissances en Hadith et sa mémoire. Chacun récita dix hadiths, en changeant soit l'ordre des rapporteurs dans la chaîne de transmission, soit les chaînes entre elles. Par exemple, le célèbre hadith : « Les actions ne valent que par les intentions » a la chaîne suivante (en ordre descendant) : Yahya ibn Saïd al-Ansari, de Mohammed ibn

---

[595] Ibn Athir, *Usd al-Ghaba*, 7 : 90. Cette femme bénie trouva huit erreurs linguistiques ou poétiques dans une strophe de Hassan ibn Thabit, un célèbre Compagnon et poète. Après la Révélation, elle abandonna la poésie et se concentra sur le Coran et le Hadith.

[596] Ibn Hanbal, 5 : 186.

Ibrahim al-Taymi, de Alqama ibn Waqqas al-Laythi, de Omar ibn al-Khattab. Quand ils finirent, l'Imam Boukhari corrigea les chaînes une à une de mémoire et répéta chaque hadith avec sa propre véritable chaîne de transmission. Les savants finirent par reconnaître son érudition et ses connaissances en Hadith.[597] Ibn Khuzayma alla même jusqu'à dire : « Ni les cieux ni la terre n'ont jamais vu une seconde personne aussi savante que toi dans ce domaine ».[598]

L'Imam Boukhari ne vendit jamais son savoir pour des gains terrestres. Quand le dirigeant de Boukhara l'invita dans son palais pour qu'il éduque ses enfants, le grand Imam refusa en disant : « Le savoir ne saurait être avili en allant aux pieds du dirigeant. Si le dirigeant aspire au savoir, qu'il vienne lui-même vers le savoir. » Le dirigeant répondit en lui demandant d'assigner un jour dans la semaine à ses enfants. Boukhari refusa à nouveau : « Je ne peux me permettre de perdre du temps à donner des leçons à vos enfants alors que je suis occupé à donner des leçons à la Oumma de Mohammed. » Le dirigeant l'exila, et cette grande figure de la science du Hadith dut passer ses derniers jours en exil.[599]

g. L'écriture des hadiths

Les premières compilations de hadiths furent écrites pendant le califat de Omar ibn Abdou'l-Aziz, au début du deuxième siècle islamique (719-722). Toutefois, notons que tous les hadiths qui étaient rassemblés dans des livres circulaient de façon orale. D'ailleurs, la plupart avaient déjà été enregistrés dans des collections individuelles.

L'écrasante majorité des Arabes étaient illettrés. Quand la Révélation commença, un désir d'apprendre à lire et écrire fut suscité et encouragé par le Prophète. Rappelez-vous qu'il libérait les prisonniers capturés à Badr qui savaient lire et écrire seulement une fois chacun d'eux avaient enseigné la lecture et l'écriture à dix musulmans.[600] Qui plus est, la Révélation commença par ce commandement :

> Lis au nom de ton Seigneur qui a tout créé, qui a créé l'homme d'une
> adhérence ! Lis, car la bonté de ton Seigneur est infinie ! C'est Lui

---

597 Ibn Hajar, *al-Hady as-Sari*, 487.
598 Dhahabi, *Tadhkirat al-Huffaz*, 2 : 556.
599 Ibn Hajar, *Tahdhib at-Tahdhib*, 9 : 52.
600 Ibn Sad, *Tabaqat*, 2 : 22.

qui a fait de la plume un moyen du savoir et qui a enseigné à l'homme ce qu'il ignorait. (96 : 1-5)

Malgré l'importance attachée au savoir et à son acquisition, dans les premiers temps de sa mission de Messager, en dehors de la Révélation, le Prophète n'autorisait pas ses Compagnons à mettre à l'écrit ce qu'il disait. Par exemple, il dit : « N'écrivez pas ce que je dis. Si vous avez écrit quelque chose reçu de moi et qui ne fait pas partie du Coran, détruisez-le. »[601] Il ne voulait pas que les Compagnons confondent les versets coraniques avec ses propres paroles. Le Coran était encore en train d'être révélé et enregistré sur des feuilles ou sur des morceaux de parchemin ou de bois ; il n'allait prendre sa forme finale de livre que plus tard.

C'était une précaution parfaitement compréhensible, car il voulait être sûr que les générations futures ne confondraient pas ses paroles avec celles de Dieu. Cela est très clair dans un hadith rapporté par Abou Hourayra : « Un jour, le Messager s'approcha de nous tandis que des amis écrivaient ce qu'ils l'avaient entendu dire. Il leur demanda ce qu'ils écrivaient, et ils répondirent : 'Ce que nous t'avons entendu dire.' Le Messager les avertit : 'Savez-vous que les communautés qui vous ont précédés se sont égarées parce qu'elles ont écrit ce qui ne se trouvait pas dans le Livre de Dieu ?' »[602]

Une autre raison de cette prohibition est que la plupart des révélations coraniques vinrent en des occasions spécifiques. Ainsi, certains de ses versets sont clairs et concis, tandis que d'autres sont ambigus. Des versets allégoriques apparaissent à côté d'autres versets explicites et inabrogeables. Comme une communauté purement islamique continuait à évoluer, certains commandements vinrent remplacer les précédents.

En diverses occasions, le Messager devait aussi s'adresser à une grande variété de personnes aux tempéraments et aux niveaux de compréhension différents, ainsi qu'aux « nouveaux » et aux « anciens » musulmans. Par exemple, quand un nouveau converti demandait quelle était la meilleure action, il répondait que c'était la croyance et la pratique des cinq prières quotidiennes. Cependant, à une période où le jihad était la priorité, il avait dit que c'était le jihad sur le sentier de Dieu. En outre, comme l'islam est valable pour tous les temps et tous les peuples, il recourait

---

[601] Mouslim, *Zuhd*, 72 ; Darimi, *Muqaddima*, 42.
[602] Khatib al-Baghdadi, *Taqyid al-Ilm*, 34.

souvent aux allégories, aux comparaisons, aux paraboles et aux méta-phores.

Ces facteurs et d'autres encore l'ont peut-être conduit à interdire à certains individus d'écrire ses paroles. Si tout le monde avait conservé un registre personnel de ses paroles et était incapable de distinguer entre le réel et le métaphorique, le concret et l'abstrait, l'abrogé et l'abrogeant, le général et le particulier et l'occasionnel, il en aurait résulté chaos et malentendu. C'est pour cela que Omar avertissait parfois les gens de ne pas narrer négligemment les hadiths.

Toutefois, beaucoup de hadiths montrent que le Messager autorisait ses Compagnons à écrire ses paroles. En effet, le temps vint où les Compagnons atteignirent la maturité intellectuelle et spirituelle néces-saire pour pouvoir faire la distinction entre le Coran et le Hadith. Par consé-quent, ils pouvaient désormais accorder l'attention et l'importance dues à chacun, et comprendre les circonstances liées à chaque hadith. C'est pourquoi le Messager les incita enfin à enregistrer ses hadiths.

Abou Hourayra relate : « Aucun des Compagnons du Prophète n'a rap-porté de *hadîth* plus que moi, exception faite de Abdoullah ibn Amr, car lui écrivait [les *hadîth*], tandis que moi non. »[603] Abdoullah rapporta qu'il écrivait tout ce qu'il entendait du Messager. Certains lui dirent : « Tu prends note de tout ce qui sort de la bouche du Messager de Dieu. C'est un être humain ; il est parfois en colère, et parfois content. » Abdoullah soumis l'affaire au Messager de Dieu, qui montra sa bouche bénie et dit : « Écris, car je jure par Celui qui détient mon âme dans Sa main, que seule la véri-té sort d'ici. »[604]

Content ou irrité, le Messager de Dieu *ne prononce rien sous l'effet de la passion ; ce n'est rien d'autre qu'une révélation inspirée* (53 : 3 - 4). Comme chacune de ses paroles et de ses actions avait une portée sur l'is-lam, elles devaient être enregistrées. Les Compagnons accomplissaient cette tache sacrée soit en mémorisant soit en enregistrant ce qu'ils enten-daient ou voyaient. Le résultat est que sa vie est la biographie la plus com-plète qui ait jamais existé. Chaque aspect, même dans les moindres détails, a été transmis de génération en génération. C'est pourquoi nous devons être reconnaissants envers les Compagnons et les deux ou trois généra-

[603] Boukhari, *Ilm*, 39.
[604] Abou Dawoud, *Ilm*, 3 ; Ibn Hanbal, 2 : 162; Darimi, *Muqaddima*, 43.

tions qui les suivirent, et surtout les traditionnistes, qui enregistrèrent puis transmirent ses paroles et ses actions.

Un jour, quelqu'un se plaignit auprès du Messager : « Ô Messager de Dieu, nous entendons beaucoup de choses de toi. Mais la plupart échappent à notre esprit car nous n'arrivons pas à les mémoriser ». Le Messager répondit : « Demande de l'aide à ta main droite. »[605] En d'autres termes, écris ce que tu entends. Quand Rafi ibn Khadij demanda au Messager s'ils pouvaient écrire ce qu'ils entendaient de lui, il lui dit qu'ils pouvaient.[606] Comme le rapporte le *Sunan* de ad-Darimi, le Messager conseilla : « Enregistrer le savoir par l'écriture. »[607] Lors de la conquête de La Mecque, le Messager fit un sermon. Un Yéménite nommé Abou Chah se leva et dit : « Ô Messager, s'il te plaît, écris ces [paroles] pour moi. » Le Messager ordonna que cela fût fait.[608]

Ali avait une feuille qu'il attachait à son épée, sur laquelle étaient écrits des hadiths concernant entre autres le prix du sang à payer pour des blessures, la sanctification de Médine. « Je dis une fois à Ali : 'As-tu quelque chose d'écrit [autre que le Coran] ? – Non, répliqua-t-il, exception faite d'une compréhension donnée à tout homme tirée du Livre de Dieu ou le contenu de ce feuillet. – Et que contient ce feuillet ? – Ce qui a trait au prix du sang, à la libération des captifs (...) »[609] Ibn Abbas laissa derrière lui un chameau chargé de livres dont la plupart traitent de ce qu'il avait entendu du Messager et des autres Compagnons.[610] Le Messager envoya une lettre à Amr ibn Hazm, qui parlait du prix du sang pour le meurtre et les blessures, et de la loi du talion.[611] Cette lettre fut transmise à Abou Bakr ibn Mohammed, son arrière-petit-fils.

De même, un parchemin donné par le Messager à Abou Rafi fut ensuite transmis à Abou Bakr ibn Abdou'r-Rahman ibn Harith, l'un des Tabiun.[612] Un grand savant de cette génération, Mujahid ibn Jabr, vit la compilation de Abdoullah ibn Amr, *As-Sahifatu's-Sadiqa*. Ibn Athir, un historien répu-

[605] Tirmidhi, *Ilm*, 12.
[606] Hindi, *Kanz al-Ummal*, 10 : 232.
[607] Darimi, *Muqaddima*, 43.
[608] Abou Dawoud, *Ilm*, 3 ; Tirmidhi, *Ilm*, 12.
[609] Boukhari, Ilm, 39 ; Ibn Hanbal, 1 : 100.
[610] Ajjaj al-Khatib, *As-Sunna qabl at-Tadwin*, 352.
[611] Darimi, *Diyat*, 12.
[612] Khatib al-Baghdadi, *Al-Kifaya*, 330.

té, écrit qu'il contient environ 1000 hadiths, dont la moitié fut rapportée dans des livres de hadiths authentiques, avec tous une chaîne de Amr ibn Chuayb, de son père et de son grand-père.

Jabir ibn Abdoullah al-Ansari aussi laissa un livre volumineux contenant les paroles qu'il avait entendues du Messager.[613] *As-Sahifatu' s-Sahiha* est une autre source importante de hadiths datant des tout débuts. Hammam ibn Munabbih, son compilateur, suivait Abou Hourayra partout où il allait et écrivait les paroles prophétiques qu'il rapportait. Cette compilation, publiée récemment par Mohammed Hamidoullah, a été datée à l'analyse du carbone 14 à treize ou quatorze siècles plus tôt. Presque tous les hadiths qu'elle contient se trouvent aussi dans *Mousnad ibn Hanbal* ou dans les *Sahihayn* de Boukhari et Mouslim.

Après ces premières compilations, le calife Omar ibn Abdou'l-Aziz, qui régna de 719 à 722, décida que tous les hadiths écrits et non écrits (mémorisés) seraient systématiquement compilés dans des livres. Il ordonna à Abou Bakr ibn Mohammed ibn Amr ibn Hazm, le gouverneur de Médine, de contrôler cette tâche. Mohammed ibn Chihab az-Zuhri, réputé pour sa grande érudition et son intelligence, entreprit la tâche et obtint l'honneur d'être le premier compilateur officiel de hadiths.

Mais un tel honneur fut aussi accordé à d'autres : Abdou'l-Malik ibn Abdoul-Aziz ibn Jurayj (La Mecque), Saïd ibn Abi Aruba (Irak), Awza'i (Damas), Zayd ibn Qudama and Soufyan ath-Thawri (Koufa), Hammad ibn Salama (Basra), et Abdoullah ibn al-Mubarak (Khorasan).

La période de compilation officielle et systématique fut suivie de la période de classification par de grands traditionnistes comme Abou Dawoud at-Tayalisi, Musaddad ibn Musarhad, al-Humaydi, et Ahmad ibn Hanbal, qui publièrent leurs *Mousnad*. Abdou'r-Razzaq ibn Hammam et d'autres formèrent leurs *Musannaf*, et Ibn Abi Dhib et l'Imam Malik produisirent leurs *Al-Muwatta*. Yahya ibn Saïd al-Qattan et Yahya ibn Saïd al-Ansari doivent aussi être mentionnés parmi les figures de proue de cette période.

Puis vint la période des célèbres traditionnistes Boukhari, Mouslim, Abou Dawoud, Nasa'i, Tirmidhi, et Ibn Maja, qui formèrent les six livres de hadiths les plus authentiques, bien connus de tous. Ces personnes de grande renommée, et d'autres comme Yahya ibn Ma'in, inclurent dans

---

[613] Ibn Sad, 7 : 2 ; Khatib al-Baghdadi, *Al-Kifaya*, 354.

leurs collections ce qu'ils considéraient comme les hadiths les plus authentiques après les avoir jugés par les critères les plus stricts.

Par exemple, l'Imam Boukhari recherchait un hadith d'un homme connu pour sa fiabilité et sa piété. Quand il vit cet homme tenir son chapeau vers son cheval en lui faisant croire qu'il était rempli de nourriture afin de pouvoir l'attraper, il demanda à l'homme si le chapeau contenait quelque nourriture pour l'animal. Entendant une réponse négative, Boukhari repartit sans prendre de hadith de cet homme. D'après lui, celui qui était capable de tromper un animal de cette façon pouvait peut-être aussi tromper les gens. Tels étaient les critères stricts appliqués lors du jugement de la fiabilité des rapporteurs.

En bref, les traditions prophétiques étaient soit écrites soit mémorisées à l'époque des Compagnons. Quand le premier siècle islamique prit fin, ils circulaient partout sous forme écrite ou orale. Le calife Omar ibn Abdou'l-Aziz chargea d'éminents savants de produire la première compilation officielle dans différentes villes. Les traditions authentiques se distinguaient de celles qui étaient inventée grâce à l'attention la plus scrupuleuse et aux critères les plus strictes. L'une des compilations ou collections des plus systématiques et des plus précises fut entreprise par les traditionnistes les plus en vue de l'époque.

Plus tard, de nouveaux livres de Traditions authentiques virent le jour. De plus, d'illustres critiques de Hadith comme Ibn Hajar al-Asqalani, Ibn Abdou'l-Barr, Dhahabi, Ibn al-Jawzi, et Zayn ad-Din al-Iraqi firent un compte rendu de tous les hadiths et écrivirent de longs recueils à propos de leurs rapporteurs.

Suite à une telle effervescence de travail savant, la Sunna nous est parvenue par les chaînes les plus fiables. Personne ne peut douter de l'authenticité de cette seconde source de l'islam, qui se rapproche du Coran en pureté, authenticité et fiabilité.

Chapitre 12
Les Compagnons et les Tabiun

1. Les Compagnons

C es personnes constituent la première voie la plus pure et la plus bénie par laquelle le Coran et la Sunna furent transmis. Dieu est le Très Digne de Confiance et l'Inspirateur de la Confiance. Le Coran décrit l'archange Gabriel comme étant doué d'une grande force, obéi et digne de confiance (81 : 20 - 21). Le Prophète Mohammed était connu pour sa loyauté.

Le Coran fut confié aux Compagnons, qui le mémorisèrent et l'enregistrèrent afin qu'il pût être transmis. Cette communauté bénie, louée dans la Torah et l'Évangile, était la personnification vivante de presque toutes les vertus louables ; aussi n'aspiraient-ils qu'à obtenir l'agrément de Dieu. En plus du Coran, ils assimilaient la Sunna, menaient des vies disciplinées en se conformant le plus strictement possible à l'exemple du Prophète, et fournissaient tous les efforts imaginables pour la représenter et la transmettre avec la plus parfaite exactitude.

Selon Ibn Hajar al-Asqalani, les savants définissent Compagnon de la manière suivante « un croyant qui a vu et entendu le Messager au moins une fois et qui a rendu l'âme en croyant. »[614] Même si certains savants ont affirmé qu'un Compagnon « potentiel » doit avoir vécu un an ou deux dans la compagnie du Messager, la plupart des savants estiment qu'il est suffisant d'avoir été présent dans son atmosphère bénie assez longtemps pour pouvoir en tirer quelque avantage.

Les Compagnons variaient en rang et en grandeur. Certains croyaient au Messager dès la première rencontre, et les conversions continuèrent

---

[614] Ibn Hajar, *Al-Isaba*, 1 : 7.

jusqu'à son décès. Le Coran les classe en fonction de leur degré de foi et de leur conversion avant ou après la conquête de La Mecque (9 : 100 ; 57 : 10).

La même classification fut aussi faite par le Messager. Par exemple, il reprocha à Khalid d'avoir offensé Ammar : « Ne touchez pas à mes Compagnons ».[615] Il se renfrogna aussi contre Omar quand celui-ci froissa Abou Bakr : « Pourquoi ne me laissez-vous pas mon Compagnon ? Abou Bakr a tout de suite cru en moi alors que vous m'aviez d'abord renié. » Abou Bakr se mit à genoux et expliqua : « C'était ma faute, ô Messager de Dieu. »[616]

Hakim an-Nisaburi les classa en 12 rangs, et la plupart des savants acceptent sa classification :

- Les quatre Califes Bien-Guidés (Abou Bakr, Omar, Othman et Ali), et le reste des dix personnes qui avaient reçu de leur vivant la promesse d'être des gens du Paradis (Zoubayr ibn al-Awwam, Abou Ubayda ibn al-Jarra, Abdou'r-Rahman ibn Awf, Talha ibn Ubayd Allah, Sad ibn Abi Waqqas et Saïd ibn Zayd).
- Ceux qui croyaient avant la conversion de Omar et qui se rencontraient secrètement dans la maison de Arqam pour écouter le Messager.
- Ceux qui émigrèrent en Abyssinie.
- Les Secoureurs qui jurèrent allégeance au Messager à al-Aqaba.
- Les Secoureurs qui jurèrent allégeance au Messager à al-Aqaba l'année suivante.
- Les Émigrés qui avaient rejoint le Messager durant l'hégire avant son arrivée à Médine de Qouba, où il resta pendant une courte période.
- Les Compagnons qui se battirent à Badr.
- Ceux qui émigrèrent à Médine entre la bataille de Badr et le Traité de Houdaybiya.
- Les Compagnons qui jurèrent allégeance sous un arbre pendant l'expédition de Houdaybiya.
- Ceux qui se convertirent et émigrèrent à Médine après le Traité de Houdaybiya.
- Ceux qui devinrent musulmans après la conquête de La Mecque.

---

[615] Ibn Athir, *Usd al-Ghaba*, 4 : 132.
[616] Boukhari, *Tafsir*, 7 : 3.

- Les enfants qui virent le Messager à quelque lieu ou moment que ce fût après la conquête de La Mecque.[617]

Les savants musulmans du plus haut degré, dont l'esprit est illuminé par les sciences et dont l'âme est éclairée par le savoir religieux et la pratique, s'accordent à dire que les prophètes sont les membres les plus éminents de l'humanité. Immédiatement après viennent les Compagnons du Dernier Prophète, qui est le plus grand Prophète.

Bien que certains Compagnons puissent avoir le même rang que des prophètes précédents concernant une vertu en particulier, nul ne saurait égaler un Prophète en termes généraux. Certains parmi les plus grands saints et savants peuvent rivaliser ou surpasser certains Compagnons pour des vertus en particulier. Mais même un Compagnon du plus bas degré comme Wahchi (qui tua Hamza), est toujours plus grand, en termes généraux, que tous ceux qui vinrent après les Compagnons. Tous les savants musulmans, les traditionnistes, les théologiens et les saints sont d'accord sur ce point.

a. Leur relation avec le Messager

La Prophétie est plus grande que la sainteté, et la qualité de Messager est plus grande que celle de Prophète. Chaque Prophète est un saint, mais aucun saint n'est un prophète. Bien que tous les Messagers soient des prophètes, tous les prophètes ne sont pas en même temps des messagers. Le Prophète Mohammed est le dernier et le plus grand des prophètes et des messagers. Les Compagnons sont directement liés à sa mission de Messager et sont en relation avec lui en raison de sa qualité de Messager. Tous ceux qui vinrent après le Prophète, si grands fussent-ils, ne se lièrent à lui que par la sainteté (ne pouvant jamais obtenir le statut de Compagnon). Par conséquent, un Compagnon est plus grand qu'un saint de la même façon que la qualité de Messager est au dessus de celle de saint (la différence entre les deux est si grande qu'elle ne peut être estimée).

b. Les avantages de la sainte compagnie

Rien n'est comparable à l'illumination et l'exaltation spirituelles obtenues par la présence ou la compagnie du Prophète lui-même. Aucune lecture de ce qu'un maître spirituel et intellectuel a écrit ne saurait vous profiter

---

[617] Hakim, *Marifat Ulum al-Hadith*, 22-24.

autant que le savoir acquis directement du Prophète. Ainsi, les Compagnons, et surtout ceux qui étaient le plus souvent avec lui et depuis les tout débuts, en tirèrent un si grand avantage qu'ils s'élevèrent du statut de gens du désert, sauvages, grossiers et ignorants, au rang de guides religieux, intellectuels, spirituels et moraux de l'humanité jusqu'au Jour Dernier.

Pour être un Compagnon, il nous faudrait retourner à La Mecque ou à la Médine du VIIe siècle, écouter attentivement le Messager et l'observer en train de parler, marcher, manger, se battre, prier, se prosterner, et ainsi de suite. Puisque cela est impossible, personne ne peut atteindre le rang des Compagnons, qui étaient immergés dans l'aura sacrée qu'offrait la présence du Messager.

c. La véracité

L'islam est fondé sur la pure véracité et l'absence totale de mensonges. Les Compagnons embrassèrent l'islam dans sa pureté originale. Pour eux, être un musulman signifiait abandonner tous les vices qu'ils avaient, être purifié dans l'atmosphère radieuse de la Révélation Divine, et incarner l'islam. Ils auraient préféré mourir plutôt que mentir. Le Messager déclara un jour que si une personne répugnait à apostasier autant qu'à se jeter dans le feu, alors cette personne avait dû goûter au plaisir de la foi. En effet, les Compagnons y avaient goûté et, étant des musulmans sincères, ne pouvaient pas mentir, puisque cela était presque aussi grave que l'apostasie. Nous avons du mal à comprendre pleinement ce point, car d'aucuns à notre époque considèrent le mensonge et la tromperie comme des talents, et tant de vertus ont été remplacées par des vices...

d. L'atmosphère créée par la révélation

Les Compagnons furent honorés en étant les premiers à recevoir les Messages Divins par le Prophète. Tous les jours, il leur était donné des messages originaux et ils étaient encore et encore invités à la « table du Divin », remplie de « fruits » éternellement frais venant du Paradis. Chaque jour, ils vivaient des changements radicaux dans leurs vies, ils étaient élevés toujours plus près de la Présence de Dieu, et leur foi et leur conviction grandissaient sans cesse. Ils se retrouvaient dans les versets du Coran et pouvaient apprendre directement si Dieu approuvait ou non leurs actions.

Par exemple, quand : *ceux qui sont avec lui sont durs envers les mécréants, miséricordieux entre eux. Tu les vois inclinés, prosternés, recherchant de Dieu grâce et agrément. Leurs visages sont marqués par la trace laissée par la prosternation* (48 : 29) fut révélé, les yeux se tournaient d'abord vers Abou Bakr, Omar, Othman et Ali. Car après tout, ils étaient connus pour être aux côtés du Messager dès le début, pour leur dureté envers les incroyants hostiles et implacables, leur compassion envers les musulmans, et pour s'incliner et se prosterner longuement et très souvent devant Dieu, en quête de Son agrément.

Quand : *Il est, parmi les croyants, des hommes qui ont été sincères dans leur engagement envers Dieu. Certains d'entre eux ont atteint leur fin, et d'autres attendent encore ; et ils n'ont varié aucunement (dans leur engagement)* (33 : 23) était récité, chacun se souvenait des martyrs d'Ouhoud, surtout Hamza, Anas ibn Nadhr et Abdoullah ibn Jahch, ainsi que d'autres qui avaient promis à Dieu de sacrifier leurs vies sur Son chemin.

Tandis que Dieu mentionnait explicitement Zayd ibn Haritha dans : *Puis quand Zayd eût cessé toute relation (...)* (33 : 37)[618], Il déclarait dans 48 : 18 qu'Il agréait les croyants qui avaient juré fidélité au Messager sous un arbre durant l'expédition de Houdaybiya.

Dans une telle atmosphère pure, bénie et radieuse, les Compagnons pratiquaient l'islam dans sa plénitude et sa pureté originales, en se basant sur une perception profonde, une perspicacité intense, et la connaissance de Dieu. Ainsi, même un croyant ordinaire qui est conscient de la signification de la foi et de la relation à Dieu, et qui essaie de pratiquer l'islam avec sincérité, peut saisir un brin de la pureté des premiers maillons de la chaîne à travers lesquels la Sunna a été transmise de génération en génération.

---

[618] Le Messager déclare : « Mes Compagnons sont comme des étoiles ; quiconque parmi eux que vous suiviez, vous serez guidés (vers le Chemin Droit). » Ce hadith est explicitement corroboré par le verset : *Quand tu disais à celui que Dieu avait comblé de bienfaits...* (33 : 37) Par *celui que Dieu avait comblé*, le verset fait référence à Zayd ibn Haritha, l'esclave émancipé du Messager qui n'est pas inclus parmi les plus grands Compagnons. Dieu ordonne à tous les musulmans de suivre la voie de ceux qu'Il comble : *Guide-nous dans le Droit Chemin, le chemin de ceux que Tu as comblés de faveurs,* (1 : 5). Cela signifie que les Compagnons, surtout les plus grands d'entre eux, sont des guides par lesquels nous pouvons trouver le Droit Chemin.

e. Des circonstances difficiles

La récompense pour une action change selon les circonstances dans lesquelles elle a été accomplie et la pureté des intentions de son auteur. Œuvrer sur le sentier de Dieu dans des conditions pénibles comme la peur, les menaces et la pénurie, et ce uniquement pour Son agrément, est bien plus méritoire que de faire la même action dans l'aisance et la liberté.

Les Compagnons acceptèrent et défendirent l'islam dans des circonstances extrêmement difficiles. L'opposition était inflexible et sans pitié. Dans *Musamarat al-Abrar* de Mouhyi'd-Din ibn al-Arabi, Abou Bakr aurait dit à Ali, après le décès du Prophète, que les premiers Compagnons ne sortaient qu'au péril de leurs vies – il craignait sans cesse qu'un poignard leur fût lancé. Dieu seul sait combien de fois ils ont été insultés, frappés et torturés (surtout au début de l'islam). Ceux qui étaient faibles et qui avaient le statut d'esclaves, comme Bilal, Ammar et Suhayb, avaient été torturés presque à mort. Des jeunes comme Sad ibn Abi Waqqas et Moussab ibn Oumayr furent frappés, boycottés et emprisonnés par leurs familles.

Pourtant, aucun d'eux ne pensa jamais à abjurer ou à s'opposer au Messager. Pour l'amour de Dieu, ils abandonnèrent tout ce qu'ils avaient – leurs foyers, leurs terres natales et leurs possessions – et émigrèrent. Les croyants de Médine les accueillirent à bras ouverts, les protégèrent, et partagèrent avec eux tout ce qu'ils avaient. Ils remplirent avec enthousiasme le pacte qu'ils avaient avec Dieu, vendirent leurs biens et leurs âmes à Dieu en échange de la foi et du Paradis, et ne manquèrent jamais à leur parole. Cela leur valut un si haut rang aux yeux de Dieu que personne ne pourra l'atteindre jusqu'au Jour Dernier.

La sévérité des circonstances, ainsi que d'autres facteurs, ont donné à la foi des Compagnons une force et une fermeté au-delà de toute comparaison. Par exemple, le Messager entra un jour à la mosquée et y vit Harith ibn Malik en train de dormir. Il le réveilla. Harith dit, comme avaient coutume de dire tous les Compagnons au Messager : « Puissent mon père et ma mère être sacrifiés pour toi, ô Messager de Dieu ! Que désires-tu ? » Le Messager lui demanda comment il avait passé la nuit. Harith répondit : « Comme un vrai croyant. » Le Messager répliqua : « Tout ce qui est vrai doit avoir une vérité (pour la prouver). Quelle est la vérité de ta foi ? » Harith reprit : « J'ai jeûné durant le jour et prié à mon Maître en toute sincérité durant toute la nuit. Maintenant je suis dans un tel état qu'il me semble voir le Trône de Dieu et les divertissements des gens du Paradis au Paradis. » Le Messager conclut : « Tu es devenu l'incarnation même de la foi. »[619]

Les Compagnons devinrent si proches de Dieu que « Dieu était leurs yeux avec lesquels ils voyaient, leurs oreilles avec lesquelles ils entendaient, leurs langues avec lesquelles ils parlaient, et leurs mains avec lesquelles ils tenaient. »

f. Les Compagnons dans le Coran

Ibn Hazm exprime l'avis de nombreux grands savants : « Tous les Compagnons entreront au Paradis. »[620] Il est possible de trouver dans le Coran des preuves confirmant cette affirmation. Le Livre Saint décrit ainsi les Compagnons :

> Mohammed est le Messager de Dieu. Et ceux qui sont avec lui sont durs envers les mécréants, miséricordieux entre eux. Tu les vois inclinés, prosternés, recherchant de Dieu grâce et agrément. Leurs visages sont marqués par la trace laissée par la prosternation. Telle est leur image dans la Thora. Et l'image que l'on donne d'eux dans l'Évangile est celle d'une semence qui sort sa pousse, puis se raffermit, s'épaissit, et ensuite se dresse sur sa tige, à l'émerveillement des semeurs. [Dieu] par eux [les croyants] remplit de dépit les mécréants. Dieu promet à ceux d'entre eux qui croient et font de bonnes œuvres, un pardon et une énorme récompense [Il les récompensera au Paradis avec les choses que jamais œil n'a vu, oreille n'a entendu et homme n'a imaginé»]. (48:29)

Leur récompense est aussi décrite comme suit :

> Les tout premiers [croyants] parmi les Émigrés et les Secoureurs et ceux qui les ont suivis dans un beau comportement (*ihsan*), Dieu les agrée, et ils L'agréent. Il a préparé pour eux des Jardins sous lesquels coulent les ruisseaux, et ils y demeureront éternellement. Voilà l'énorme succès ! (9 : 100)

Abou Hourayra ne manquait jamais un discours du Messager. Il était toujours avec lui et restait dans l'antichambre de la mosquée du Prophète.

---

[619] Haythami, *Majma az-Zawa'id*, 1 : 57; Hindi, *Kanz al-Ummal*, 13 : 353.
[620] Ibn Hajar, 1 : 10.

Il souffrait presque toujours de la faim. Un jour, il alla auprès du Messager lui dire qu'il n'avait rien mangé depuis plusieurs jours. Abou Talha en fit son hôte, mais malheureusement il y avait très peu à manger chez lui. Alors il demanda à sa femme Oumm Sulaym :

> « ... Couche les enfants de bonne heure ce soir, et mets à table tout ce que nous avons à manger. Quand nous nous serons mis à table, souffle sur la bougie comme pour raviver sa flamme (qui s'éteindra alors comme par mégarde). Personne ne peut voir dans le noir si quelqu'un mange ou non. Je ferais comme si je mangeais, ainsi notre invité pourra se rassasier à son aise. » Après la prière de l'aube, le Messager se tourna vers eux, sourit, et dit : « Qu'avez-vous fait la nuit dernière pour que ce verset soit révélé ? »

Il [appartient également] à ceux qui, avant eux, se sont installés dans le pays et dans la foi, qui aiment ceux qui émigrent vers eux, et ne ressentent dans leurs cœurs aucune envie pour ce que [ces immigrés] ont reçu, et qui [les] préfèrent à eux-mêmes, même s'il y a pénurie chez eux. Quiconque se prémunit contre sa propre avarice, ceux-là sont ceux qui réussissent. (59 : 9)[621]

Nous lisons aussi concernant les Compagnons :

Dieu a très certainement agréé les croyants quand ils t'ont prêté le serment d'allégeance sous l'arbre. Il a su ce qu'il y avait dans leurs cœurs, et a fait descendre sur eux la quiétude, et Il les a récompensés par une victoire proche. (48 : 18)

Les Compagnons prêtèrent beaucoup de serments d'allégeance au Messager, promettant de le protéger de leur mieux et d'apporter à l'islam, par la Volonté de Dieu, la victoire finale. Ils tinrent leurs promesses au prix de tous leurs biens et de leurs vies. La majorité moururent martyrs soit pendant la vie du Prophète, soit en propageant l'islam dans les nouvelles terres conquises. Il est toujours possible de trouver, dans presque tous les endroits du monde musulman, les tombes de plusieurs Compagnons enterrés. Ils ont aussi formé une multitude de savants en jurisprudence, en Hadith, en exégèse coranique, en histoire et en biographie du Prophète. Le Coran dit :

---

[621] Boukhari, *Tafsir*, 59/6.

Il est, parmi les croyants, des hommes qui ont été sincères dans leur engagement envers Dieu. Certains d'entre eux ont atteint leur fin, et d'autres attendent encore ; et ils n'ont varié aucunement (dans leur engagement). (33 : 23)

g. Les Compagnons dans les hadiths

Le Prophète loua aussi les Compagnons et avertit les musulmans de ne pas les insulter ni de s'attaquer à eux. Par exemple, Boukhari, Mouslim et d'autres traditionnistes rapportent de Abou Saïd al-Khudri que le Messager les prévint ainsi :

> Ne médisez pas de mes Compagnons. Je jure par Lui, entre les mains Duquel est ma vie que même si vous aviez autant d'or que le mont Ouhoud et que vous le dépensiez sur le sentier de Dieu, cela ne vous vaudrait pas une récompense équivalente à quelques poignées venant d'eux, ni même à la moitié de cela.[622]

Les Compagnons ont une valeur si élevée parce qu'ils ont accepté, prêché et protégé l'islam dans les circonstances les plus difficiles. De plus, selon la règle « Celui qui provoque une chose est comme celui qui la fait », la récompense gagnée par tous les musulmans à partir de cette époque-là jusqu'au Jour Dernier est ajoutée au bilan des œuvres des Compagnons, sans pour autant diminuer quoi que ce soit de la récompense des auteurs eux-mêmes. S'ils n'avaient pas fait tous ces efforts pour propager l'islam partout où ils allaient, personne n'aurait rien su de l'islam ni n'aurait pu devenir musulman. Donc, tous les musulmans d'après les Compagnons doivent se sentir infiniment endettés envers eux et, au lieu de penser à les critiquer, doivent prier pour eux :

> *Et [il appartient également] à ceux qui sont venus après eux en disant: "Seigneur, pardonne-nous, ainsi qu'à nos frères qui nous ont précédés dans la foi; et ne mets dans nos cœurs aucune rancœur pour ceux qui ont cru. Seigneur, Tu es Compatissant et Très Miséricordieux".* (59:10)

Tirmidhi et Ibn Hibban citent l'avertissement de Abdoullah ibn Mughaffal, qui l'avait entendu du Messager :

---

[622] Boukhari, *Fadha'il al-Ashab*, 5 ; Mouslim, *Fadha'il as-Sahaba*, 221.

Ô Dieu ! Ô Dieu ! Abstenez-vous de prononcer de mauvaises paroles sur mes Compagnons ! Ô Dieu ! Ô Dieu ! Abstenez-vous de prononcer de mauvaises paroles sur mes Compagnons ! N'en faites pas la cible de vos attaques après moi ! Quiconque les aime, les aime en raison de son amour pour moi ; quiconque les hait, les hait en raison de sa haine contre moi. Quiconque leur fait du mal me fait du mal ; quiconque me fait du mal « fait du mal » à Dieu.[623]

L'Imam Mouslim rapporte dans son *Sahih* que le Messager a déclaré :

Les étoiles sont des moyens de sécurité pour les cieux. Quand elles seront éparpillées en désordre, la menace qui a été promise aux cieux se réalisera. Je suis le moyen de sécurité pour mes Compagnons. Quand je quitterai ce monde, la menace qui a été promise à mes Compagnons se réalisera. Mes Compagnons sont un moyen de sécurité pour ma nation. Quand ils quitteront ce monde, la menace qui a été promise à ma nation se réalisera.[624]

Comme il est rapporté dans Boukhari, Mouslim et d'autres livres de traditions authentiques, le Messager a dit :

Les meilleurs de ma nation sont ceux de ma génération (Compagnons), puis ceux qui viendront après eux (Tabiun), puis ceux qui suivront ces derniers (Taba-i Tabiun). Après vous il y aura des gens qui [aiment] à se présenter pour témoigner sans que cela ne leur soit demandé ; ils trahiront et on ne pourra leur faire confiance ; ils feront des vœux qu'ils ne respecteront pas ; la corpulence apparaîtra parmi eux. »[625]

L'époque des Compagnons et des deux générations suivantes était l'ère de la véracité. Des personnes d'une très grande probité et des savants très exigeants apparurent pendant ces trois premières générations. Les générations suivantes comptaient beaucoup d'individus qui mentaient et

[623] Tirmidhi, *Manaqib*, 58 ; Ibn Hibban, 9 : 189 ; Ibn Hanbal, 5 : 57. *Faire du mal* est utilisé au sens figuré, pour dire déplaire, offenser, ou attirer la colère de Dieu sur soi.
[624] Mouslim, *Fadha'il as-Sahaba*, 207. C'est-à-dire que les cieux sont maintenus par l'ordre délicat des étoiles. Quand cet ordre s'écroule, cela implique la destruction finale de l'univers. Le Prophète était un moyen de sécurité pour ses Compagnons. 20 ans après son décès, les gens se mirent à calomnier les Compagnons. Leur existence, surtout celle des plus grands d'entre eux, était un moyen de sécurité pour la nation musulmane. Après leur décès, les malheurs commencèrent à s'abattre sur les musulmans.
[625] Mouslim, *Fadha'il as-Sahaba*, 212 ; Boukhari, *Fadha'il al-Ashab*, 1.

qui faisaient de faux serments afin de renforcer de fausses croyances ou d'obtenir les biens de ce monde. Il était naturel pour les menteurs et les membres des sectes hétérodoxes (de même que pour les orientalistes aux partis pris et leurs partisans musulmans) de mentir à propos des Compagnons et des purs Imams des deux générations suivantes, puisqu'ils étaient les bastions de l'islam qui renforçaient ses piliers.

Abou Nuaym cite Abdoullah ibn Omar :

> Quiconque désire suivre un chemin droit doit suivre le chemin de ceux qui sont morts : les Compagnons de Mohammed. Ce sont les meilleurs de ma Oumma, dont les cœurs sont les plus purs, le savoir le plus profond, et qui sont les plus éloignés de l'hypocrisie dans la piété. Ils forment une communauté que Dieu a choisie pour la compagnie de Son Prophète et pour la transmission de Sa religion. Efforcez-vous de leur ressembler dans leur conduite et suivez leur voie. Ils sont les Compagnons de Mohammed. Je jure par Dieu, le Maître de la Kaaba, qu'ils étaient parfaitement guidés.[626]

Selon ce que Tabarani et Ibn Athir ont rapporté, Abdoullah ibn Massoud, l'un des premiers à embrasser l'islam à La Mecque et qui fut envoyé par Omar à Koufa en tant qu'enseignant, dit : « Dieu regarda les cœurs de Ses vrais serviteurs et choisit Mohammed pour l'envoyer à Ses créatures en tant que Messager. Puis Il regarda les cœurs des gens et choisit ses Compagnons pour en faire les sources d'aide pour Sa religion et les vizirs de Son Prophète. »[627] Il dit aussi :

> Vous surpassez les Compagnons au jeûne, à la prière, et dans vos efforts pour mieux adorer Dieu. Mais ils sont meilleurs que vous, car ils n'accordèrent aucune importance au monde et étaient ceux qui aspiraient le plus à l'au-delà.[628]

h. Les Compagnons qui excellaient à rapporter des hadiths

Dieu Tout-Puissant créa les êtres humains avec des dispositions et des potentiels différents de sorte que l'équilibre dans la vie sociale des hom-

---

[626] Abou Nuaym, *Hilya*, 1 : 305.
[627] Ibid., 1 : 375.
[628] Ibid., 1 : 135.

mes soit maintenu à travers l'entraide et la division du travail. Ainsi, certains Compagnons étaient de bons agriculteurs, d'autres des hommes d'affaires ou des commerçants talentueux, des étudiants, des commandants militaires, ou encore des administrateurs. Certains, surtout les *Ashab as-Suffa* (ceux qui restaient dans l'antichambre de la Mosquée du Prophète) ne manquaient jamais un enseignement du Prophète et essayaient de mémoriser chacune de ses paroles.

Ces Compagnons allaient plus tard raconter aux gens ce qu'ils avaient entendu ou vu du Messager. Heureusement, ils vécurent plus longtemps que les autres par la Volonté de Dieu, et, avec Aïcha, constituèrent la première chaîne en or à travers laquelle la Sunna fut transmise. Ce qui suit est une brève description de leurs qualités exceptionnelles et de leurs vies :

Abou Hourayra était issu de la tribu yéménite de Daws. Il devint musulman dès les tout débuts, en l'an 7 AH (Après l'Hégire), par le biais de Tufayl ibn Amr, le chef de la tribu. Quand il émigra à Médine, le Messager était occupé par la campagne de Khaybar. Il le rejoignit alors à Khaybar. Le Messager changea son nom Abdou'ch-Chams en Abdou'r-Rahman, disant : « Un homme ne peut pas être l'esclave du soleil ou de la lune. »

Abou Hourayra était très pauvre et modeste. Un jour, le Messager l'aperçut en train de caresser un chat et le surnomma Abou Hirr (le père ou le maître d'un chat). Bientôt les gens se mirent à l'appeler Abou Hourayra. Toutefois, il aimait à être appelé Abou Hirr, car ce titre lui avait été donné par le Messager lui-même.[629]

Il vivait avec sa mère non musulmane. Priant toujours pour sa conversion, un jour il demanda au Messager de prier aussi pour cela. C'est ce qu'il fit, et à peine avait-il rebaissé les bras que Abou Hourayra courut chez lui, certain que la prière du Messager avait été acceptée. Quand il arriva, sa mère l'arrêta à la porte afin de pouvoir terminer son *ghousl* (ablution rituelle complète). Puis elle ouvrit la porte et déclara sa conversion. Après cela, Abou Hourayra demanda au Messager de prier pour que les croyants les aiment, lui et sa mère. Ainsi pria le Messager.[630] Par suite, l'amour pour Abou Hourayra est devenu une marque de croyance.

Ce Compagnon avait une mémoire extraordinaire. Il dormait pendant le premier tiers de la nuit, priait et récitait les invocations et suppli-

---

[629] Ibn Hajar, 4 : 202.
[630] Mouslim, *Fadha'il as-Sahaba*, 158 ; Ibn Sad, 4 : 328.

cations surérogatoires pendant le deuxième tiers, et révisait les hadiths qu'il avait appris par cœur pour ne pas les oublier, pendant le troisième tiers. Il mémorisa plus de 5000 hadiths. Il ne manquait jamais un discours du Messager, cherchait à apprendre ses traditions et était un amoureux du savoir.

Un jour il pria : « Ô Dieu, accorde-moi un savoir que je n'oublierai jamais. » Le Messager l'entendit et dit : « Ô Dieu, amen ! »[631] Un autre jour, il dit au Messager : « Ô Messager de Dieu, je ne veux pas oublier ce que j'entends de toi. » Le Messager lui demanda de retirer sa grande cape et de l'étaler par terre. Puis le Messager pria et il vida le contenu de ses mains – qui semblaient remplies de choses venant du monde de l'Invisible – sur la cape. Il ordonna à Abou Hourayra de plier la cape et de la tenir contre sa poitrine. Après le récit de cet événement, Abou Hourayra avait l'habitude de dire : « Je l'ai pliée et tenue contre ma poitrine. Je jure par Dieu que [depuis lors] je n'ai jamais rien oublié de ce que j'avais entendu du Messager. »[632]

Abou Hourayra n'attachait aucune importance au monde. La pauvreté le poussait souvent à jeûner trois ou quatre jours d'affilée. Il lui arrivait parfois de gémir de faim par terre et de dire aux passants: *Istaqra'uka*, qui a un double sens : « N'y a-t-il personne pour me réciter quelques versets du Coran ? » et « N'y a-t-il personne pour me donner à manger ? »[633] Ja'far Tayyar le comprenait mieux que quiconque et en faisait son hôte.[634]

Abou Hourayra endurait patiemment une telle privation pour l'amour du Hadith. À ceux qui l'avertissaient parfois sur le fait qu'il rapportait trop de hadiths, il répondait sincèrement : « Pendant que mes frères Émigrés étaient occupés au marché et mes frères Secoureurs à l'agriculture, je m'adonnais corps et âme à la compagnie du Messager. »[635] Parfois il disait : « N'eût été pour le verset : *Certes, ceux qui cachent ce que Nous avons fait descendre en fait de preuves et de guide après l'exposé que Nous en avons fait aux gens, dans le Livre, voilà ceux que Dieu maudit et que les maudisseurs maudissent* (2 : 159), je ne rapporterais rien. »[636]

---

[631] Hakim, *Mustadrak*, 3 : 508.

[632] Mouslim, *Fadha'il as-Sahaba*, 159 ; Ibn Sad, 4 : 329, 330.

[633] Boukhari, *Atima*, 1.

[634] Boukhari, *Fadha'il al-Ashab*, 10.

[635] Boukhari, *Ilm*, 42 ; Mouslim, *Fadha'il as-Sahaba*, 159 ; Ibn Sad, 4 : 332.

[636] Ibn Sad, 4 : 330-1.

Certains prétendent que d'autres Compagnons étaient opposés à Abou Hourayra. Cela est sans fondement. Beaucoup de Compagnons, comme Abou Ayyoub al-Ansari, Abdoullah ibn Omar, Abdoullah ibn Abbas, Jabir ibn Abdoullah al-Ansari, Anas ibn Malik et Wasila ibn Aslam, rapportaient des hadiths de lui. Certains demandaient à Abou Ayyoub pourquoi il rapportait de Abou Hourayra, alors qu'il s'était converti bien avant lui, à quoi il répliquait : « Il a entendu du Messager beaucoup de choses que nous n'avons pas entendues. »[637]

De nombreux Tabiun reçurent aussi beaucoup de hadiths de lui, y compris Hassan al-Basri, Zayd ibn Aslam, Saïd ibn al-Musayyib (qui épousa la fille de Abou Hourayra afin de pouvoir mieux profiter de lui), Saïd ibn Yasar, Saïd al-Makburi, Sulayman ibn Yassar, Chabi (qui reçut des hadiths de cinq cents Compagnons), Mohammed ibn Abi Bakr, et Qasim ibn Mohammed (qui est reconnu comme un maillon de la chaîne des guides spirituels Naqchbandi). Hammam ibn Munabbih et Mohammed ibn Munkadir sont les plus célèbres des 800 personnes qui reçurent des hadiths de lui.[638]

Omar désigna Abou Hourayra comme gouverneur du Bahreïn. Cependant, quand il commença à accumuler quelque semblant de richesse grâce au commerce pendant la période où il était en fonction, Omar fit une enquête à son sujet. Bien qu'il fût trouvé innocent et qu'on lui demandât de reprendre ses fonctions, Abou Hourayra déclina l'offre : « J'ai été suffisamment gouverneur comme cela. »[639]

Abou Hourayra, malgré ce que prétendent les Orientalistes comme Goldziher et leurs partisans musulmans comme Ahmad Amin, Abou Rayya, and Ali Abdou'r-Razzaq, n'a jamais été un anti-Ali ni un pro-Omeyyade. Il aurait dû soutenir Ali lors des conflits internes afin que la sédition fût écrasée, mais décida de rester neutre car le Messager avait dit : « Des séditions apparaîtront, durant lesquelles celui qui sera assis [silencieux] sera meilleur que celui qui sera debout [pour participer] ; celui qui sera debout sera meilleur que celui qui marchera [pour participer], et celui qui marchera sera meilleur que celui qui courra. »[640] Ce hadith n'était peut-

---

[637] Hakim, 3 : 512 ; Ibn Kathir, *Al-Bidaya*, 8 : 109.
[638] Ibn Hajar, 4 : 205.
[639] Ibn Sad, 4 : 335 – 6 ; Ibn Athir, 6 : 321 ; Ibn Hajar, 4 : 210.
[640] Boukhari, *Fitan*, 9 ; Mouslim, *Fitan*, 10.

être pas lié aux conflits internes qui survinrent durant le califat de Ali, mais Abou Hourayra pensait que oui et resta donc neutre.

Abou Hourayra s'opposa au gouvernement Omeyyade. Une fois, il se tint debout devant Marwan ibn Hakam et rapporta ce hadith : « Ma communauté périra entre les mains de quelques jeunes inexpérimentés de Qurayche. »[641] Marwan répondit à cela : « Que Dieu les maudisse ! », feignant de ne pas comprendre de qui il s'agissait. Abou Hourayra ajouta : « Si tu veux, je peux t'informer de leurs noms et de leurs caractéristiques. »

On l'entendait souvent prier : « Ô Dieu, ne me fais pas vivre jusqu'à la soixantième année. »[642] Cette supplication était devenue si célèbre que tous ceux qui voyaient Abou Hourayra la répétait. Il avait entendu du Messager que quelques jeunes hommes, sans expériences et qui plus est pécheurs, allaient régner sur les musulmans en l'an 60 AH. Il mourut en 59 AH, et Yazid succéda à son père Muawiya un an plus tard.

Il n'y a aucune preuve de la prétendue opposition de Aïcha à la transmission des hadiths par Abou Hourayra. Tous les deux vécurent très longtemps et, exception faite de l'incident suivant, elle ne critiqua jamais ses narrations de hadiths. Un jour, alors qu'il rapportait des hadiths non loin de la pièce dans laquelle elle priait, elle termina sa prière et sortit, s'apercevant qu'il était parti. Elle remarqua : « Les traditions prophétiques ne devraient pas être rapportées de cette manière, l'une après l'autre sans arrêt »[643], signifiant qu'elles devraient être communiquées lentement et distinctement afin que les auditeurs puissent bien les comprendre et les mémoriser.

D'aucuns prétendent que l'Imam Abou Hanifa aurait dit : « Je ne prends pas les opinions de trois Compagnons comme preuve en jurisprudence. Abou Hourayra est l'un d'entre eux. » Cela n'est que mensonge. Allama Ibn Humam, l'un des plus grands juristes Hanéfites, considérait Abou Hourayra comme un juriste important. D'ailleurs, il n'y a rien qui prouve que Abou Hanifa ait pu dire une telle chose.

Abou Hourayra rapporta plus de 5000 traditions. Rassemblées, elles forment peut-être un volume 1,5 fois plus épais que le Coran. Beaucoup

[641] Boukhari, *Fitan*, 3 ; Ibn Hanbal, 2 : 288.
[642] Ibn Kathir, 8 : 122.
[643] Mouslim, *Fadha'il as-Sahaba*, 160.

ont appris le Coran par cœur en six mois ou moins. Abou Hourayra avait une excellente mémoire et passa quatre années en compagnie du Messager, qui pria pour le renforcement de la mémoire de Abou Hourayra. Il reviendrait à accuser Abou Hourayra d'un manque d'intelligence que de prétendre qu'il n'aurait pas pu mémoriser autant de hadiths. De plus, toutes les Traditions qu'il rapportait ne venaient pas directement du Messager. De même que de grands Compagnons comme Abou Bakr, Omar, Ubayy ibn Kab, Aïcha et Abou Ayyoub al-Ansari rapportait de lui, lui aussi recevait des hadiths d'eux.

Tandis que Abou Hourayra transmettait des hadiths en présence de Marwan ibn Hakam en différentes occasions, ce dernier les faisait écrire secrètement à son scribe. Quelques temps plus tard, il demanda à Abou Hourayra de répéter lesdits hadiths. Abou Hourayra commença par prononcer *BismillahirRahmanirRahîm* (Au nom de Dieu le Très-Miséricordieux, le Tout-Miséricordieux), et rapporta les hadiths en employant exactement les mêmes mots que la fois précédente.[644] Il n'y a donc aucune raison de le critiquer pour avoir transmis autant de Traditions Prophétiques.

Abdoullah Ibn Abbas est né quatre ou cinq ans avant l'hégire. Il avait une intelligence et une mémoire étonnantes, et était un homme inspiré. Le Messager pria pour lui : « Ô Dieu, rends-le perceptif et versé dans la religion, et enseigne-lui les vérités cachées du Coran. »[645] De son vivant, il devint connu comme « le Grand Savant de la Oumma », « la Mer » (celui doté d'un savoir très profond), ou encore « le Traducteur (qui clarifie) le Coran ».[646]

Il était très beau, grand et très éloquent. Sa mémoire était si exceptionnelle qu'il mémorisa un poème de 160 vers de Amr ibn Rabia dès la première lecture. En plus de sa profonde connaissance de l'interprétation coranique, de la Tradition et de la jurisprudence, il était aussi versé dans la littérature, et surtout dans la poésie pré-islamique. Dans son *Tafsir*, Ibn Jarir at-Tabari rapporte soit un vers soit un distique de lui en relation à l'interprétation de presque chaque verset du Coran.

Il était très aimé des Compagnons. Malgré son jeune âge, Omar le désigna dans son Conseil Consultatif qui était composé de Compagnons âgés.

---

[644] Hakim, *Mustadrak*, 3 : 509 - 10.
[645] Boukhari, *Woudou*, 10 ; Muslim, *Fadha'il as-Sahaba*, 138.
[646] Ibn Athir, 3 : 291.

Quand on lui demanda pourquoi il avait fait cela, Omar décida de tester leur niveau de compréhension du Coran. Il leur demanda d'expliquer :

> *Lorsque vient le secours de Dieu ainsi que la victoire, et que tu vois les gens entrer en foule dans la religion de Dieu, alors, par la louange, célèbre la gloire de ton Seigneur et implore Son pardon. Car c'est Lui le grand Accueillant au repentir.* (110 : 1 - 3)

Les anciens répondirent : « Ce verset ordonne au Prophète de louer Dieu et de chercher Son pardon quand il voit les gens entrer en foule en islam suite à l'aide de Dieu et à la victoire conséquente. » Omar n'étant pas satisfait par cette réponse, il posa la même question à Ibn Abbas, qui répondit ainsi : « Cette sourate implique l'approche du décès du Prophète, car quand les gens entrent en foule en islam, cela signifie que la mission de Messager est terminée. » Omar se tourna vers le Conseil et s'expliqua : « Voilà pourquoi je l'inclus parmi vous. »[647]

Ibn Abbas était réputé pour sa profonde pénétration, son érudition, son excellente mémoire, sa grande intelligence, sa clairvoyance et sa modestie. Quand il entrait dans un lieu de rassemblement, les gens se levaient par respect pour lui. Cela le mettait si mal à l'aise qu'il leur disait : « S'il vous plaît, par égard pour l'aide et le refuge (que vous avez donnés au Prophète et aux Émigrés), ne vous levez pas pour moi ! » Bien qu'il fût l'un des musulmans les plus érudits, il montrait un grand respect envers les savants. Par exemple, il aida Zayd ibn Thabit à monter sur son cheval en tenant prêt l'étrier et expliqua : « On nous a ordonné d'agir ainsi envers les savants. » En retour, Zayd baisa sa main sans son consentement et remarqua : « On nous a ordonné d'agir ainsi envers les proches du Messager. »[648]

En effet, Ibn Abbas n'aimait pas voir les gens se lever par respect pour lui. Toutefois, lors de son enterrement, quelque chose arriva comme si les morts se levaient par respect pour lui et les esprits l'accueillaient. Une voix d'outre-tombe s'éleva : *Ô toi, âme apaisée, retourne vers ton Seigneur, satisfaite et agréée; entre donc parmi Mes serviteurs, et entre dans Mon Paradis* (89 : 27 - 30).[649]

---

[647] Boukhari, *Tafsir*, 110 : 3.

[648] Ibn Hajar, 2 : 332.

[649] Ibn Kathir, *Tafsir : Sourate al-Fajr*, versets 27 – 30 ; Haythami, *Majma*, 9 : 285.

Ibn Abbas forma beaucoup de savants dans toutes les branches des sciences religieuses. Il est le fondateur de l'école de jurisprudence mecquoise. De grands savants Tabiun comme Saïd ibn Jubayr, Mujahid ibn Jabr et Ikrima reconnurent : « Ibn Abbas nous enseigna tout ce que nous savons. » Il transmit environ 1600 hadiths.

Abdoullah Ibn Omar était le seul des neuf fils de Omar à être appelé ibn Omar (le fils de Omar). Cela montre qu'il méritait le plus d'être appelé « le fils de Omar » ou d'être mentionné avec le nom Omar. Bien que Omar fût le deuxième plus grand Compagnon, Abdoullah peut être considéré supérieur à son père eu égard à certains aspects de son savoir, sa piété, son adoration et sa dévotion à la Sunna. Il s'attachait tellement à suivre l'exemple du Prophète que Nafi, le maître de l'Imam Malik, rapporta : « Tandis que nous descendions du mont Arafat, Ibn Omar entra dans un fossé. Quand il en ressortit, je lui demandai ce qu'il y avait fait. L'Imam me répondit : 'Lors de la descente de Arafat, j'étais derrière le Messager. Il descendit dans ce fossé et s'y attarda un peu. Je ne ressentais pas un tel besoin, mais je n'aime pas m'opposer à lui.' »[650] De même, personne ne le vit jamais boire en plus ou moins de trois gorgées, car il avait vu le Messager boire de l'eau en trois gorgées.

Ibn Omar naquit durant les premières années de l'islam. Il vit plusieurs fois son père se faire battre par des polythéistes mecquois.[651] Quand les musulmans émigrèrent à Médine, il avait à peu près 10 ans. Le Messager ne l'autorisa pas à se battre à Badr parce qu'il était trop jeune. Quand on l'empêcha aussi de se battre à Ouhoud, il rentra chez lui si affligé qu'il passa toute la nuit à se demander : « Quel péché ai-je commis pour ne pas être accepté dans les rangs de l'armée qui se bat au service de Dieu ? »[652]

Ibn Khalliqan rapporte de Chabi :

Une fois, durant leur jeunesse, Abdoullah ibn Zoubayr, son frère Moussab ibn Zoubayr, Abdou'l-Malik ibn Marwan et Abdoullah ibn Omar étaient assis près de la Kaaba. Ils pensaient que chacun devrait demander quelque chose à Dieu dans l'espoir que leur prière fût acceptée. Abdoullah ibn Zoubayr pria : « Ô Dieu, par égard pour Ta

---

[650] Ibn Hanbal, *Mousnad*, 2 : 131.

[651] Ibn Hicham, *Sira*, 1 : 374.

[652] Boukhari, *Maghazi*, 6 ; Ibn Sad, 4 : 143.

Grandeur, Ton Honneur, et Ta Majesté, fais de moi un dirigeant dans le Hidjaz. » Moussab leva les bras et pria : « Ô Dieu, par égard pour Ta Grandeur, Ton Honneur, et Ta Majesté, de Ton Trône et de Ton Siège, fais de moi un dirigeant d'Irak. » Abdou'l-Malik leva les mains et pria : « Ô Dieu, je Te demande de faire de moi un dirigeant pour tous les musulmans et assure, par moi, l'unité des musulmans même au risque de quelques vies. » Quand Abdoullah ibn Omar pria, il demanda : « Ô Dieu, ne prends pas mon âme avant de m'avoir garanti le Paradis. »[653]

Les prières des trois premiers furent exaucées : Abdoullah ibn Zoubayr régna pour un temps sur le Hidjaz et finit par être martyrisé par le tyran Hajjaj, célèbre gouverneur Omeyyade. Moussab régna pendant peu de temps sur l'Irak. Abdou'l-Malik succéda à son père Marwan comme calife et assura l'unité musulmane, mais au prix de nombreuses vies et de beaucoup d'effusion de sang.

Quant à Ibn Omar, Imam Chabi remarque : « Seul l'au-delà montrera si la prière de l'Imam fut exaucée ou pas. » Chabi savait quelque chose : « Ibn Omar ne s'opposa jamais aux descendants du Prophète ni ne soutint les Omeyyades. Hajjaj avait peur de lui. Un jour, Hajjaj donna un sermon avant la prière du midi qui était si long que le temps de la prière du midi était presque passé. Ibn Omar l'avertit : « Ô Gouverneur, le temps passe sans attendre que tu ne termines ton sermon. » Hajjaj était plein de rancœur et d'hostilité envers Ibn Omar. Finalement, pendant un pèlerinage, il trouva quelqu'un pour piquer le talon de Ibn Omar avec une lance empoisonnée alors qu'il était en tenue de pèlerin. Le poison avait fini par le tuer. »[654]

Abdoullah ibn Massoud, l'un des cinq ou six premiers à embrasser l'islam, transmit aussi un très grand nombre de hadiths. Jeune, il faisait paître les troupeaux des leaders Quraychites comme Abou Jahl et Uqba ibn Abi Muayt. Après sa conversion, il ne se sépara plus jamais du Messager. Il entrait dans la maison du Prophète sans y être invité et de façon si régulière que les gens pensaient qu'il était un membre de la famille. Pendant les expéditions militaires et non-militaires, il portait la gourde d'eau du Prophète, ses sandales en bois, ainsi que la natte sur laquelle il dormait ou s'asseyait. Finalement, on se mit à parler de lui comme

---

[653] Ibn Khalliqan, *Wafayat al-Ayan*, 2 : 30.
[654] Ibn Sad, 4 : 185 - 87.

du « gardien des (sortes de) sandales, du lit et de la gourde (destinée aux ablutions). »[655]

Ibn Massoud accomplit quelques miracles. Par exemple, alors qu'on le torturait à La Mecque, il devint invisible à ceux qui le torturaient. Le Messager l'appelait « le fils de la mère d'un esclave » et conseillait à ses Compagnons : « Quiconque veut réciter le Coran comme s'il lui était en train d'être révélé pour la première fois, qu'il le récite selon la récitation du fils de la mère d'un esclave. »[656]

Un jour, le Messager lui demanda de lui réciter un peu de Coran. Ibn Massoud s'excusa : « Ô Messager de Dieu, devrais-je te le réciter alors que c'est à toi que le Coran est révélé ? » Cependant, le Messager insista : « Je préfèrerais l'entendre des autres. » Ibn Massoud se mit à réciter la sourate *an-Nisa*. Quand il arriva au verset 41 : *Comment seront-ils quand Nous ferons venir de chaque communauté un témoin et que Nous te (Mohammed) ferons venir comme témoin contre ces gens-ci ?*, le Messager, dont les yeux étaient remplis de larmes, l'arrêta en disant : « Arrête, s'il te plaît. Cela suffit. »[657]

Ibn Massoud, qui était petit et faible, grimpa un jour sur un arbre parce que le Messager le lui avait demandé. Ceux qui étaient présents se moquèrent de ses jambes. Le Messager les avertit ainsi : « Ces jambes pèseront plus lourd que le Mont Ouhoud selon la mesure de l'au-delà dans l'autre monde. »[658]

Le calife Omar l'envoya à Koufa comme enseignant avec une lettre qui disait : « Ô gens de Koufa ! Si je ne vous préférais pas à moi-même, je ne vous aurais pas envoyé Ibn Massoud. »[659] Ibn Massoud vécut à Koufa pendant le califat de Omar et forma beaucoup de savants. De grands érudits Tabiun comme Alqama ibn Qays, Aswad ibn Yazid an-Nakha'i et Ibrahim ibn Yazid al- an-Nakha'i grandirent dans l'atmosphère unique créée par Ibn Massoud. L'une des personnes assistant aux cours de Alqama lui demanda qui avait été son maître. Quand Alqama répondit qu'il avait appris auprès de Omar, Othman, Ali et Ibn Massoud, l'homme s'exclama : « Bien ! Très Bien ! »

---

[655] Boukhari, *Fadha'il al-Ashab*, 27 ; Ibn Sad, 3 : 153.

[656] Ibn Maja, *Muqaddima*, 11 ; Hakim, *Mustadrak*, 2 : 318 ; Ibn Hajar, *Al-Isaba*, 2 : 369.

[657] Tirmidhi, *Tafsir*, 5.

[658] Ibn Sad, 3 : 155.

[659] Ibid., 157.

Ibn Massoud continua à vivre à Koufa pendant le califat de Omar. Cependant, après que Othman le convoqua à Médine à cause d'une plainte sans fondement qui lui était adressée, Ibn Massoud ne voulut pas retourner à Koufa, car il était devenu très âgé. Un jour, un homme courut vers lui et dit : « La nuit dernière j'ai rêvé que le Messager te disait : 'Ils t'ont beaucoup affligé après moi, alors viens à moi.' Tu as répondu : 'Oui, ô Messager de Dieu. Je ne quitterai plus Médine.' » Quelques jours plus tard, Ibn Massoud tomba malade. Othman le visita, et ils eurent la conversation suivante :

– As-tu un quelconque sujet de plainte ?
– J'ai beaucoup à me plaindre.
– De quoi ?
– De mes péchés tandis que je vais à Dieu.
– Y a-t-il quelque chose que tu désires ?
– La miséricorde de Dieu.
– Veux-tu que je fasse venir un docteur ?
– De toute façon, c'est le « docteur » qui m'a rendu malade. Le docteur que tu feras venir ne pourra donc rien pour moi.

Ibn Massoud passa environ vingt années en compagnie du Messager. Il rapporta près de 800 traditions.[660]

* * *

En plus de ces quatre Compagnons mentionnés plus haut, Aïcha, Abou Saïd al-Khudri, Jabir ibn Abdoullah et Anas ibn Malik sont d'autres Compagnons qui ont aussi rapporté de nombreux hadiths.

Aïcha vécut avec le Messager pendant neuf ans. Elle avait beaucoup de talents, une grande intelligence et une excellente mémoire, ainsi qu'une profonde perspicacité. Elle avait soif d'apprendre toujours de nouvelles choses, et demandait au Messager de lui expliquer les sujets qu'elle avait du mal à comprendre.

Abou Saïd al-Khudri vivait dans l'antichambre de la mosquée et était toujours aux côtés du Messager. Il eut une longue vie, et le temps vint où il fut considéré comme la personne la plus savante de Médine.

Jabir Ibn Abdoullah est le fils de Abdoullah ibn Amr ibn Haram al-Ansari, qui mourut martyr à Ouhoud. Après la mort du Messager, il vécut

[660] Ibn Kathir, 7:183.

à Médine (où il donnait des leçons à la Mosquée du Prophète), en Egypte et à Damas. De grands savants Tabiun comme Amr ibn Dinar, Mujahid et Ata ibn Abi Rabah assistèrent à ses leçons.[661] Les gens se rassemblaient autour de lui à Damas et en Égypte pour en savoir plus sur le Messager et ses traditions.

Anas Ibn Malik servit le Messager pendant dix ans à Médine. Après le décès du Messager, il eut une très longue vie, durant laquelle il a dû enseigner les Traditions Prophétiques à son entourage.

Toutes les Traditions enregistrées dans *Kanz al-Ummal*, y compris des hadiths authentiques aussi bien que d'autres dont la chaîne de transmission est douteuse, sont au nombre de 46 624. Parmi les traditionnistes des premiers temps islamiques, beaucoup de gens mémorisèrent plus de 100 000 hadiths, y compris les hadiths inventés. Étant donné cela, les sceptiques et les détracteurs de la Sunna n'ont pas à prétendre que le nombre de hadiths rapporté par certains Compagnons serait trop pour qu'ils aient pu effectivement les mémoriser et les rapporter.

2. Les Tabiun

Dans beaucoup d'endroits du Coran où les Compagnons sont loués, le Coran mentionne aussi les générations bénies qui suivirent leur voie. Par exemple :

> *Les tout premiers [croyants] parmi les Émigrés et les Secoureurs et ceux qui les ont suivis dans un beau comportement, Dieu les agrée, et ils L'agréent. Il a préparé pour eux des Jardins sous lesquels coulent les ruisseaux, et ils y demeureront éternellement. Voilà l'énorme succès !* (9 : 100)

Tout d'abord, ce sont les Tabiun qui sont loués avec les Compagnons. Comme eux, ils étaient contents de Dieu quoi qu'Il leur envoie, bien ou mal, faveur ou malheur. Conscients de leur servitude à Dieu, ils L'adoraient avec le plus grand respect et la plus profonde vénération.

Comme les Compagnons, ils L'aimaient infiniment et Lui accordaient toute leur confiance. Le Messager les loua en disant : « Bonnes nou-

---

[661] Ibn Hajar, 1:213.

velles à ceux qui m'ont vu et cru en moi, et bonnes nouvelles à ceux qui ont vu ceux qui m'ont vu. »[662]

Les Tabiun suivirent les pas des Compagnons et leur montrèrent le respect qui se doit. Ils ne ressentaient aucune haine ni rancœur envers un quelconque croyant, et souhaitaient le bien à tout le monde :

> Et ceux qui sont venus après eux en disant : « Seigneur, pardonne-nous, ainsi qu'à nos frères qui nous ont précédés dans la foi ; et ne mets dans nos cœurs aucune rancœur pour ceux qui ont cru. Seigneur, Tu es Compatissant et Très Miséricordieux ». (59 : 10)

Comme le décrit le verset 9 : 100, cette génération bénie suivit les Compagnons en faisant le bien (ihsan). En plus de signifier le respect, la bienveillance et l'altruisme, un hadith dit que l'ihsan veut aussi dire : « L'ihsan, c'est adorer Dieu comme si tu Le voyais ; Car même si tu ne Le vois pas, certes Lui te voit. »[663]

Cette génération apparut à une époque où les conspirations et l'hypocrisie provoquèrent de grandes divisions internes. À ce moment critique, ils protégèrent, défendirent et pratiquèrent l'islam avec beaucoup de conscience et de dévotion. Ils devinrent les référents de : Seigneur, c'est en Toi que nous mettons notre confiance et à Toi nous revenons [repentants]. Et vers Toi est le Devenir. (60 : 4)

Certains parmi eux faisaient jusqu'à 100 rakat de prière nocturne, récitaient le Coran entier tous les deux ou trois jours, accomplissaient toujours leurs prières obligatoires en commun à la mosquée, dormaient toujours (comme Masruq) prosternés face à la Kaaba, et n'avaient jamais ri de toutes leurs vies.

Uways al-Qarani est souvent considéré comme le plus grand Tabiun. Bien qu'il fût assez vieux pour pouvoir avoir vu le Prophète, il n'en eut pas l'occasion. Un jour alors qu'il était assis avec ses Compagnons, le Messager leur conseilla : « Si vous voyez Uways al-Qarani, demandez-lui de prier pour vous. »[664] Pendant son califat, Omar s'enquit de Uways auprès des pèlerins yéménites. Quand il le trouva un jour parmi les pèlerins, Omar lui demanda de prier pour lui. Mal à l'aise du fait d'être ainsi reconnu et

---

[662] Hakim, *Mustadrak*, 4 : 86 ; Haythami, *Majma*, 10 : 20 ; Hindi, *Kanz al-Ummal*, 11 : 530.

[663] Boukhari, Tafsir, 31 : 2 ; Abou Dawoud, *Sunna*, 16 ; Mouslim, Iman, 5 - 7.

[664] Mouslim, *Fadha'il as-Sahaba*, 223 - 24.

identifié, l'on ne revit plus Uways parmi les gens jusqu'à ce qu'il tombât martyr à la bataille de Siffin dans l'armée de Ali.[665]

Il y avait beaucoup d'illustres Tabiun, parmi lesquels Masruq ibn al-Ajda, Ata ibn Abi Rabah, Hassan al-Basri, Mohammed ibn Sirin, Ali Zayn al-Abidin, Qasim ibn Mohammed et Mohammed ibn Munkadir, qui étaient incomparables en savoir, piété et droiture.

Mohammed ibn Munkadir était surnommé le *Bakka* (celui qui pleure beaucoup) en raison de sa crainte de Dieu. Un jour sa mère lui dit : « Ô mon fils, si je ne t'avais pas connu depuis ton enfance, je croirais que tu pleures pour quelque péché. Pourquoi donc pleures-tu autant ? » Il répondit que c'était parce qu'il était profondément conscient de la Majesté de Dieu, de la terreur du Jour du Jugement, et de l'Enfer.[666] Quand on lui demanda sur son lit de mort pourquoi il pleurait autant, il s'expliqua : « J'ai peur que ce verset ne se réfère aussi à moi : *Leur apparaîtra, de la part de Dieu, ce qu'ils n'avaient jamais imaginé.* » (39 : 47)

Masruq ibn al-Ajda adorait Dieu avec la sincérité la plus profonde. Il dormait souvent en prosternation devant la Kaaba. Quand on lui suggéra de se coucher pendant sa dernière maladie, il répondit : « Par Dieu, si quelqu'un apparaissait et me disait que Dieu ne me châtierait pas, même après cela je continuerais à prier avec le même sérieux qu'avant. »[667] Il agissait ainsi car il suivait l'exemple du Prophète qui, quand Aïcha lui avait demandé pourquoi il se fatiguait à prier autant, il avait donné cette réponse : « Ne devrais-je pas être un serviteur reconnaissant ? »

Saïd ibn Jubayr était un élève de Ibn Abbas. Il passait ses journées à prêcher l'islam et ses nuits à prier. Il se battit contre Hajjaj aux côtés de Abdou'r-Rahman al-Kindi. Quand il fut finalement capturé, les soldats qui l'emmenaient à Hajjaj passèrent une nuit dans un monastère au milieu d'une grande forêt. Saïd voulut prier dans la forêt. Les soldats le laissèrent faire, pensant que les bêtes sauvages le mettraient en pièces. Les soldats le regardèrent prier d'une fenêtre du monastère et virent les animaux sauvages se rassembler autour de lui pour l'observer.

Quand ses ravisseurs avaient employé la torture pour le forcer à jurer allégeance à Hajjaj, il refusa sans hésiter : « Vous avez torts, et vous

---

[665] Ibid.

[666] Abou Nuaym, *Hilya*, 3 : 146.

[667] Ibn al-Jawzi, *Sifat as-Safwa*, 3 : 15.

faites du tort aux descendants du Prophète. Je ne vous prêterai jamais serment d'allégeance. » Avant son exécution, il récita le verset que les musulmans récitent lors du sacrifice d'un animal : *Je tourne mon visage exclusivement vers Celui qui a créé (à partir du néant) les cieux et la terre ; et je ne suis point de ceux qui Lui donnent des associés* (6 : 79). Quand ils tournèrent son visage loin de la direction de la prière, il récita : *À Dieu seul appartiennent l'Est et l'Ouest. Où que vous vous tourniez, la Face (direction) de Dieu est donc là* (2 : 115). D'un coup, ils le décapitèrent et des lèvres de cette tête tombée s'élevèrent ces paroles : « Il n'y a d'autre dieu que Dieu, et Mohammed est le Messager de Dieu. »[668]

Tels étaient les personnes qui reçurent les Traditions des Compagnons et les transmirent aux générations suivantes. Les suivants méritent d'être mentionnés plus longuement afin de mieux connaître cette génération bénie :

Saïd Ibn al-Musayyib, le Tabiun le plus avancé dans les sciences du Hadith, la jurisprudence et l'exégèse coranique, est né en 15 AH. Il rencontra la plupart des Compagnons, dont Omar, Othman et Ali. Saïd était réputé pour sa réflexion et sa grande mémoire, ainsi que pour sa piété, sa droiture et sa profonde dévotion. Ces caractéristiques poussaient tout le monde à le considérer, même de son vivant, comme le plus grand Traditioniste de son temps.

Très tôt, vers ses vingt ans, Saïd commença à donner des avis juridiques et à prononcer des verdicts légaux, tout comme Hassan al-Basri avait fait à Basra. Les Compagnons l'admiraient beaucoup. Abdoullah ibn Omar remarqua un jour : « Si le Messager avait vu ce jeune homme, il aurait été très content de lui. »[669]

Il ne manquait jamais d'accomplir toutes les prières prescrites en commun à la mosquée. Il disait : « J'ai toujours prononcé le *takbir* d'ouverture des prières quotidiennes juste après l'imam pendant cinquante ans. »[670] Il ne négligeait aucun élément de la Sunna. Un jour, comme il était malade, les docteurs lui conseillèrent de rester dans la vallée de Aqiq pendant un mois, à quoi il rétorqua : « Mais alors comment pourrais-je me rendre à la mosquée pour les prières de la nuit et de l'aube ? » Il ne sou-

[668] Abou Nuaym, *Hilya*, 4 : 291-5 ; Ibn Kathir, *Al-Bidaya*, 9 : 117.
[669] Ajjaj al-Khatib, *As-Sunna qabl at-Tadwin*, 485.
[670] Abou Nuaym, *Hilya*, 1 : 163.

haitait pas accomplir les prières prescrites ailleurs qu'à la Mosquée du Prophète.[671]

Il ne jura pas allégeance au calife Walid. Bien que Hicham, le gouverneur de Médine, le faisait battre tous les jours jusqu'à ce que le bâton utilisé à cet effet se casse, il ne céda jamais. Quand ses amis, dont Masruq et Tawus, lui conseillaient d'accorder un consentement oral au califat de Walid afin de faire cesser la torture, il répondait toujours : « Les gens nous regardent et font tout ce que nous faisons. Si nous consentons, qu'adviendra-t-il d'eux ? »[672]

Saïd s'était marié avec la fille de Abou Hourayra afin d'être plus proche de lui et d'améliorer sa connaissance et sa compréhension des hadiths de Abou Hourayra. Quand le calife Abdou'l-Malik, gouverneur d'un énorme territoire, demanda la main de la fille de Saïd pour son fils Hicham qui allait lui aussi devenir calife, celui-ci refusa et, face à la pression et aux menaces grandissantes, il offrit sa fille à Ibn Abi Wada, qui vivait dans la *madrasa*.[673]

Imam Chafi estimait que tous les hadiths de Saïd étaient tout à fait authentiques, même si le Compagnon de qui il les avait reçus n'était pas mentionné. Cela signifie que pour Imam Chafi, Saïd était au même rang que les Compagnons au niveau de la connaissance et de la narration des Traditions Prophétiques. Parmi ceux qui reçurent des hadiths de lui, Ata ibn Abi Rabah, Qatada, Mohammed al-Baqir (l'arrière-petit-fils d'Ali), Zuhri et Yahya ibn Saïd al-Ansari méritent une attention particulière.

Alqama ibn Qays an-Nakha'i. À l'époque des Tabiun, Basra fut honoré par, en particulier, la présence de Hassan al-Basri ; le Yémen par Tawus ibn Qaysan ; Médine par Saïd ibn al-Musayyib ; et Koufa par Alqama ibn Qays an-Nakha'i. Koufa fut d'abord éclairé par Abdoullah ibn Massoud pendant le califat de Omar, puis directement par Ali, quand il déplaça le califat là-bas. Ceci offrit une excellente opportunité à Alqama de rencontrer de nombreux Compagnons et d'apprendre de première main la vie et les Traditions du Prophète.

Alqama est le fondateur de l'école de sciences religieuses islamiques de Koufa. Ceux qui le voyaient se souvenaient de Abdoullah ibn Massoud,

---

[671] Ibid., 2 : 172.

[672] Ibn Sad, *Tabaqat*, 5 : 126.

[673] Ibid., 5 : 138 ; Dhahabi, *Siyar Alam an-Nubala*, 4 : 234.

car il suivait les pas de ce dernier dans la prière, le comportement et la pratique de l'islam. Amr ibn Churahbil, parmi les grands savants qui rapportèrent des hadiths de Alqama, suggérait souvent à ceux qui l'entouraient : « Allons vers celui qui ressemble le plus à Ibn Massoud dans son comportement et ses attitudes. »[674] Ibn Massoud ressemblait beaucoup au Messager et ainsi le représentait. De même que le Messager désirait écouter Ibn Massoud réciter le Coran, ainsi Ibn Massoud aimait écouter Alqama réciter le Coran.[675]

L'Imam Abou Hanifa, généralement accepté comme le plus grand juriste musulman et comme un homme très pieux et très austère, admirait tellement Alqama qu'il disait : « Alqama est probablement plus profond en [connaissance du] Hadith et de la jurisprudence que certains Compagnons. »

Un jour, quelqu'un vint à Alqama et l'insulta beaucoup. Cet illustre savant ne montra aucun signe d'indignation et, une fois que l'homme avait terminé, récita le verset : *Et ceux qui offensent les croyants et les croyantes sans qu'ils l'aient mérité, se chargent d'une calomnie et d'un péché évident* (33 : 58). L'homme répliqua : « Es-tu un croyant ? » Alqama répondit humblement : « Je l'espère. »[676]

Alqama lutta contre la fausseté qui avait cours à son époque, et n'obéissait pas aux dirigeants égarés omeyyades. Comme il avait lui-même reçu des hadiths de centaines de Compagnons, de nombreuses personnalités de sa propre génération et des générations suivantes rapportèrent des hadiths de lui. Alqama forma les savants les plus illustres de l'école de Koufa, comme Aswad ibn Yazid an-Nakha'i, Ibrahim an-Nakha'i et Hammad ibn Abi Sulaymane, et enveloppa ainsi Koufa d'une atmosphère propice pour la formation de Soufyan ath-Thawri, Abou Hanifa et de beaucoup d'autres.

Le père de **Urwa ibn Zoubayr ibn al-Awwam** faisait partie des dix bienheureux à qui le Paradis avait été promis de leur vivant. La grand-mère de Urwa était Safiyya, la tante paternelle du Prophète, et la mère de Asma bint Abou Bakr, qui passa une grande partie de sa vie avec Aïcha. Urwa peut être considéré comme un élève de sa tante Aïcha. Il reçut aussi

---

[674] Ibn Sad, 6 : 86 ; Abou Nuaym, 2 : 98.
[675] Ibn Sad, 6 : 90 - 91.
[676] Ibid., 6 : 86 ; Abou Nuaym, 2 : 100.

des enseignements de Saïd ibn al-Musayyib, qui avait sept ou huit ans de plus que lui.

Urwa était l'un des sept plus grands juristes de son temps. Il transmit la majorité des Traditions rapportées par Aïcha. Il reçut aussi des hadiths de Ali, Omar, Ibn Abbas, Abou Ayyoub al-Ansari et beaucoup d'autres Compagnons. De nombreuses grandes figures parmi les générations suivantes, dont Qatada ibn Diama, Ibn Chihab az-Zuhri, Yahya ibn Saïd al-Ansari et Zayd ibn Aslam, rapportèrent des hadiths de lui.

Comme ses contemporains, Urwa était extrêmement pieux. Par exemple, l'un de ses pieds était infecté avec la gangrène et devait être amputé. Lors de l'amputation, il ne se plaignit pas et dit seulement : *Nous avons rencontré de la fatigue dans notre présent voyage* (18 : 62).

Quand l'un de ses quatre fils mourut quelques temps plus tard, il leva les bras devant la Kaaba et glorifia Dieu : « Ô Dieu, Tu m'as donné quatre membres, deux bras et deux jambes, et quatre fils. Tu as repris l'un de chaque groupe et Tu m'as laissé les trois autres restants. Louanges à Toi par milliers ! »[677] Urwa était certainement inclus dans le sens de : *Dieu les agrée et ils L'agréent* (98 : 8).

Mohammed ibn Mouslim ibn Chihab az-Zuhri, appelé Ibn Chihab az-Zuhri, rapporta un quart des Traditions Prophétiques venant des Tabiun. Son père, Mouslim, avait lutté contre les Omeyyades, et surtout contre Hajjaj. Par suite, le gouvernement omeyyade le surveillait de près. Contrairement à ce que certains prétendent, il ne soutint jamais les Omeyyades.

Comme d'autres honorés par Dieu en étant parmi les rapporteurs les plus fiables de hadiths, Ibn Chibab az-Zuhri avait une mémoire extraordinaire. Il mémorisa le Coran entier avant d'avoir 7 ans et en seulement huit jours. À 18 ans, il commença à pratiquer l'*ijtihad* (émettre des jugements sur des questions religieuses ou légales en se basant sur les principes établis par le Coran et la Sunna). Il n'oubliait jamais rien : « Je n'ai rien trahi de ce que Dieu a placé dans mon cœur comme un précieux dépôt. »[678] Ibn Chihab az-Zuhri reçut sa première éducation de Saïd ibn al-Musayyib, qui le forma pendant 8 ans. Il fut aussi l'élève de Ubaydoullah ibn Abdou'Allah ibn Utba, l'un des sept plus grands juristes de l'époque.

---

[677] Abou Nuaym, 2 : 179.

[678] Ibid., 3 : 364 ; Dhahabi, *Tadhkirat al-Huffaz*, 1 : 109.

Il consacra toute sa vie au Hadith : « J'ai voyagé sans cesse entre le Hidjaz et Damas pendant 40 ans juste pour le Hadith. »[679]

D'aucuns l'accusent d'avoir flatté les Omeyyades. Ce mensonge est contredit par les faits historiques. Il est vrai qu'il donna des leçons aux fils du calife Hicham. Toutefois, ce n'est pas une faute et cela n'implique pas pour autant qu'il ait soutenu les Omeyyades. Au contraire, il devrait être loué pour avoir essayé de guider les futurs dirigeants de la communauté musulmane vers la vérité.

Lors de sa première rencontre avec Ibn Chihab az-Zuhri, le calife Abdou'l-Malik lui rappela que son père avait soutenu Abdoullah ibn Zoubayr dans sa dispute avec les Omeyyades pendant de longues années. Mais Ibn Chihab az-Zuhri ne craignit jamais de dire la vérité aux dirigeants omeyyades.

Certains Omeyyades prétendirent qu'il était fait référence à Ali dans ce verset :

> Ceux qui sont venus avec la calomnie sont un groupe d'entre vous. Ne pensez pas que c'est un mal pour vous, mais plutôt, c'est un bien pour vous. À chacun d'eux ce qu'il s'est acquis comme péché. Celui d'entre eux qui s'est chargé de la plus grande part aura un énorme châtiment. (24 : 11) [Ce verset fut révélé à l'occasion de la calomnie faite à l'encontre d'Aïcha.]

Cela était naturellement un énorme mensonge prononcé contre Ali. Ibn Chihab az-Zuhri déclara ouvertement dans une cour omeyyade que ce verset faisait allusion à Abdoullah ibn Ubayy ibn Salul, le leader des hypocrites de Médine. Quand le calife se renfrogna, Ibn Chihab az-Zuhri rétorqua : « Ô sans père ! Je jure par Dieu que même si un héraut venant des cieux annonçait que Dieu permettait de mentir, je ne mentirais jamais ! »[680]

Bien que Ibn Chihab az-Zuhri défendit Ali contre les Omeyyades, il fut accusé par Yaqubi, un historien chiite, d'inventer des hadiths pro-Omeyyades. Abou Jafar al-Iskafi, un autre historien chiite, clama la même chose contre Abou Hourayra. Selon le faux rapport de Yaqubi, le calife Abdou'l-Malik aurait fait réparer la Mosquée d'al-Aqsa à Jérusalem dans le but d'encourager les musulmans à accomplir les tournées rituelles autour d'elle et non pas autour de la Kaaba. Il demanda à Ibn Chihab az-Zuhri d'inven-

---

[679] Ibn Kathir, 9 : 375.
[680] Ajjaj al-Khatib, *As-Sunna qabl at-Tadwin*, 509 - 10.

ter un hadith à cet effet, ce qu'il aurait prétendument fait : « Il ne vaut pas la peine de voyager [pour prier] sauf vers les trois mosquées : Masjid al-Haram, Masjid al-Aqsa et ma Masjid ici [à Médine]. »

Plus tôt dans ce livre, j'ai argumenté en faveur de l'authenticité de ce hadith. En fait, Yaqubi s'est lui-même ridiculisé à travers un tel récit insensé, car :

- Aucun livre d'histoire juif, chrétien ou islamique n'a rapporté que quiconque aurait fait des tournées rituelles autour de Masjid al-Aqsa comme cela est fait autour de la Kaaba.
- Le Coran l'exalte et par conséquent les musulmans la révèrent ; il n'est nul besoin d'un hadith inventé pour en assurer la révérence.
- Les califes Omar et Abdou'l-Malik, Nour ad-Din az-Zanki et Salah ad-Din al-Ayyoubi l'avaient tous réparée.
- Ibn Chihab az-Zuhri n'aurait pas pu avoir rencontré Abdou'l-Malik pendant son règne et inventé un hadith pour lui à une époque où son propre père (avec Abdoullah ibn Zoubayr) se battait contre ce même calife.
- Ibn Chihab az-Zuhri n'était pas encore un célèbre traditionniste à cette époque. Il ne commença à compiler les hadiths de façon officielle que durant le califat de Omar ibn Abdoul-Aziz.
- Abdou'l-Malik n'était pas du genre à tenter de commettre une tromperie aussi absurde. Avant son califat, il était très pieux, une autorité dans le domaine du Hadith, et connaissait bien les savants de sa génération. Bien qu'il ne réussît pas en tant que calife, gardant sa réputation précédente de piété parmi les savants, il n'aurait pas pu se rabaisser au point d'inventer un hadith.

Malgré son absurdité, Goldziher utilisa le récit de Yaqubi pour calomnier Ibn Chihab az-Zuhri, le premier compilateur officiel des Traditions et rapporteur d'un quart d'entre eux. Les chercheurs « modernes » du monde musulman comme Ahmad Amin, Ali Hassan Abdou'l-Qadir et Abou Rayya, qui sont des porte-parole des Orientalistes, répètent les mêmes allégations.

La science du Hadith se fonde sur les piliers les plus sûrs et les plus solides, et ses sources originales sont là pour quiconque veut les étudier. Or, Goldziher et ses acolytes se basent sur des ouvrages folkloriques et poétiques comme *al-Iqd al-Farid* et *Al-Aghani* (Chansons), et sur des livres traitant des animaux comme *Kitab al-Hayawan*. Ces livres, et tous ceux qui leur ressemblent, n'ont rien à voir avec le Hadith et n'ont pas d'approche scientifique.

Ibn Chihab az-Zuhri est l'une des plus grandes autorités du Hadith. Les experts en Hadith les plus en vue tels que Ibn al-Madini, Ibn Hibban, Abou Hatim, Hafiz adh-Dhahabi et Ibn Hajar al-Asqalani, s'accordent sur son autorité incontestable. Il reçut des hadiths de nombreux Compagnons, et beaucoup de savants parmi la première et la deuxième génération après les Compagnons ont rapporté des hadiths de lui.

Beaucoup d'autres Tabiun mériteraient d'être mentionnés : Aswad ibn Yazid an-Nakha'i, Nafi (qui fut le maître de l'Imam Malik, fondateur de l'école juridique Malékite), et Tawus ibn Qaysan, qui ne dormit pas pendant quarante ans entre les prières de la nuit et de l'aube. Or, les limites de ce livre ne permettant d'aller plus en détail, nous en resterons là

Index